U0520312

The JASPER Model for Children with Autism
Promoting Joint Attention, Symbolic Play, Engagement, and Regulation

直击孤独症儿童的核心挑战
JASPER模式

[美] 康妮·卡萨里（Connie Kasari）
[美] 阿曼达·C. 古尔斯拉德（Amanda C. Gulsrud）
[美] 斯蒂芬妮·Y. 希雷（Stephanie Y. Shire）
[美] 克里斯蒂娜·斯特劳布里奇（Christina Strawbridge）

◎著

张雪琴 ◎译

华夏出版社
HUAXIA PUBLISHING HOUSE

致　　谢

和我们的研究一样，本书的写作也历时多年。JASPER既是系统化的，也是高度个别化的，需要我们针对每个儿童的实际情况灵活运用。多年来，我们一直以面对面培训和反馈的方式来教授这个方法。写作这种传达方式的不同之处在于这里的信息以线性方式呈现，缺乏个别化，但是，多年的研究试验和从JASPER人员培训中得到的反馈确实也完善了我们的教学方法。很高兴给大家带来这本书，它很好地体现了这一干预方法条理清晰又灵活多变的特点。能够走到今天，我们要感谢很多人。

首先，我想向JASPER的早期贡献者们致谢。感谢玛丽安·西格曼（Marian Sigman）和彼得·芒迪（Peter Mundy）让我加入他们关于共同注意和游戏发展的理论严谨的实验性纵向研究，从此给我播下JASPER的种子。感谢JASPER的初代践行者——我的研究生斯蒂芬妮·弗里曼（Stephanny Freeman）、塔尼亚·帕帕瑞拉（Tanya Paparella）和拉瓦达·迈纳（Lavada Minor），还有后来很多很多的研究生和研究助理们，他们在研究中践行JASPER，是他们使这些研究成为可能。还有优秀的培训师们，他们东奔西走，马不停蹄，始终以饱满的热情参与培训并支持他们的学生。

我还想感谢我的合著者们。阿曼达·古尔斯拉德（Amanda C. Gulsrud）是我以前的研究生，多年来与我共同参与了很多研究试验，是她让我们始终聚焦干预科学的"大局"，把儿童和家庭放在首位。斯蒂芬妮·希雷（Stephanie Y. Shire）也是我曾经的研究生，她特别擅长在不同场所、不同人群和不同水平的儿童中调整、运用JASPER和开展JASPER的培训工作。她也一直致力于支持和帮助我们见到的最弱势、最边缘的儿童群体。克里斯蒂娜·斯特劳布里奇（Christina Strawbridge）总是推着我们前进，她是我们的笔杆子和一切人事的协调者！是她将JASPER的整套干预策略转化成了你们手上的这些文字。没有她对这个项目的贡献，我们走不到今天这一步。

其次，我们四位作者要一起感谢卡丽·德尔·索拉尔（Karie Del Solar）为JASPER做的图像设计。从图形人物，到背景涂鸦，再到JASPER标志，她准确地表达了JASPER的趣味性和谱系儿童的独特性。能和她这样才华横溢、对这个干预方法充满热情又无比耐心的人合作是我们的幸运。我们也要向我们的天才插画师阿丽尔·特伦克（Arielle Trenk）表达感谢。在画过这么多幅插画之后，她俨然成了JASPER的环境布置专家。这个多样化的儿童群体正适合她挥洒对人物设计的热情。你可以去她的网站www.arielletrenk.com了解她的更多作品。

JASPER的干预师和培训师贝丝·多纳蒂（Beth Donati）、阿莉萨·卢（Alyssa Lu）为本书的完善做了大量工作。多纳蒂女士撰写了练习和案例内容，整合了读者反馈，并反复校订了相关内容。她充实了本书"问题排除"部分的内容，为广大读者捋清了JASPER策略的层次体系。除了出色的编辑工作，她还设计了书中的很多补充性材料，包括各种清单表格、各章小结和视觉材料，让本书内容和我们当前的培训课程有了更多的融合。谭（Tan）女士参与编写了多个章节中的练习部分，更新了表格内容，也提供了文中多样化的案例。得益于她的洞见和写作才能，关于沟通的各章才能如此层次分明，而ACT问题排除框架的开发也离不开她的帮助。

多年来，很多学生都读过本书的原稿，他们为我们提供案例，也从整体上提升了本书内容的清晰度和条理性。感谢阅读过本书初稿的各个培训团体，他们试做了书中的练习并提供了反馈，尤其是加拿大纽芬兰与拉布拉多省卫生与社区服务部的莉萨·贝克·沃斯曼（Lisa Baker Worthman）和她的高级培训师及从业者团队。特别感谢大家的付出和反馈。还要感谢吉尔福德（Guilford）出版社给我们的重要指引，感谢罗谢尔·瑟沃特（Rochelle Serwator）、安娜·布拉克特（Anna Brackett）和娜奥米·伯恩斯（Naomi Burns）。也特别感谢芭芭拉·沃特金斯（Barbara Watkins）阅读我们的初稿并提出宝贵意见，这些意见指导了我们的写作。

最后，感谢这些年来与我们合作的孤独症儿童，以及支持他们的家人、老师和社区成员。从他们身上我们学到很多很多，感谢他们让我们并肩同行。这些勇敢的孩子理应在这个世界发出更大的声音（无论是通过口语还是辅助手段）。希望我们能探索出更多的办法，创造出一个对神经多样性更加包容的环境。我们的目的不是提供"药方"，也不是让儿童顺应或"符合"其他人的期待，而是立足于儿童当前的状态，发挥他们的优势，也提供必要的支持。希望这本书可以实现这一目标，也期待你与我们一起携手并进。

前　言

在早年从事残障婴幼儿教学工作时，我遇到过一个小女孩，她有一系列让人捉摸不透的症状，现在我知道那是孤独症谱系障碍（Autism Spectrum Disorder, ASD），但在当时，她不稳定的技能表现，对我们的漠然态度，都让我们困惑不已。为什么某天她明明学会了某项技能，后来却再无表现？最让人不解的是她对玩具不感兴趣，也不愿和我们互动。那是 1982 年。现在，作为一名孤独症研究者、加利福尼亚大学洛杉矶分校人类发展与心理学及精神病学教授，我始终都在提升自己对孤独症核心特征的认识并提供相关的干预。我时常回想起这个小女孩，想起那时我们的无知、对她和她家人的爱莫能助。值得欣慰的是，对孤独症儿童的干预已经不复当年的情形了。

存在问题

20 世纪 80 年代孤独症儿童的发展轨迹是相当不乐观的（DeMyer et al., 1973; Rutter, 1983）。近四分之三的儿童在入学时几乎没有或完全没有口语。到 20 世纪 90 年代中后期，人们已经普遍认识到，入园前的语言发展是预测个体能否取得最佳干预结果的一个重要指标，但很多儿童仍然进步缓慢。20 世纪 80 年代的干预方法是高度结构化和行为化的，主要教授孤立的语言和认知技能，而且常常脱离具体情境，缺乏人与人之间的自然互动。干预者会有他 / 她希望儿童学习的目标技能，儿童则反复练习该项技能，直到达到预设的标准。当儿童把技能学得差不多时，干预者再设法帮助儿童将其泛化到不同对象、不同情境和不同场合之中。虽然这是当时的主流做法，但它并非对所有儿童都有效，到了学龄期仍缺乏功能性语言的儿童数量惊人。

此外还有其他问题。首先，这些孤立的技能不容易迁移到儿童的日常生活之中。儿童仍然离不开他人的辅助，也不能自发和独立地使用新学的技能。其次，这种结构化的教学方法与儿童的自然学习方式相悖。典型发展儿童通过游戏和社交互动来学习，而 ASD 儿童却每周好几个小时坐在桌前，在不自然的环境中一遍又一遍地练习技能。再次，这些方法并未致力于其他多种技能的发展，比如，主动沟通、参与、独立性和灵活性，这些技能可以让儿童在这个世界发出自己的声音。孤独症儿童既没有学到基本的社交互动技能，也没有掌握任何能让他们从环境中学习这些技能的工具。在强调孤立的行为时，我们仍缺乏能将它们结合起来、让它们变得有意义的黏合剂。问题是，我们如何改进呢？

正确的目标

1985 年，在遇到那个小女孩几年之后，我成了加利福尼亚大学洛杉矶分校玛丽安·西格曼实验室的博士后学者。彼时的西格曼博士可能是 ASD 领域最重要的发展心理学研究者。而且非常荣幸，实验室的同期学者中还有彼得·芒迪和朱迪·昂格雷尔（Judy Ungerer）。这两位都是发展心理学家，他们将自己在典型发展儿童早期发展研究方面的专长运用到了 ASD 幼儿社交沟通和游戏技能发展的研究之中。我们一起进行了很多实验研究，将 ASD 儿童与典型发展儿童及其他发展迟缓儿童进行对比，探索 ASD 儿童在发展上的关键性区别。

我们的团队很关注 ASD 幼儿在语言发展上的明显迟缓表现，我们想知道典型语言发展中的那些先备沟通技能是否也会出现在 ASD 儿童身上。通过这些早期研究，我们发现，ASD 儿童其实是在早期社交沟通技能即共同注意上存在特定挑战。共同注意是儿童在学习使用口语前发展出的一项技能，具体是指两个人积极分享彼此对某个物品或活动的关注，即一方通过看、指、展示、给或评论物品或事件来引导或分享另一方的注意力的过程。与同等语言和认知水平的其他儿童相比，ASD 儿童表现出的共同注意手势最少；而在孤独症儿童群体内部，那些表现出较多共同注意手势的儿童会有更好的口语技能（Mundy, Sigman, Kasari, 1990）。

就这样，共同注意成了我在西格曼实验室博士后研究的中心主题。共同注意方面的核心挑战如今已是普遍讨论的话题，但在当时这个角度还相当新颖。芒迪将原本用来测量典型发展儿童共同注意和其他社交沟通技能的《早期社交沟通量表》拓展运用到了 ASD 儿童群体中。与该量表的使用相关的研究让人们开始关注孤独症儿童在社交沟通技能上的独特优势和劣势，尤其注意到一点：孤独症儿童在语言发展中缺少共同注意这一重要环节。

昂格雷尔，西格曼的另一位博士后学者，比较研究了 ASD 儿童游戏行为的相似性和差异性。从理论上说，游戏对儿童的发展极为重要，它可以用来预测典型发展儿童的语言和社交能力发展。她专门设计了测量孤独症儿童独立游戏和社交游戏的方法，发现与发展年龄相近的其他儿童相比，ASD 儿童在游戏方面存在十分独特的差异。ASD 儿童能够以常规玩法来使用玩具（比如，推动卡车、将不同形状块塞入形状分类盒中），但他们在象征游戏上发展迟缓，比如，扮演假装的角色或假装娃娃是有生命的。他们很不擅长具有想象性的、灵活的和自主的游戏，也很难参与到社交游戏（与人互动的游戏）之中。早期这些关于 ASD 儿童游戏和社交沟通发展的基础性工作给我们指明了前进方向，也开启了我下一阶段的职业生涯——我开始从事干预方法的测试工作。

干预

1997 年，JASPER（共同注意、象征游戏、参与及调节干预）的初始要素开始整合。当时我进行了一个教 ASD 学前儿童学习共同注意和游戏技能的研究。在研究中，我们对共同注意和游戏技能分别展开干预，然后再将这两个干预的效果与当时最有影响的治疗方法——回合尝试训练（Discrete Trial Training, DTT；Lovaas, 1987）的效果进行对比。DTT 建立在应用行为分析（Applied Behavior Analysis, ABA）的基础之上，它的治疗目标被分成几个小的容易掌握的步骤，学习活动也尽量简化以最大限度地保证学生能顺利做出反应（Smith, 2001）。这个方法能够起效的一个重要因素，在于它教授不同刺激之间的区别并提供系统的强化（Smith, 2001），但这也导致了它高度结构化和成人主导的倾向。为了减少干扰，这样的干预常常会与自然情境相脱节。

这个研究中的所有儿童都接受长时间的 DTT 干预（每周 5 天，每天 6 小时），但我们每天从中抽出 30 分钟，对部分儿童实施了游戏和共同注意干预，以此控制每个孩子接受干预的总量。研究结束时，我们发现，无论是共同注意还是游戏干预，都远比单纯的 DTT 干预更能提高儿童的语言水平（Kasari, Paparella, Freeman, Jahromi, 2008）。而共同注意干预则比其他干预更有助于提高共同注意技能，游戏干预比其他干预更能大幅提高游戏技能。也就是说，把共同注意和游戏作为专门的干预目标可以有效提高 ASD 儿童在这两个方面的技能（Kasari, Freeman, Paparella, 2006）。

　　这样的研究结果令人振奋。因为它让我们认识到，短时间的针对性干预对儿童的语言发展有显著影响。当我们在 1 年后（Kasari et al., 2008）、5 年后（Kasari, Gulsrud, Freeman, Paparella, Hellmann, 2012）甚至 10 年后（Gulsrud, Hellemann, Freeman, Kasari, 2014）再次测试儿童时，结果仍显示，游戏和共同注意干预比单纯的 DTT 干预更能提高儿童的语言能力。

　　一个意外发现是，接受共同注意或游戏干预的儿童会更多地参与和家长的社交互动，即使我们在研究中并未教家长使用相关的干预方法（Kasari et al., 2006）。于是我们做出假设，共同参与（以亲子共同活动的时长为测量标准）是这两个实验性干预的共同要素，它可能是这两组儿童比纯 DTT 组儿童语言进步更大的原因所在。而且，参与度更高的儿童也有更好的自我调节能力。这些重要信息促使我们对共同注意和游戏干预进行了整合。我们将整合后的这个综合性方法命名为 JASPER［即相关干预目标的首字母组合：共同注意（Joint Attention），象征游戏（Symbolic Play），参与（Engagement）和调节（Regulation）］。

结果

　　在完成 JASPER 的整合之后，我还想进一步了解这个干预方法对儿童有哪些促进作用、在何时有促进作用，于是又开展了一系列研究。我们做了几个短期研究（3～6 个月）以确定它能否快速起效，并测试了它的近端和远端效应。我们首先测试了接受干预师直接干预的学前儿童的表现，结果还不错。接着，我们将这一方法推广到照料者、教师和专业辅助人员群体，继而又推广到社区诊疗机构、家庭和学校。我们评估了这一方法对不同儿童的效果，从婴儿到学龄初期儿童，从极少口语儿童到口语程度较高的儿童，再到那些存在智力障碍的儿童。我们还对比测试了 JASPER 和其他各种可行干预方法的效果，测试了单纯使用 JASPER 的效果，也测试了混用其他方法的效果。

　　经过我们实验室和其他独立实验室 10 余次的随机对照试验，我们发现：

1. **变化是可能的。**孤独症的核心社交沟通挑战可以在短期内发生明显变化。
2. **变化很重要。**克服核心挑战，提升共同注意和游戏技能，会对认知和语言产生下游效应。
3. **变化是发展的。**孤独症儿童是一个异质性群体，有些儿童能快速取得进步，有些儿童则进步比较缓慢。干预效果因人而异，但再小的变化都是有益的。
4. **JASPER 有着灵活的应用。**JASPER 是一个综合性的社交沟通模块，可以很好地与其他治疗方法相搭配。这样的灵活性使它能够轻松融入各种环境，比如，融合和特教课堂、家庭日常活动，并与其他治疗相结合以满足更加个别化的需求。

5. JASPER 有自己的起效因素。当家长使用 JASPER 的模仿策略，调整自身步调充分跟随儿童（镜像步调）时，他们会比没有使用这一策略时更能实现较长时间的共同参与（Gulsrud, Jahromi, Kasari, 2010）。当干预师运用 JASPER 策略，提升与儿童之间的共同参与水平时，儿童更有可能主动发起共同注意手势，而更多的共同注意手势又可以促进下游语言技能的发展（Shih, Shire, Chang, Kasari, 2021）。

对早期干预展开研究是很有必要的。这方面的研究也如雨后春笋，随着新模式的不断开发纷纷涌现。在评估研究证据时，我们要记住两点。首先，虽然针对孤独症儿童的干预方法有许多，但大部分都没有经过严格的测试检验（这意味着没有证据表明研究中的这个干预方法比儿童当前能够接触到的其他干预方法更好）。有时候这个干预方法显然不起作用。这里需要注意的是，一篇研究文章的发表还不足以说明这个方法具有统计或临床意义。你得亲自阅读这些论文，看它们对你是否有意义。此外，没有任何干预方法能对所有儿童都产生同样的效果。有些儿童进步神速，有些儿童进步缓慢，这往往与儿童的起点有关。对于任何干预方法的效果，我们都应该抱有期待，同时保持务实态度（Georgiades & Kasari, 2018）。

其次，大部分孤独症儿童都不曾参与过实验研究。根据干预模式和研究问题的不同，研究总会包括和排除某部分儿童。JASPER 的研究包括了一般研究通常不会涉及的儿童群体，比如，生活在资源匮乏的社区的孩子、极少口语的孩子和来自语言和文化不占主导地位的族群的孩子。随着这个领域的持续发展，我们应该更加清楚哪些干预方法最适合哪些儿童及其家庭。

由于我们在美国国内进行过多站点研究，也在世界各地进行过人员培训，我们很清楚要让照料者、干预师和教育者比较准确地实施 JASPER 干预需要注意哪些细节。这也让 JASPER 的广泛培训和传播成为可能。

结语

时间飞逝，关于共同注意和游戏的初始研究距今已有 20 多年，我们也取得了不小的进步。今天的干预景况与我在 20 世纪 80 年代初遇见那个小女孩时相比已大有改观。我们现在对 ASD 有了更多的了解，包括掌握了对 ASD 儿童进行早期发现和早期诊断的方法。极少口语儿童的数量大大减少，有效的干预方法越来越多。多年来，我们也亲眼见证了干预给广大儿童和家庭带来的积极影响。我们之所以研究 JASPER 对不同学习者和在不同环境下的作用效果，也是在为未来做准备。未来，我们将进行更加细致的研究，探索用 JASPER 支持 ASD 儿童发展的更多方式，同时也帮助其他人，比如正在看这本书的你们，掌握这些信息。希望本书可以给你的工作带来有益的指导，让你更好地帮助 ASD 儿童和他们的家庭。

康妮·卡萨里

目　录

第一部分　JASPER 简介 ... 1
- 第 1 章　什么是 JASPER？ ... 2
- 第 2 章　核心领域 ... 12

第二部分　设定目标 ... 33
- 第 3 章　实施评估——SPACE ... 34
- 第 4 章　明确已掌握的技能和目标技能 ... 59

第三部分　为干预做准备 ... 69
- 第 5 章　JASPER 常规简介 ... 70
- 第 6 章　制定 JASPER 常规 ... 82
- 第 7 章　准备 JASPER 环境 ... 97
- 第 8 章　为参与和调节打好基础 ... 111

第四部分　游戏 ... 129
- 第 9 章　模仿和示范游戏 ... 130
- 第 10 章　建立常规基础 ... 141
- 第 11 章　拓展常规 ... 152

第五部分　沟通 ... 173
- 第 12 章　核心沟通策略 ... 174
- 第 13 章　手势和语言的程序化 ... 186
- 第 14 章　采用言语生成设备 ... 206

第六部分　问题排除 ... 217
- 第 15 章　支持参与 ... 218
- 第 16 章　支持调节 ... 232
- 第 17 章　在 RRB 背景下支持成效性游戏 ... 251

第七部分　总结

第18章　实现整合 ... 272

附录A　策略清单 ... 283

附录B　练习答案 ... 284

附录C　凯蒂的玩具箱（常规样例） ... 294

关于作者 ... 297

第一部分
JASPER 简介

在这个部分,你将学习 JASPER 干预的基础知识,大致了解我们的核心领域和干预目标。

目标

▶ 认识 JASPER 的核心领域

第 1 章

什么是 JASPER？

1.1 引言

本书将对 JASPER 干预法展开深入的介绍。JASPER 干预即共同注意（Joint Attention）、象征游戏（Symbolic Play）、参与（Engagement）和调节（Regulation）干预，它要解决的是我们在孤独症谱系障碍（ASD）儿童身上观察到的核心挑战。JASPER 是一种有针对性的、模块化的干预方法，它涉及的是社交沟通领域，可归入自然发展行为干预（NDBI; Schreibman et al., 2015）的范畴。它的目标是促进儿童与他人的关系（通过共同注意和参与）以及与物品的互动（通过游戏的发展），同时也帮助儿童保持稳定的情绪情感和行为，必要时做出调整（通过调节策略）。本章，我们将介绍 JASPER 的基本特征，概述如何实施干预、评估儿童和运用策略解决核心领域的问题。这些主题我们还会在接下来的几章进行更加详细的讨论。

1.2 干预细节

在开始之前，我们先通过一个简单的例子来看看 JASPER 干预大概的样子。JASPER 的教学是通过游戏这个自然学习情境来实现的。在开始干预前，干预师会先评估儿童的游戏和沟通技能，再确定与儿童发展水平相适应的干预目标，然后选出符合儿童当前技能水平并有助于提升这一水平的、能够激发儿童兴趣的玩具。如果你去旁听 JASPER 干预课，可能会看到如下情形（见图 1.1）：

> 为了促进儿童的参与和调节，我们布置了一小方游戏区域：在房间的一角有一张桌子，桌上有搭好了一半的积木房子，房子边上有一些零散的积木块，还有一套水果玩具、一把刀和一个碗；不远处的地板上放着一些纸板积木，有几块已经搭成了高塔，高塔旁放着几个小动物模型。

通过提前在环境中布置好这些对儿童具有激励作用又与他们发展水平相适应的玩具，引导儿童顺利进入干预环节。这样做的目的是让儿童表现出对某个玩具的兴趣并开始游戏。

> 成人和儿童走入房间，成人欢呼："今天我们有这么多好玩的玩具！"儿童走向桌子，拿起一块积木，搭到房子上去。成人也照着往上搭了一块积木，并将水果玩具移开，以便专心搭房子。

儿童和成人开始创建游戏常规。在这些常规中，成人有很多机会来激发儿童的游戏想法、促进沟通并支持儿童的参与和调节。

成人和儿童一起搭好了房子。然后，成人把几张小椅子和几个小人放到桌上。儿童拿起其中的一个小人，但不知道该拿它做些什么。于是，成人拿起一个小人放到房子里，同时微笑着评论说："人。"儿童跟着放入小人，说："房子。"成人回答："大房子！"他们继续轮流将小人一个个放进房子。几轮过后，儿童从座位上起身站了起来。注意到她的参与度开始减弱，成人将几块积木挪近。儿童开始往上搭建第二层房子。成人立刻跟上，开始像刚才那样轮流游戏，轮到他时他还会做一些简单的评论。

图 1.1　在 JASPER 干预中给儿童预备了多种游戏选项

在互动中，成人会给儿童积极的回应。当儿童决定将一些小人放进房子时，成人会强化这一想法并紧随其后，模仿她的行为并拓展她的沟通表达。当儿童参与度降低时，成人会帮助她重回正轨。成人还会抓住合适的机会帮助儿童发展新的游戏和沟通技能。

搭完房子后，成人又往环境中添加了一些材料以便拓展常规。儿童开始往房子里放入动物。轮到成人时，他拿起一个小狗模型给儿童看，并告诉她说"小狗"。他们继续增加新的游戏步骤，也进行更多沟通，直到儿童将这些玩具玩了个遍。成人再次摆出新的玩具选项，儿童又做出选择，他们开始创建新的游戏常规。

在整个常规中，成人保证儿童有机会使用新的游戏和沟通技能，且这种机会易于儿童发现。环境中有足够的备用材料让儿童增加新的步骤，成人也会趁儿童的积极性高涨时帮助儿童使用新技能。成人会营造环境以鼓励儿童主动发起，如果儿童还需要更多支持，就采用更多策略，帮助儿童发展游戏、沟通、参与和调节技能。下面再来介绍 JASPER 干预的其他细节。

1.2.1　目标

每一次 JASPER 干预都要力求实现这样的目标：(1) 延长儿童与社交伙伴共同活动时处于调节和

共同参与状态的时间;(2)儿童能主动发起更加多样、灵活和复杂的游戏技能;(3)儿童因共同注意、请求或其他有意沟通需要主动发起更多语言,包括言语性和非言语性(以及/或辅助性的)语言。

1.2.2 参与者

最常见的 JASPER 开展形式是干预师和 ASD 儿童一对一的方式。JASPER 专为 12 月龄以上 ASD 幼儿及年龄稍大但极少口语的 ASD 儿童设计,但它的干预策略也适用于在参与、调节、沟通和游戏方面存在挑战的其他各类发展障碍儿童。

本书的读者对象主要是受过一些孤独症儿童相关培训的从业人员,比如临床人员、教育者、早期干预师、临床心理学家、应用发展心理学家、特殊教育者、言语语言病理学家等。此外,JASPER 也可以由照料者、专职辅助人员和其他社区成员成功实施。凡是想成为 JASPER 干预师的人,必须先接受 JASPER 持证专家的培训并通过干预实施忠诚度(fidelity)的评定。更多信息请到 www.jaspertraining.org 获取。

1.2.3 环境

JASPER 干预可以在儿童家中、学校、诊疗机构或其他社区环境中进行。理想情况下,每次干预时长 45 ~ 60 分钟,具体还要看儿童的年龄和能力。有些儿童宜从较短的时长开始,之后再逐渐延长,尤其是婴幼儿、从未受过干预的儿童和那些频繁陷入失调状态的儿童。

1.2.4 适应性调整

本书专门讨论干预师和儿童之间一对一的 JASPER 干预。值得指出的是,我们也在研究中尝试让其他人员实施 JASPER 干预,还将 JASPER 运用到了某些特定的儿童群体之中。我们曾教照料者对学步期(Kasari, Gulsrud, Paparella, Hellemann, & Berry, 2015; Kasari, Gulsrud, Wong, Kwon, & Locke, 2010)、学前期(Kasari et al., 2014b)和年龄更大但极少口语(Kasari et al., 2014a)的儿童实施 JASPER 干预。我们也曾教老师和专职辅助人员实施小组(Chang, Shire, Shih, Gelfand, & Kasari, 2016)或一对一的(Lawton & Kasari, 2012; Shire et al., 2017)JASPER 干预。我们还实施过有扩大和替代沟通(Augmentative and Alternative Communication, AAC)工具支持的 JASPER 干预(Kasari et al., 2014a)以及同伴对同伴的双人组干预(Shire, Shih, Bracaglia, Kodjoe, & Kasari, 2020a)。你在学习过直接面向儿童的干预方法后,还有机会继续学习训练其他人使用 JASPER 的方法,帮助照料者在家对孩子或教师在教室对学生使用干预策略,甚至还能学习培训其他干预师和培训师的方法。这部分内容不在本书讨论范围之内,但你可以通过我们的网站获取相关信息。

1.2.5 材料

一个不大的游戏空间、一套适合儿童的桌椅、与儿童发展水平相适应的玩具以及可以整齐收纳这些玩具的容器(比如,伸手可及的袋子、箱子或架子),是实施干预需要用到的全部。如果儿童使用 AAC 系统,那么该系统也应该出现在干预过程中。此外,视觉支持、积极行为支持及其他支持系统也都可以纳入进来。

1.3 干预框架

本节，我们将介绍 JASPER 方法的总体特征，包括它广泛的实证基础和它在 ASD 儿童早期干预领域的地位。

1.3.1 基于实证的

JASPER 是基于实证的。也就是说，它经过了严格的测试并且被证明是有效的。过去 20 年里，JASPER 干预经过了我们自己研究团队和其他独立研究团队的研究检验。目前已经发表的 10 个随机对照试验共涉及近 500 名 ASD 儿童，还有更多试验正在进行中。总的来说，这些试验表明，经过干预，儿童在与他人进行游戏活动时在共同参与时间（注意到伙伴及共同活动；Kaale, Fagerland, Martinsen, & Smith, 2014; Kaale, Smith, & Sponheim, 2012; Kasari et al., 2006, 2010, 2014b, 2015）、共同注意的发起（Kasari et al., 2010, 2014b）、语言能力（Kasari et al., 2008）、游戏水平（Kasari et al., 2014b）及游戏多样性（Kasari et al., 2010）方面均有所提升。短期的纵向追踪研究表明大部分儿童都保持了这些技能，长期的追踪研究则发现，不仅社交沟通技能得以保持，儿童的语言和认知技能也取得了进步（Kasari et al., 2012）。如图 1.2 所示，使 JASPER 得以产生的研究始于 20 世纪 80 年代中期探索 ASD 特征的实验研究，以及 90 年代后期对共同注意和游戏的早期研究。后来的研究逐渐转向在社区环境中的干预。让社区中最需要它的人得到干预，是 JASPER 发展中的一个重大进展：先是在 21 世纪初开始尝试让照料者介入干预，进而发展到由教师实施干预、对极少口语儿童进行干预，然后又向社区卫生系统和国际环境延伸。更全面的 JASPER 实证清单，见本书配套的电子资源[①]。

1.3.2 有针对性的和模块化的

JASPER 是有针对性的模块化干预。"有针对性"是指它着重于解决 ASD 儿童在社交沟通方面的核心挑战。"模块化"是指它既自成一体，又可以添加到儿童现有的干预计划中去。JASPER 在社交沟通领域是一个比较综合的方法，但在除此以外的其他领域，比如，在认知、运动和学业技能等方面，它在较长一段时间内都是没有确切效果的（但可能会有间接的影响）。

1.3.3 自然发展行为干预

JASPER 是一种混合了发展和行为原理的方法，可归入自然发展行为干预（NDBI）的范畴（Schreibman et al., 2015）。它在自然的、发展的框架内起作用，同时也采用了来自行为理论（Skinner, 1957）的清晰的教学策略。与大多数 NDBI 一样，JASPER 在**自然**情境中发生，确切地说，在游戏常规中发生。这使得儿童能在与其发展相适应的学习环境中体验自然的依联。干预活动尽可能由儿童主导并尽量结构化以促进儿童的社交参与。JASPER 干预的所有方面都是**发展**的。它

---

① 编注：可前往"华夏特教"微信公众号浏览查阅相关资源（含工具表、附录 A、参考文献和实证清单的电子版）。

JASPER 干预研究时间轴

图例

探索 ASD 特征
(1985—2011)

针对共同注意和游戏的早期干预研究
(1998—2003)

照料者介入式 JASPER 干预
(2003 年至今)

教师实施的 JASPER 干预
(2006 年至今)

极少口语儿童的 JASPER 干预
(2008 年至今)

社区和国际环境下的 JASPER 干预
(2017 年至今)

普通、孤独症、智力落后儿童共同注意互动背景下的情感分享
Kasari, Sigman, Mundy, & Yirmiya (1990)

非言语沟通、情感分享和交互主体性
Mundy, Kasari, & Sigman (1992)

孤独症的非言语沟通、发展水平和症状表现
Mundy, Sigman, & Kasari (1994)

照料者–儿童互动中集中的社会性注意：孤独症、智力落后和非智力落后儿童对比
Kasari, Sigman, & Yirmiya (1994)

普通和特殊儿童在不同情境中的共同注意
Sigman & Kasari (1995)

孤独症的早期干预：共同注意和象征游戏
Kasari, Freeman, & Paparella (2001)

孤独症幼儿的共同注意和象征游戏：随机对照干预研究
Kasari, Freeman, & Paparella (2006)

孤独症儿童的语言干预效果：共同注意和游戏干预随机比较
Kasari, Paparella, Freeman, & Jahromi (2008)

孤独症学步期儿童照料者介入式共同参与干预随机对照研究
Kasari, Gulsrud, Wong, Kwon, & Locke (2010)

孤独症幼儿非言语共同注意和请求技能的形成
Paparella, Goods, & Kasari (2011)

孤独症儿童的幼儿园共同注意干预随机对照试验
Kaale, Smith, & Sponheim (2012)

孤独症儿童共同注意和游戏针对性干预的纵向追踪研究
Kasari, Gulsrud, Freeman, Paparella, & Hellemann (2012)

由教师实施的共同注意干预：学前孤独症儿童随机对照试验研究
Lawton & Kasari (2012)

极少口语孤独症儿童的幼儿园 JASPER 干预：随机对照试验研究
Goods, Ishijima, Chang, & Kasari (2013)

孤独症儿童的幼儿园社交沟通治疗随机试验 12 个月追踪研究
Kaale, Fagerland, Martinsen, & Smith (2014)

极少口语孤独症儿童的沟通干预：一个多方案随机序贯试验
Kasari, Kaiser, Goods, Nietfeld, Mathy, Landa, et al. (2014)

资源匮乏的学前孤独症儿童照料者介入式干预随机对照试验
Kasari, Lawton, Shih, Landa, Lord, Orlich, et al. (2014)

学步期孤独症儿童家长介入式干预效果随机比较研究
Kasari, Gulsrud, Paparella, Hellemann, & Berry (2015)

循证社交沟通干预的学前运用：教室里的 JASPER 干预
Chang, Shire, Shih, Gelfand, & Kasari (2016)

使用言语生成设备的极少口语 ASD 儿童的适应性干预效果纵向研究
Almirall, DiStefano, Chang, Shire, Kaiser, Lu, et al. (2016)

学步期孤独症儿童的社区合作式早期干预混合实施模式随机试验
Shire, Chang, Shih, Bracaglia, Kodjoe, & Kasari (2017)

简要报告：照料者策略实施——提高极少口语儿童的言语沟通能力
Shire, Shih, & Kasari (2018)

在幼托环境下对孤独症及其他发展迟缓高危幼儿进行发展筛查和早期干预：一个可行性试验
Gulsrud, Carr, Williams, Panganiban, Jones, Kimbrough, et al. (2019)

孤独症儿童的 JASPER 干预师面对面和远程培训方式比较
Shire, Baker Worthman, Shih, & Kasari (2020)

共同参与是促进儿童共同注意发起和对语言产生下游效应的潜在机制：ASD 儿童的 JASPER 早期干预
Shih, Shire, Chang, & Kasari (2021)

图 1.2　JASPER 干预研究时间轴

的核心领域聚焦于那些对儿童游戏、参与和社交沟通发展起重要作用的早期技能。我们会先通过评估确定每个儿童当前的发展水平，然后根据相应的发展框架设定恰当的目标并追踪进展。基于对儿童当前水平的理解，我们会在每次干预的不同情境和常规中嵌入学习和发起新技能的机会，促进儿童新技能的发展。在这个过程中，我们会使用**行为**策略和原理，比如，使用自然强化、示范和辅助，帮助儿童成功使用技能。当儿童出现挑战性行为时，我们会假设这些行为的功能（即动机）以制订有效的应对计划。

儿童作为发起者

在 JASPER 干预中，我们期待儿童能在互动中分享他们的想法和意见，也就是说，能**主动发起**。只是回应他人的辅助或诉求是不够的。为了帮助儿童主动发起，成人会亲自示范支持性的"玩伴"和对话伙伴角色。比如，成人不会为儿童选择游戏活动，教授某个孤立的技能，然后在完成任务后移走玩具；相反，成人会积极地给儿童留出空间，让儿童自己选择游戏活动并表达游戏想法，同时回应儿童的发起，为儿童进行成效性游戏并保持参与状态提供支持。总之，成人会根据儿童当下的需要调整支持的种类和水平。

1.4 干预领域

JASPER 旨在从四个领域促进社交沟通技能的发展：**共同注意**（JASPER 中的 JA，社交沟通的目标技能之一）、**从简单游戏到象征游戏**（JASPER 中的 SP）、**参与**（JASPER 中的 E）和**调节**（JASPER 中的 R），如图 1.3 所示。这些都是 ASD 儿童的核心挑战，它们与儿童的社交沟通表现密切相关，也预示着儿童今后的语言发展。这里我们先做简单介绍，第 2 章再就每个领域进行详细讨论。

图 1.3　JASPER 的四个领域

1.4.1 共同注意和社交沟通技能

JASPER 旨在教授包括共同注意在内的多种社交沟通技能。**共同注意**是指基于分享的目的在物体和人之间协调注意力的过程。从我们的早期研究中，我们认识到，ASD 儿童在共同注意方面存在特定挑战。在一个研究中，仅凭共同注意技能就可以准确区分大部分的 ASD 儿童和一般发展迟缓儿童或典型发展儿童（Mundy, Sigman, Ungerer, & Sherman, 1986）。虽然大部分 ASD 儿童都表现出共同注意技能发展的迟缓或差异，但共同注意技能越高的孩子，语言技能也越好，无论是当时测试，还是一年后再测试，结果都如此（Mundy et al., 1990）。除了共同注意，我们也将其他社交沟通技能作为干预目标，包括言语和非言语的请求技能。

1.4.2 从简单游戏到象征游戏

JASPER 的另一个主要目标是教儿童游戏，因为与他们的典型发展同伴相比，ASD 儿童在游戏领域的发展也往往存在迟缓或差异。游戏是儿童通用的一种认识世界的方式，也是教授社交沟通和语言技能的重要情境。为了教授游戏技能，我们会评估儿童当前的游戏发展水平，然后根据儿童已经掌握的技能水平选定游戏目标，再遵循游戏技能发展的层级系统（Ungerer & Sigman, 1981; Lifter, Sulzer-Azaroff, Anderson, & Cowdery, 1993），有系统地朝着更高水平、更趋象征性的方向发展（根据游戏技能典型发展框架，我们将游戏技能分成了 16 个不同的级别，详见第 2 章）。除了教授具体的游戏技能，我们也重视游戏的社交属性，利用游戏情境教儿童学习与其发展相适应的社交沟通技能。

1.4.3 参与

JASPER 也致力于促进儿童的参与。**参与**是一种与物体和／或人相联结的状态；参与状态越高，与物体和人的协调互动也越多。我们采用了亚当森、贝克曼和德克纳（Adamson, Bakeman, & Deckner, 2004）所述的典型发展儿童的参与发展模式。参与是 JASPER 的一个重要干预领域，因为儿童必须在参与状态下才能学习。参与的最高状态是**共同参与**，即儿童在物体（比如玩具）和人之间协调互动的状态。在这样的状态下，他们能注意到他人在共同活动中的动作和语言。由于 ASD 儿童在建立和维持共同参与状态上发展迟缓，JASPER 非常重视培养儿童的主动发起和协调互动能力，而衡量这种能力的标准则是对游戏和沟通的主动发起。

1.4.4 调节

JASPER 强调情绪和行为调节的重要性，因为 ASD 儿童与他们的典型发展同伴相比，在调节方面更为困难。**调节**是在特定情境中适当监测、评估并调整各种情绪、反应及行为的过程。儿童如果冷静、专注、愿意学习，就是处于调节状态。只有处于调节状态，游戏、沟通和参与才可能持续发生。虽然我们可以采用各种方法促进调节，但不得不承认，失调和挑战行为也十分常见。当这些行为影响儿童，使儿童无法有效参与互动时，它就成了我们需要解决的问题。也就是说，促进调节和应对失调是我们必须兼顾的两件事。

1.5 评估

我们会使用《游戏和沟通简略评估》（Short Play and Communication Evaluation; Shire, Shih,

Chang, & Kasari, 2018）即 SPACE 进行初始评估，再根据评估结果设定干预目标。SPACE 是一个以游戏为基础的简短的评估工具，可用来确定儿童已经掌握和正在形成哪些技能并设定社交沟通（言语及非言语的共同注意和请求）、游戏、参与和调节的干预目标。SPACE 脱胎于另外两个较长的研究工具《结构化游戏评估》（Structured Play Assessment; Ungerer & Sigman, 1981）和《早期社交沟通量表》（Early Social Communication Scales; Mundy et al., 2003），曾被我们用于与社区合作的研究，追踪学生在一段时间内的发展变化情况（Shire et al., 2017; Shire et al., 2020a）。干预师会利用评估得到的信息，选择符合儿童发展水平（包括已掌握水平和目标水平）的游戏材料。我们还会为每一次干预创建追踪日志以记录儿童的进步。每隔 3 个月左右，我们可以再次使用 SPACE 进行评估。更多信息，见第 3 章、第 4 章和第 18 章。

1.6 策略

我们有很多用来支持儿童参与、调节、游戏和沟通的策略。第 5～17 章会带你详细认识每一个策略，了解它们是如何协同作用以构成完整的 JASPER 干预的。图 1.4 是对这些策略的简介，附录 A 还有一份更加详细的策略清单。除了策略介绍，图 1.4 还展示了 JASPER 的图形小人，它们是对关键干预策略和干预要素的视觉提醒。

		核心策略	
	环境布置	环境布置是设计并布置物理空间以便给儿童提供支持并减少干扰的过程，包括对房间、儿童、玩具甚至你自身的布局安排。	第 7 章
模仿和示范游戏		模仿是重复和回应儿童的成效性游戏技能的行为。示范是在儿童需要支持时演示与其发展水平相适应的技能以促进成效性游戏的行为。	第 9 章
	建立游戏常规	游戏常规是我们教授目标技能的情境背景。常规包括与儿童发展水平相适应的玩具、一对积极的游戏搭档、反复的练习和熟悉又灵活的游戏步骤。	第 5 章、第 10 章
拓展游戏常规		拓展是在既有游戏常规上增加新步骤的过程。我们会从环境上做好准备以支持儿童主动发起新的游戏想法，并随着常规的推进不断提高游戏的多样性和复杂性。	第 11 章
	沟通策略	很多策略都能促进沟通，比如，在游戏常规中模仿并拓展儿童的主动发起、示范与其发展水平相适应的语言和手势。一些儿童还可以使用 AAC 设备。	第 12 章、第 13 章、第 14 章
	程序化	程序化是给儿童提供清晰而系统的机会来练习共同注意和请求技能的过程。我们会根据需要提供不同水平的辅助以便儿童成功使用目标技能。	第 13 章
	支持参与和调节	很多 JASPER 策略都支持参与和调节。我们做好环境准备，在干预中创造条件使儿童更容易取得成功，设法在儿童失去参与或调节状态前及时主动应对。	核心策略及第 18 章
		问题排除	
	ACT 框架	我们采用 ACT 三步式问题排除法应对干预中的挑战：评估情况（A）、制订计划（C）和检验效果（T）。	第 8 章

条件策略	
游戏和沟通的条件策略	当儿童需要更多支持才能取得进步时，我们会根据实际需要提供不同水平的辅助并引入其他策略以促进儿童成效性游戏的行为。 第8章、第17章
参与的条件策略	如果儿童失去参与状态，比如，变得只与物体互动，我们会分层采用不同的策略帮助儿童重建人际联结并回到较高水平的参与状态。 第15章
调节的条件策略	如果儿童的失调状况较为严重或反复出现，我们会明确这一行为的功能并制订有针对性的应对计划。 第16章

图 1.4　JASPER 策略清单

1.6.1　支持的不同层次

除了学习单个的 JASPER 策略，干预师还必须能协调运用各种策略，能在正确的时间选用正确的策略。JASPER 提供三种不同层次的支持：核心策略、ACT 问题排除框架和条件策略。

1. 核心策略：核心策略是干预的基础，包括强化儿童行为的策略（比如模仿）和以较为含蓄的方式给儿童展示新技能的策略（比如环境布置、示范）。核心策略的使用贯穿每一次干预的全程，它们能使儿童更容易取得成功、保持儿童的参与度、示范新的技能并应对各种挑战。

2. ACT 问题排除框架：我们采用 ACT 三步法排除问题：评估情况（<u>A</u>ssess the situation）、制订计划（<u>C</u>reate a plan）和检验效果（<u>T</u>est for success），也就是我们所说的 ACT 框架。我们用它排除干预核心领域时出现的各种挑战。

3. 条件策略：条件策略可以给儿童提供更加清晰明了的支持。它们只在使用过核心策略和问题排除策略但仍未解决问题的情况下使用。条件策略包括不同水平的游戏和沟通辅助，以及促进参与和调节的各种策略。

在 JASPER 中，我们会高度依赖核心策略并酌情使用条件策略。理想情况下，我们先使用核心策略，发现挑战时，再使用 ACT 框架排除问题，然后再次尝试核心策略以实现新的平衡，或开始引入条件策略（见图 1.5）。通过这个过程，我们给儿童提供了个别化的支持以帮助他们实现干预目标。

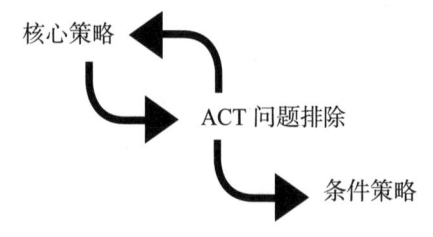

图 1.5　在 JASPER 中提供支持时，我们先使用核心策略，再进行问题排除，
然后重新回到核心策略或开始采用条件策略

1.7 结语

本书总共 18 章，分七大部分：JASPER 简介、设定目标、为干预做准备、游戏、沟通、问题排除和总结（见图 1.6）。全书还穿插了各种辅助学习材料，比如练习、案例分析、插图及各种清单和表格。虽然书中提到的儿童和临床人员大多参与过我们以往的研究，但是其个人信息是完全虚构的，任何人名、个体或事件的雷同都纯属巧合。书中练习的答案及解析在附录 B。如果你有兴趣学习 JASPER，建议你通读本书并报名参加 JASPER 的培训。如果你还想成为 JASPER 的认证干预师，那么你必须参加 JASPER 的正式培训，你的实操个案也必须达到我们的忠诚度标准。学习任何干预方法，最具挑战的部分都在于干预策略的整合，让它们对儿童来说变得有意义，能够解决他们的个别化需要。在阅读本书的过程中，建议你多反思以往经验，并以其中某位儿童为对象练习目标的设定和策略的运用。在初学时，你很难做到同时运用各种策略，但在接受培训和反馈并积累一定的经验之后，你将更容易实现关键概念间的平衡与融合。

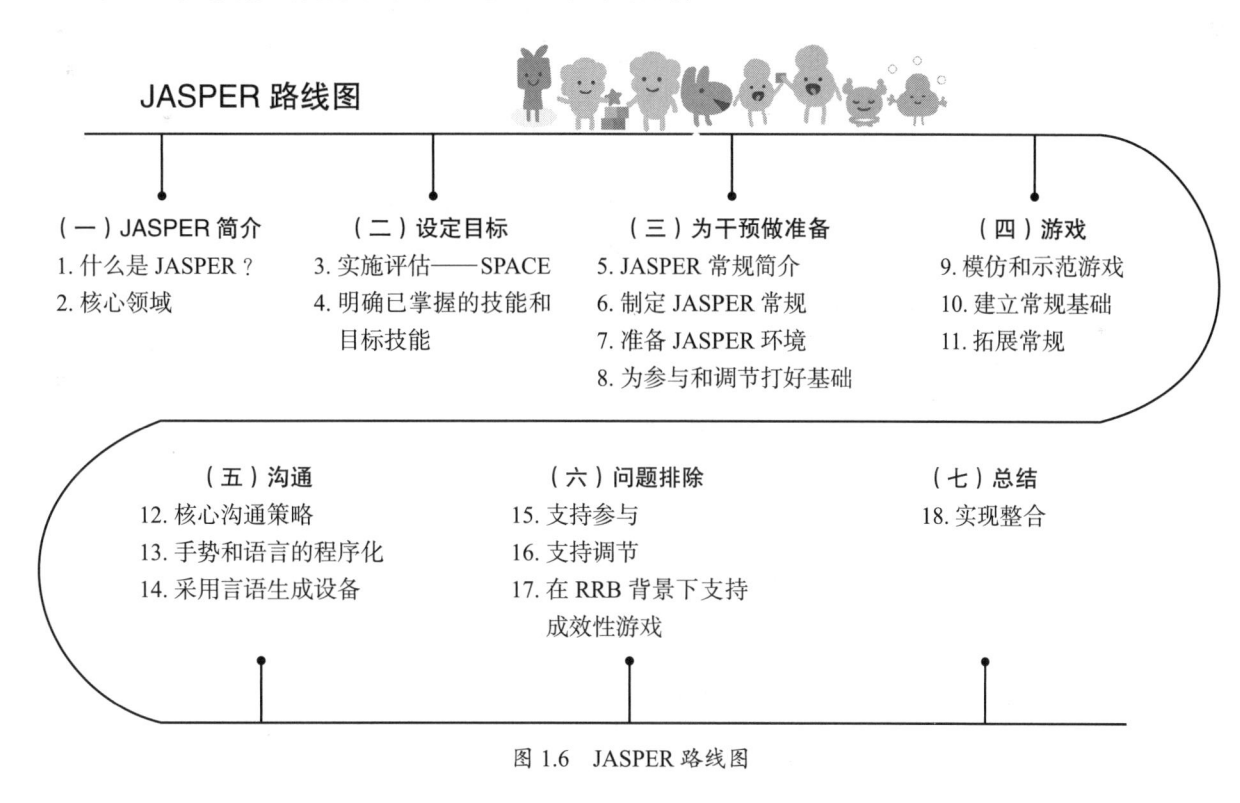

JASPER 路线图

（一）JASPER 简介
1. 什么是 JASPER？
2. 核心领域

（二）设定目标
3. 实施评估——SPACE
4. 明确已掌握的技能和目标技能

（三）为干预做准备
5. JASPER 常规简介
6. 制定 JASPER 常规
7. 准备 JASPER 环境
8. 为参与和调节打好基础

（四）游戏
9. 模仿和示范游戏
10. 建立常规基础
11. 拓展常规

（五）沟通
12. 核心沟通策略
13. 手势和语言的程序化
14. 采用言语生成设备

（六）问题排除
15. 支持参与
16. 支持调节
17. 在 RRB 背景下支持成效性游戏

（七）总结
18. 实现整合

图 1.6　JASPER 路线图

在本书中，我们会交替使用代词"他""她"，也会采用"孤独症儿童""ASD 儿童"的称呼方式。选择这些称呼方式是为了阅读的便利，而非对认同其他称呼方式的读者的不敬，因为在写作本书的当下还没有一个固定的术语标准。无论你处于哪个年龄、种族、性别或身份，我们都衷心希望你能感受到自己是被接纳的。在接下来的各章，我们将更深入地讨论本章谈及的各个主题。首先讨论的是 JASPER 的核心领域。

第 2 章

核心领域

2.1 引言

上一章，我们介绍了 JASPER 的四个组成要素：共同注意、象征游戏、参与和调节。现在，我们仔细看看这几个领域并概述每个领域的发展目标。这些信息有助于你接下来更好地确定每位儿童的干预目标并运用后面几章将会谈到的策略。我们先从**参与**谈起，它是学生在干预中学习技能的基础。接着，我们会介绍从简单水平到象征水平的**游戏**。我们的干预会匹配儿童的游戏发展水平，也会支持他们掌握新的游戏技能。然后，我们介绍**社交沟通**，特别是共同注意。我们在游戏背景下教授社交沟通技能，社交沟通本身也是共同参与的一种表现。最后，我们会讨论**调节**这个核心领域，认为儿童需要支持才能达到学习所需要的状态。除了这四个核心领域，我们还会谈到**儿童主动发起**的重要性，它是各领域目标取得进展的一个关键因素。我们还将讨论**局限重复的行为**（Restricted and Repetitive Patterns of Behavior, RRB）、兴趣或活动。图 2.1 展示了本章讨论四个核心领域的顺序。虽然我们在下文会分别讨论这几个领域，但在我们考虑问题时，它们始终应该是相互联系的。儿童在任何一个领域的进步都可能带来在其他领域的进步。我们希望你在每一次干预时都能将它们当成整体考虑。

图 2.1　JASPER 核心领域环形图

2.2 参与

参与是儿童是否具有学习状态的一个参考标准。儿童参与度高，就会学到更多，会有更多时间处于与人联结的状态，也能更好地理解周围世界。与人互动的能力对于其他技能，比如，社交沟通和游戏技能的发展也至关重要，但是，孤独症儿童在与物体和他人互动方面都存在较大的困难。因此，我们要帮助儿童提高参与水平、延长参与时间，让他们学会与他人协调互动。我们将在第 8 章和第 15 章讨论支持参与的策略。

2.2.1 参与的状态

参与状态随时可能变化。参与不是一项固定的技能，而是一种流动而灵活的状态。每个儿童都会经历参与状态的高低起伏，具体要看当天的状况、环境及其他各种因素，比如他们的能量水平、情绪或兴趣等。研究人员将幼儿的参与分成六种不同的状态：不参与、旁观、与人互动、与物互动、受支持的共同参与和协调的共同参与（Bakeman & Adamson, 1984; Adamson et al., 2004）。这些参与状态由低到高依次排列，从最低的**不参与**状态逐渐过渡到最高的**协调的共同参与**状态（见图 2.2），它们会在互动中不断波动变化。

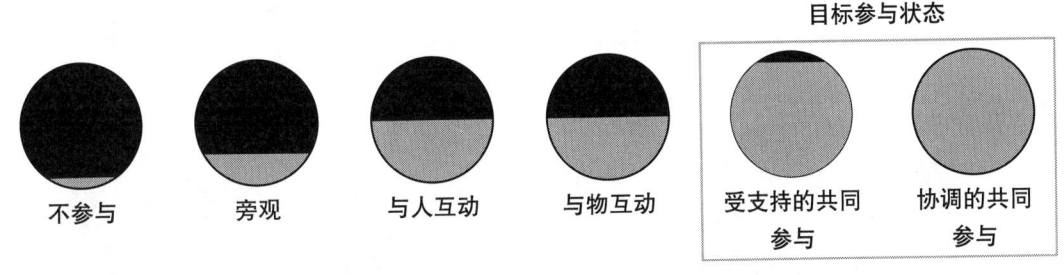

图 2.2 参与状态：从不参与逐渐发展到受支持的共同参与和协调的共同参与状态

不参与

当儿童处于不参与状态时，她与人、事、物之间不发生互动。她不关注任何东西，任何人或物品都吸引不了她。这种状态下的儿童可能正感到厌倦、不确定该做什么或者在气头上。她可能会在房间游荡，看向窗外，或出现走神、与人失去联结的迹象。如果儿童如图 2.3 中那样，在较长时间内没有将注意力投向任何玩具或没有参与任何互动，那么我们可以认为她正处于不参与的状态。不参与状态可能出现在任何时间。它可能出现在儿童陷入幻想的时候，也可能出现在儿童厌倦无聊或对周围事物不感兴趣的时候。

旁观

当儿童处于旁观状态时，他会看向某个人或物品，但并不积极参与到游戏或活动中。比如，儿童站在一边看着游乐场上的其他孩子，或者如图 2.3 所示，儿童看着大人搭积木但不加入。处于这种状态的儿童，有的可能为了学习新技能在获取一定的信息，但更多的可能仍然只是旁观者，因为他们不理解正在发生的事，或者不知道该如何参与。

与人互动

当儿童处于与人互动状态时，她只关注那个与她互动的人。她的注意焦点落在那个人身上，不涉及任何一个物品。比如，与另一个人一起唱歌、玩躲猫猫或相互追逐的游戏。在图 2.3 中，儿童正在和成人玩耍，其中没有用到任何物品。在典型发展中，这是 6 月龄以下婴儿在发现物品存在前所处的主要状态（Bakeman & Adamson, 1984）。

参与状态

不参与状态
儿童不看玩具和成人，在互动中不发挥积极作用。

旁观状态
儿童看着成人搭积木但并不积极加入游戏。

与人互动状态
儿童在活动中与成人互动，该活动无须用到任何物品。

与物互动状态
成人递给儿童一块积木，试图与她互动，但儿童只顾专心玩她自己的积木。

共同参与状态
儿童在搭积木时抬头看向成人，表明两人在互动中较为亲密。

图 2.3　参与的不同状态

与物互动

当儿童处于与物互动的状态时，他只在那儿把玩物品。他不表现任何社交行为，注意力全部集中在眼前的物品上。比如，一位母亲试图让她的孩子将球滚下斜坡，但孩子没有任何回应，仍然只在地板上来回滚球。即使其他人也在玩相同的玩具或就坐在他身旁，儿童也仍然只顾玩他自己的玩具。他的注意力还不能在人和物体之间自如转换。在图 2.3 中，儿童在玩积木，但没有意识到成人的存在或对其缺乏兴趣，对别人邀请他加入游戏的尝试没有做出回应。在典型发展中，这种状态常见于半岁左右的婴儿。

共同参与

当儿童处于共同参与状态时，她会如图 2.3 中那样同时与人和物品互动。这种参与水平需要儿童、另一个人和物品之间有比较积极的参与和互动。儿童会通过行为表明她与别人"同在"。在这种状态下，儿童会主动发起自己的想法（比如，选择玩具、采用游戏行为、发起共同注意手势或主动讲话）并表现出对成人的回应（比如，模仿成人的游戏行为或语言、参与轮流游戏或对成人的想法和辅助做出回应）。共同参与状态和服从是有区别的（见备注 2.1）。在典型发展进程中，共同参与会在婴儿接近周岁时开始形成，并对儿童的语言学习产生重要影响。

共同参与状态需要儿童和另一个人之间有积极的互动。这种互动还分两种情况，一种是受另一个人的**支持**才得以实现互动，另一种是在儿童主动**协调**下实现了这样的互动。当儿童还在学习参与时，他们往往更需要由对方支持彼此的互动。

- 在**受支持**的**共同参与**状态下，儿童表现出一些比较明显的与成人的亲密互动，但这些表现稍纵即逝，或者主要是对成人行为的回应。他们可能会看向成人的面部，和成人说话，甚至清晰地引导成人的行为。比如，如果成人和儿童正在玩积木，儿童可能会接过成人递来的积木或等待成人搭完他的积木。处于这一状态的儿童可能还没有眼神接触，但他们的行为仍然表明他们意识到自己正在和其他人互动（比如，他们会模仿成人的语言或游戏行为）。这种状态是 18～36 月龄典型发展儿童的主导状态，儿童正是在这种状态下学会很多语言技能的（Adamson et al., 2004）。

- 在**协调**的**共同参与**状态下，儿童只要成人稍加支持就可以主动发起并保持互动。这表明他可以轻松发起与物品、事件和人有关的沟通，并回应别人发起的沟通。儿童可能会主动提出想法、引导互动并决定游戏的玩法。他也可能主动使用眼神接触、手势或语言与成人互动并做出回应。这一状态下的儿童可能会告诉成人动物饿了并假装喂食，然后也给成人一块食物，让成人一起喂食。

备注 2.1　服从和共同参与不是一回事

共同参与状态有别于服从或其他干预可能会测量的"专心"行为。这两个概念比较容易混淆，因为儿童在表现服从行为时似乎也能参与其中。儿童听从他人的要求去洗手或专心于某个任务，与共同参与不是一回事。我们发现，在完成这些任务的过程中，儿童往往更专注于任务本身。

在受支持的共同参与中，参与更多地依靠另一方的支撑才得以维持，但儿童显然意识到了周围人和物品的存在，因为他会表现出一定的沟通行为。而在协调的共同参与中，儿童会发出非常明确的沟通信号，以此表达自身的意图并与他人产生联结；他们甚至会取代成人，成为互动的主要推动者。关于这些参与状态的大致情况，见图2.3。在往下学习之前，请完成练习2.1，判断儿童处在怎样的参与状态。

练习2.1 参与状态

请将下列互动情况与儿童的参与状态匹配起来。

互动情况	参与状态
1. 你和儿童手拉着手，一边唱着儿歌，一边来回摇摆。	A. 不参与
2. 你和儿童正在玩洋娃娃。儿童注意到你在给其中一个娃娃梳头，便给另一个娃娃梳起头来。	B. 旁观
3. 儿童在房间四处游荡。	C. 与人互动
4. 你和儿童正在搭积木。儿童抬头看了看你，然后往积木塔上搭了一块积木。接着，儿童又递了一块积木给你，你把它搭到了塔上。	D. 与物互动
5. 儿童往玩具校车里放了一个小人。在儿童寻找其他小人时，你往另一辆玩具校车里放了一个小人。儿童又快速往玩具校车里放了三个小人，然后躺下来，边推车子，边观察车轮。	E. 受支持的共同参与
6. 你在儿童面前放了一些过家家玩具。儿童看着你将所有玩具一一摆入房子模型。	F. 协调的共同参与

2.2.2 参与的发展框架

典型发展儿童达到上文所说的比较高级的参与状态会经历一个清晰的发展过程。特别幼小的婴儿在一开始只能关注到另一个人，在出生后6个月内会与这个人进行频繁的面对面互动。到半岁能够坐直、开始打量周围环境以后，儿童开始对物体产生浓厚的兴趣。在这个发展阶段，儿童要么只关注物体，要么只关注人，他们还无法在两者之间轻松转换注意力。接近周岁时，儿童可以比较顺畅地在人和物体之间转换注意力，也开始与人沟通对物体或事件的兴趣。由此，他们开始进入共同参与的状态。到18个月的时候，典型发展儿童有三分之二的游戏互动时间处于共同参与状态。他们有时也会处于较低的参与状态（比如，只专注于人或只专注于物体），但大部分互动都是在共同参与状态下完成的——有半数的互动处于受支持的共同参与状态，另有小部分（16%）处于协调的共同参与状态（Adamson et al., 2004）。研究表明，在18～36月龄期间，儿童绝大部分时间都处于**受支持的**共同参与状态，也是在这种状态下习得了大部分的语言技能（Adamson et al., 2004）。

反观ASD儿童，他们处于协调共同参与状态的时间远不及他们的典型发展同伴。到30个月的时候，典型发展儿童会有20%的互动时间处于协调参与状态，而相同月龄的ASD儿童只有5%的时间处于协调参与状态（Adamson et al., 2004）。孤独症儿童更有可能处于不参与或与物互动的状态。他们的参与状态也

比较多变,特别在你们最初几次互动中,这种变化可能每隔几秒就会发生。而典型发展儿童的参与状态每隔几分钟才会有所变化(Adamson et al., 2004)。在参与质量方面,孤独症儿童也存在显著差异。典型发展儿童的参与天生就有很高的社交性和互动性,但 ASD 儿童却较少做出"亲密"的举动或发出这样的信号,我们也很难吸引他们的注意力或与他们建立社交层面的联结。能在互动中发出各种沟通信号也是儿童发展进步的一个标志。比如,典型发展儿童会说话,会抬头看你,会与伙伴分享游戏想法或将玩具递给游戏伙伴。但 ASD 儿童较少使用这样的信号,如果他们想示意接下来轮到你,除了暂停他们的活动,可能再无其他表示。他们对游戏伙伴的回应也总体偏少。研究证实,在持续的互动中保持良好的参与状态对于沟通和语言技能的发展意义重大。因此,它是所有儿童都需要完成的一个重要发展任务(Adamson et al., 2004; Bruner, 1983; Tomasello & Todd, 1983)。

2.2.3 参与的目标

JASPER 在参与方面的目标是延长儿童处于高质量共同参与状态的时间。也就是说,我们希望儿童的共同参与状态(受支持的和协调的)维持得更久,转瞬即逝的参与状态减少,在参与状态良好时,儿童能更好地使用各种沟通信号。总之,我们要促进参与双方注意力和想法的共享和协调,提高双方的亲密程度。

- **增加共同参与时长**。我们要努力增加儿童与人互动时处于共同参与状态的时间,减少不参与、旁观和与物互动的时间。目标是儿童能更频繁地出现共同参与的状态,我们利用好这些状态,并让它们保持得更久。
- **增加主动发起以促进协调互动**。为了协调互动并进入最高水平的参与状态,儿童必须能主动提出自己的想法,而不只是听从成人。通过主动发起游戏和沟通,儿童努力将成人带入互动中并建立起一定的亲密感。关于儿童主动发起的重要性,备注 2.2 有更加详细的说明。

理解发起和回应的区别,对干预的成功至关重要。不同的干预方法对这两者的定义往往是不同的,JASPER 对它们的区分会比绝大多数方法都更为严格。阅读备注 2.2,了解我们对这两者的定义,然后完成练习 2.2。

备注 2.2　关于儿童发起的说明

区分发起和回应对我们核心领域的干预至关重要。为了成功与人互动,儿童必须能加入你来我往的动态互动之中,这种互动要求参与者能在发起和回应之间无缝切换。发起者与人分享有趣的事物、提出问题、发出请求,回应者针对对方的分享展开互动,再等待对方回应或加入自己新的想法。在 JASPER 中,我们希望儿童能熟练担当起这两个角色,能发起,也能回应。虽然回应他人在 JASPER 中也很重要,也是干预目标之一,但与之相比,ASD 儿童在主动发起社交沟通方面存在更大的困难,因此发起成为我们的重要发展目标(Mundy et al., 1986)。关于什么是发起,文献中存在一定的混淆,因此我们想在这里对这两者做一个区分。

在 JASPER 中,我们的"发起"是指自发的、受内在动机激发的行为或沟通。当我们提到发起时,我们就是在说该行为是自发的、未经辅助的,也是有明确意图的(不是随意的)。而"回应"

则是对他人行为或沟通的反应。当我们提到回应时，我们的意思是该行为或沟通是经别人辅助或受他人激发而产生，是紧随他人的行为或沟通之后的，或者是受外部影响而发生的。想象这样的场景：成人举着一个球和一辆玩具卡车说"你想要哪个？"很多干预方法都会将儿童在这个情境中做出的选择视为发起。但JASPER对于发起的定义更为严格，我们认为这样的选择是一种回应。因为儿童的回答是对成人提问的反应。当然，如果儿童在没有人问或没有人提醒的情况下主动宣称他想玩球，我们就认为它是一种发起。虽然儿童有时也会模仿游戏或沟通，但这是不够的，我们的目标是运用各种策略支持儿童主动发起。

儿童在参与、游戏和沟通中都可以主动发起。下面，我们分别从这几个领域举几个主动发起的例子。需要指出的是，虽然我们在举例时会分类，但这几个方面其实是彼此联系、密不可分的，比如，共同参与的发起往往要通过游戏和沟通表达。

- 共同参与的发起
  - 儿童递给成人一个玩具罗盘并举起一张藏宝图邀请成人一起玩。于是，成人和儿童有说有笑，轮流在藏宝图上指出藏宝地点。
  - 儿童选择玩叠套圆环的游戏。他将一个圆环套在杆子上，然后满脸期待地看向成人，等待成人也往上套一个圆环。
- 游戏的发起
  - 成人和儿童正在切玩具水果。儿童开始将水果块放入碗中，再假装放入烤箱烤制水果派。
  - 成人和儿童你一块我一块地往上堆搭长方形积木。搭好后，儿童拿出套嵌盒，开始把盒子一个个搭到积木上。
- 沟通的发起
  - 一个小人从玩具秋千上掉落，儿童抬头看向成人说："他受伤了！"（发起共同关注）
  - 儿童试图打开装着小球的罐子但没能打开。于是，他把罐子递给成人，嘴里发出类似"球"的声音。（发起请求）

理解发起和回应的区别对于干预的成功至关重要。完成练习2.2，判断哪些行为属于主动发起。

练习2.2 是发起还是回应？

判断下列情景中儿童进行的是回应还是发起。

1. 儿童发现桌上放着积木。儿童开始搭积木。　　　　　　　　　　　　　　　　回应　　发起
2. 儿童正在拼拼图。你问："这是什么？"儿童说："动物！"　　　　　　　　　回应　　发起
3. 你和儿童轮流假装吃蛋糕。儿童给你展示一块蛋糕，说："蛋糕！"　　　　　回应　　发起
4. 儿童把手伸向桌子对面，你问："你想要什么？"儿童在辅助沟通设备上点击了"香肠"。　　　　　　　　　　　　　　　　　　　　　　　　　　　　回应　　发起
5. 你和儿童你一块我一块地将饼干放进罐子里。然后，儿童将饼干放进一个盒子里。　　　　　　　　　　　　　　　　　　　　　　　　　　　　　　回应　　发起

2.3 从简单游戏到象征游戏

游戏是儿童早期学习最重要的情境之一，但也是 ASD 儿童的一个核心挑战。这种挑战不仅表现在游戏的象征性、想象性上，也表现在游戏的社交性和积极性方面。JASPER 在游戏领域的目标是提高儿童游戏技能的复杂性和多样性，以及促进儿童主动发起更多游戏想法。这里先介绍一下我们的游戏支持框架，第 9～11 章还会介绍发展游戏的关键策略。

2.3.1 游戏分类

我们将游戏分成四大类：简单游戏、组合游戏、前象征游戏和象征游戏。如图 2.4 所示，前三大类游戏都属于功能性（具体的）游戏，只有最后一类才是象征性（想象的）游戏。每一大类还可以细分成更加具体的游戏级别。我们的游戏分类是根据昂格雷尔和西格曼（Ungerer & Sigman, 1981）及利夫特等人（Lifter et al., 1993）的研究成果改编而来。虽然这里呈现的四大类相互独立、先后有序，但实际上各游戏级别是互为基础的，它们往往会夹杂或交叠出现在儿童的发展中。

简单游戏

在简单游戏中，儿童开始探索物体及其功能。他们要么已经开始表现出有目的的行为，要么正朝着这个方向发展。简单游戏行为包括敲打玩具、挤压毛绒玩具、把球滚来滚去或从收纳桶里倒出玩具。简单游戏包括的具体等级有**无差别行为**、**差别化行为**和**拆解**。

- **无差别行为**：儿童一开始往往会无差别地对待物品。他们会把玩具放进嘴里、用力敲打或让它们反复掉落。在图 2.4 中，儿童正在反复摇晃手中的校车玩具。这些游戏行为不专属于某一个物体，目的可能在于获得感觉上的刺激（比如，儿童会以同样的方式将所有玩具放进嘴里）。虽然这是最初级别的物体游戏，但 JASPER 没有明确将它作为干预目标。因为大部分参加干预的儿童在年龄上至少已经可以学习更高一级的游戏行为，即差别化行为了。

- **差别化行为**：差别化行为是对一个物体做出的单一的游戏行为。它们往往是一些存在因果关系的行为。在这一级别，儿童开始区别对待不同的物体。比如，把球滚下斜坡，推动小车。在图 2.4 中，儿童正在按压弹起式玩具的按键。

- **拆解**：在拆解游戏中，原本连成一体的物品被拆散。比如，从拼图板上取出一块拼图，从一叠杯子中拿走一个，从形状分类器中取出形状块。在图 2.4 中，儿童正在拆解卡扣在一起的珠子玩具。

初级组合游戏

最初级的组合游戏是按照一定的意义和逻辑把一个物体放入另一个物体里。这个物体有一个明确的专属位置，比如，每块拼图应该放到拼图板上与之对应的位置上，每个几何形状块都应该插入形状分类器的正确槽孔中。在这个阶段，儿童会将积木堆叠起来或收入积木桶中，但这种组合还不具备任何特殊含义。具体来说，初级组合游戏包括**演示组合**和**一般组合**。

游戏分类表

简单游戏			组合游戏	
无差别行为	差别化行为	拆解	演示组合	一般组合

前象征游戏

| 假装自己 | 实体组合 | 儿童施动 | 常规组合 | 单方案序列 |

象征游戏

| 物体替代 | 无物体替代 | 玩偶施动 | 多方案序列 | 社会戏剧游戏 | 主题游戏 |

（右侧纵向标注：功能游戏）

图 2.4 游戏分类，从功能游戏到象征游戏，包括每个类别下的不同级别

- **演示组合**：在演示组合游戏中，我们会把物品组合或拼搭到明确的、指定的位置上。比如，把单块拼图拼入拼图板中（见图 2.4），杯子和杯子套在一起，圆环叠套在杆子上，硬币塞入存钱罐的槽孔。
- **一般组合**：在一般组合中，物体可以以任何方式组合，不存在唯一"正确"的方式。比如搭积木（见图 2.4）、堆叠各种游戏材料、将物体装入翻斗车里等。

前象征行为和组合

到了前象征级别，游戏开始呈现一定的假装性，但仍偏向功能游戏而非象征游戏。当游戏行为指向自身、他人或无生命物体时，当物体以某种常规或习俗的做法组合到一起（比如将玩具小床放入屋子模型里）时，假装性就出现了。这些不同类型的前象征行为和组合往往会同时出现。（在第 4 章谈到设定目标和选择常规玩具时，我们会更详细地解释这种游戏技能交叠出现的情况。）

- **假装自己**：在假装自己的游戏中，儿童会做一些他熟悉的动作，动作指向儿童自己或房间里的另一人。比如，假装吃一块玩具食物，假装用梳子给自己或他人梳头、将电话放到耳边、将帽子戴到自己或他人头上。图2.4中，儿童假装咬了一口玩具草莓。
- **实体组合**：实体组合游戏是将物品拼搭起来，在此过程中，你能明显感觉到儿童正在创造着什么，或者正在拼搭他熟悉的某个物品、场所、人物或动物。儿童可能会用语言告诉你他在做什么，或者什么也不说，但会以某种方式告诉你他正在有意识地搭建着什么。实体组合游戏的例子包括用磁力片搭汽车、用积木搭椅子或飞机。在图2.4中，儿童正在用积木搭一座房子。
- **儿童施动**：儿童施动是指儿童将假装自己级别中的游戏行为施于玩偶，比如洋娃娃、人偶或动物玩偶。在这个游戏级别中，儿童是对物体发出动作的主体，是施动者（比如，儿童给洋娃娃梳头，或者如图2.4所示，喂小狗玩偶吃玩具草莓）。与后面的玩偶施动级别相比，儿童施动游戏仍然属于功能游戏。而玩偶施动游戏则属于象征游戏，其中儿童会假装玩偶是有生命的（比如，儿童假装小狗玩偶在吃草莓）。这是游戏技能发展中一个微妙却重要的差异。
- **常规组合**：在常规组合游戏中，儿童会基于对习俗、常规的认知或自身经验组合物品。比如，把杯子放到碟子上，把食物玩具放到盘子里（见图2.4），把勺子放进杯子里做搅拌动作，将椅子放到桌边，将枕头放到床头。
- **单方案序列**：在单方案序列游戏中，儿童接连将某个儿童施动行为施于两个或两个以上玩偶。比如，将一块玩具食物递给一个玩偶，再递给另一个玩偶（见图2.4），或者给一个洋娃娃梳头，再给另一个洋娃娃梳头。

象征游戏

象征游戏是对物体的象征性使用，包括假装一个物体代表着另一个物体。比如，用一块海绵代表一块食物、一堆蓝色积木代表海洋。象征游戏也包括假装洋娃娃和动物玩偶是有生命的、假装儿童自己可以承担现实存在或纯粹幻想的角色。象征游戏与前象征游戏的区别在于它展示的是真正的想象。在前象征游戏中，儿童将行为施于玩偶。而在象征游戏中，儿童假装玩偶是有生命的，或假装自己就是那个玩偶。我们往往还可以通过儿童的语言或游戏行为发生的情境判断该游戏行为是否是象征性的。

- **物体替代**：在物体替代游戏中，儿童会假装一个物体是另一个东西。我们通常可以从儿童的表达（声效或语言）中得知他们正在进行这样的替代。比如说，儿童将一块积木放到耳边，说："喂！"（把积木当电话）。再比如，儿童推动积木，同时发出汽车加速时引擎的轰鸣（把积木当汽车，见图2.4）。
- **无物体替代**：在无物体替代游戏中，儿童假装用某个不在场的物体代表某个东西。换句话说，儿童假装存在一个不存在的物体。比如，在餐厅游戏中，儿童假装给玩伴付"钱"，儿童一边搅着碗里，一边说"汤"，仿佛碗里真的有汤一样，或者假装从茶壶里倒茶，嘴里还发出"哗啦"的声响（见图2.4）。
- **玩偶施动**：在玩偶施动级的游戏中，儿童充当起玩偶的角色，假装玩偶是有生命的，比如，假装洋娃娃在吃饭、恐龙在飞翔、农民在开拖拉机。儿童常常会使用语言（比如"我们在跑步！"）或搭配声效（比如鼾声），表明这一游戏是象征性的。儿童也会帮助玩偶使用或操控物体（比如，让娃娃手握工具来检修桥梁），或以娃娃的口吻说话（比如，假装海盗，说"我们去寻宝"）。在图2.4中，儿童假装自己是小猫，正在吃草莓，嘴里还在说："好饿！喵！"

- **多方案序列**：多方案序列游戏由一连串玩偶施动级的游戏行为构成。这种行为序列看起来很像某个玩偶主演的故事。比如，一个娃娃散步到公园，玩滑滑梯，给小伙伴推秋千，然后走回家去，躺到床上打起鼾来。在图2.4中，儿童充当起小猫的角色，假装吃一口草莓，说"啊呜，啊呜！"再喝一口杯子里的饮料，嘴里发出"吸溜"的声响。
- **社会戏剧**：在社会戏剧游戏中，儿童会扮演他熟悉的某个角色，比如照料者或老师。他可能会玩过家家或外出就餐的游戏。在图2.4中，儿童假装自己是一名消防员。
- **主题**：主题游戏类似于社会戏剧游戏，但儿童扮演的不再是生活中熟悉的角色，而是幻想性的角色。游戏行为和角色可以特别富有创意。比如，扮演超人或仙女。在图2.4中，儿童假装自己是一位女巫。

完成练习2.3，找出特定游戏行为对应的游戏等级。

练习2.3 游戏级别

为下列游戏行为找到对应的游戏级别，将它们连起来。

游戏行为	游戏级别
1. 假装一张纸巾是毯子	A. 无差别
2. 将圆环套到杆子上	B. 差别化
3. 把椅子放到桌边	C. 拆解
4. 把一个小人放到滑梯上	D. 演示组合
5. 让小人握住杯子喝水	E. 一般组合
6. 往玩具食物上撒"盐"（手里没东西）	F. 假装自己
7. 将积木往桌上敲	G. 实体组合
8. 从玩具翻斗车里拿出小石块	H. 儿童施动
9. 将形状积木堆搭起来	I. 常规组合
10. 把玩具手机凑到耳边	J. 单方案序列
11. 把两个小人放到床上	K. 物体替代
12. 让一个小人步行，然后开玩具车	L. 无物体替代
13. 假装是一位妈妈	M. 玩偶施动
14. 来回推动一辆玩具火车	N. 多方案序列
15. 用积木搭出一个动物园	O. 社会戏剧
16. 假装是超人	P. 主题

2.3.2 游戏发展框架

在典型发展过程中，游戏技能会以某种可预见的顺序快速发展。到 2.5～3 岁时，多数儿童的社交和游戏技能已经足够他们进行最高级别的象征游戏了（Lillard, Pinkham, & Smith, 2011）。一开始，在 4～6 月龄时，他们会无差别地对待物体。到 9～12 月龄时，他们开始探索这些物体如何运转，游戏也开始变得更有目的性。他们开始出现一些简单的游戏行为，比如，滚球或推倒高塔。到第二年，随着儿童开始组合物体，游戏的目的性更强了。不久以后，儿童游戏开始明显转向与物体的互动和用物体搭建，假装色彩也更浓了。比如，他们会假装自己在吃东西或用积木造房子。他们会将杯子放到碟子上，再将杯子凑到嘴边"喝水"，或把杯子递给洋娃娃。不过，虽然这些行为看起来更像是在假装了，但它们仍处于前象征水平。在 18～36 个月的时候，儿童开始出现象征游戏。在这一阶段，儿童的新点子层出不穷，能编出更加复杂的游戏故事，也能混用不同类别的游戏行为了。到 48 个月的时候，儿童可以计划并演绎比较复杂的游戏故事（比如，假装海盗去寻宝）、分配角色和行为（"我来当海盗，你去藏宝"）并创造性地用环境中的物品替代其他事物（假装鹅卵石是财宝）（Lillard, 2015; Ungerer, Zelazo, Kearsley, & O'Leary, 1981）了。同时，游戏也具有了社交性，每一个孩子都会参与到互动之中。他们一起出主意，也回应他人的想法；他们谈论自己玩玩具的方法；他们用玩具搭出新的东西或编排新的故事情节……他们时而微笑，时而大笑，其乐融融。当意见不一致的时候，他们会一起解决问题，感受自己的情绪，也向其他人学习。通过游戏，他们很自然地锻炼了技能，变得更有创造性，更善于沟通和解决问题。

ASD 儿童的游戏水平往往落后于他们的典型发展同伴（Mundy et al., 1986; Sigman & Ungerer, 1984）。比如，一个 4 岁的 ASD 儿童可能还在学习堆叠积木（一般组合），而同龄的典型发展儿童已经在玩过家家了（社会戏剧）。而且，从功能游戏到象征游戏的过渡对 ASD 儿童来说特别困难，因为他们比较倾向于具体的而非抽象的游戏（Jarrold, Boucher, & Smith, 1996; Rutherford, Young, Hepburn, & Rogers, 2007）。比如，ASD 儿童比较擅长堆叠积木（一般组合），但很难用积木搭出一架飞机（实体组合）。ASD 儿童也许能够比较自然地让他的娃娃"生活"在他体验过的情境里，比如洗澡、坐校车，但很难适应更加抽象的玩法，比如，把娃娃装扮成宇航员飞向月球。此外，他们在游戏中还会有很多重复性的游戏行为，他们刻板并且抗拒变化，兴趣狭窄，很难对玩具发生兴趣，很难与他人共同游戏，等等（Kasari & Chang, 2014）。

2.3.3 游戏目标

JASPER 在游戏方面的干预目标是提高游戏技能的复杂性、多样性以及儿童在游戏中发起的整体质量。

- **提高游戏中发起的质量**：我们希望看到儿童能自发地、创造性地想出并实践新的游戏想法。毕竟，从定义上说，游戏就是儿童根据自己的想法和偏好主动地、创造性地与物体和玩具互动的过程。
- **提高游戏技能的多样性**：多样性是指掌握同一级别的各种不同的技能。比如，如果儿童的游戏水平处于**常规组合**级别，那么我们希望她能表现出各种不同的**常规组合**技能：将杯子放到碟子上，食物放到盘子里，枕头放到床上，椅子放到桌边，"停"字标志放到马路边，诸如此类。多样化技能的重要性往往会被忽略和低估。不要急着冲刺最高级别的技能。想要练成更加复杂的游戏技能，必须要有多样化技能打下的坚实基础。

- **提高游戏技能的复杂性**：复杂性是指提升儿童游戏的级别（比如，从**假装自己**发展到**儿童施动**级别）。我们不会一上来就将最高游戏级别作为目标，而会从儿童"已经掌握"（即熟练）的游戏级别出发，按照技能发展顺序，查漏补缺，循序渐进地培养儿童的游戏技能。虽然考虑到认知发展的需要，我们将象征游戏作为终极目标，但只有儿童发展出了象征游戏的先备技能，它才会真正成为我们的目标（Lillard et al., 2011）。

2.4 社交沟通

JASPER 的另一个核心领域是社交沟通。社交沟通是 ASD 的核心挑战和两个诊断标准之一。我们重视共同注意，不仅将它放进 JASPER 的名称里，也把它作为重要的干预内容，因为它是 ASD 儿童普遍存在的一个挑战（Mundy & Sigman, 1989）。但我们也着力发展其他沟通技能，以培养儿童综合的社交沟通能力。我们的目标是提高儿童的核心社交沟通能力，不仅要提高语言使用频率，还要提升沟通技能的整体质量、多样性、复杂性和灵活性。具体来说，我们要发展以下这些与共同注意和请求相关的言语和非言语技能。第 12 ~ 14 章我们还会就沟通展开专门的讨论。

2.4.1 共同注意技能

儿童使用共同注意与他人进行社会性的联结和分享。你应该还记得第 1 章讲过，共同注意是出于分享的目的而在物体与人之间协调注意力的过程。共同注意不是一项而是一组技能，它们可以帮助儿童与人沟通自身的经验感受。JASPER 重点关注的是以下这些共同注意（JA）技能：**回应共同注意**、**协调的共同注视**、**展示**、**指物**、**给物**和**语言**。

- **回应共同注意**：儿童转移自己的视线以跟随成人发起的共同注意。
- **协调的共同注视**：儿童从成人看向物体或事件，再重新看向成人，或者反过来（物体 – 成人 – 物体或事件 – 成人 – 事件），以此分享他所见到的事物（见图 2.5）。
- **共同注意展示**：儿童伸出手臂，将物品举向成人，让成人注意到这个他觉得有趣的东西（见图 2.5）。
- **共同注意指物**：儿童伸出手臂，食指指向某处，与人分享他的经验感受或强调某种令人惊讶或有趣的事（见图 2.5）。
- **共同注意给物**：儿童把物品递给成人，与成人分享某个游戏行为或经验感受（见图 2.5）。
- **共同注意语言**：儿童使用口语或通过语言辅助设备表达对某个物品或事件的看法以分享有趣的事物（见图 2.5）。

我们希望儿童能够综合运用这些技能——目光接触、手势和语言——进行分享。一旦儿童开始使用共同注意，这样的综合运用也会自然而然地出现，尤其是目光接触。图 2.5 分别展示了这些共同注意技能。

共同注意技能
情境：儿童往野餐篮里看，发现里面有一个玩具。

协调的共同注视
儿童使用目光接触与成人分享他的发现。

JA 展示
儿童举起苹果给成人看。

JA 指物
儿童用手指指向篮里的东西，分享他的激动心情。

JA 给物
儿童给成人一个梨，好像在说"这个给你"。

JA 语言
儿童说"这里有水果！"，与成人分享这一惊喜发现。

JA 综合运用
儿童注视、展示并说"我有一个苹果！"，和成人分享他的经验感受。

图 2.5 共同注意技能

2.4.2 请求技能

儿童会使用请求技能向他人表达自身需求。虽然表达需求的方式有很多,但我们侧重于培养以下这些请求技能:目光接触、伸手、指物、给物和使用语言。

- **目光接触请求**:儿童在物品和人之间转换视线以表达某种需求(见图2.6)。
- **伸手请求**:儿童伸出手臂索要某个物品(见图2.6)。
- **指物请求**:儿童伸出手臂,食指指向她想要或需要帮助的事物(见图2.6)。
- **给物请求**:儿童把物品递给成人,请成人帮忙操作或修理,或告诉成人她已经用完该物品,请成人将它拿走(见图2.6)。
- **语言请求**:儿童使用口语或语言辅助设备向成人索要某样东西,比如"我要果汁"(见图2.6)。

儿童一开始可能只会使用其中某一项技能(只有目光接触,或有语言但没有目光接触),但我们的目标是儿童最终能综合运用这些沟通技能,即同时使用目光接触、语言和手势表达她的需求。图2.6分别展示了这些请求技能。

2.4.3 共同注意技能和请求技能的区分

我们经常会将请求技能和共同注意技能混淆起来,原因可能是这些沟通技能正好兼有这两种功能。比如,儿童指物既可能是**分享**,也可能是**请求**。当我们不确定儿童的真实意图时,可以结合当时的社交情境和其他沟通信号(比如身体语言、情绪情感)做出判断。完成练习2.4,练习区分这两种技能。

练习2.4　共同注意与请求的区别

判断儿童表现出的是共同注意技能还是请求技能。

儿童技能描述	功能	
1. 儿童指向你们一起搭好的高火箭。	请求	共同注意
2. 儿童搭完马路后四处张望并在她的言语生成设备上点击了"卡车"图标。	请求	共同注意
3. 儿童将小火车放到轨道上,然后给你一辆小火车,让你也可以将它放到轨道上。	请求	共同注意
4. 儿童想把玩具西红柿的两半拼到一起。他举起这两半说:"帮我。"	请求	共同注意
5. 儿童指着你们正在搭建的城堡说:"要积木。"	请求	共同注意
6. 儿童举起一块水果说:"看,苹果!"	请求	共同注意

请求技能

情境：儿童和成人正在玩小汽车。儿童的小汽车上有个轮子掉了下来。

目光接触请求
儿童看向成人以寻求帮助，好像在说："你能帮我吗？"

伸手请求
儿童伸出手索要轮子。

指物请求
儿童指着远处的轮子，要求成人给她轮子。

给物请求
儿童把轮子递给成人，请成人帮忙修理。

语言请求
儿童说"帮我修"，要求成人修理坏掉的轮子。

综合请求
儿童看向成人，指着轮子说"帮我修"，要求成人帮忙修理轮子。

图 2.6　请求技能

2.4.4 社交沟通技能发展框架

在典型发展中，沟通主要是一种社交活动。在学会用口语"讲话"前的很长一段时间里，典型发展儿童会使用注视和手势与他人互动。在出生后第一年，儿童就能以注视和手势跟随他人（回应共同注意），也能用这些非言语的方法与人分享注意（发起共同注意）（Mundy & Newell, 2007）。研究发现，通过非言语手段与他人进行有目的的沟通对儿童日后的口语发展十分重要（Tomasello & Todd, 1983）。研究显示，早期的非言语共同注意技能，比如，跟随他人的视线、展示、指物，与儿童的语言发展相关，并且可以预测 ASD 儿童同期及未来的语言技能发展（Kasari et al., 2008; Mundy et al., 1990）。

孤独症儿童常常表现出非言语和口语社交沟通技能发展上的迟缓。这种迟缓会影响儿童的他人意识以及与人分享想法和需求的能力。典型发展儿童在出生后 20 个月左右就掌握了整套非言语的共同注意和请求技能（Paparella, Goods, Freeman, & Kasari, 2011），但 ASD 儿童却只表现出极少的共同注意行为（协调注视或使用手势），而且他们这两种技能的发展并不同步，往往是先掌握请求技能，再掌握共同注意技能（Mundy & Sigman, 1989）。这种社交分享行为早期发展上的落后为 ASD 儿童所特有，我们可以据此区分 ASD 儿童和其他类型的发展障碍儿童（Mundy et al., 1986; Shumway & Wetherby, 2009）。

这种迟缓往往会导致不够清晰的沟通模式。例如，ASD 儿童在沟通时可能很少或完全没有目光接触，或者会使用模糊甚至异常的手势，比如，在展示物品时朝向自己，在指物时没有清晰地伸出食指。他们也可能以尖叫或哭喊表达需要，而不是使用功能性的语言。他们可能还会表现出非典型的沟通方式，比如，拉着成人的手去拿他们想要的东西。当儿童诉求不明、未清晰指向他人、机械重复、表达不清或存在其他不确定状况时，哪怕再细心的观察者都很难准确把握儿童所要传递的信息。这可能会让儿童感觉挫败，陷入失调状态。

2.4.5 社交沟通发展目标

我们的目标是让孤独症儿童能以非言语和言语的方式提出请求、与人分享。实现这个目标的关键是儿童能够以自然的方式协调运用所有这些技能。

- **促进儿童主动发起沟通**：虽然在必要时我们也会教儿童回应成人的方法，但我们的干预重点在于鼓励儿童主动与人分享她的观点、想法和要求。
- **促进共同注意和请求技能的使用**：有些干预方法会分别教授这两种沟通技能（先教请求技能，再教共同注意），但我们在给儿童设定干预目标时会同时考虑这两种沟通功能（就像你在典型发展中看到的那样）。不过，ASD 儿童的共同注意和请求技能可能会以比较独特的顺序发展（Paparella et al., 2011）。我们会找出那些不以常规顺序出现的技能，然后帮助补足中间缺失的技能。
- **促进非言语和言语沟通手段的综合运用**：在 JASPER 中，非言语沟通是和言语沟通同等重要的干预目标。我们会努力促进儿童手势的运用，哪怕他们已经能够使用语言。即使言语水平较高的儿童也能从这些非言语技能的运用中获益，因为手势可以让他们的社交诉求更加清晰。

2.5 调节

调节是为了适应特定情境而恰当监测、评估和调整各种情绪、反应和行为的过程（图 2.7）。它是儿童能够学习的一个重要前提（Graziano, Reavis, Keane, & Calkins, 2007; Trentacosta & Izard, 2007）。我们知道，当儿童的状态失于调节时，他就很难参与互动（Jahromi, Bryce, & Swanson, 2013），也很难投入学习中。因此，为了实现既定的干预目标，我们必须重视调节。接下来我们将详细讨论调节及相关的行为，第 8 章和第 16 章还会专门讨论促进调节的策略。

2.5.1 失调

当某些行为、情绪或注意力的缺失影响到儿童的学习能力时，我们就遇到了调节的问题。比如，儿童一气之下扔掉玩具或将桌上的玩具全部扫落地上，或者心烦意乱，无法继续参与互动。在这些情况下，儿童进入了失调状态。**失调**表现为难以控制和调整自身的情绪反应，进而影响到与他人的互动（图 2.8）。失调常伴随各种可以观察到的行为，比如哭闹（Cole, Martin, & Dennis, 2004）。另一方面，这些行为虽然是失调的信号，但也可能是儿童用来自我调节的工具或应对痛苦的特殊方式（比如，儿童会通过吮手指、拍手、摇摆或晃动来缓解内心的不安；Cole et al., 2004）。但某些行为模式与痛苦没有直接联系（比如，儿童会为了获得想要的东西而尖叫，尽管她当时并没有不良情绪，因为她发现这个策略一直都很管用）。

图 2.7 儿童处于调节良好的状态，正在愉快地游戏

图 2.8 因为小船翻了，儿童陷入失调状态，正在哭闹

行为的功能

如果失调行为反复发生或强度较高，我们就要想办法做出恰当的应对。对于这些比较棘手的情况，我们会评估**行为的功能**，即了解儿童的行为正在传递怎样的信息。行为通常有四种功能：社会性关注、回避、获得和自发（Cooper, Heron, & Heward, 2007; Fisher, Piazza, & Roane, 2011）。

- **社会性关注**：行为的发生是为了吸引他人的关注或获得更多关注。这种关注既可能是奖赏性的社交关注（如表扬、模仿），也可能是惩罚性的社交关注（如批评、纠正）。
- **回避/逃避**：行为的发生是为了避免或终止与某些人、事、物的互动。比如，为了避免去做别人要求的事、参加不太喜欢的活动或去一个让他不愉快的场所。

- **获得**：行为的发生是为了获得想要的、喜欢的东西（比如玩具、活动、奖赏）。
- **自发/感觉**：行为本身具有即刻的奖励性和自我强化性，似乎还能满足某种感觉方面的需要（即摸、看、尝或听起来不错）。

第 16 章还会进一步讨论理解并应对这些行为功能的方法。

2.5.2 调节的发展框架

典型发展儿童的调节策略从婴儿期就开始发展了，并且随着年龄的增长而不断完善。一开始起主要作用的是照料者，他们回应并管理儿童的需求，并随着儿童独立掌握自我调节策略而自然地减少帮助（Thompson & Goodman, 2010）。照料者一开始往往采用偏肢体性的、主动的策略安抚孩子，随着儿童的逐渐成熟，再逐渐转向较为被动的策略，比如，转移孩子的注意力，或口头解释当时的情况（Grolnick, Kurowski, McMenamy, Rivkin, & Bridges, 1998）。渐渐地，儿童学会了成人给他们示范的策略，能够更多地承担起管理自身情绪的责任。自我安慰式的策略（比如吮手指）也逐渐被更加高级的策略所取代。到了学前期，儿童在自我调节策略的选择和运用上变得更加自信，比如，他们会分散自己的注意力或将注意力转移到更令人愉快的事情上（Feldman, Dollberg, & Nadam, 2011; Morris et al., 2011; Raver, Blackburn, Bancroft, & Torp, 1999）。典型发展儿童在成长中也会有沮丧或悲伤的时刻，就算中重度的失调在童年时期也很正常。比如，儿童会通过尖叫或扔掉玩具试探大人的底线，获得他们想要的东西或避免他们不想做的事。随着时间的推移，他们会逐渐掌握应对这些消极体验的方法（Gross et al., 1997; Thompson & Goodman, 2010）。最终，失调的频率会越来越低，状况也越来越轻微（Gross et al., 1997）。

ASD 儿童的失调状况更加多样化，也更为严重（Sofronoff, Attwood, Hinton, & Levin, 2007）。由于在参与方面的挑战，ASD 儿童从他人处学习调节策略的机会比较有限（Kasari et al., 2010），他们掌握的沟通技能比较少，或者不能清晰地使用这些技能（Mazefsky & White, 2014），这些都让他们的需求表达变得更加困难。也因为如此，照料者很难预料他们的孩子在日常生活中会遇到哪些困难，也很难理解这些困难并做出应对。据照料者报告，与年龄相当的典型发展同伴相比，他们的 ASD 孩子更情绪化，适应速度更慢，更容易放弃，更不善于集中并转移注意力，也更容易分心（Bailey, Hatton, Mesibov, Ament, & Skinner, 2000; Capps, Kasari, Yirmiya, & Sigman, 1993; Konstantareas & Stewart, 2006）。由于这些挑战的存在，ASD 儿童常常需要更多支持才能保持调节和参与状态。在干预情境下，为了促进技能的发展，我们会不断向儿童提出各种要求，因此尤其要注意给儿童提供必要的支持。

2.5.3 调节的目标

JASPER 在调节方面的目标是儿童能恰当地调整自己的情绪情感和注意力并加以保持，以便更好地完成任务。我们通常认为儿童要么处于调节良好的状态（表现在注意力、行为和情绪情感各方面），要么正在经历不同程度的失调状态。因此，我们的目标是减少儿童的干扰行为和失调状态，让儿童有更多时间处于学习的状态。

- **调节状态更加持久**：我们希望儿童能有更多时间处于调节良好的状态，并因此有更多机会进行有意义的分享和学习。期待 ASD 儿童在干预中全程保持完全调节（和参与）的状态往往是不现实的，但你可以支持他们保持调节和参与状态，为他们的学习做好准备。
- **失调状态更少出现**：在每一次干预中，我们希望儿童更少陷入失调状态。如果儿童陷入失调状态，我们会给予支持，帮助他恢复调节状态。总而言之，我们要尽可能地减少那些影响儿童学习能力的状态和行为（见备注 2.3）。

备注 2.3　关于局限重复行为的说明

局限重复的行为（RRB）、兴趣或活动常见于 ASD 儿童，是孤独症诊断的一个定义性特征（DSM-5；美国精神医学学会，2013）。因此，我们简单了解一下这些行为，看看它们在干预中会以怎样的面目出现以及我们应该作何应对。

局限重复行为可表现为反复进行某种物体操作、重复动作或声音、刻板、兴趣狭窄、过多或过少的感觉刺激（DSM-5；美国精神医学学会，2013）。它还可能以脚本式和回声式语言的形式出现。值得注意的是，这些行为在典型发展儿童身上也很常见，只是程度较轻。比如，典型发展儿童可能喜欢按照不同颜色整理她的小火车，但她在这个过程中仍是灵活的、参与的。而 ASD 儿童可能会坚持以某种特定的顺序摆放小火车，还会抗拒别人的打扰或拒绝他人加入游戏。

作为 ASD 的定义性特征，局限重复行为会频繁出现在我们的干预中。有时它们不太明显，只在背景中发生；有时会特别严重，导致儿童无法继续与人互动。重复行为有时看起来很像游戏行为，比如，反复开关玩具车车门。在图 2.9 中，儿童反复转动玩具校车轮子而没有采用更加复杂的玩法，比如，开车或将小人放进车里。局限重复行为会妨碍你实现游戏多样化的目标，尤其是当孩子非常刻板地坚持以某种方式玩玩具或坚持让你在常规中担任某种角色的时候。这些行为还会让儿童难以保持参与状态，甚至可能导致更加严重的失调状态。

图 2.9　儿童反复转动车轮而未采用任何成效性的游戏行为

以下迹象表明儿童的行为正在变得僵化、重复或刻板：
- 儿童越来越倾向于只与物体互动。
- 儿童开始过多地重复游戏的某个步骤，成人感觉儿童似乎被某个步骤或玩具"卡"住了。
- 儿童开始整理材料（比如对玩具进行排列、配对或分类）而不是用它们来游戏。
- 儿童的情绪情感发生变化或不再适应场合的需要。

- 儿童的社交发起（看向搭档、以恰当的方式沟通）减少。
- 儿童拒绝他人加入游戏。
- 儿童总是拒绝游戏伙伴的提议。
- 儿童的状态越来越失调。

当我们在JASPER干预中遇到重复或刻板行为时，我们应该想办法保持高质量的互动、减少儿童的干扰行为并逐渐提高儿童的灵活性。这样也是在帮助我们实现游戏、沟通、参与和调节方面的其他目标，减少局限重复行为对儿童进步的妨碍。第6章、第9章、第11章、第16章和第17章还会进一步讨论这种行为。

2.6 结语

JASPER四个核心领域之间存在一定的互补性。良好的参与和调节状态对学习游戏和沟通至关重要，而支持游戏和社交沟通的策略也会反过来促进儿童的调节和参与状态。因此，我们认为这四个领域是相互作用的，儿童在任何一个领域的进步都会自然带动其在其他领域的进步。最成功的干预师是那些能够看到这些领域之间的相互作用，能在不同目标之间实现平衡，能根据儿童当下的需要提供个别化支持的人（见图2.10）。接下来的几章，我们将详细介绍如何评估儿童的技能水平，以及如何设定每个领域的个别化干预目标。

核心领域干预目标

参与	从简单游戏到象征游戏
○ 增加共同参与的时长 ○ 增加主动发起以促进协调互动	○ 促进游戏发起 ○ 提高游戏技能的多样性 ○ 提高游戏技能的复杂性
社交沟通	调节
○ 促进沟通发起 ○ 促进非言语和言语沟通方式的综合运用 ○ 提高共同注意和请求技能	○ 延长调节状态的时间 ○ 减少失调状态的出现

图2.10　核心领域干预目标

第二部分

设定目标

在这个部分,你将学习如何使用《游戏和沟通简略评估》(SPACE)为儿童设定干预目标。

目标

▶ 评估学生自发的游戏和沟通技能

▶ 设定与学生发展水平相适应的核心领域的干预目标

第 3 章

实施评估——SPACE

3.1 引言

ASD 儿童在社交沟通、游戏、参与和调节领域的表现各不相同。这种多样化的能力表现要求我们根据每个儿童的独特优势和挑战，采用个别化的干预方法。作为 JASPER 干预师，你要了解你的儿童，掌握他的总体技能状况，并根据他的个别化需要调整你的支持策略。掌握儿童当前技能状况的最准确的方式是在首次干预前进行一次评估。在 JASPER 干预中，我们使用的是《游戏和沟通简略评估》（SPACE; Shire, Shih, Chang & Kasari, 2018）。SPACE 会分别评估儿童在参与、调节、游戏和社交沟通领域的能力，同时也让我们有机会对儿童其他方面的表现有一个大概的了解（比如，环境需求、游戏偏好、社会性联结度、学习准备度）。有了这些信息，你就可以开始选择具体的干预目标并准备相应的干预策略了。

3.2 SPACE 介绍

SPACE 专为确定 ASD 幼儿现有哪些自发技能并为他们选择恰当的干预目标而设计。评估在游戏背景下进行，用时大约 15 分钟。儿童先在桌边坐下，桌上放着评估会用到的材料，她能看到这些材料但够不到，然后逐一展开评估活动。在整个评估过程中，儿童都有机会主动请求玩玩具。在每个评估活动中，儿童也都有机会表现她的游戏和沟通技能。我们也会评估儿童保持调节和参与的能力。此外，你将使用工具表 3.1（见本章末尾"SPACE 数据收集与目标设定表"）记录儿童在整个评估过程中的技能表现。通过 SPACE 收集到的信息将帮助我们确定干预的目标，具体方法将在下一章讨论。

3.2.1 评估目标

SPACE 可以帮助我们获取儿童在以下方面的丰富信息。

参与和调节

在参与和调节方面，你将明确儿童有多长时间处于适合学习的状态（对这一状态的详细定义和描述，见第 2 章）。我们将评估：

- **共同参与**：儿童参与共同活动并与搭档保持社会性联结的总时长。
- **调节**：儿童处于平静专注、适合学习的状态的总时长。

游戏和沟通

在游戏和沟通方面，你将明确儿童**自发**技能的种类及使用频率。如果儿童未经任何明确或含蓄的教导、辅助、示范或要求就运用了技能，这些技能就可以被认为是"自主自发"的（关于每一项技能的详情，见第 2 章；关于我们为什么要以主动发起为目标，见备注 3.1）。关于游戏和沟通，我们将评估以下技能：

- **游戏技能**：自主自发的游戏行为（见 3.5 节表 3.1）。
- **非言语共同注意**：为了与他人分享物品或事件而出现的自主自发的目光接触和手势。
- **共同注意语言**：为了与他人分享物品或事件而出现的自主自发的语言（包括各种功能性的沟通方式，比如口语和辅助沟通语言）。
- **非言语请求**：为了满足自身需求而出现的自主自发的目光接触和手势。
- **请求语言**：为了满足自身需求而出现的自主自发的语言，包括各种功能性的沟通方式，比如口语和辅助沟通语言（言语设备生成的语言、图片交换、手势语等）。

备注 3.1　为什么我们只统计主动发起情况？

对于看到或听到他人对某项技能的运用，ASD 儿童往往能模仿运用，但较难主动发起这些技能。在实施 SPACE 时，我们要知道儿童已经能独立运用哪些技能。如果儿童事先看到或听到他人运用该项技能或经过他人指教（示范、言语辅助或肢体辅助）才表现出该项技能，那么我们不会将该技能计入评估数据。

3.2.2 评估活动

SPACE 并不是一整套预设好的、拿来即可使用的工具。我们会提供一个材料清单，这些材料可供儿童施展不同水平的游戏行为和各种社交沟通技能。评估者可以选用我们推荐的材料，也可以使用手头类似的玩具替换某些材料。SPACE 所用玩具必须和 JASPER 干预所用玩具有所区别，避免出现在干预中"练习"行为、评估时"测试"这些行为的情况。请根据 3.2.3 节的指导原则，为 SPACE 准备下列材料：

玩具组 1：积木、卡车、形状分类玩具、拼图（见 3.3.2 节图 3.3）

- 8～10 块小积木
- 铰链式翻斗车（足够大，能装下几块积木）
- 6～8 片装凸起式木块拼图或带手柄的嵌入式拼图
- 带 6～8 种形状的形状分类玩具（盖好玩具的盖子）
- 不透明盒子或袋子
  - 盒子或袋子要足够大，能遮住玩具组中的部分玩具。在评估前将某玩具的几个零件（比如拼图片或积木）装入其中。这样可以在评估时给儿童提供请求或分享的机会。

玩具组 2：谷仓、食物、家具、玩偶（见 3.3.2 节图 3.4）
- 家具：两把椅子、一张桌子、两张能分别容下一个娃娃的小床、一对枕头、一张毯子、一张纸巾（替代毯子）
- 可与家具相配的两个娃娃
- 小型谷仓
- 可与谷仓相配的两个动物
- 饼干玩具（6～8 块带魔术贴的饼干和带魔术贴的饼干托盘）
- 两副刀叉、两个餐勺
- 两个盘子、两个杯子
- 一把梳子
- 不透明盒子或袋子
  - 盒子或袋子要足够大，能遮住玩具组中的部分玩具。在评估前将某玩具的几个零件（比如家具）装入其中。这样可以在评估时给儿童提供请求或分享的机会。

泡泡或气球（见 3.3.2 节图 3.5）
- 棒管式泡泡器
- 或两个同色气球

卡通图画（见 3.3.2 节图 3.6）
- 三张不同的卡通图画
- 图画上应该有类似于绘本的视觉场景，有多个图像或行为可供儿童观察，而不是只有单个的人物、图像或行为。这样可以提供更多兴趣点以吸引儿童的注意。

发条玩具（见 3.3.2 节图 3.7）
- 小型发条玩偶（最好是动物或人形的）

球（见 3.3.2 节图 3.8）
- 中小尺寸的球

3.2.3 布置

在实施 SPACE 时，儿童通常是坐在桌前的，评估所用玩具则放在儿童看得到但够不到的另一张桌子或架子上（见图 3.1）。

环境（见图 3.1）
- 桌子
- 两把椅子（儿童和成人各一把）
- 放玩具的桌子或架子
- 工具表 3.1（本章末尾"SPACE 数据收集与目标设定表"）
- 中性笔或铅笔
- 视频录制设备（有必要的话）

- 扩大和替代沟通（AAC）设备
  - 如果儿童经常使用 AAC 系统（比如言语生成设备、图片沟通符号）来辅助沟通，那么请照料者或老师在评估前做好准备。

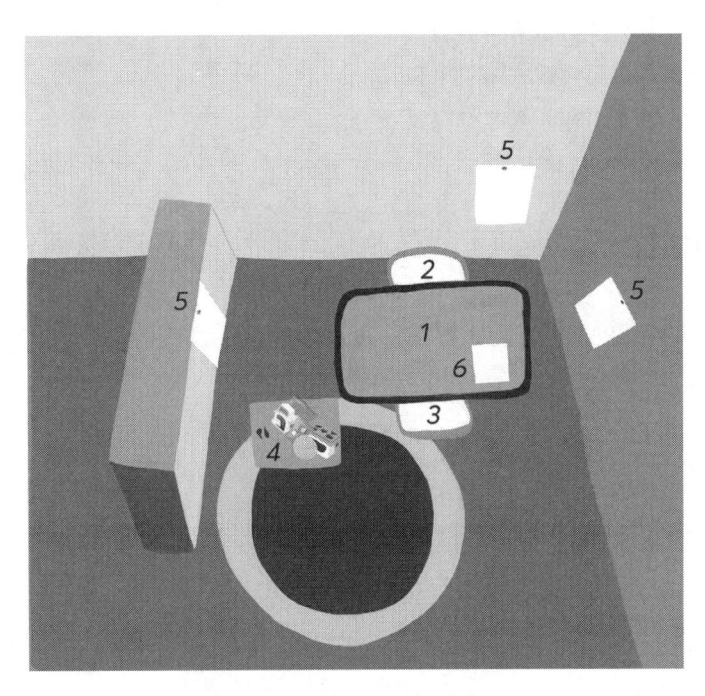

图 3.1　SPACE 需要提前布置

第 1 项：桌子；第 2 项：儿童座椅；第 3 项：成人座椅；第 4 项：评估者身旁小桌或架子上的玩具；第 5 项：三张不同的卡通贴画；第 6 项：SPACE 数据收集与目标设定表。

布置方法说明

1. 准备一张小桌和两把椅子，评估者和儿童一人一把（见图 3.1 第 1～3 项）。

- 评估者应该隔桌正对儿童坐着。
- 将儿童的座位安排到房间的一个角落里，防止儿童随意起身游荡。也可以用隔断，比如，插图中的书架，隔出更小的空间。

2. 将玩具放到评估者身旁的小桌或架子上（见图 3.1 第 4 项）。

- 玩具应该故意放在儿童看得见但够不到的地方，无论是在儿童一开始进房间坐下的时候，还是在椅子上坐定以后。这样可以在评估中给儿童制造提出请求的机会。
- 玩具应处于可见状态。将玩具完全拆解并收纳整齐，以便能轻松转移到桌上。

3. 在墙上儿童够不到的地方张贴三张不同的卡通图画（见图 3.1 第 5 项）。

- 儿童左边一张
- 儿童右边一张
- 儿童身后略微偏左或偏右的位置一张

4. 手边放一份工具表 3.1（SPACE 数据收集与目标设定表）和一支笔，以便在评估时记录儿童的技能表现（见图 3.1 第 6 项）。备注 3.2 是对记录技巧的一点补充说明。

> **备注 3.2　关于记录技巧的补充说明**
>
> 在初学 SPACE 时，评估者可能很难做到边评估边做记录。这里推荐几个能帮助你准确记录的方法：
> - 你负责做评估，另一个人负责填表格。
> - 录制评估视频，之后再对照视频填表格。
> - 现场编码速记，再与其他人的速记结果相对照。

3.3　SPACE 的施行

接下来这一节将介绍 SPACE 的实施方法、在每个评估活动中应该关注哪些技能，以及如何提供清晰的机会让儿童展示其技能。

3.3.1　步骤

请你按照以下步骤实施 SPACE。**不要示范，不要辅助，也不要玩玩具。**如果儿童对你的示范或辅助做出模仿或回应，那么这些技能不应计入自发技能。

1. 邀请儿童玩游戏。

- **摊开手掌**朝玩具方向示意，说："我们玩游戏吧！"（见图 3.2）
- **不要**用手指指玩具。我们认为这是在示范**指物请求**的手势。如果儿童马上也指向玩具，那么该技能不应该算作自发技能。

图 3.2　评估者摊开手掌朝向玩具，邀请儿童开始游戏

2. 暂停，给儿童请求玩某个玩具的机会。

- 确保玩具在儿童够不到的地方。
- 如果儿童提出想要某个玩具，那么将包括该玩具在内的整组玩具一起移过来。

3. 在开始下一个活动前，给儿童充分的机会玩玩具和展示技能。不要急着撤换玩具组。
- 确保儿童注意到每个玩具组中的所有玩具并有机会与每一个玩具互动。
- 必要时整理或重新布置儿童面前的玩具，突出那些可能被儿童忽略了的玩具，但注意不要把它变成对儿童的辅助。

4. 知道何时开始下一个活动。
- 每组玩具的游戏时间会有差异。当儿童注意到、探索完该组所有材料且不再表现出新的技能或开始重复同一个行为时，通常意味着该开始下一个活动了。
- 继续以组为单位呈现玩具，每次一组，直到呈现完所有材料。
- 在玩完一组玩具之后，给儿童机会提出玩下一组玩具的请求。
- 在合理范围内尽可能遵从儿童的玩具选择。
- 如果儿童没有提出请求，那么由你选择下一组玩具。
- 玩具的呈现没有规定的顺序。尽可能按照儿童的发起顺序确定呈现玩具的先后顺序（见3.3.3节）。

5. 注意控制时间。你必须在15分钟左右的时间里呈现完**所有**材料（对于幼龄游戏者，评估时间可能还要缩短，对于已经掌握了很多技能的儿童则可能要延长）。你既要让儿童有充分的时间展示技能，又要知道什么时候应该更换玩具开始新的活动。你要在两者之间找到平衡。比如，你可以按照儿童的要求再次给出某个玩具，但如果她一直用它重复同一种玩法，你就不能从中了解更多有关她的技能状况的信息了。在这种情况下，可以让她再简单玩一下，然后换上新玩具。

6. 在儿童完成最后一个活动后，示意她评估结束了。
- 设法在积极的氛围中结束。可以表扬孩子刚才一直安静坐着或认真玩游戏。
- 如果你承诺过好好玩游戏就有奖励，那么兑现你的承诺。
- 如果儿童陷入失调状态，帮助她调整好状态后再离开评估区域，让评估在积极的氛围中结束。

3.3.2 评估活动方法说明

以下评估活动不分先后，请按照儿童要求的顺序逐个引入。确保儿童有充分的机会玩遍每一组的所有玩具。

玩具组1：积木、卡车、形状分类玩具、拼图

在本组活动中，儿童有机会运用请求和共同注意技能并展示所有级别的游戏技能。虽然这些玩具也可以用来玩前象征和象征游戏，但它们主要还是针对简单游戏和组合游戏。将活动材料放到桌上，让儿童有机会用它们游戏或沟通（见图3.3）。这些玩具应该事先拆解好（比如从拼图板上取下所有拼图），以保证每个孩子的游戏机会均等。在给玩具时，最好同时呈现整组玩具以便儿童组合运用，但如果整组呈现会让儿童不知所措，那就可以一次呈现一个玩具（比如，先拿出拼图，再拿出形状分类玩具），直到所有玩具都摆到桌上。

图 3.3　玩具组 1，内含积木、卡车、形状分类玩具和拼图

不透明盒子或袋子的使用说明

使用不透明盒子或袋子的目的是隐藏一部分玩具，让儿童有机会主动发起共同注意。比如说，儿童在打开袋子时发现里面有个有趣的东西，然后激动地和成人分享他的发现。成人不要急于插手，把打开袋子的机会交给孩子，把惊喜留给孩子。

1.将藏着玩具的袋子或盒子与同组其他玩具一起放到儿童面前的桌上，**暂停**约 5 秒。

- 如果你将拼图装进了袋子，那么确保将拼图板也一并放到了桌上，否则，儿童无法做出任何游戏行为。

2. 如果儿童对袋子或盒子没有表现出兴趣，那么把它部分打开。如果儿童还是没有打开的意思，那就把它全部打开。

3.如果儿童仍然没有任何行动，那么将玩具从容器中取出来。

目标技能举例

玩玩具组 1 让儿童有机会展示多种技能。比如：

游戏技能

- 推动卡车（差别化行为）
- 将拼图拼到拼图板对应的位置上（演示组合）
- 将形状分类玩具中的形状块堆叠起来（一般组合）
- 搭一张"椅子"（实体组合）
- 假装某个拼图动物在开卡车（玩偶施动）

请求技能

- 把匹配不上的形状块交给评估者（给物请求）

共同注意技能

- 从盒子里拿出积木给评估者看（JA 展示）
- 指出每一块动物拼图并加以评论（JA 指物和语言）

玩具组 2：谷仓、食物、家具、玩偶

在玩本组玩具时，如图 3.4 所示，儿童将有机会展示多个级别的游戏技能，包括较为高级的前象征和象征游戏。儿童还可以围绕这些玩具与成人展开沟通。将本组玩具放在桌上，让儿童有机会开始游戏和沟通。跟前一组玩具一样，这些玩具也应该预先拆解好（比如，不要将桌椅搭配在一起摆放）。最好将整组玩具一并放到桌上，方便儿童组合运用，但如果玩具数量太多让儿童不知所措，也可以分批拿出。如果分批拿出，在拿出其他玩具时务必搭配上玩偶，比如，玩偶、谷仓和家具，或者，玩偶、食物、盘子、杯子和厨具（见备注 3.3）。组内玩具的呈现不分先后。确保儿童注意到所有玩具并有足够时间全部玩一遍。如果儿童没有注意到不透明袋子或盒子，按玩具组 1 "不透明盒子或袋子的使用说明"中的方法操作。

图 3.4　玩具组 2，内含谷仓、食物、家具和玩偶

备注 3.3　为什么我们需要玩偶？

玩偶让儿童有机会展示更高级别的游戏。比如，除了可以假装自己在用餐具吃东西（假装自己），儿童还可以给玩偶喂吃的（儿童施动）、让玩偶用餐具吃东西（玩偶施动）。这也是我们建议使用动物或人物造型的发条玩具和拼图的原因，因为这样方便儿童发掘出更多的施动者。

目标技能举例

玩玩具组 2 让儿童有机会展示多种技能。比如：

游戏技能
- 将带魔术贴的糖霜粘到饼干上（演示组合）
- 将动物放进谷仓（儿童施动）
- 将两个娃娃分别放到两张椅子上（单方案序列）
- 搅拌一杯（常规组合）"果汁"（无物体替代）

请求技能
- 把袋子或盒子交给成人，请成人帮忙打开（给物请求）

共同注意技能
- 举起玩偶给成人看（共同注意分享）
- 递给成人一把勺子用来吃东西（共同注意给物）

泡泡或气球

吹泡泡或吹气球活动给儿童提供了展示共同注意或请求技能（手势、注视和语言）的机会。吹泡泡或吹气球的目的，是让儿童主动发起共同注意，与你分享她的兴奋之情。她可能还会发起**伸手**或**指物请求**，要求得到玩具或再玩一次（吹出更多泡泡、再次吹鼓气球），或把玩具递给成人，请求成人帮忙启用。评估时可从泡泡和气球中任选一种，不要两者都选。评估者可以根据儿童的兴趣和年龄做出选择。比如，气球对于低龄幼儿可能存在安全隐患，有些儿童还会讨厌气球发出的声响。在评估过程中，泡泡或气球应该先后呈现两次。具体请看下面的方法说明。如果两次后儿童还要求更多，不妨再呈现一次以示尊重。

方法说明

1. 将气球或泡泡器置于桌子中央，让儿童开始探索。这是给儿童机会分享兴奋之情（比如，发表评论或举起玩具给你看）或请求你帮忙启用玩具（比如，给你玩具，然后看着你）。不要人为地吸引儿童的注意力（比如，故作惊讶并等待）。

以下是针对泡泡和气球的不同活动步骤，请根据你的不同选择查看相应的说明。

吹泡泡活动

2. 吹出泡泡，然后拧紧棒管放到儿童面前。**暂停**。等待儿童主动发起分享或请求。（注：暂停是评估的一个重要部分。儿童有时需要更多时间才能开始沟通，所以我们要通过暂停留出发起或回应的空间。我们在 3.3.3 节对暂停有更详细的介绍。）

3. 对儿童的沟通做出回应（比如，回应指物请求，把泡泡棒管递给儿童，让儿童试着吹出泡泡）。

4. 笑着拿回泡泡棒管。然后，根据你还希望看到的技能，选择接下来的行动：可以再次吹出泡泡，然后把棒管放到儿童够不到的地方（为了让儿童发出伸手或指物请求）；或者，你再次吹出泡泡，然后拧紧棒管，再次放到桌子中间（为了让儿童发出给物请求）。**暂停**，等待儿童发起沟通。想一想，此刻你还想看到儿童表现哪些技能：

- 吹泡泡通常可以引发共同注意技能。
- 将棒管放在儿童够不到的地方通常可以引发注视、伸手/指物和（或）语言请求技能。
- 将棒管放到桌子中间通常可以引发给物请求，请成人帮着吹出泡泡。

5. 如果儿童发起了沟通，给予恰当的反应：满足请求或回应儿童的共同注意。如果儿童**没有**主动发起沟通，继续吹泡泡并**暂停**。

6. 重复这个序列至少两遍。

吹气球活动

2. 在儿童充分探索未吹气的气球后，笑着收回气球，然后将另一只气球吹鼓起来。（为了卫生起见，准备两只同色气球，一人一只。你的气球单独放在一边。如果儿童提出请求，把属于他的那一只给他。）

- 将气球举到儿童够不到的地方并**暂停**（见图3.5）。儿童可能会通过注视、手势或评论与你分享对这个气球的感受。
- **不要**扎紧气球，因为接下来你还要把气放掉。

图3.5 评估者将吹鼓的气球举到儿童够不到的地方以激发儿童的沟通技能

3. 缓缓放气。（你可以在放气时让气球发出搞笑的声音，前提是儿童觉得好玩不刺耳。）

- **暂停**并等待儿童主动发起沟通。在此期间，儿童可能会通过注视、手势或语言向你要气球。

4. 如果儿童发起了沟通，予以恰当的反应：满足他的请求或回应他的主动分享。如果儿童**没有**主动发起沟通，再次吹鼓气球并**暂停**。

目标技能举例

吹泡泡或吹气球可以让儿童有机会施展多种技能。比如：

请求技能

- 抬头看向气球（目光接触请求）
- 将气球递给成人，请求成人帮助（给物请求）

共同注意技能

- 吹出泡泡，说："泡泡！"（共同注意语言）

共同注意：指画

如图3.6所示，按照一定的顺序，用手指指向墙上三处不同位置张贴着的图画。这个活动的主要目的是通过让儿童追随手指的指向转移视线，测量儿童对评估者发起的共同注意做出反应的能力。

这三次指画分别是：

- **左侧右指**：伸出你的**左**臂，指向你身体**右**侧。

- 右侧左指：伸出你的**右**臂，指向你身体**左**侧。
- 后指：左臂或右臂屈起并指向儿童身后。

（屈起你的手臂以便儿童看清你的手指方向。如果手臂完全伸直，你的手指可能会越出儿童的视线范围。）

A. 左侧右指
（左手指向右侧）

B. 右侧左指
（右手指向左侧）

C. 后指
（左手或右手指向儿童身后）

图 3.6　评估者清晰地指向墙上的图画，同时将视线落在画上

方法说明

1. 当你指向墙上的图画时，叫两遍儿童的名字（比如"乔伊，乔伊！"）。**不要说"看"**。
2. 将视线投向你所**指的方向**，**暂停**约 3 秒，等待儿童回应或发起。
- 看向你指的方向而不是儿童（如果看向儿童，儿童就没有机会追随你的视线，而在儿童和图画之间来回看则会额外提示儿童转移视线。）
- 暂停是为了让儿童做出回应，让他看向你指的方向（回应共同注意）。此外，儿童也可能会为了与你分享而发起沟通，比如，回看你并用手势示意或评论他所看见的东西。
3. 暂停后：
- 如果儿童**没有**做出回应，说出你所指的图画上的内容，比如："乔伊，乔伊！"（**停顿**）"一头狮子！"
- 如果儿童做出评论，给予恰当的回应，比如："乔伊，乔伊！"（**停顿**）儿童回答："狮子！"你回应："一头狮子！"

目标技能举例

指画给儿童提供了施展多种技能的机会。比如：

回应共同注意

- 追随成人的视线
- 追随成人的指向

发起共同注意

- 对图画做出评论（共同注意语言）
- 指向房间里的其他东西（共同注意指物）

发条玩具

发条玩具的主要目的是激发儿童协调的共同注视、JA 手势和语言（见图 3.7）。另外，发条玩具还能给儿童提供很多发起请求的机会。

方法说明

1. 在**儿童远远够不到**的桌子一角发动发条玩具，然后**暂停**。在玩具移动的过程中，儿童可能会通过注视、手势或语言发起分享。

- 先**不要**给儿童发条玩具。

图 3.7　评估者在儿童够不到的地方发动发条玩具以激发沟通技能

2. 等玩具停下后，**暂停**。如果儿童提出想要玩具的请求，立即做出回应，把玩具给她。

- 发条玩具只需要呈现一次，但如果儿童提出请求，可再呈现一次。
- 尽量在儿童发起沟通（比如，伸手要玩具）后给出玩具。不要让儿童从桌上或你手里抓抢玩具，抓抢不是我们在这个评估中希望看到的沟通技能。

目标技能举例

发条玩具给儿童提供了施展多种技能的机会。比如：

请求技能

- 指向桌子另一头的发条玩具（指物请求）
- 看着发条玩具说："再来一遍！"（语言请求）

共同注意技能

- 发条玩具启动后看向玩具，然后看向成人，再看向玩具（共同注意注视）
- 将发条玩具递给成人看（共同注意展示）

球

玩球的主要目的是查看儿童是否会表现出 JA 给物技能，更确切地说，儿童是否会将球滚向你。

方法说明

1. 把球放到桌子中央，伸出双手，做出准备接球的样子。**暂停**并满怀期待地等着，如图 3.8 所示。

- 这一步不要着急，让儿童探索几秒后再将球滚向你。

2. 如果儿童把球递给你或滚向你，那么把球滚回去。这样来回滚几次。如果儿童**没有**把球滚向你，那么身体前倾，满怀期待地等着他将球滚过来。

- 如果儿童注意到你在等待但仍没有将球滚向你，那么示范滚球动作，将球滚给他，让他理解你的期待。如果儿童做出反应，那么再来回滚几次。如果没有任何反应，把球收起来。
- 确保儿童有充分的机会注意到你并在你**示范前**主动分享。只有儿童主动将球滚向你，才算表现出了 JA 给物技能。如果成人一上来就示范滚球动作，那么儿童的反应不能算作自发技能。

目标技能举例

玩球给儿童提供了施展多种技能的机会。比如：

游戏技能

- 把球滚来滚去（差别化游戏）
- 让球上下弹跳（差别化游戏）

共同注意技能

- 把球分享给成人（共同注意给物）
- 在球与评估者之间协调注视（共同注意注视）

图 3.8 评估者拿出球，双手做出准备接球的姿势

人际互动活动（可选）

如果儿童对玩具几乎不感兴趣或者需要帮助才能保持调节或参与状态，那么你可以考虑将人际互动活动引入评估中。人际互动活动是指不需要使用物品的简短活动，比如挠痒痒游戏、粗大运动游戏（比如荡秋千）和唱儿歌［比如《小小的蜘蛛》（Itsy Bitsy Spider）或《划、划、划小船》（Row, Row, Row Your Boat）］。对于那些对评估环境感到陌生以及不与玩具互动的孩子，这种活动

会特别有用。它们还能营造一种积极鼓励的氛围，让儿童有更多机会展现请求技能。

方法说明

1. 跟儿童说"我们来唱一首歌"或"我们来玩一个游戏"，以此表示游戏的开始。
2. 唱几句或挠几下痒痒。**暂停**并等待儿童主动请求你继续。
3. 继续唱歌或挠痒痒。
4. 给儿童两到三次主动发起请求的机会。

3.3.3 为主动发起提供清晰的机会

帮助儿童展示自发技能的最好办法是严格按照以上指导原则实施评估。下面这些方法也可以帮助你在不辅助、不示范的情况下激发孩子的最佳表现。

考虑参与和调节状态

根据儿童的调节和参与状态安排活动的引入顺序。

- 首先引入你觉得会让儿童感到有趣好玩的玩具。
- 策略性地穿插那些更具激励性的玩具（比如发条玩具、气球或泡泡）。你可以在儿童注意力开始涣散时引入它们。类似地，你也可以在需要时重新引入儿童最爱的玩具以调动他们的积极性。
- 将指画活动安排在儿童参与状态最佳的时候。避免将它放在最后，因为越往后儿童的参与度往往越低。

考虑环境布置

重新布置环境并减少干扰。

- 将玩具收拾整齐。不要将所有东西堆成一堆，不要指望孩子能自己整理清楚。
- 保持桌面整洁，尤其是儿童面前的区域。
- 将原本成套的玩具摆在一起（比如，将形状块放在形状分类盒的旁边），但要避免给儿童造成明显的游戏提示（比如，不要将桌椅配套摆在一起）。

（必要时）将物品移向儿童。

- 将某些玩具移到更靠近儿童的地方，以便儿童注意到所有的玩具（比如，如果有娃娃或动物玩偶被其他玩具挡住，将它们直接移到儿童面前）。儿童如果注意不到或拿不到所有玩具，就可能错过一些机会，不能表现出她的全部游戏技能。
- 不要给儿童展示玩具的玩法或给她任何辅助，因为这样表现出来的技能是不作数的。

停顿不要太仓促

ASD 儿童通常很难主动发起，暂时的停顿可以给他们清晰的机会表现技能。

- 每次停顿都应该清晰而明显。在一旁看着、等着儿童主动发起沟通。
- 但不要停顿太久，否则会让儿童失去兴趣和注意力（通常不超过 3 秒）。

- 如果儿童没有任何动作，那就往前推进。

调整等待时间

根据儿童的能力和需要调整等待的时间。

- 如果儿童很快就会失去参与或调节状态，那么在暂停或让儿童选择玩具时只等待两三秒的时间。
- 如果儿童很有可能与你沟通或提出玩玩具请求，或者儿童的调节和参与状态能够保持较长一段时间，那么可以停顿久一点，以便给儿童充分的沟通机会。

在等待儿童发起请求时，将物品放到儿童完全够不到的地方

在利用泡泡/气球和发条玩具制造请求机会的时候，务必将这些物品放到儿童完全够不到的地方。如果儿童可以抓到或拿到玩具，你就失去了看到儿童使用手势或语言请求的机会。在评估过程中要始终注意这一点，甚至在儿童刚进房间的时候就要注意这一点。

优先考虑你还没见到的技能

根据你在试图激发的技能，平衡安排各项活动。

- 如果儿童已经多次表现出某项技能，就可以少花点时间激发该项技能了。
- 如果儿童尚未表现出某项技能，就要用更多时间进行有助于激发该项技能的活动。比如，在吹气球活动中，如果儿童还没有表现出指物请求的技能，你就可以将气球举到儿童够不到的地方，给儿童制造出指物请求的机会。如果儿童还没有表现出给物请求的技能，你可以将气球放回桌上，让儿童有更多机会发出给物请求。

有趣、积极、友善！

在评估中你不跟儿童一起游戏，但你仍然可以是一个积极主动、让人激动和愉悦的互动伙伴。如果不能营造一个积极的社交环境，儿童可能就不那么享受互动的过程，也就不那么积极表现出游戏和沟通技能。

- 调节你的情绪情感和语音语调，让儿童感觉到你的亲切友好。
- 通过微笑、表扬、评论儿童正在做的事和模仿儿童的功能性沟通行为回应儿童的各种沟通行为（包括目光接触）。
- 不要一声不吭地坐在那里。儿童只有在轻松自在的环境中才会乐于分享。

3.4 常见问题解答

接下来，我们解答有关 SPACE 的一些常见问题。

在评估过程中我可以讲话吗？

当然！为了给儿童营造一个亲切友好的环境，你应该对儿童的沟通和游戏技能做出积极的回应。你可以对儿童正在进行的游戏行为发表评论（比如"哇，好主意！"或"太棒了！"）。**避免**可能引导儿童使用特定游戏或沟通技能的语言。

- **避免暗示更高级别游戏行为的语言**。比如，儿童将一个娃娃放到床上，然后盖上毯子说："毯子。"你回答说："娃娃睡觉了。"
  - 问题：你说娃娃睡觉了，就是在暗示娃娃是有生命的（玩偶施动）。比起只是将娃娃放在床上（儿童施动），它属于一个更高的游戏级别。
  - 修正：模仿儿童的语言（比如"毯子！"）、评论行为本身或给予表扬。

    还有一个类似的例子：儿童用勺子做出挖舀动作，假装吃东西。儿童看向你但没有说话。你回应说："哇，你在喝汤！"
  - 问题：你说儿童在喝汤，等于暗示甚至明确提示了一个替代物。如果儿童因此而说出"汤"，那么这只能算作是经过辅助的而非自发的象征游戏行为（无物体替代）。
  - 修正：评论儿童的行为（比如"舀！"）或给予表扬（比如"好主意。看起来很好玩！"）

- **避免主动吸引儿童的注意或激发儿童的技能**。比如，在等待儿童发起沟通的时候，不要故作惊讶或在儿童和玩具之间来回看。
  - 问题：使用目光接触、发出声音或做出表情让儿童主动发起请求或分享，实际上都是在间接辅助儿童。
  - 修正：在等待儿童使用技能的过程中保持安静。等儿童主动发起，然后做出回应，而不是使用各种办法激发儿童的技能。

- **避免教儿童新词**。比如，儿童拿起一块拼图，你马上说出它的名称（如"长颈鹿！"）。
  - 问题：儿童经你示范给出的评论性语言不能算作主动发起，因为任何模仿性语言都不是自发语言。
  - 修正：等着看儿童会说什么，或给出一般性评论（比如"好主意！"），也可以尝试使用比儿童自己会说的更加复杂的语言（比如"哇，你把它们都放进去了！"），因为比较难以模仿，所以可以避免起到示范的作用。

我可以用手势沟通吗？

在评估中**不要**使用手势（比如指物、展示或给物），因为这些手势会起到辅助和示范的作用。模仿的手势不能算作自发的技能表现。

我可以加入游戏吗？

尽量不要主动加入儿童的游戏。**不要**给儿童展示玩具的玩法或模仿儿童的游戏行为，除非儿童要求你这样做。你应该通过使用一般性的评论语言和表扬维持积极友好的氛围。你的目的是在不玩玩具的前提下给予儿童及时的回应、保持趣味性和积极的态度。

如果儿童不玩玩具，我可以提供帮助吗？

如果儿童在你给足时间和机会的情况下依然没有玩玩具的意思，请考虑采用下面的方法。总的来说，你应该设法提供必要但介入性最小的支持帮助儿童游戏。

- 保证桌面不凌乱，保证儿童面前有一片可以用来玩耍的空白区域。（你可能需要限制桌面上玩具的数量以便给儿童清晰的游戏选项。等她开始游戏之后，再将更多玩具添加到环境中来。）
- 将有趣的玩具移到更靠近儿童的位置，将儿童还没有玩的玩具直接移到儿童面前。
- 移走那些导致儿童沉迷或产生重复行为（比如一直盯着、反复敲打）的玩具。（关于成效性和干扰性游戏行为的外在表现，参见第 6 章 6.2.3 节。）
  - 在实施 SPACE 过程中，你可能需要采用一些行为策略应对各种挑战性状况（比如，促进转衔）。例如，为了移走某个玩具，在必要的情况下，可以给儿童口头提醒和视觉性的倒计时提示。
- 直接将某个玩具朝向儿童或递给儿童。
- 提供一般性的言语辅助（比如"我们来玩游戏吧！"）。
- 如果是幼儿，可以让照料者在场，尤其是在你和孩子刚接触不久的情况下。在这种情况下，向照料者说明评估的目的，请他 / 她不要辅助孩子。

我可以满足与评估无关的请求吗？

如果你可以，那就满足一下（只要不干扰到正常的评估流程），然后快速引导儿童回到评估中来。如果这种请求是儿童逃避互动的一个方法（比如，儿童反复要求"好了，好了"），那么你需要做出自己的临床判断（根据你的经验和直觉），决定是做出回应还是引导孩子回到评估中。高激励性的活动和物品是鼓励儿童参与评估的极佳的强化物（比如"先玩游戏，再吃零食"）。

我可以重复使用同一个玩具吗？

如果儿童要求重复玩某个玩具，你可以将它往前移，然后继续记录儿童的技能表现。只要儿童能以富有成效的、恰当的方式玩这些玩具就没有问题。如果儿童已经反复玩过很多次但还要求再玩，因时间关系，你可能要忽略这一请求，开始进入下一组活动。总之，见机行事。你还可以将儿童反复要求玩的玩具用作强化物，引导儿童开始其他的游戏活动（比如"先玩游戏，再玩气球"）。

如果儿童明明已经掌握了某个技能但就是不表现出来，该怎么办？

如果你确信她已经掌握了某个技能但始终不见她使用，那么可能存在以下原因：
- 儿童只学会了怎么用这个技能回应他人，但还没学会主动发起这一技能。
- 儿童还没有完全掌握这个技能，所以还不能自如地使用它。
- 儿童恰好状态不佳。这可能也说明儿童还没有完全适应这个新的环境。

在实施 SPACE 过程中，你应该如实记录所看到的技能表现。如果在之后的干预中发现儿童确实完全掌握了这个技能，再调整你的干预目标也不迟。

3.5 SPACE 表格

评估还需要用到几份表格材料：
- **工具表 3.1（SPACE 数据收集与目标设定表）**：在评估过程中用这张表格记录儿童的技能表现，在评估后用它来设定干预目标。

表 3.1　SPACE 不同级别常见游戏行为对照表

说明：
- 对照此表，判断儿童每个游戏行为所对应的游戏级别。
- 儿童可能会表现出此表没有列出的游戏行为。（关于判断游戏级别的更多信息，见第 2 章"核心领域"。）

游戏级别	游戏行为
简单游戏	推卡车（差别化行为） 开关谷仓门（差别化行为） 拿出卡车里的积木（拆解） 拿出拼图板上的拼图（拆解）
组合游戏	将拼图拼到拼图板上（演示组合） 将玩具饼干放到带魔术贴定位的托盘上（演示组合） 将糖霜放到饼干上（演示组合） 将形状块放入形状分类器中（演示组合） 堆叠家具（一般组合） 堆叠饼干（一般组合） 堆叠或搭积木（一般组合） 将积木装进卡车里（一般组合） 堆叠拼图（一般组合）
前象征游戏	将杯子或勺子放到嘴边（假装自己） 将饼干放到嘴边（假装自己） 把梳子贴近自己的头发或评估者的头发（假装自己） 用积木搭出结构体（实体组合） 将玩偶放到床上（儿童施动） 将玩偶放进谷仓里（儿童施动） 将玩偶放进椅子里（儿童施动） 将杯子或勺子凑近玩偶（儿童施动） 将饼干凑近玩偶（儿童施动） 将勺子放进杯子里（常规组合） 将饼干放进杯子或盘子里（常规组合） 将毯子放到床上（常规组合） 将枕头放到床上（常规组合） 将椅子放到桌边（常规组合） 用勺子在盘子或杯子里搅拌（常规组合） 对两个玩偶施以同一个儿童施动行为（单方案序列）
象征游戏	假装纸巾是毯子（物体替代） 假装在杯子或盘子里制作食物（无物体替代） 假装卡车喇叭在"滴滴"作响（无物体替代） 假装玩偶在睡觉或打鼾（玩偶施动） 假装玩偶在走路（玩偶施动） 假装玩偶在吃喝东西（玩偶施动） 对同一个玩偶先后施以两个不同的玩偶施动行为（多方案序列） 假装是面包师（社会戏剧）

- **表 3.1（SPACE 不同级别常见游戏行为对照表）**：参照表中内容，判断不同游戏行为对应的游戏级别。
- **工具表 3.2（SPACE 实施保真度评价表）**：在学习实施 SPACE 的过程中，用这张表格促进评估的可靠性。

3.6 计分方法说明

完成 SPACE 后，你会对儿童的主动发起技能有更加清晰的认识。有些技能发起较为明显（比如，儿童举起一个玩偶说："去谷仓！"），也有些发起比较含蓄（比如，儿童看看她想玩的新玩具，又看看你）。本节，我们将帮助你识别并记录儿童的自发技能。

3.6.1 在"SPACE 数据收集与目标设定表"上记录技能

将你在评估中观察到的技能记录到工具表 3.1（SPACE 数据收集与目标设定表）中。现场收集数据是 SPACE 获取数据的最高效的方法。研究显示，就算是社区的评估员，包括班级老师，都能学会边实施高忠诚度的 SPACE，边收集高质量的数据（Shire et al., 2018）。记得只记录儿童**自主自发**的游戏、手势和语言技能。如果儿童在成人的示范或辅助下才使用技能，那就**不要**记录该项技能。

共同参与总时长（第 1 列）

- 完成评估后，圈出儿童在评估过程中处于共同参与状态的总时间，包括受支持的和协调的共同参与状态。

调节状态总时长（第 2 列）

- 完成评估后，圈出儿童在评估过程中处于良好的调节状态的总时间。

共同注意技能（第 3 列）

回应 JA 指物

- 在评估过程中，记下儿童随评估者指向墙上的画而转移视线的次数。
- 在完成评估后，圈出儿童对指画动作做出回应的总次数。
- **不要**将儿童回应指画时的手势或语言记到下面几个分项栏中，但之后再发起的手势和语言则**需要**记入这几个分项栏中。
- 比如，你指着画说："班尼，班尼！"班尼看过去，指着画说："那是狮子。"（记作回应。）然后，班尼自发指着另一幅画说："那是长颈鹿！"（记作自发手势和语言。）总而言之，你将记一次回应共同注意、一次自发 JA 指物和一次 JA 语言。

注视、展示、指物和给物分享

- 在评估过程中，记下儿童使用各项技能的次数。
- 完成评估后，圈出儿童使用各项技能的总次数。
- **不要**记录那些不清晰或不完整的手势，只记录清晰的、完全成形的手势。

- **不要记录评估者示范过的手势**，尤其是在玩球活动中。比如，如果评估者示范了滚球动作，那就不要记录儿童模仿的将球滚回的动作。

语言分享
- 完成评估后，如果儿童使用了自发语言分享，圈出"有"；反之，则圈出"无"。

请求技能（第 4 列）

注视、伸手、给物和指物请求
- 在评估过程中，记下儿童使用各项技能的次数。
- 完成评估后，圈出儿童使用各项技能的总次数。
- **不要记录不清晰的手势**，只记录那些清晰的、完全成形的手势。

语言请求
- 完成评估后，如果儿童使用了自发语言提出请求，圈出"有"；反之，则圈出"无"。

目光接触、手势和语言的综合运用（第 4 列）
- 完成评估后，如果儿童经常综合运用目光接触、手势和语言提出请求，圈出"请求"。比如，儿童一边举着发条玩具，一边看向评估者说"帮我"，并将玩具递给评估者。
- 如果儿童经常综合运用这些技能进行分享或评论，圈出"共同注意"。比如，在吹泡泡活动中，儿童看向评估者，然后指着泡泡说："它爆了！"
- 如果儿童不经常综合运用这些技能，圈出"无"。

语言水平（第 5 列）
- 完成评估后，圈出儿童的语言水平。判断语言水平的依据是儿童的平均句长，即儿童每句话的平均用词数（口语或辅助语言均可）。完成以下练习 3.1，判断儿童的语言水平。

练习 3.1　SPACE 语言水平
下面是儿童在 SPACE 过程中使用的语句，圈出与之对应的语言水平。

用到的词语	儿童的语言水平
谷仓、大象、男生进、	无语言
老麦克唐纳、进、	不完整词 / 近似音
饼干、门、牛、	单词
出	双词
	短语
	句子

游戏技能（第 2 页）
确定儿童自发游戏技能的水平，以及每个游戏级别分别表现了几种游戏行为（参见表 3.1）。
- 在评估过程中，记下儿童在每个游戏级别所做出的游戏行为的种类数（比如，推汽车 + 堆叠

4 块积木 + 拼好 3 块拼图 =3 种不同的游戏行为，1 种差别化行为，1 种演示组合，1 种一般组合）。

- 完成评估后，圈出每个级别分别表现了几种不同的游戏行为。（完成练习 3.2。）

练习 3.2　SPACE 游戏行为

根据以下描述，圈出儿童在 SPACE 过程中在每个游戏级别分别表现了几种游戏行为。

表现的游戏行为	计分
• 堆搭了三块积木	一般组合
• 将两块积木放进谷仓里	无　1～2 种　3 种 +
• 将勺子放到自己嘴边	
• 将四块饼干叠起来	假装自己
• 将两块积木放进翻斗车里	无　1～2 种　3 种 +
• 假装吃一块饼干	

备注

SPACE 也让我们有机会了解儿童其他方面的情况。这些方面我们不进行单独的测量，但你可以在评估时顺带观察并记录下来。这些观察结果会让你更好地了解儿童的整体发展情况，帮助你判断还需要提供哪些支持、未来可以采用哪些策略。比如，你可以记录以下内容：

环境和支持

- 需要或现有哪些行为支持（儿童存在转衔困难）
- 需要或现有哪些环境支持（房间里的干扰因素）
- 需要或现有哪些身体支持（儿童坐不住、声音低）

游戏

- 儿童表现了哪些具体的游戏行为
- 游戏的节奏（速度快还是慢，步骤多还是少）
- 对玩具的偏好
- 游戏风格灵活还是刻板
- 重复性游戏行为、对玩具的非功能性玩法、具有干扰性的玩具

共同注意 / 请求的目光接触和手势

- 部分的、不清晰的、正在形成的技能

语言

- 用于请求或分享的词和短语
- 反应、请求或分享的速度（快还是慢、立刻还是需要停顿）
- 词语近似音
- 需要或现有哪些沟通支持（图片交换系统、言语生成设备）

调节和参与
- 刻板重复行为、感觉寻求行为
- 失调的初兆和可能的触发因素
- 重复性游戏行为、具有干扰性的游戏行为、具有干扰性的玩具

情绪情感和个性
- 乐观还是消沉
- 觉得无聊还是积极性高
- 对游戏不感兴趣还是乐于游戏
- 对人不感兴趣还是乐于与人互动

3.6.2 "SPACE 实施忠诚度评价表"说明

可以使用 SPACE 实施忠诚度评价表（工具表 3.2）来评估 SPACE 实施质量并判断哪些方面还有待提高。SPACE 必须达到一定的实施忠诚度，保证每一名儿童都有平等的机会表现他们的技能。在进行评估员认证时，我们也会考查评估员对三名具有不同代表性的儿童的评估过程。如果这些评估的实施忠诚度均达到 90% 的及格分，我们就认为该评估员的评估是可靠的。如果你想成为 SPACE 的认证评估员，你的评估过程也必须接受专业培训师的测评，测评使用的也是这份忠诚度表格。更多信息请到 www.jaspertraining.org 获取。

3.7 结语

SPACE 是评估儿童技能并设定干预目标的重要工具。我们建议你每隔一段时间（比如，2～3个月）重新实施一次 SPACE，确保儿童有所进步、干预目标正在稳步推进。在整个干预过程中，你还可以使用第 18 章介绍的数据收集方法，对儿童的技能进行非正式的评估。下一章，你将学习用 SPACE 收集到的数据来设定恰当的干预目标。

工具表 3.1　SPACE 数据收集与目标设定表

儿童：_____　　成人：_____　　日期：_____

说明：
- 记录共同参与和调节的总体质量，然后为每一种状态设定发展目标。
- 计数并圈出沟通技能的总数量，然后为每一项技能设定发展目标。
- 在第 2 页记录儿童的游戏技能并设定游戏目标。
- 只记录**自主自发**的技能（**不要**记录模仿的或经过辅助的技能）。

数据收集				
共同参与	调节	共同注意技能	请求技能	语言（平均句长）
无	无	回应 JA 指物 无　1　2　3	注视请求 无　1　2+	无语言
转瞬即逝	转瞬即逝	注视分享 无　1　2+	伸手请求 无　1　2+	不完整词 / 近似音
保持片刻	保持片刻	展示分享 无　1　2+	给物请求 无　1　2+	单词
1～2 分钟	1～2 分钟	指物分享 无　1　2+	指物请求 无　1　2+	双词组合
几分钟	几分钟	给物分享 无　1　2+	语言请求 无　有	短语
互动的大部分时间	互动的大部分时间	语言分享 无　有	目光接触、手势和语言的综合运用 无　请求　共同注意	句子

共同参与和调节目标					
共同参与	转瞬即逝	保持片刻	1～2 分钟	几分钟	互动的大部分时间
调节	转瞬即逝	保持片刻	1～2 分钟	几分钟	互动的大部分时间

沟通目标					
共同注意	反应*	注视*	展示	指物	给物	多技能协调
请求		注视*	伸手	给物	指物	多技能协调
语言		多样性：_____			复杂性：_____	

* 如果选择此项，请再选一个**手势**目标（展示、指物或给物）。

（转下页）

工具表 3.1　SPACE 数据收集与目标设定表（第 2 页，共 2 页）

游戏技能数据收集				
简单游戏	无差别 无　1~2 种　3 种+		差别化 无　1~2 种　3 种+	拆解 无　1~2 种　3 种+
组合游戏	演示组合 无　1~2 种　3 种+			一般组合 无　1~2 种　3 种+
前象征游戏	假装自己 无　1~2 种　3 种+		实体组合 无　1~2 种　3 种+	儿童施动 无　1~2 种　3 种+
	常规组合 无　1~2 种　3 种+			单方案序列 无　1~2 种　3 种+
象征游戏	物体替代 无　1~2 种　3 种+		无物体替代 无　1~2 种　3 种+	玩偶施动 无　1~2 种　3 种+
	多方案序列 无　1~2 种　3 种+	社会戏剧 无　1~2 种　3 种+		主题 无　1~2 种　3 种+

游戏目标

已掌握游戏级别：_____　　　　目标游戏级别：_____

记得也要提高技能质量！

多样性　　　灵活性　　　创造性

备注：

工具表 3.2　SPACE 实施忠诚度评价表

儿童：_____　　　成人：_____　　　评价人：_____

评估日期：_____　　　评价日期：_____

说明：
- 如果成人能根据 JASPER 的指导原则恰当使用该项策略，勾"是"。
- 如果成人未能根据 JASPER 的指导原则恰当使用该项策略，勾"否"。
- 如果成人在评估过程中没有机会使用该项策略，勾"不适用"。
- 如需额外备注，写在表格背面。

评估过程中的行为	是	否
1. 成人成组提供正确的玩具材料。		
2. 成人摊开手掌示意说："我们来玩游戏吧！"以此开启评估过程，然后暂停，等待儿童选择玩具。		
3. 成人通过环境布置让儿童注意到并玩遍所有的玩具材料。		
4. 成人未示范游戏行为、未提供与玩具相关的言语或身体辅助。		
5. 成人为儿童保持参与和调节状态提供恰当的支持。		
积木、卡车、形状分类玩具和拼图组	是	否
6. 成人引入装在封了口的袋子或盖了盖的盒子里的玩具，并等待儿童打开并探索。		
7. 成人给儿童足够的时间来玩本组的所有玩具。		
谷仓、食物、家具和玩偶组	是	否
8. 成人引入装在封了口的袋子或盖了盖的盒子里的玩具，并等待儿童打开并探索。		
9. 成人给儿童足够的时间来玩本组的所有玩具。		
气球或泡泡	是	否
10. 成人将气球或泡泡器放到桌子中央并展示 2～4 次。		
11. 成人暂停，给儿童提供主动发起请求（目光接触、指物、给物、语言）的机会，且没有辅助儿童归还气球或泡泡器。		
指画	是	否
12. 成人完成一组三个不同的指画动作。 成人的指画动作标准清晰，动作幅度控制在前臂范围。 成人的视线落在画上而且没有转向儿童。 成人以正确顺序（左侧右指、右侧左指、后指）完成这三个动作。		
13. 成人在指画时叫 2 遍儿童的名字。成人暂停并等待回应，然后说出画上的内容。		
发条玩具	是	否
14. 成人在桌子一角（儿童够不到的地方）发动玩具，暂停，让儿童有机会主动发起玩具请求或分享兴奋之情。		
球	是	否
15. 成人在一开始将球放到桌子中央并伸出双手做出准备接球的样子。成人暂停并等待儿童主动发起。		
16. 如果儿童将球滚出，成人将其滚回并来回重复多个回合。 如果儿童没有将球滚出，成人将球滚向儿童；如果儿童对滚球仍然缺乏兴趣，那就把球拿走。		
人际互动活动（如果有）	不适用	是	否
17. 成人首先发出邀请，比如"我们来唱歌"或"我们来玩个游戏"。			
18. 成人暂停，等待儿童发起请求，然后再来一遍。			
得分			
合计"是"：得____个/共____个，忠诚度百分比（90% 及格）：____%			

该表格英文版由 Shire, Shih, Chang, and Kasari (2018) 设计。Copyright ©2018 Sage Publications. 本书英文版转载。

第 4 章

明确已掌握的技能和目标技能

4.1 引言

本章，我们将介绍如何根据 SPACE 收集到的信息（见第 3 章）选择与儿童发展水平相适应的干预目标。我们会从以下方面为每个儿童设定干预目标：共同参与、调节、游戏、语言、共同注意手势和请求手势。等儿童实现一个目标以后，再接着引入该领域的下一个目标。每个儿童的进步速度都不一样。他们可能无法达到每种技能的最高级别，但随着干预的推进，你应该可以经常看到各种不同的进步表现。

4.2 设定目标

使用前一章的工具表 3.1（SPACE 数据收集与目标设定表）设定与发展水平相适应的干预目标。JASPER 以小的可实现的增量为目标，即以儿童现有发展水平的更高一级为干预目标。比如说，如果儿童的游戏技能一开始处于无差别行为水平，那么我们会将简单游戏的下一个级别（差别化行为）作为干预目标，接着再以更下一个级别（拆解）为目标，以此类推。只有儿童掌握了之前级别的技能，我们才会将更高级别的技能作为目标。这样可以保证这些目标对儿童而言是现实的、可实现的。

4.2.1 已掌握的技能和形成中的技能

为了设定目标，你必须明确哪些技能儿童已经掌握、哪些技能正在形成、哪些技能完全缺乏。**已掌握**的技能是儿童已经学会、能够自发使用的技能。**形成中**的技能是儿童已经有所表现但还不能自如使用或只偶尔使用的技能。关于已掌握技能和形成中技能的特征，见图 4.1。

高频率使用往往是技能已经掌握的一个明显信号，但仅这一点也不绝对可靠，还必须考虑技能的整体质量。比如，如果儿童多次提出指物请求，但他的手指没有完全伸直，而且是在延迟很久之后才伸出手来，那么这个技能可能尚未完全掌握。同样，如果儿童只是模仿但从未主动发起某个技能，那么这个技能大概率也还没有掌握。只有当儿童能够在各种不同环境中自信而主动地发起某个技能时，他才真正掌握了这个技能。

确定哪些技能已经掌握、哪些技能正在形成往往需要动用你的临床判断，也就是说，你必须综合考虑各种因素，凭着对儿童的认识和以往的经验做出准确的判断。如果你不能确定技能是否已经掌握，那就索性把它当成还在形成的技能，在干预中给儿童创造更多机会夯实这一技能。

已掌握的技能	形成中的技能
○ 经常使用（在 SPACE 中用了 2 次以上的手势、出现了 3 种及 3 种以上游戏行为的游戏级别） ○ 能够主动发起 ○ 轻松、稳定、灵活 ○ 能结合其他技能一起使用（比如，搭配目光接触） ○ 能在多种情境中使用（不同活动、人群和场合）	○ 很少使用 ○ 不能自发使用（只会模仿或在辅助后使用） ○ 刻板重复 ○ 使用存在困难 ○ 技能表现不清晰（词语近似音、手势部分成形）

图 4.1　已掌握的技能和形成中的技能

4.2.2　为什么不设定更高的目标？

JASPER 将落在儿童"最近发展区"（Vygotsky, 1978）的技能作为干预目标，也就是说，我们不会将目标定得太低或太高，而会在儿童已掌握技能的更高一级的范围内选择技能目标。这样的目标是现实的、可以实现的。如果儿童一开始处于最低的 A 级发展水平，而我们希望他达到最高的 Z 级水平，那么我们必须保证让他学会这两者之间从 B 到 Y 级每一个小而重要的步骤。将目标设定在儿童力所能及的范围内，我们对儿童的要求也能控制在比较合理的范围内，避免因为对儿童施加太多太高的期待而让儿童不堪重负。如果我们跳过中间步骤，直接以最高级别为目标，儿童会更难投入到高质量的互动之中，也更有可能以局限的（甚至脚本式的）方式进行互动。

4.3　各领域目标

在下面几个小节中，我们将结合工具表 3.1（SPACE 数据收集与目标设定表）介绍设定各领域目标的方法并提供相应的练习。各领域的技能发展遵循第 2 章讲到的典型发展顺序，从最初级、最简单的技能，到后来发展的、比较复杂的技能。总的来说，你首先要明确儿童在每个领域已经掌握了哪些技能，然后对照工具表 3.1 中的技能发展顺序，选择更高一级的技能作为儿童的发展目标。在制定目标的过程中，要始终记得儿童的年龄。不考虑儿童的生理年龄，将每个领域的最高目标当成儿童的发展目标是不合适的。比如，我们不会期待小婴儿能将协调的共同参与状态维持很久或进行象征游戏，因为这些目标对于这个年龄段的孩子并不合理。

4.3.1　参与和调节的目标

以你圈选的时长的下一级别为目标。比如，如果儿童的调节状态"转瞬即逝"（比如 3～5 秒），那么你的目标就是"保持片刻"（比如 15～30 秒）。一旦定下目标，你就可以有的放矢地逐渐延长儿童处于共同参与和调节状态的时间。

4.3.2　手势目标

根据 SPACE 结果，以儿童已掌握的手势的下一级别为目标。比如，如果儿童掌握了 JA 展示，那么以 JA 指物为目标。如果儿童在 SPACE 过程中自发且清晰地使用了 2 次或 2 次以上某个手势，那么这个手势应该已经掌握。如果这个手势还不够清晰或只部分成形，那么它可能还在形成中。不够清晰的手势可能是这样的：

- **不清晰的指物**：没有清晰地伸出食指，而是用未并拢的手或其他某个手指。
- **不清晰的展示**：将物体朝向自己或没有将物体清晰地朝向对方。
- **不清晰的给物**：将物体放到对方面前，但未尝试放到对方手里。
- **不清晰的伸手**：把手伸向物体，但未表现出清晰的社交请求意图。

在大部分情况下，可以按照工具表 3.1（SPACE 数据收集与目标设定表）中的顺序设定手势目标，但在有些情况下，根据儿童正在形成的技能设定手势目标会更加合理。比如，如果儿童表现了某种正在形成的技能，但这一技能并不符合常规的发展顺序（比如，儿童还没有出现 JA 指物或 JA 展示，就已经开始使用 JA 给物了），那么，你可以先以 JA 给物为目标。我们会灵活处理手势目标的先后顺序，因为在典型发展中这些手势技能也会交叉出现或几乎同时出现。

如果你的目标是回应 JA、JA 注视或注视请求，那么你应该再选一个手势目标（即展示、指物或给物）。如果儿童目前只会分别使用语言和手势，那就可以把两者的结合作为目标，让儿童能够同时使用这两种技能（比如，使用 JA 展示递出一块黄色积木，同时说"黄色！"）。完成练习 4.1，判断儿童已经掌握了哪些手势、下一步以哪些手势为目标。

练习 4.1　已掌握的手势和目标手势

请根据提供的信息，判断儿童已经掌握了哪些技能、目标技能是什么。

请求技能

1. 儿童为了得到玩具几次看向你，还有一次将手伸向发条玩具。
   已掌握的请求技能：　目光接触　　伸手　　给物　　指物　　多技能协调
   目标请求技能：　　　目光接触　　伸手　　给物　　指物　　多技能协调

2. 儿童几次看向你，伸手要了几个物品，几次指着架上的玩具想要玩，还有一次将发条玩具给你，让你再帮他上一次发条。
   已掌握的请求技能：　目光接触　　伸手　　给物　　指物　　多技能协调
   目标请求技能：　　　目光接触　　伸手　　给物　　指物　　多技能协调

3. 儿童没有看向你，但有一次将手伸向了气球。
   已掌握的请求技能：　目光接触　　伸手　　给物　　指物　　多技能协调
   目标请求技能：　　　目光接触　　伸手　　给物　　指物　　多技能协调

共同注意技能

4. 儿童多次指向物品进行分享，并将多个玩具朝着自己举起，似乎在展示玩具。
   已掌握的 JA 技能：　回应指物　　注视　　展示　　指物　　给物　　多技能协调
   目标 JA 技能：　　　回应指物　　注视　　展示　　指物　　给物　　多技能协调

5. 儿童多次指物，并使用一次 JA 给物与评估者分享玩偶模型。
   已掌握的 JA 技能：　回应指物　　注视　　展示　　指物　　给物　　多技能协调
   目标 JA 技能：　　　回应指物　　注视　　展示　　指物　　给物　　多技能协调

4.3.3 语言目标

要确定儿童的语言目标,首先要明确儿童的语句长度(如第 3 章的定义),再确定多样性和复杂性目标。近期目标是提高儿童当前语言水平的多样性,长期目标是以更高一级为目标,逐渐提高语言的复杂性。因此,如果儿童在评估中主要使用单词句,那么接下来的目标就是发展**单词句**(多样性)和**双词组合句**(复杂性)。

练习 4.2　已掌握的句长和目标句长

根据提供的信息,圈出儿童已掌握的语句长度并填写多样性和复杂性目标。

1. 马、猫、狗、卡车、圈、它倒了、老麦克唐纳、饼干

    已掌握平均句长:　无词语/不完整词语　　　单词　　　双词　　　短语　　　句子

    多样性目标:＿＿＿＿＿＿＿＿＿＿＿＿＿＿＿

    复杂性目标:＿＿＿＿＿＿＿＿＿＿＿＿＿＿＿

2. 还要形状块、卡车、去、睡觉时间、积木上、吃饼干、再吃些饼干

    已掌握平均句长:　无词语/不完整词语　　　单词　　　双词　　　短语　　　句子

    多样性目标:＿＿＿＿＿＿＿＿＿＿＿＿＿＿＿

    复杂性目标:＿＿＿＿＿＿＿＿＿＿＿＿＿＿＿

4.3.4 游戏目标

先确定儿童已经掌握了哪一个游戏级别,再以它的更高一级为目标。已掌握的游戏级别通常是指儿童表现了 3 种或 3 种以上自发游戏行为的所有级别中的最高一级。注意,它**不是**儿童表现出的最高的游戏级别。如果儿童当前的游戏级别是演示组合,那就把一般组合定为目标;如果儿童已经掌握了一般组合,那就以假装自己为目标;以此类推。需要注意的是,虽然无差别行为是游戏的第一个级别,但它从来不是 JASPER 的目标。如果儿童没有表现出任何游戏行为或主要表现出无差别行为,我们的干预会从差别化行为开始。在设定目标时,要牢记游戏目标不一定总是线性的,每个孩子的发展顺序都会有所不同。下面是其他一些注意事项。

考虑游戏行为发生的背景

单凭游戏行为有时还不足以确定儿童的游戏水平,你可能还要考虑行为发生的背景和其他指标。同一个游戏行为在不同儿童身上体现的可能是不同的能力水平。对某个儿童来说,将食物放进碗里可能只是一般组合,是将东西组合到一起的一种方式,但对另一个儿童来说,这一行为很可能已经具有象征性了。比如,如果儿童说他"在做汤"并描述他正在往里面放什么材料,那么它就是更具象征性的烹饪游戏了。

注意分离的游戏技能

有时,ASD 儿童的游戏技能会逸出常规的发展轨迹。当儿童从较低的游戏级别突然跳跃到较高的游戏级别,中间没有任何过渡技能时,我们将这些技能称为"分离的技能"。比如,儿童主要表现的是组合游戏行为,但也会出现少量正在形成的象征游戏行为。这样的情况一开始会让人困

感，因为儿童的发展水平似乎比我们认为的要高，但仔细观察之后，你往往可以发现，这些更高级的象征行为是不够灵活也不够自然的。在这样的情况下，你应该继续遵循工具表3.1（SPACE数据收集与目标设定表）的游戏技能发展顺序，以接下来第一个未掌握的技能为目标。在上面的例子中，你应该着力于让儿童掌握各种组合游戏技能，然后进阶到前象征水平。

灵活发展不同级别的前象征游戏技能

对于前象征游戏，虽然你也需要确定已掌握技能和目标技能，但在实际教学中，你必须灵活处理它们的先后顺序。你可能还记得第2章提到，不同级别的前象征游戏的出现顺序往往具有多变性（见图4.2的三种潜在路径）。有些儿童先学会前象征的组合行为，也有些儿童先学会前象征的施动行为，还有些儿童同时学会这两种行为。因此，我们常常会在游戏中同时教授各种前象征游戏技能。在不同性质的游戏中，随着游戏常规的展开，你会有机会教授不同级别的前象征游戏技能。举例来说，如果儿童选择玩积木，那么这可能是教授实体组合和儿童施动游戏的好机会；如果儿童接着又转向食物主题常规，你就可以教授常规组合、假装自己和儿童施动的游戏行为了。

完成练习4.3，判断儿童已经掌握了哪些游戏技能并设定相应的目标。

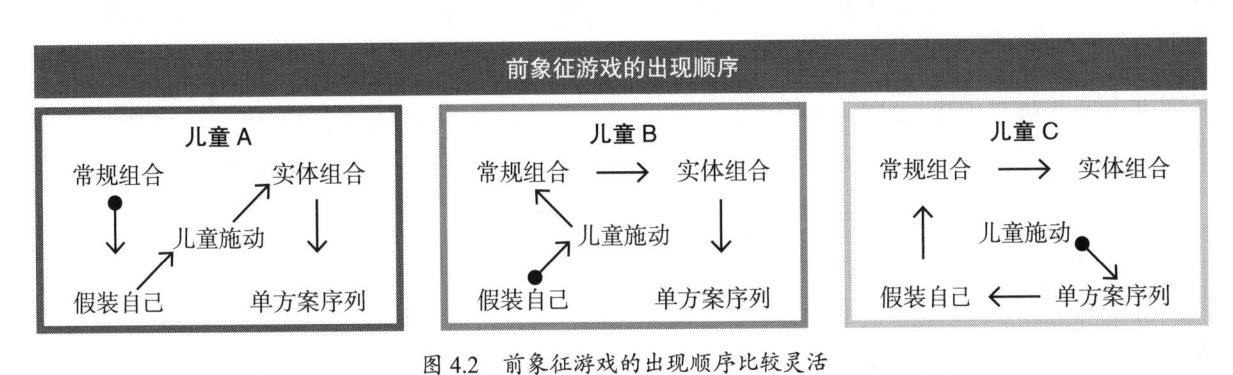

前象征游戏的出现顺序

图4.2 前象征游戏的出现顺序比较灵活

练习4.3 已掌握的游戏技能和目标游戏技能

根据提供的信息，圈出儿童已掌握的最高游戏级别以及相应的目标级别。

1. 儿童表现了3种差别化行为、3种拆解、1种演示组合、1种一般组合以及1种假装自己的游戏行为。

已掌握游戏级别：	差别化行为	拆解
	演示组合	一般组合
	假装自己	实体组合
目标游戏级别：	演示组合	一般组合
	假装自己	实体组合
	儿童施动	常规组合

2. 儿童表现了3种一般组合行为、1种实体组合行为、3种儿童施动行为和1种玩偶施动行为。

已掌握游戏级别：	演示组合	一般组合
	假装自己	实体组合
	儿童施动	常规组合
目标游戏级别：	假装自己	实体组合
	儿童施动	常规组合
	单方案序列	玩偶施动

4.4 练习设定干预目标

在初次实施 SPACE 之前，不妨先利用下面的案例练习评估计分和设定目标。练习时建议参考以下内容：

- 工具表 3.1 "SPACE 数据收集与目标设定表"
- 3.6.1 节：在 "SPACE 数据收集与目标设定表" 上记录技能
- 4.2～4.3 节中的目标设定方法说明
- 图 4.3，杰姬的 "SPACE 数据收集与目标设定表"

在分析案例之后，我们还将解答练习过程中会遇到的一些常见问题。

4.4.1 案例分析

下面，我们将描述一名儿童在 SPACE 过程中的表现情况：

> 杰姬，6 岁孤独症女孩，极少口语。她的老师在教室对她实施了 SPACE。在评估过程中，杰姬表现出很少的游戏技能，还需要很多支持调节自身状态。她在桌上敲打几个玩具，也用很多目光接触向老师提出请求和分享。她被谷仓门吸引，用了很长时间开门和关门。杰姬喜欢玩泡泡，还多次在泡泡和老师之间协调注视，分享她的激动心情。当老师指向墙上的图画时，杰姬有几次做出回应，跟着转移了视线。她几次伸手要泡泡器。在互动过程中，杰姬用了极少的语言提出请求（比如"还要""去"）。
>
> 杰姬表现出了几个简单游戏技能和一些组合技能，比如，将两块饼干放到托盘上、将三块积木堆起来。在评估过程中，她还表现出几次前象征游戏技能，比如，将勺子和饼干凑到嘴边（假装自己）。整个评估过程中杰姬都很难保持参与状态。在失调时，她会在座位上来回摇晃，从嗓子里发出很大的声响。老师多次通过挤捏玩具和唱儿歌帮助她调节。老师也对杰姬的游戏发表了一些评论性语言，但杰姬似乎没有注意到。

如图 4.3 所示，我们填写了杰姬的 "SPACE 数据收集与目标设定表"，请对照上文给出的信息，圈出相应的干预目标。

4.4.2 干预目标详解

本节，我们将给出各领域的干预目标并解释其中的原理。

共同参与目标：保持片刻

- 在 SPACE 过程中，杰姬的参与状态总是转瞬即逝（3～5 秒），所以我们给她定的目标是保持片刻（15～30 秒）。杰姬的参与状态常常受到失调的影响，所以我们希望她有更多时间处于较高的参与状态，也希望她每次的共同参与状态能保持得更久。

工具表 3.1　SPACE 数据收集与目标设定表

儿童：___J.M.___　　成人：___C.S.___　　日期：___7.2___

说明：
- 记录共同参与和调节的总体质量，然后为每一种状态设定发展目标。
- 计数并圈出沟通技能的总数量，然后为每一项技能设定发展目标。
- 在第 2 页记录儿童的游戏技能并设定游戏目标。
- 只记录**自主自发**的技能（**不要**记录模仿的或经过辅助的技能）。

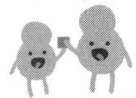

数据收集				
共同参与	调节	共同注意技能	请求技能	语言（平均句长）
无	无	回应 JA 指物 无　**2**　3	注视请求 无　1　**2+**	无语言
转瞬即逝	**转瞬即逝**	注视分享 无　1　**2+**	伸手请求 无　1　**2+**	不完整词 / 近似音
保持片刻	保持片刻	展示分享 **无**　1　2+	给物请求 **无**　1　2+	**单词**
1～2 分钟	1～2 分钟	指物分享 **无**　1　2+	指物请求 **无**　1　2+	双词组合
几分钟	几分钟	给物分享 **无**　1　2+	语言请求 无　有	短语
互动的大部分时间	互动的大部分时间	语言分享 **无**　有	目光接触、手势和语言的综合运用 **无**　请求　共同注意	句子

共同参与和调节目标					
共同参与	转瞬即逝	保持片刻	1～2 分钟	几分钟	互动的大部分时间
调节	转瞬即逝	保持片刻	1～2 分钟	几分钟	互动的大部分时间

沟通目标					
共同注意	反应*	注视*	展示	指物	给物	多技能协调
请求		注视*	伸手	给物	指物	多技能协调
语言	多样性：_____			复杂性：_____		

* 如果选择此项，请再选一个**手势**目标（展示、指物或给物）。

（转下页）

图 4.3　SPACE 数据收集与目标设定表填写示范

工具表 3.1　SPACE 数据收集与目标设定表（第 2 页，共 2 页）

游戏技能数据收集			
简单游戏	无差别 无　**1～2种**　3种+ 在桌上敲打玩具	差别化 无　**1～2种**　3种+ 推卡车 开/关谷仓门	拆解 无　1～2种　**3种+** 拿出积木 揭下饼干 倒出饼干
组合游戏	演示组合 无　1～2种　**3种+** 拼拼图 将饼干放到托盘上 将形状块放入分类器中		一般组合 无　**1～2种**　3种+ 堆叠积木
前象征游戏	假装自己 无　**1～2种**　3种+ 将饼干送到嘴边 将勺子送到嘴边	实体组合 无　1～2种　3种+	儿童施动 无　1～2种　3种+
	常规组合 无　1～2种　3种+		单方案序列 无　1～2种　3种+
象征游戏	物体替代 无　1～2种　3种+	无物体替代 无　1～2种　3种+	玩偶施动 无　1～2种　3种+
	多方案序列 无　1～2种　3种+	社会戏剧 无　1～2种　3种+	主题 无　1～2种　3种+

游戏目标

已掌握游戏级别：_____　　　目标游戏级别：_____

记得也要提高技能质量！

多样性　　　灵活性　　　创造性

备注：沟通：

　　　　请求语言："还要""去"

　　　　不完全给物　泡泡器（形成中）

　　　　需要：SGD、桌/椅支撑

　　　　总体印象：

　　　　大体上不参与，有一点与物互动

调节：

　　在座位上弹起、发声刺激

　　（容易失调）

图 4.3　（接上页）

调节目标：保持片刻
- 杰姬在调节方面需要帮助。在 SPACE 过程中，她的调节状态总是转瞬即逝，所以我们的目标是保持片刻。干预师应该明白保持片刻的调节状态对这个儿童来说是一个比较合理的目标，并运用策略实现这个目标（比如，提供环境支持、提高参与度）。

游戏目标：一般组合
- 杰姬已经掌握了演示组合级别的技能。她表现了多个差别化行为和演示组合技能，还表现了一个一般组合技能。虽然她也表现了几个正在形成的前象征行为，但在简单游戏和前象征游戏之间并未表现出很多中间技能。为了补足这些缺失的技能，我们先将目标定在一般组合上。鉴于杰姬的组合和前象征技能都在形成中，我们可以在 JASPER 干预中使用能同时促进组合行为和某些前象征行为发展的玩具。

请求手势目标：给物
- 杰姬多次伸手并用目光接触提出请求。我们将目标定在下一个缺失技能——给物请求上。

共同注意手势目标：展示
- 杰姬两次回应了老师的指画动作，也使用了注视分享，因此我们将目标定在下一个发展技能——JA 展示上。

语言目标：单词
- 杰姬还没有掌握说单词句的技能。她用了几个词提出请求，但未使用语言分享。由于她说的是不完整的词和单个的词，所以我们以单个词作为语言目标，既拓展语言的多样性，也提高语言的复杂性（说不完整的词不是我们的目标，而双词组合目前难度太高）。

4.4.3 常见问题解答

在这一部分，我们解答几个有关目标选择的常见问题。

如果我知道儿童已经掌握了某个技能，但不见他使用，该怎么办？
如果儿童没有使用某个你相信他已经会了的技能，可能有这么几个原因：
- 儿童只会用这个技能回应他人，但不会主动发起。
- 儿童可能还没有真正掌握这个技能，所以不能自如地使用它。
- 儿童可能"不在状态"。这可能表示他还没有完全适应这个新的环境。
- 你没有给儿童清晰的机会展示这个技能。
- 这个技能远低于儿童现有的技能水平，对儿童来说不再有趣。

根据你在 SPACE 过程中看到的情况设定干预目标。如果你在日后的干预中发现儿童确实已经完全掌握了这个技能，可以再相应地调整你的目标。

我可以为共同注意和请求设定相同的手势目标吗？
你应该已经注意到，请求手势和共同注意的手势有一部分是重合的。共同注意和请求虽然具有不同的沟通功能，但它们的手势在肢体形态上却可能是相同的。儿童可以通过指物进行社交分享（共同注意）或满足自身需求（请求）。在儿童刚开始学习用手势沟通时，你可以为两者选择不同形态的手势目标。通过视觉和肢体形态上的差别，帮助儿童将不同手势与不同沟通功能联系起来。比如，你可以选择共同注意展示和指物请求这两种不同的手势目标，而不是共同注意指物和指物请求。

4.5 结语

本章介绍了如何确定儿童已经掌握的和形成中的技能，以及如何选择 JASPER 各核心领域的干预目标。在整个干预过程中，你都需要依靠这些方法完成你的干预目标。随着儿童的不断进步，你应该可以看到他们在游戏和沟通技能上的进步，以及参与和调节状态的改善。在发现儿童出现新技能时、在每次实施 SPACE 之后，你都应该相应地更新儿童的发展目标。第二部分到此结束。第三部分将介绍 JASPER 的第一组核心策略，首先要介绍的是 JASPER 的游戏常规。

第三部分

为干预做准备

在这个部分，你将学习如何策略性地布置学习环境和计划游戏常规。

目标

▶ 为儿童进行成效性游戏做好准备

▶ 促进儿童主动发起

▶ 促进参与和调节

第 5 章

JASPER 常规简介

5.1 引言

本章，我们将开始讨论 JASPER 的核心策略。首先要介绍的是游戏常规。游戏常规为我们实施所有核心领域的干预——游戏、沟通、参与和调节干预提供背景。JASPER 的游戏常规既提供必要的结构以帮助学生保持参与状态，也具有一般游戏互动的灵活性和趣味性，从而帮助实现我们的干预目标。本章，我们将介绍常规的定义、常规的组成部分和特征以及你在常规中应该扮演的角色。

5.2 游戏常规的定义

很多干预方法和活动都会用到"常规"这个概念。JASPER 的**游戏常规**是指以玩具为基础的互动，其中包括与发展水平相适应的玩具、两位积极的游戏参与者、反复的练习和围绕某个中心目的或主题展开的熟悉又灵活多变的步骤。JASPER 的常规没有清晰的开始、中间和结尾，它们是持续发展的，可以以各种方式展开，可以重新开始，也可以随时结束。这些常规中包含清晰的沟通和学习机会，同时也保持着一般游戏互动有趣、自然和灵活的特质。图 5.1 展示了一个常规是如何融这些特征为一体的。

5.3 游戏常规的组成部分

如图 5.2 所示，常规的基本结构包括一个**基础**（起点）、几个**拓展**（新增内容）和若干**重启**（反复练习）机会。我们会不断重复这些步骤并逐渐加入一些小的变化，保证它们兼具熟悉度和灵活性。

一个成功的常规必须先通过若干游戏步骤建立起稳固的基础，然后再加以重启或拓展。在这些步骤的共同作用下，儿童的参与状态得以延长，互动得以持续。下面我们举个例子说明常规各要素是如何协同作用的。

> 成人和儿童一起用积木搭了一个动物园（基础）；他们把动物园推倒并重新开始搭建（基础后重启）；他们又搭出了一个动物园（基础）；他们往动物园里放入动物（拓展）；他们一起推倒动物园，再次开始重建（拓展后重启）。

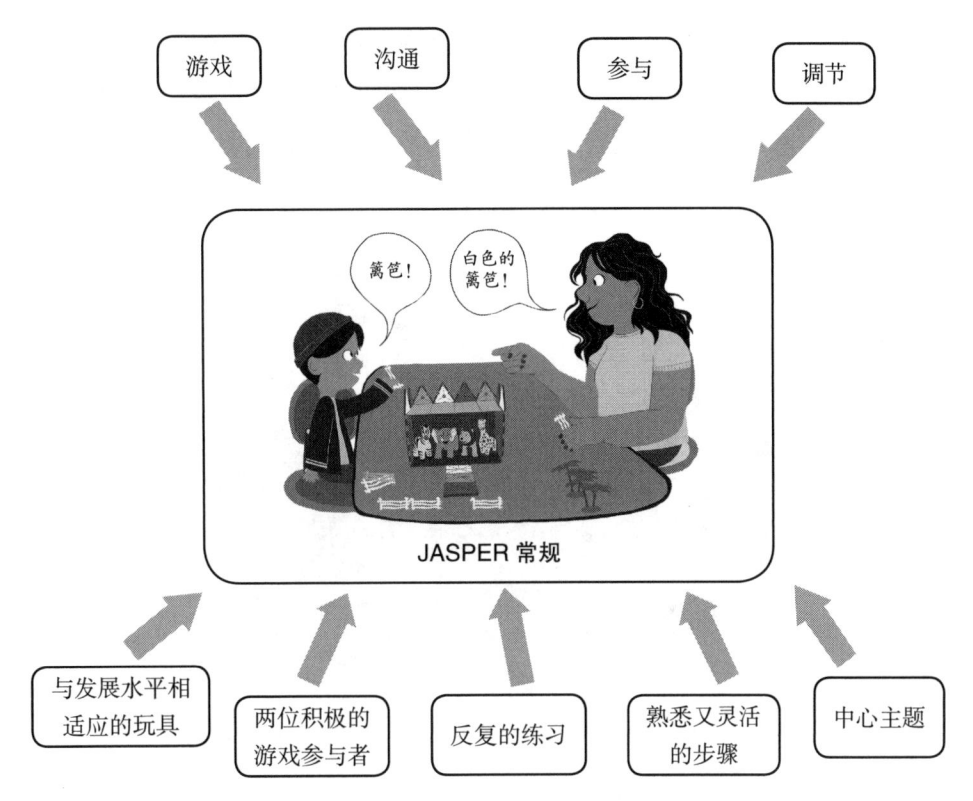

图 5.1　游戏常规为实现 JASPER 的各个目标提供支持

在儿童刚开始学习游戏时，常规的各个组成部分最为清晰。对 ASD 儿童，我们需要花更多时间和精力建立基础并加以拓展，也需要通过多次重启确立这些步骤。随着儿童学会更多更高级别的游戏技能，常规会变得更加灵活和复杂，但基础、重启和拓展这些要素依然存在，只是它们看起来不再那么明显，会以更自然的方式出现。

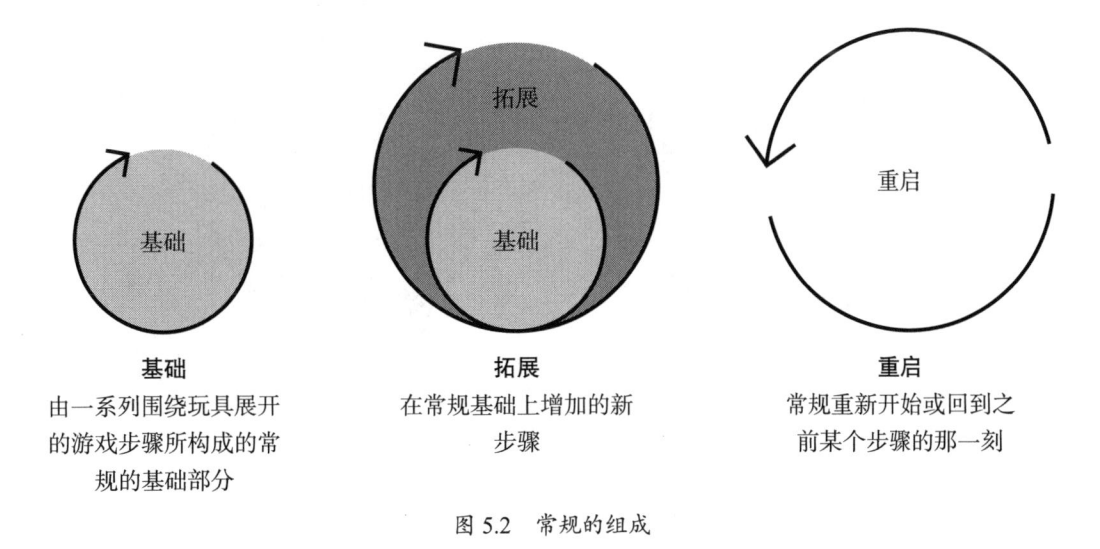

基础
由一系列围绕玩具展开的游戏步骤所构成的常规的基础部分

拓展
在常规基础上增加的新步骤

重启
常规重新开始或回到之前某个步骤的那一刻

图 5.2　常规的组成

5.3.1　基础

所有常规都始于基础。基础可以是单个的游戏步骤，也可以是由几个游戏步骤组成的简短序列。这些步骤应该处于儿童已掌握的游戏级别（关于已掌握游戏的特征，参见第 4 章 4.2.1 节）。基础的目的是确立一系列游戏行为，这些行为儿童在整个常规存续期间都能轻松保持、自由扩增并随时返回。我们会通过重启，反复练习基础，直到儿童熟悉这些初始步骤。这个过程也为更多技能奠定基础，比如，语言、手势和新的游戏行为。图 5.3 中的基础是将糖霜粘到饼干上，再将饼干放入托盘。

图 5.3 成人和儿童将饼干一一放入托盘以建立常规的基础

基础步骤的多少因人而异。以饼干常规为例，如图 5.4 所示，基础步骤可能只有一个（比如，将饼干放入托盘），也可能有多个（比如，将糖霜放到饼干上，将饼干放入托盘，假装吃饼干）。决定基础步骤数量的因素包括：儿童是否需要即时的重复、儿童对增加新步骤的接受程度以及对具体常规的熟悉程度。基础步骤应该让儿童感到轻松和自在，能够保持并多次重复，而且以儿童发起、你跟随为主。我们将在第 6 章介绍如何为基础选择玩具，在第 10 章讨论与建立基础相关的细节。

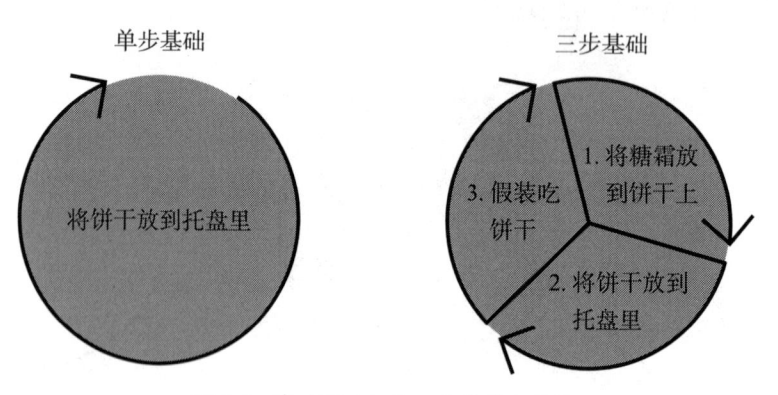

图 5.4 基础可以包括一个或多个步骤

5.3.2 拓展

一旦儿童能够比较自如地完成基础步骤，就可以通过增加新步骤拓展常规了。比如，在图 5.5 中，儿童就通过喂鳄鱼吃饼干完成对常规的拓展。基础是可预见的、可重复的，而拓展则会让常规越来越灵活、多样和富有创意，也让常规更加有趣，更接近自然的游戏！

随着常规的拓展，根据儿童游戏水平和你手头材料的不同，常规可以朝不同方向发展。比如，在图 5.5 中，儿童主动发起了喂鳄鱼的行为（儿童施动），但你们也可以将饼干一块块叠起来（一般组合），或将饼干放入盘子（常规组合）。我们会为每个常规配备多种玩具选项，让它们能够朝不同方向发展。

图 5.5　儿童通过将饼干放进鳄鱼嘴里拓展了常规

根据儿童能力水平的不同，拓展可以有不同的复杂程度。有些儿童只能拓展几个步骤，但也有些儿童可以拓展出很多步骤，让故事线不断延展。有些儿童很快就能开始拓展，但也有些儿童需要更多时间和更多重复练习确立基础步骤，然后再开始拓展。你应该始终思考如何在现有步骤基础上发展常规，让常规变得更加灵活多样。这是我们实现游戏目标并最终提高儿童游戏水平、延长儿童参与时间并增加沟通和发起机会的方法。我们将在第 6 章介绍如何为拓展选择玩具，在第 11 章讨论与拓展相关的细节。

5.3.3　重启

你还可以重启常规，回到之前的某个步骤。你只需推倒或重置材料以回到之前的某个部分即可完成重启。你可以在常规的任何时间点进行重启，但最自然的时间点，是在基础步骤之后、拓展之后、儿童参与状态下降的时候（让儿童恢复参与状态）或出现有趣的机会的时候（比如，怪兽来了，撞倒了你们正在搭建的高塔）。关于哪些情况表明应该重启，见图 11.11。

基础之后重启

在 JASPER 中，我们会反复练习基础步骤，直到儿童熟悉这些初始的步骤。比如，在图 5.5 的饼干常规中，你可以通过揭下饼干的糖霜、将饼干移出托盘来重启常规。这样可以让儿童再次熟悉基础步骤，以便后续拓展。初学游戏的孩子可能需要多次重启基础才会有比较稳定的游戏参与度，但有的孩子也许可以马上进入拓展环节。我们会在第 10 章讨论基础之后重启的具体细节。

拓展之后重启

你也可以在拓展之后重启常规。在图 5.6 中，成人将鳄鱼嘴里的饼干倒了出来。重启后，你可以回到基础，并再次尝试增加相同的拓展步骤。你也可以退回到之前的某个步骤，然后增加新的拓展步骤。重启有助于儿童将新的拓展步骤当作常规的一部分加以练习。我们会在第 11 章讨论拓展之后重启的具体细节。

图 5.6　成人倒出饼干以重启常规

为保持参与状态而重启

重启是促进儿童参与的有效手段。如果常规变得太过复杂或儿童开始失去参与状态，你可以选择中途重启常规。这样可以让儿童练习更简单、更熟悉的基础步骤，从而恢复参与状态。关于如何运用常规保持儿童的参与状态，详见第 15 章。

利用自然出现的机会重启

你不必等到儿童完成一定数量的步骤才开始重启。在机缘巧合的情况下，你可以适时地重启常规，比如，当你们正在搭的高塔倒塌的时候。这就很接近典型的游戏了——有灵活的步骤和一点点新增的结构。

5.3.4　转向新常规

在某一时刻，儿童会对现有常规失去兴趣，你可以在此刻开始转向新的常规。要在常规中设法延长儿童的参与状态，但不应强行要求儿童待在常规里或"完成"当前的活动。儿童最终会对某个玩具或常规失去兴趣，这是自然的、预料中的事。关于转向新常规的更多信息见第 11 章。

5.3.5　常见问题解答

以下是关于常规组成部分的一些常见问题解答。在很多情况下，我们找不到一个适用于所有儿童的确切的答案。你应该着眼于眼前这个儿童的发展大局和特殊需要考虑问题。

一个常规有多少个步骤？

一个常规有多少步骤是无法预设的。在单个常规之内、不同常规之间，随着时间的推移，常规的步骤都可能发生变化。步骤的多少取决于儿童的游戏水平、调节水平以及参与的质量和时长。不过，随着儿童越来越熟悉常规并掌握更多的游戏技能，常规的步骤应该是逐渐增加的。

在同一次干预中，我可以返回到之前的常规吗？

可以！在同一次干预中，儿童可以回到之前使用过的玩具或常规。只要儿童能够保持与玩具和你的良好互动，重复之前的常规对他们来说是有益的。这种情况在典型发展儿童身上是很常见的，他们会经常返回到他们最爱玩的游戏步骤或游戏活动。不过，如果儿童对某个常规的兴趣过浓，开始以刻板重复的方式游戏，你就不应该再回到这些步骤了。

儿童总共应该有多少个常规？

随着时间的推移，你和儿童会发展出一系列的常规，这些常规可用到各次干预之中。常规的数量取决于儿童的情况和干预的时间长短。你可以从少量几个常规开始，再对这些常规加以变化，然后逐渐增加新的常规，并视情况暂时搁置某些常规。总的来说，我们不关心常规的数量或常规中游戏行为的数量。我们的目的是为儿童创设各种不同的情境练习不同的游戏行为、多样化的沟通方式和丰富的社交互动。

在进入下一小节之前，请先完成练习 5.1。

练习 5.1　常规的组成部分

根据 JASPER 的指导原则，判断下列说法的对与错。

1. 一个常规可以有多个步骤，这些步骤构成了常规的基础。　　　　　　　　　　　　　对　　错
2. 每个常规必须至少有两个拓展步骤。　　　　　　　　　　　　　　　　　　　　　　对　　错
3. 重启应该只在拓展之后发生。　　　　　　　　　　　　　　　　　　　　　　　　　对　　错
4. 只要儿童仍有兴趣、常规本身也依然灵活，常规就可以反复进行。　　　　　　　　　对　　错
5. 如果儿童已经可以开始新的常规，那么你应该让他先完成当前的步骤序列，再开始新的常规。　对　　错

5.4 游戏常规的特征

想知道常规到底给人什么样的"感觉"，最好的办法是观摩几次 JASPER 干预，而且干预对象应该具有不同的兴趣、个性和发展水平。就算干预的结构和使用的常规都相同，你们的观感也会因儿童需要、动机和兴趣的不同而不同。事实上，没有哪两次干预或哪两个常规看起来是完全相同的。接下来的各小节，我们将讨论 JASPER 常规的特征。

5.4.1 常规是一个自然好玩的背景

对儿童来说，自然的学习环境就是有趣好玩的环境！它对儿童来说应该是有激励性的、有乐趣的，也是开放的、让人好奇并想要探索的。当太注重"教学"而不是"游戏"时，你就失去了我们力求营造的自然情境。我们的挑战在于在支持学习和保持有趣体验之间找到恰当的平衡。

支持常规向有意义的方向发展

常规不是一系列随机行为的有序排列，它必须由**儿童**能理解的故事或主题来串联，并向着有意义的方向发展。想象这些步骤：儿童将一个小人放进屋子，给毛绒玩具吃东西，然后往高塔上搭一块积木。这不是一个常规，因为步骤之间缺乏内在的联系。游戏步骤应该以有意义的方式组合到一起，就好像你和儿童在一起创作故事一样。如果你们进行的是一连串没有关联的游戏动作，就无法

在常规内部生成发展动量,拓展会变得莫名其妙,你们的对话也会缺乏中心主题。一个有目的、有方向的常规,对于延长儿童的参与和调节状态,以及发展游戏、认知和沟通技能,都是必不可少的。

避免训练特定的语言或游戏行为

常规不是教学回合。儿童无须按照你事先确定的计划,说特定的词句或学习特定的游戏行为。我们可以把各种教学机会自然地融进游戏常规之中。要真正学会游戏和沟通,儿童需要的不只是学习孤立的技能,而是要将这些技能融为一体,在没有成人辅助的情况下形成灵活的沟通互动。

不要把常规当成任务

常规不是一项需要完成的任务。我们不要求儿童先完成规定的步骤序列或特定数量的步骤,然后转向其他活动。比如说,如果我们给儿童一个套环玩具,常规并不随着圆环全部套完而结束。我们会通过重启(比如,从杆子上取下圆环)或增加创造性的拓展步骤(比如,将其他种类的圆环套到杆子上)继续这个常规。

5.4.2 常规是为儿童量身定制的

你应该根据每个儿童的兴趣和经验定制常规。

跟随儿童的兴趣

尽可能跟随儿童的游戏想法,允许儿童自己做决定,让儿童引导常规的发展进程。关注儿童的注意焦点,跟随儿童的选择(这是我们实现协调的共同参与的一个方法)。话虽如此,我们在跟随儿童的活动选择时也会多加注意。如果儿童的游戏行为变得刻板、重复或远低于他的发展水平,我们就不再跟随了。相反,我们会提供合适的玩具选项,引导儿童采取更有成效的游戏行为并实现共同参与。

考虑儿童的经验

在发展常规的过程中,考虑眼前这个孩子的个人经验。你可以发挥各种创意,甚至根据儿童的日常经验定制常规,只要它们都在儿童的发展水平之内就好。比如说,如果儿童经常坐地铁,又正好在学习象征游戏,你就可以创建这样的常规:小人们去买地铁票,扫描地铁票,坐上地铁,再假装在一个熟悉的车站下车。这样就把儿童的经历以有趣好玩的方式融进了常规之中。如果儿童完全没有你在常规中试图再现的那种经验,他就不可能发起新步骤、分享想法或与你交流常规中正在发生的事。随着儿童越来越适应象征游戏的步骤和玩法,你可以逐渐加入比较抽象的话题(比如,新奇体验或幻想),培养他们的创造性和象征能力。

5.4.3 常规与儿童的发展水平相适应

常规由符合儿童发展水平的一系列步骤组成,其中应该有几个处于儿童已掌握级别的步骤,用来建立基础;也有同级别的几个新步骤,用来提高游戏多样性;还有几个目标级别的步骤,用来提高游戏的复杂性。这种熟悉度和新鲜度的平衡有助于保持参与状态并培养新的技能。根据游戏级别的不同，常规和常规之间看起来会有很大的差异。下面介绍它们的一些差异。

较低游戏级别的常规

较低游戏级别的常规有清晰的基础、重启和拓展部分，所以看起来比较"结构化"。这些常规一般重复性较高，主题性偏低。比如，将盒子套嵌在一起（基础），将盒子搭起来（拓展），将各种形状块放进盒子（拓展），再取下盒子并重新套嵌在一起（重启）。再比如，切开玩具食物（基础），将食物放入盘子（基础），将食物喂给大肚皮娃娃（拓展），让大肚皮娃娃假装打喷嚏，趁机倒出之前塞进去的所有食物（重启）。

较高游戏级别的常规

较高游戏级别的常规通常由多个游戏行为组成，这些行为与更大的主题相关，比如烘焙蛋糕或带娃娃去游乐园。常规不再只是重复的序列，它们看起来更像不断发展的故事。比如，儿童可能会假装娃娃准备去动物园，坐上小汽车，抚摸不同的动物，等等。然后，娃娃可能又准备去另一个地方。到了更高级别，常规的各个组成部分依然存在，只是不再明显。常规会出现更多独特的步骤，常规的组成部分也会更加灵活多变。到了最高级别，传统的重启部分可能会完全消失，常规会持续发展变化，涉及多个级别的多样化的步骤。

举例

下面，我们举几个不同级别的游戏常规的实例。

简单游戏常规：成人和儿童将一个球来回滚向对方，轮流将几个球滚下斜坡结构体，将球从结构体中逐个取出，再将所有步骤重复一遍。

组合游戏常规：成人和儿童将不同形状块放入形状分类盒中。他们倒出形状块，将它们堆叠起来，将形状块再次放入分类盒中，将套嵌盒搭到分类盒顶上，然后又推倒搭好的结构。接着，他们开始堆叠套嵌盒，在每个盒子里放一个形状块，又在盒子顶上堆叠小积木，然后再次将形状块和积木放回分类盒中。

组合及前象征游戏常规：成人和儿童将蛋糕块一块一块拼装成完整的生日蛋糕。他们在蛋糕顶上加上糖霜和蜡烛，再用玩具刀将蛋糕切成块并装到盘子里。假装吃完蛋糕后，他们再次组装起蛋糕，重新开始这一常规。

前象征及象征游戏常规：成人和儿童一起打扮娃娃。他们给娃娃们穿上各种服饰，再用积木搭出一辆校车。他们把娃娃逐个放入校车，然后推着校车在房间转一圈，假装送娃娃们去上学。成人和儿童用磁力片搭出一个学校，然后让娃娃们走出校车，走进学校。

象征游戏常规：成人和儿童假装是消防员。他们假装城市中有座大楼着火了。他们拿起小桶，假装将水泼向火苗，并从燃烧的大楼里救出了所有被困人员。他们回到消防站并假装等待下一次的救援。

如你所见，在较低级别的游戏常规中，常规的组成部分往往比较明显，此时的儿童才刚开始学习游戏，常规步骤都较为简单。在较高级别的常规中，各组成部分不再那么明显，常规步骤往往更加多变。随着时间的推移，我们会帮助儿童从玩比较线性和重复的游戏发展到玩更加灵活的、有创意的、有故事情节的游戏。这种转变在一开始可能没那么流畅，但我们的目标就是从儿童现有水平出发，逐渐提高互动的质量和复杂性。

5.4.4 常规是灵活的

你要灵活安排常规的基础、重启和拓展部分。虽然对于常规如何发展你可能有自己的想法，但你应该让各个步骤和组成部分自然展开。儿童可能会主动发起与你预想的不一样的步骤，也会采用与你计划的不一样的顺序展开各个步骤。她也可能没等基础结束就早早重启或开始拓展。只要常规还是有意义的（不是一组随机行为），此种程度的灵活性是值得鼓励的。

逐渐发展常规

随着时间的推移，常规还应该逐渐发展并灵活变化，这样有助于儿童掌握玩具的各种玩法。以下是一些可能的发展变化：

- 随着干预的推进，逐渐改变和发展拓展步骤。
- 随着儿童越来越适应和熟悉拓展步骤，逐渐将它们纳入基础部分。
- 在重启常规时跳过一些步骤。比如，如果基础中原本有铺路的步骤，那么你不一定每次重启都重新铺路，你可以保留原来的路，并尝试搭建一些新的东西，比如，沿路搭房子。
- 也可以撤换整个基础。比如，如果这次干预的基础常规是切食物，那么下次干预时，儿童可以一上来就把食物放进锅里。

对常规进行这种水平的灵活改变是值得鼓励的！它表明儿童能够在保持常规故事线的同时灵活使用同一个玩具。它也会给常规赋予更多典型游戏的特征。常规的不断发展往往还意味着儿童正在掌握新的技能，能够以更自然、更有活力的方式游戏。（更多例子见第 11 章、第 17 章。）

完成练习 5.2，测试你对游戏常规特征的理解程度。

练习 5.2　游戏常规的特征

根据 JASPER 的指导原则，判断下列说法的对错。

1. 你应该提前确定常规的各个步骤，并教儿童按照这一特定顺序来推进常规。	对	错
2. 在任何常规中，儿童都应该完成特定的游戏行为。	对	错
3. 每次干预你都应该准备多个常规选项。	对	错
4. 游戏步骤的次序可以灵活安排。你不必每次都以同样的顺序或方式来完成这些步骤。	对	错
5. 你应该跟随儿童的各种游戏想法，哪怕它们是重复的或是干扰性的。	对	错

5.5 在常规中当一个平等积极的游戏伙伴

在认识了常规的组成部分和特征之后，我们该谈谈你在互动中的角色了。没有你，儿童就不可能实现共同参与的状态，所以你也必须参与到互动中来。在每一个常规中，你都应该扮演**平等而积**

极的游戏伙伴的角色。如图 5.7 所示，做一个平等而积极的游戏伙伴就是和儿童一起玩并沟通。这意味着你要在常规中平衡你的角色，既要保持和儿童的积极互动，也要时刻关注儿童，给儿童提供必要的支持，不会因为这种支持而停止互动。你和儿童都应该有机会产生并分享新的想法。儿童不是只会听从的回应者，他应该有机会成为共同活动的积极参与者。我们的目标是支持儿童承担这一角色，让常规尽可能由儿童的动机和发起引导。

但有时你很难实现这样的角色平衡。在下文和图 5.8 中，我们会讨论一些常见的错误。

图 5.7 从过于消极到指导性太强，成人可能会扮演不同的角色。成人在和儿童游戏时应该扮演平等而积极的角色。

5.5.1 不要消极

当一个积极的而不是消极的游戏伙伴。有时，成人会袖手旁观，而不是积极加入儿童的游戏。在图 5.7 的第一张图片中，成人就在一旁看着儿童完成所有的游戏行为。此时成人的角色是消极的，对儿童的学习缺乏促进作用。另一种消极情况是在一旁"解说"儿童的行为并提供表扬，但不积极加入轮流。比如，成人说："你和娃娃们在开茶会……你是在给它们倒茶吗？好主意！"表面上，成人似乎也参与了互动，但旁白和轮流游戏是两码事。

5.5.2 不要指导性太强

另一个错误是指导性太强，成人过度参与游戏或者说得太多。给儿童提供支持是必要的，但你的指导性不应该太强。成人指手画脚，儿童言听计从，这不是共同参与的状态（你应该还记得备注 2.1 所述），也谈不上平等积极。指导性太强最常见的表现，是告诉儿童怎么玩、问很多问题或出太多主意。在图 5.7 的最后一张图中，成人占用了大部分游戏和沟通机会，儿童只剩下回应的份。指导性太强还表现为成人没有给儿童留出充分的时间来发起或回应（比如，成人直接开始示范，而不是稍加等待）。

当你负责所有决定并主导游戏的时候，你就成了互动的支配者。这样会影响游戏常规的趣味性，也会让儿童更加依赖成人的辅助。在这样的情况下，儿童几乎没有机会主动发起沟通和游戏。

5.5.3 避免强行轮流

成为平等而积极的游戏伙伴意味着你也轮流参与游戏，但这不意味着你们必须轮流完全相等的次数。轮流应该是自然流动的，能支持常规发展的。比如，为了保持常规运转，成人可能需要在儿童轮完一次后快速连轮两次。维持互动的其实并不是轮流，而是在轮流过程中你提供的必要的支持。如果我们强行轮流，游戏很快就会变得不自然，失去灵活性和趣味性。比如，成人可能会说："该我了。好了，你来。等等，等等！现在该我来（从儿童手里抢过玩具）。好，该你了（把玩具递给儿童）。"成人没有跟随儿童，而是主导了互动，并且让互动变得刻板。在轮流时，建议避免以下做法：

- 避免计算轮流次数或强行要求轮流次数均等
- 避免拿走儿童手里的玩具或阻止儿童争取游戏机会
- 避免给游戏机会贴标签（比如"该我了""该你了"）
- 避免让儿童等你完成你的轮流
- 避免刻意吸引儿童，让儿童注意你的游戏行为

平等而积极的伙伴	不平等或不积极的伙伴
○ 轮到成人时，成人能参与游戏和沟通 ○ 轮到儿童时，成人能给儿童留出游戏和沟通的空间	○ 成人指导性强 ○ 成人消极 ○ 成人强行轮流

图 5.8　平等而积极的伙伴与不平等或不积极的伙伴

5.5.4　实现角色平衡

在常规中，你和儿童都应该实现角色的平衡。无论哪一方都不应该包揽互动中的全部决定。你应该优先跟随儿童的想法，只在特定情况下提供必要的支持。为了实现角色平衡，我们在互动中必须经常给儿童留出更多空间，鼓励儿童分享想法。在轮到儿童的时候，我们不要说话或进行任何游戏行为。在旁观和等待的时候，你不应该刻意吸引儿童的注意力或提供任何形式的辅助，让儿童好好利用这个机会展示她的想法。**然后**，你再利用轮到你的机会强化儿童的行为（或提供必要的支持）。你的另一个角色是管理周围环境并支持儿童的参与和调节。图 5.9 对你的角色进行了概括，相关策略在第 9 ～ 12 章有详细的介绍。

完成练习 5.3，判断成人是否实现了角色的平衡。

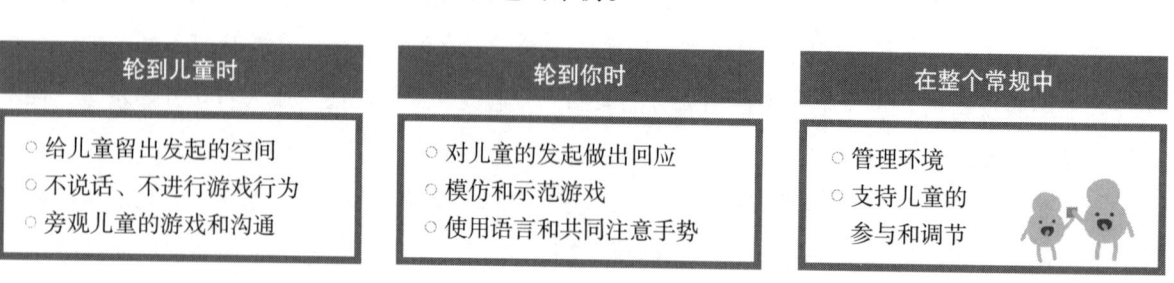

轮到儿童时	轮到你时	在整个常规中
○ 给儿童留出发起的空间 ○ 不说话、不进行游戏行为 ○ 旁观儿童的游戏和沟通	○ 对儿童的发起做出回应 ○ 模仿和示范游戏 ○ 使用语言和共同注意手势	○ 管理环境 ○ 支持儿童的参与和调节

图 5.9　你的角色概述

练习 5.3　平等而积极的角色

判断成人在互动中是过于消极、指导性太强,还是发挥了平等而积极的角色。

1. 儿童搭了一块积木。你将更多积木挪到附近。儿童又搭了一块积木,你说:"搭得真不错!"同时又递了一块积木过去。	消极	指导性	平等积极
2. 儿童把勺子凑到娃娃嘴边,说:"吃。"你也将勺子凑到娃娃嘴边,说:"吃东西!"	消极	指导性	平等积极
3. 你和儿童正在玩用魔术贴黏合的食物玩具。儿童假装吃了一块食物。你说:"先不吃。我们来切一下!"边说边切。	消极	指导性	平等积极
4. 你和儿童正在组装纸杯蛋糕。儿童给一个蛋糕加上了糖霜。你给另一个蛋糕加上糖霜,说:"上面。"儿童将蛋糕放入托盘。你将另一个蛋糕放入托盘,说:"蛋糕。"	消极	指导性	平等积极
5. 你和儿童正在将小人放进校车。儿童往里放了一个小人,你说:"我们开车去上学吧。"儿童说:"好的,我们走吧!"然后推动车子。你说:"到了,所有人都下车!"你们一起将小人拿出车子,然后你问儿童:"你想当老师还是学生?"儿童说:"我想当老师!"	消极	指导性	平等积极

5.6 结语

JASPER 常规提供的结构让儿童得以获得游戏的各种好处。常规剔除了干扰因素,让儿童能聚焦于与其发展目标最为相关的学习机会。一旦开始了某个常规,你就要对它进行持续的重启和拓展,直到儿童准备好接受新的常规。建立常规,拓展常规,再转向新的常规,每一次干预我们都会重复这个过程,直到该次干预结束。对照图 5.10,复习本章关于常规的策略和信息。在接下来的几章,我们将更详细地讨论常规的各个步骤,排除常见问题,并开始分层介绍儿童的学习目标。

第 5 章小结

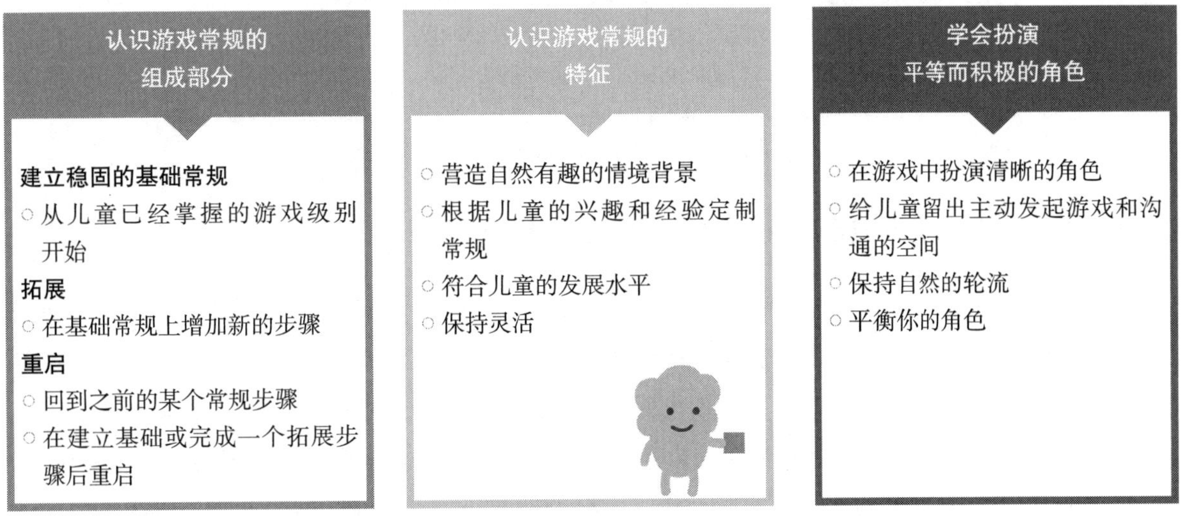

认识游戏常规的组成部分

建立稳固的基础常规
- 从儿童已经掌握的游戏级别开始

拓展
- 在基础常规上增加新的步骤

重启
- 回到之前的某个常规步骤
- 在建立基础或完成一个拓展步骤后重启

认识游戏常规的特征
- 营造自然有趣的情境背景
- 根据儿童的兴趣和经验定制常规
- 符合儿童的发展水平
- 保持灵活

学会扮演平等而积极的角色
- 在游戏中扮演清晰的角色
- 给儿童留出主动发起游戏和沟通的空间
- 保持自然的轮流
- 平衡你的角色

图 5.10　第 5 章小结

第 6 章

制定 JASPER 常规

6.1 引言

本章，你将学习如何为游戏常规选择玩具、游戏行为和沟通方式。我们首先介绍选择玩具和游戏行为的方法，再说明沟通的几个基本原则。然后，你将根据这些内容填写工具表 6.1（制定游戏常规），为每一位儿童编制个别化的常规选项。在这个过程中，你要记得，玩具和游戏行为的选择始终应该立足于儿童，并为实现儿童的干预目标提供支持。虽然你会在玩具的选择和准备上下很多功夫，但在干预时你还是必须根据儿童自己的决定灵活取舍。

6.2 选择玩具和游戏行为

在 JASPER 中，我们没有标准化的玩具套件。事实上，我们常常使用从儿童学校或家里拿来的玩具，因为它们是儿童在干预之外最有可能会玩的玩具。你也不一定要选择高科技或有品牌的玩具。你可以就地取材，比如，用纸盒搭积木，用塑料餐具完成食物主题常规。你还可以活用不同的物品，比如，用书搭出可以行车的斜坡。比玩具种类更重要的，是选择与儿童发展水平相适应的游戏行为。请根据图 6.1 中的指导原则，为你的首次干预列一个玩具清单。

选择玩具和游戏行为的指导原则 ☑
- ☐ 在与儿童发展水平相适应的恰当区间内选择玩具和游戏行为
- ☐ 采用具有激励性、能促进成效性游戏、能促进社会性联结的玩具
- ☐ 采用富有创意的、对儿童来说有意义的游戏行为

图 6.1　选择玩具和游戏行为的指导原则

6.2.1 选择与儿童发展水平相适应的玩具和游戏行为

如图 6.2 所示，你应该在与儿童发展水平相适应的恰当区间内选择玩具和游戏行为。大部分的玩具和游戏行为应该处于儿童已经掌握的游戏级别内。而在常规基础已经建立、儿童可以开始拓展的时候，你需要支持儿童尝试目标级别的游戏步骤；在儿童需要通过更简单的步骤提高参与状态，或在失调状态结束以后，你需要使用比已掌握级别低一级的玩具（见备注 6.1、第 15 章 15.3.2 节及第 16 章 16.3.2 节）。当游戏行为远高于儿童已掌握的游戏级别（太难）时，儿童很难保持参与状态，也无法发起游戏或沟通，还可能产生挫败感。当游戏行为远低于儿童已掌握的游戏级别（太容

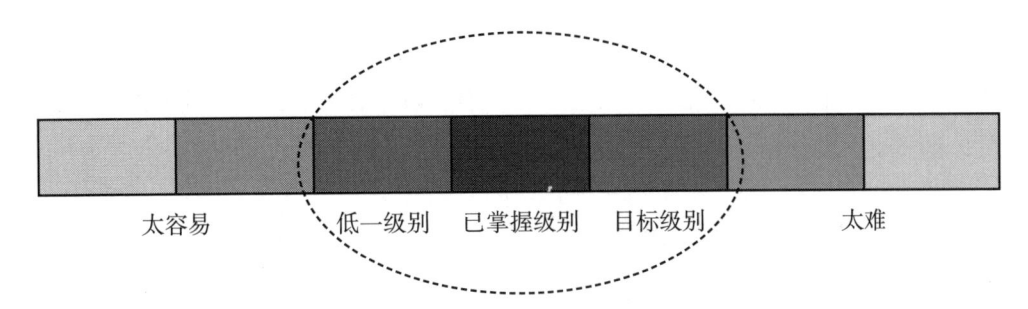

图6.2 在与儿童发展水平相适应的游戏级别区间内选择玩具

易）时，同样不利于儿童保持参与状态，因为它会让儿童感觉无聊并寻求其他活动。

一般来说，决定游戏级别的并非玩具本身，而是你对玩具的使用。玩具是否与儿童的发展水平相适应，要看你怎样使用它。比方说，玩具比萨就可用于多个游戏级别：可以将馅料粘到比萨饼底上（演示组合），可以将比萨块放到盘子里（常规组合），可以假装吃比萨（假装自己），假装喂娃娃吃比萨（儿童施动），让娃娃把比萨端给另一个娃娃（玩偶施动），等等（更多游戏级别，见第2章）。话虽如此，有些玩具也确实会更适合特定的游戏级别。比如，形状分类玩具特别适合用来演示组合游戏，却不太适合更高级别的游戏；娃娃和梳子比较适合前象征或象征游戏，而不太适合较为初级的游戏。

在练习6.1中，我们以四位掌握了不同游戏级别的儿童为例，请根据他们的情况来匹配与他们发展水平相适应的玩具。需要注意的是，我们在这里列举的选项比较有限，它们不一定适合你正在干预的儿童，哪怕他处于同样的游戏水平。

练习6.1　选择玩具

根据儿童情况描述，匹配与其发展水平最相适应的玩具选项。

儿童情况描述	玩具选项
1. 儿童会将大部分玩具放到嘴里，偶尔会在桌上敲打玩具。	A. 玩偶模型、多个结构体、木偶、食物、医生玩具套装
2. 儿童能将形状块放进形状分类器中，除此以外再没有任何游戏行为。	B. 形状分类器、套嵌盒、磁力积木片
3. 儿童能将所有形状块都放进形状分类器中，能拼好拼图，能将食物放到餐具里，将积木放到翻斗车里，还能假装吃东西。	C. 弹出式玩具、鼓、套环玩具
4. 儿童用磁力片搭出一个结构，组装食品，让娃娃拿着梳子梳头，让娃娃走进屋子并坐在家具上，然后让娃娃走进谷仓坐下。	D. 积木、食品、磁力积木片、玩偶模型

6.2.2 选择具有激励性的玩具和游戏行为

在选择玩具时，要考虑儿童的兴趣。儿童在玩对他们具有激励性的玩具时比较容易保持共同参与状态。比方说，如果儿童对动物感兴趣，你就可以选一些动物主题的玩具，以符合儿童发展水平的方式展开游戏，比如，拼海洋动物拼图（演示组合）、将动物装进卡车（儿童施动）或让农场动物们边睡边打呼噜（玩偶施动）等。需要注意的是，有些玩具容易导致干扰性的而不是成效性的游戏行为，具体请看下面的介绍。

6.2.3 选择能导向成效性游戏的玩具

我们希望儿童能以成效性的方式来玩玩具以实现我们的干预目标。**成效性游戏**是与儿童的发展水平相适应的、灵活的、多样的、富有创意的，能让儿童保持共同参与的游戏。避免采用那些可能导致**干扰性游戏行为**的玩具，比如，带声光效果的电子玩具（可以取出电池）、特别容易让人分心的玩具，和那些可能导致儿童失调、与物互动、出现刻板重复行为或狭窄兴趣的玩具。图 6.3 列举了成效性游戏和干扰性游戏的不同特征。如果一个玩具特别容易让儿童分心，你可以将它暂时移出干预过程。等成功建立起一些游戏常规之后，再试着以更具成效性的方式将其引入到干预中来。

成效性游戏的特征	干扰性游戏的特征
○ 游戏行为符合儿童的发展水平 ○ 游戏行为是灵活的、多样的、有创意的 ○ 儿童表现出较高的共同参与状态 ○ 儿童的情绪情感与游戏常规相适应 ○ 儿童更有可能主动发起游戏和沟通 ○ 儿童更有可能与你分享他的快乐（比如，微笑、大笑、看向你）	○ 儿童不能用与其发展水平相适应的方式使用玩具 ○ 儿童表现出更多的刻板重复行为 ○ 儿童不让你玩玩具 ○ 玩具让儿童不时陷入较低的参与状态 ○ 玩具让儿童不时陷入过高的积极情感（比如，拍手、不受控地大笑） ○ 玩具让儿童不时陷入消极的情绪情感（比如，扔玩具、敲打玩具）

图 6.3 成效性游戏和干扰性游戏的特征

6.2.4 提高创意

要有创意！儿童和成人常常会用不同的方式思考游戏。成人倾向于采用更加标准的玩法，儿童则更有创意。为了提高儿童技能的灵活性和多样性，你需要收起你那些传统的思维方式，尤其是在拓展常规的时候。你可以混用不同玩具套装中的玩具，也可以将不同常规组合到一起，还可以用新方法来玩玩具。比如，你可以将木头积木和塑料积木搭在一起，而不是只用木头积木。记住，你还应该跟随儿童的创意性玩法，即使它偏离了你原本的计划。比如，儿童可能会把装玩具的盒子当成浴缸给娃娃洗澡。你应该模仿和鼓励这种创意性、成效性的游戏行为。我们在衡量游戏行为时只需要考虑它们是否与儿童的发展水平相适应、是否具有成效性，玩法本身是没有"对""错"的。

6.3 选择沟通方式

接下来，仔细想想，你在常规中可以使用哪些沟通方式。和游戏一样，我们应该使用与儿童的发展水平相适应的、具有激励性的、灵活的、富有创意的语言。我们还应该示范各种共同注意手势。更多沟通策略，见第 12 章、第 13 章。根据图 6.4 的指导原则，为你的首次干预选择恰当的沟

> **沟通的指导原则** ☑
> ☐ 选择符合儿童语言水平的词语
> ☐ 选择与游戏常规相关的词语
> ☐ 使用有助于促进社会性联结的评论性语言
> ☐ 在常规中使用共同注意手势
> ☐ 为使用言语生成设备的儿童准备语言符号（见第14章）

图 6.4　沟通的指导原则

通方式。对于使用扩大和替代沟通（AAC）的儿童，提前准备好你在常规中可能会用到的词语，并遵循第14章的指导原则。

6.3.1　符合儿童的平均句长

成人正常使用的语速、词汇和语言水平对儿童来说往往难度太大，不易模仿。所以，你在跟他们讲话时不能采用平时的方式，你要将你的用词保持在比儿童的平均句长多一词的范围内。第3章我们提到，平均句长是儿童每句话大致的用词数量。具体的句长区分可参考表6.1。记住，这里的句长是指儿童可以自发、独立使用的大致的词语数量，而不是儿童可以模仿的词语数量。这意味着对大部分的语言初学者，你都必须大大缩减你讲话时的用词量；这也意味着你的语言示范是可以被儿童独立再现出来的。

完成练习6.2，为成人选择恰当的用语水平。

表 6.1　匹配儿童的语句长度

儿童自发的语句长度		成人的语句长度
使用喉音、近似音或无语言	→	使用单词评论
使用单词句	→	使用1～2词评论
使用2～3词句	→	使用2～4词评论
使用短句子	→	使用短句子
使用长句子	→	使用长句子

练习 6.2　成人语言水平

根据儿童的语句长度，找到与之最为匹配的、成人可在洗澡常规中使用的语言。

儿童的平均句长	成人的语言
1. 近似音（比如"b"）	A. "宝宝。"
2. 单词	B. "宝宝洗泡泡澡。"
3. 2～3词	C. "我把洗发水抹到宝宝的脏头发上。"
4. 短句子	D. "再涂浴液。"
5. 长句子	E. "洗。"

6.3.2 使用评论性语言

你可以在常规中对玩具和游戏行为做简单的**评论**。比如，你可以说一说是什么物体（"汽车""宝宝"）、常规中正在发生或刚刚发生了什么（"倒了！""我们在开车"）或强调玩具或事件的有趣之处（"塔倒了！"）。

避免为了改变儿童的游戏行为或获得某种反应而在游戏中使用指导性语言（比如"把正方形放进去""找出橙色的动物"）。也要少用吸引儿童注意力、提问或测试儿童的语言（比如"看！""你可以推动汽车吗？""这是什么颜色？"）。图 6.5 是对评论性语言和指导性语言的比较。

可以使用的共同注意语言	应该少用的语言
○ "红色球。" ○ "倒了！" ○ "可怕的恐龙。" ○ "搭积木！" ○ "宝宝困了。" ○ "我们在喂小宝宝！"	○ "它是什么颜色的？" ○ "现在把它推倒。" ○ "这是哪一种恐龙？" ○ "你应该把积木搭上去。" ○ "你可以哄宝宝睡觉吗？" ○ "找出哪个是男宝宝。"

图 6.5　可以使用的共同注意语言和应该少用的语言

很多孩子都习惯于回应他人，却不知道如何按照自己的想法游戏或分享自己的想法，因此，我们有必要给他们示范他们可以使用的语言。但是，如果儿童陷入失调状态或需要行为指导，就比较适合使用指导性语言了（见第 8 章、第 16 章）。

6.3.3 使用灵活自然的沟通方式

ASD 儿童有时会死记硬背语言或使用重复性的语言。我们的目标是帮助他们发展更加灵活自然的沟通方式。为此，我们自己说话时也要尽量灵活自然。

用词多样化

在常规中使用多样化的词语。比如，如果你正在示范野餐常规的语言，在给玩偶吃东西时不要每次都说"吃"。这样太过重复了，儿童也只能接触到单词句。但如果你每次都使用不同的词语（"汉堡""包子""奶酪""番茄酱""吃""更多"），也会导致可预见性不足，不利于儿童学习新的语言。尽量在两者之间找到自然的平衡。

使用自然的语调和说话方式

儿童会从各方面模仿你说话，从用词到语调。有些人为了调动情绪状态，会在句末升调，这样会让他们的话听起来像提问，比如"搭积木？"。结果，儿童也开始这样说话，每一句话都变得像问句。所以，你要尽量自然。声音不要太单调、太呆板，不要过分突出音节、拉长语调、过分抑扬顿挫，也不要以第三人称说话。

6.3.4 根据儿童的句长灵活调整语言

你还应该根据儿童的句长适当调整你的语言，让它们更加灵活、自然。

在近似音基础上发展词语

如果儿童能发出近似词语的声音，那么可以在此基础上拓展，为这些声音匹配近似的词语，然后示范给儿童，只要这些词语在当时的常规情境中是合理的即可。

调整单词或双词句

如果儿童处于说单词或双词句的水平，你就很难保持语言的灵活自然。在这种情况下，你可以偶尔多加一个词，让你的示范不过于生硬或尴尬。比如，如果你经常给儿童示范"搭"这个词，那么在轮流游戏的过程中，每隔几轮你就可以说"搭积木"；如果你把小人放进校车的时候，总是说"上"，那么偶尔可以说"上校车"。

让短语和句子更有创意

当儿童掌握了较多语言，尤其是已经能说句子的时候，你可以使用更有创意、更加自然的语言。如果儿童已经可以说较长的短语或句子，那么你可以试着提高语言的灵活性，就像在和儿童对话一样。比如，如果儿童说"我是老师，现在开始上课"，那么你可以说"好的，我是学生，我把课本拿出来"。随着儿童语言水平的不断提高，你还可以发挥语言的其他功能，比如，提出与常规有关的有趣的（而不是指导性的）请求或问题。例如，如果儿童说"我要吃玉米香肠"，成人可以回答："我要吃比萨。你要配什么饮料？"

6.3.5 使用共同注意手势

除了用语言来沟通，你还可以在轮流游戏的过程中示范共同注意手势。这样的示范对所有儿童都有好处，无论他们的语言水平是高还是低。我们会优先考虑儿童的目标手势，并确保经常示范这些手势。但你也可以随着常规的自然发展，示范最适合当时情境的手势。我们会在第12章12.4.3节介绍手势示范的具体细节。

6.4 制定游戏常规

一旦选定与儿童的发展水平相适应的玩具、游戏行为和沟通方式，你就可以遵照以下指导原则，在工具表6.1"制定游戏常规"中列出你首次干预的材料清单了。

制定游戏常规的步骤：

- 列出与儿童发展水平相适应的、具有激励作用的玩具清单
- 准备8个或8个以上常规
- 为基础和拓展选择玩具
- 为基础和拓展选择游戏行为
- 为每个常规选择符合儿童水平的语言和手势

6.4.1 填写玩具、游戏行为和沟通总表

先填写表格顶端的内容：儿童已掌握的游戏级别、目标游戏级别、请求和共同注意的目标手势以及目标句长。这些信息应该来自第 3 章的 SPACE 评估结果。

常规

选择至少 8 个不同的常规，给每个常规拟一个简短的标题或说明。为了更好地完成这一步，你在实施 SPACE 时就要开始试着了解儿童的需要了。在实际干预中，你可能用不了这么多常规，或者这些常规还不够，具体要看儿童使用材料的速度。在这个阶段，你要做足准备，宁可准备过度，也不要因为不够而临时拼凑你需要的东西。所以，一开始你要准备比你预想的更多的玩具。在设计常规的过程中，尽量多想一些与儿童发展水平相适应的游戏步骤，再将它们自然地组合到一起。简单和组合级别的游戏常规通常由 2～3 个游戏级别组成。随着儿童掌握更多技能，开始进入前象征和象征游戏，常规自然会包括更多游戏级别。这种情况在典型发展中也很常见。例如，在象征游戏常规中往往含有级别较低的游戏行为，比如，在假装开餐厅这个较大的游戏中会有将玩具食物放进烤箱（常规组合）这个步骤。此外，你还要准备一个支持参与和调节的常规（见备注 6.1）。

备注 6.1　准备一个用来支持参与和调节的常规

你应该为儿童准备一个他们已经熟练掌握或比他们现有水平低一级的游戏常规，在需要时用来帮助他们保持调节和参与状态。选择那些你觉得儿童可能会喜欢的、轻松舒适的，对儿童具有激励作用的玩具和游戏。刚开始接触 JASPER 的儿童尤其需要这样的调剂。在之后的干预中，随着儿童掌握更多常规，你也可以用某个他们特别熟悉的常规来实现同样的目的。关于这一点，第 15 章还会进行更多讨论。

基础用玩具和游戏行为

写下你觉得可以用来建立基础的玩具和游戏行为。记住，基础是常规的根基，所以你的玩具应该有助于展开儿童已掌握的那个级别的游戏步骤。在前象征和象征游戏中，有些基础步骤常常需要辅以其他级别的游戏步骤。比如，你可能发现，实体组合步骤会比单方案步骤更容易推动常规的进展，因为实体组合会用到更多玩具零件，更方便你和儿童来回持续轮流。因此，在将玩具松鼠一一放到树上之前，不妨先用乐高积木搭一棵树。关于不同游戏级别的基础步骤，见表 6.2。

拓展用玩具和游戏行为

选几个可以用来促进已掌握或目标级别的新步骤的玩具。确保新的游戏行为与常规基础存在逻辑上的联系，是对当前常规的发展。关于不同游戏级别的拓展步骤，见表 6.3。关于选择拓展用玩具的更多信息，见第 11 章。

表 6.2 基础用玩具和游戏行为举例

游戏级别	与发展水平相适应的玩具		潜在的基础步骤
差别化	弹出式玩具	→	按按钮
拆解	套环玩具	→	从套杆上取下圆环
演示组合	存钱罐	→	将硬币塞入罐子
一般组合	积木	→	搭积木
假装自己	饼干和餐具	→	将饼干放入托盘、假装吃饼干
实体组合	泡沫积木	→	用积木搭"潜水艇"
儿童施动	玩偶、房子、家具	→	将玩偶放到家具上
常规组合	玩偶、房子、家具	→	在房子里摆放家具
单方案	宝宝、食物、奶瓶	→	拼组食物、将食物递给每一个宝宝
替代	磁力积木片、玩偶、比萨	→	将积木放到比萨上作为"馅料"
无物体替代	磁力积木片、玩偶、比萨	→	在烤箱烤比萨、吹凉"烫"比萨
玩偶施动	游乐设施、玩偶	→	娃娃们爬上游乐设施
多方案	游乐设施、玩偶	→	娃娃们玩捉人游戏，然后爬上游乐设施
社会戏剧	医生服、动物	→	宠物医生穿上工作服准备手术
主题	超级英雄披风、积木	→	开着蝙蝠车去犯罪现场

表 6.3 可能的拓展步骤举例

游戏级别	基础步骤		可能的拓展步骤
差别化	用小棒敲鼓	→	用小棒敲木琴
拆解	拆分套嵌盒	→	将盒子重新套嵌到一起
演示组合	将饼干放入饼干罐子	→	将饼干放入托盘
一般组合	用积木搭一个结构	→	将小人放到结构上
假装自己	假装喝杯子里的水	→	把杯子递给一个娃娃
实体组合	用积木搭"动物园"	→	将动物放进动物园
儿童施动	将小人们放到椅子上	→	让小人们吃冰激凌
常规组合	将毯子放到床上	→	将枕头放到床上
单方案	把两个娃娃放到床上	→	给娃娃盖上毯子
替代	用磁力片搭一条"路"	→	在路上开车
无物体替代	在碗里搅拌"蛋糕糊"	→	将"蛋糕糊"倒进烤盘里
玩偶施动	假装娃娃在喝茶	→	假装往茶水里加糖
多方案	娃娃走向汽车、娃娃开车	→	给娃娃们搭一个"学校"
社会戏剧	假装医生检查心跳	→	给病人开药
主题	坐着魔毯飞行	→	回到家喂老虎

手势和语言

预先计划好你在轮流时可以使用哪些手势和语言。想办法将你在第 3 章、第 4 章为儿童确定的目标手势融入其中。选择符合儿童语言水平的各种不同的词或短语。轮换着使用几个不同的实义词或短语（而不是每次都重复同一个词），让儿童逐渐熟悉它们。你可以混搭使用名词、动词、介词和形容词，只要它们和游戏行为有关并且在儿童的能力范围内。

6.4.2 准备足够的玩具

在 JASPER 中，你也是要参与游戏的！所以，你要为你们两个积极参与游戏准备足够的玩具。如果儿童有一辆车，那么你也应该有一辆。如果儿童用勺子来搅拌，那么你也应该有一个搅拌工具。但这不是说你必须要玩与儿童完全同种类的玩具，也不是说你不能混用其他玩具或分享你的玩具，而是说你应该准备好共同游戏所需的所有材料。如果是体积较大的物件（比如烤箱、汽车坡道、谷仓），你可以和儿童共用，不必另做准备。你还应该备足维持单个游戏互动（来回轮流 7～12 次）所需要的玩具的数量。比如，如果你们要玩插板玩具，你就应该准备足够的插钉，方便你和儿童一起将它们插到板上。如果你们的玩具总是不够用，你就很难保持足够的常规发展动量。

6.4.3 持续更新玩具

在每次干预后检查你的玩具清单，看看下次是否需要变换玩具，需要的话记下来。有些儿童可以连续几次都玩同一个常规，有些儿童则需要新常规来调动积极性。考虑移除那些让儿童分心和产生其他干扰的玩具，或针对这些玩具提供必要的支持。围绕那些具有激励性的玩具制订富有成效的常规计划。随着时间的推移，你应该能积累起一系列有助于实现干预目标的常规。

暂时停用受欢迎的玩具

在多次干预之后，你可能发现，那些曾经让儿童兴奋不已的玩具或常规对儿童的激励作用变得越来越弱。如果你已经完成了很多拓展，儿童的兴趣也开始减退，那么，你应该在接下来的几次干预中暂时停用这些熟悉的玩具，这样可以重新调动儿童的积极性。在短暂停用之后，儿童再见这个玩具时往往会重新兴奋起来，参与时间也会再次延长。

6.4.4 案例分析

在图 6.6 中，我们展示了一份填写完毕的工具表 6.1（制定游戏常规）的样本。表中这几个常规是为一个能说单词句、具有简单游戏水平、正在形成演示组合技能的儿童而设定。更多常规样例，见附录 C。

6.5 常规制定中的常见挑战

选择玩具是一个不断试错的过程。儿童可能不喜欢你选的玩具、很难以成效性的方式游戏、对所有玩具都浅尝辄止，这些都会让你疑惑接下来该怎么办。分清哪些玩具能激励儿童、哪些玩具会

制定游戏常规

儿童：_____J.M._____　　已掌握游戏级别：_____演示组合_____
成人：_____C.S._____　　目标游戏级别：_____一般组合_____
日期：_____7/06_____　　目标请求手势：_____给物_____
　　　　　　　　　　　　目标共同注意手势：_____展示_____
　　　　　　　　　　　　目标语言水平：_____1～2词_____

常规			
制定8个不同的游戏常规			
常规	玩具	行为	手势和语言
常规1： 插板	基础： 插钉 插板	基础： 将插钉逐一插入插板的孔中，将插钉叠插成高塔	插钉　　JA 指物 上　　　JA 展示 搭　　　给物请求 里 / 外 环
	拓展： 套环和套杆 套嵌盒	拓展： 将圆环套到插钉上，将插钉放入套嵌盒里，将盒子叠搭起来，在盒子上堆叠圆环	放上 / 拿开 盒子 还要
常规2： 冰激凌	基础： 冰激凌 冰激凌罐	基础： 将冰激凌叠搭起来，将冰激凌装进罐子，倒出冰激凌	冰激凌　JA 展示 搭 放上 / 拿开 颜色
	拓展： 冰激凌勺 大肚皮娃娃 托盘饼干套装	拓展： 挖冰激凌，将冰激凌放到饼干上，将冰激凌和饼干喂给大肚皮娃娃	饼干 托盘 粘 还要 吃
常规3： 形状分类器	基础： 形状块 形状分类器	基础： 将形状块放入分类器中，倒出形状块	里 / 外　　JA 展示 形状块　　给物请求 倒 搭
	拓展： 翻斗车 卡扣式道路积木 套嵌盒	拓展： 将形状块堆搭起来，将形状块装入翻斗车，把路拼起来，开翻斗车，堆搭盒子，将形状块放入盒子	卡车 开车 去 盒子 拼
常规4： 蛋糕	基础： 蛋糕块 蛋糕顶花	基础： 将蛋糕块拼成蛋糕，给蛋糕加上顶花，将蛋糕块堆叠起来	蛋糕　　　JA 指物 放上 / 拿开　JA 展示 做　　　　给物请求 搭
	拓展： 蜡烛 塑料套嵌蛋糕 冰激凌 大肚皮娃娃	拓展： 给蛋糕插上蜡烛，唱"生日快乐"歌，将套嵌蛋糕叠成多层蛋糕，将冰激凌搭到蛋糕上，将蛋糕块喂给大肚皮娃娃	顶花 蜡烛 吃 还要

图 6.6　工具表 6.1（制定游戏常规）填写范本

干扰儿童,是一件需要慢慢摸索的事。下面,我们先回答几个常见问题,再举几个例子来加以说明。如果你卡在了某一个节点上,请采用第 8 章的 ACT 框架来排除问题。

6.5.1 常见问题

我们来解答几个你在选择玩具时比较容易遇到的问题。

如果我没有"恰当"的玩具来进行 JASPER 干预,该怎么办?

在一些情况下,比如,你是来自资源匮乏的社区的老师或家庭,你手头可能没有那么多玩具。在这样的情况下,你可以发挥创意,就地取材,自制玩具。比如:

- 用鞋盒代替积木。
- 使用家里的日用品,比如,碗、勺、牙刷等。
- 用篮筐来当宝宝的浴缸或摇篮。
- 将旧衣服或碎布头改制成玩偶的衣服和毯子。
- 在罐头或塑料容器的盖子上开口,用来塞硬币。
- 保留平常的食品包装,以备食物主题常规之用。
- 用纸板制作象征游戏的道具(比如,深海潜水服)。

如果儿童只能玩几秒钟,该怎么办?

确保玩具符合儿童的游戏发展水平,既不过分容易,也不过分困难。同时,牢记儿童的发展水平。如果和你一起玩的儿童只有 15 个月大,那么,一个玩具玩几轮就被抛开,然后儿童就在房间四处探索其他玩具,这种情况是很正常的。儿童需要时间来慢慢提高参与能力。况且,给儿童时间去探索玩具也未尝不可。这些玩具可能是儿童家里没有的或是特别新鲜的。如果儿童在之前从未见过这些玩具,你就必须通过示范(见第 9 章)来展示它们的玩法。儿童一开始对玩具没有表现出兴趣,并不意味着他们真的毫无兴趣。

如果玩具对儿童没有激励作用,该怎么办?

想想儿童喜欢什么,再想办法将这种兴趣利用起来。比如说,如果儿童对蝴蝶很感兴趣,那么你可以将蝴蝶形状的玩具纳入儿童施动级别的游戏常规之中(只要她能将它们用于成效性的游戏)。留心儿童愿意玩哪些玩具,哪怕只玩一两个回合,同时也观察儿童完全忽略了哪些玩具。看看是新奇的玩具还是熟悉的玩具更有激励作用。根据儿童的偏好,定期更新你的玩具。至于那些没有得到青睐的玩具,可以在一段时间后再次尝试。

每个常规只能涉及两三个游戏级别吗?

不一定。当儿童还处于较低的游戏级别时,两三个级别的跨度是与他们的发展水平相适应的。但随着游戏趋向前象征水平,你的常规也会自然地包含更多的游戏级别。举例来说,在象征级别的机场主题常规中,我们可能会从实体组合步骤开始,比如,搭建机场、搭飞机,即便这个步骤远低于儿童目前已经掌握的水平。这是与儿童的发展水平相适应的,也符合游戏技能的典型发展路径。我们的目标不过是选用那些能够推动常规持续、自然发展,也有助于培养更高级别技能的玩具。另外，在发展前象征技能时，记得你可以根据儿童的喜好，同时选择多个级别的前象征目标技能，因为在典型发展中，各级别的前象征技能往往是同时发展的（见第4章4.3.4节以及图4.2）。

6.5.2 案例分析

下面，我们通过几个案例来说明排除问题的大致过程。这些案例采用了"答读者问"的形式。在余下各章的"案例分析"部分，我们在说明相关策略的使用方法时也采用了这样的形式。这些案例虽为虚构，却是我们这些年来常见场景的真实写照。

✉ 努力开始中

亲爱的JASPER：

我刚完成对一个小男孩的第三次干预。目前他正在形成一般组合技能。他有一点点语言能力，对玩具也相当感兴趣。我们最大的问题是每次都要花很长时间才能正式进入常规。每次干预我都会准备不同的玩具，希望其中总有一种能引发出精彩的常规。我尝试了各种办法，变化游戏环境、使用视觉时间表、当他拿起玩具开始玩的时候提高我的情绪状态。但这些好像都不起作用。他从一个玩具换到另一个玩具，每次都要10分钟左右才能进入状态。我是哪里做错了吗？

感谢！

努力开始中

亲爱的"努力开始中"：

很高兴你能使用各种策略来激发孩子的兴趣。从你的叙述来看，孩子目前需要的是保持对材料的稳定兴趣。玩具种类丰富当然是好的，但就这一个孩子来说，每次干预都换玩具可能过于新鲜了，这或许也是他需要那么多时间来探索玩具的一个原因。你可以试着提供几个比较固定的玩具选项，以便他能快速找到一个熟悉的切入点。一旦他选中某个玩具，就将其他玩具移到一边，帮助他将注意力集中到眼前的常规上来。

祝好！

JASPER

✉ 无聊的重复

亲爱的JASPER：

我对孩子实施了SPACE，结果显示她已经掌握了假装自己的游戏级别，于是我给她设定了儿童施动级别的目标。在计划常规的时候，我能想到的只有梳子、牙刷和食物玩具之类的材料。然后，在开始考虑基础步骤和拓展步骤的时候，我被难住了！怎么才能想出8个不同的常规，里面的行为还只能是儿童施加给她自己或娃娃的？我担心我们的游戏可能没那么有趣，感觉更像是适应技能的训练。我应该怎么办？

请帮助我把游戏变得有趣！

无聊的重复

亲爱的"无聊的重复":

的确，如果你在选择游戏行为时执着于假装自己和儿童施动这两个级别，你的常规就不会那么自然、有趣。为了设计出丰富的游戏步骤并连缀成完整的故事，游戏常规往往需要包含多个游戏级别。所以，不要把自己局限在这两个游戏级别里，试着增加几个相邻级别的游戏步骤。比如，在食物主题常规中，除了假装自己吃喝或让玩偶吃喝，你还可以加入组合级别的步骤：拼装食物、切分食物、将食物放入盘子或烤箱等。还有一个办法，就是在基础部分采用各种不同的主题，比如，搭积木，这样你就可以用到实体组合的步骤，然后，再将儿童施动或假装自己的步骤作为拓展加入常规之中，这样也能让你们的游戏更加多样和有趣。

继续加油！

JASPER

6.6 结语

填完工具表6.1，你就有了一份详细的常规清单，其中包括各种与儿童发展水平相适应且具有激励作用的玩具、游戏行为、手势和语言。虽然提前做了这样的计划，但记住，这并不等于你预先确定了常规的步骤。在实际干预中，儿童可能会选择跟你预期的不一样的玩具，也可能会从一组不同的基础步骤开始。这可能就会导向一个新的常规，而你也需要随之变换一套不同的语言。随着干预的一次次推进，持续更新你的玩具，以保持它们对儿童的激励作用并响应儿童新的技能目标。随着常规的不断发展，你应该可以看到儿童也在朝着目标不断前进。你应该更加了解哪些玩具和游戏行为对儿童具有激励作用，儿童则应该更容易主动发起游戏想法，不断拓展从之前常规中学到的游戏行为。对照图6.7，复习制定常规的策略要点。下一章，我们将介绍如何准备游戏环境，包括如何布置不同的常规。

第 6 章小结

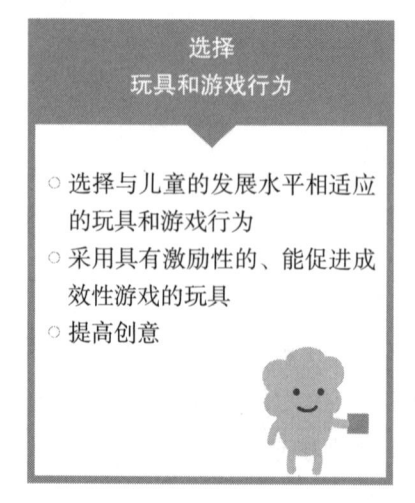

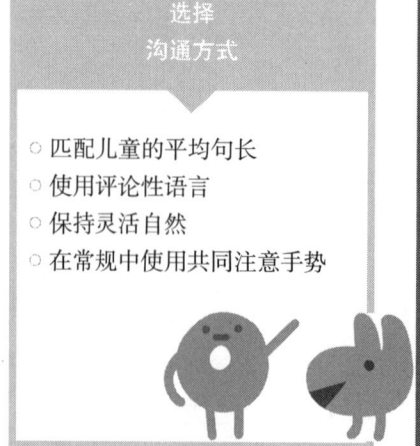

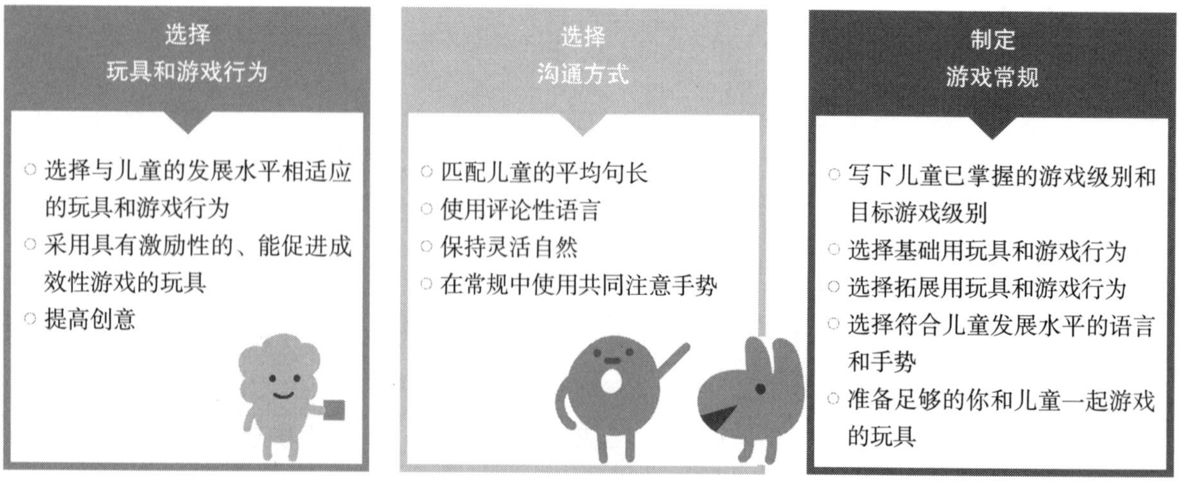

选择 玩具和游戏行为
- 选择与儿童的发展水平相适应的玩具和游戏行为
- 采用具有激励性的、能促进成效性游戏的玩具
- 提高创意

选择 沟通方式
- 匹配儿童的平均句长
- 使用评论性语言
- 保持灵活自然
- 在常规中使用共同注意手势

制定 游戏常规
- 写下儿童已掌握的游戏级别和目标游戏级别
- 选择基础用玩具和游戏行为
- 选择拓展用玩具和游戏行为
- 选择符合儿童发展水平的语言和手势
- 准备足够的你和儿童一起游戏的玩具

图 6.7 第 6 章小结

工具表 6.1　制定游戏常规

儿童：_____　　　已掌握游戏级别：_____
成人：_____　　　目标游戏级别：_____
日期：_____　　　目标请求手势：_____
　　　　　　　　　　　　　　　　　目标共同注意手势：_____
　　　　　　　　　　　　　　　　　目标语言水平：_____

常规			
制定 8 个不同的游戏常规			
常规	玩具	行为	手势和语言
常规 1：	基础：	基础：	
	拓展：	拓展：	
常规 2：	基础：	基础：	
	拓展：	拓展：	
常规 3：	基础：	基础：	
	拓展：	拓展：	
常规 4：	基础：	基础：	
	拓展：	拓展：	

（转下页）

工具表 6.1　制定游戏常规（第 2 页，共 2 页）

常规	玩具	行为	手势和语言
常规 5：	基础：	基础：	
	拓展：	拓展：	
常规 6：	基础：	基础：	
	拓展：	拓展：	
常规 7：	基础：	基础：	
	拓展：	拓展：	
常规 8：	基础：	基础：	
	拓展：	拓展：	

备注：

第 7 章

准备 JASPER 环境

7.1 引言

本章将介绍布置和保持干预环境的方法。我们讨论的环境，是指物理空间的各个方面，包括房间的布置、玩具的摆放和你相对于儿童的位置。在 JASPER 中，我们没有一个适用于所有儿童的推荐布置方案。相反，我们会根据每个儿童的具体情况，通过对玩具和对我们自己的布局安排，最大限度地促进儿童游戏和参与。本章，我们将从 JASPER 环境的目标和特征谈起。然后，我们会介绍如何布置环境，包括准备游戏区域、摆放常规材料以及在常规中管理你的位置和游戏材料。最后，我们讨论环境布置的常见挑战和相关案例。

7.2 利用环境来支持儿童实现干预目标

在介绍准备环境的方法之前，我们先概述一下 JASPER 环境的特征，并谈谈如何利用环境策略来帮助实现干预目标。理想的 JASPER 环境应该为儿童创造一个能真正**游戏**（如第 5 章所述）的环境。我们说的这个游戏不只是玩玩具的行为，而是儿童主动、创造性地探索他们觉得好玩有趣的活动从而习得新技能的自然学习的过程。环境是我们的一个重要工具，可以帮助儿童实现参与和调节，鼓励和引导儿童主动发起游戏步骤。在你布置环境的时候，你也在给儿童提供微妙的视觉提示，告诉他应该坐在哪里、做什么。这样可以促进儿童的主动发起，也让你无须再做频繁的示范、使用更具指导性的辅助。为了支持这样的互动，我们要确保两点：环境具有恰到好处的结构性，有助于儿童参与；环境中的玩具选项数量也恰到好处，能支持儿童的游戏想法和主动发起。图 7.1 展示的是环境布置的三种不同情况：一边是有太多选项和干扰，另一边是过于结构化和控制，介于两者之间的正是我们的 JASPER 环境。

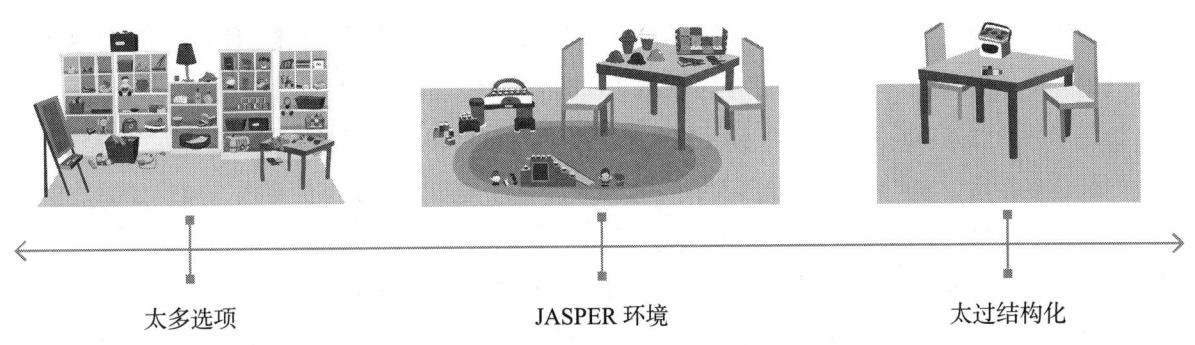

图 7.1 JASPER 环境实现了结构化和选择机会的平衡

7.2.1 通过适度的结构化促进参与和调节

环境的结构化对儿童的参与和调节既可以起支持作用，也可以起阻碍作用。如果环境布置不合理，它就可能会成为一个干扰源，让儿童失调和分心。比如，杂乱无章的环境就容易让人无所适从。如果环境中有太多的玩具选项，如图7.1第一幅图中那样，儿童就可能会在房间里四处走动，东摸西摸，却一个也玩不起来；她也可能玩玩这个玩玩那个，却不能深入任何一个活动；或者，她会以刻板或重复的方式来玩其中的某个玩具。反之，如果环境过分局限，如图7.1第三幅图中那样太过结构化，它就不再有趣，不再有激励性，也无助于游戏的展开。在这样的环境里，儿童知道应该坐在哪里、要做什么，但他也不太可能做出选择、追求兴趣或发起他的想法了。因此，在JASPER中，我们会认真布置环境，让儿童得到清晰的视觉引导，更加轻松地参与到游戏之中。我们会如图7.1第二幅图中那样，减少环境中的干扰因素，给儿童安排一个清晰的座位，并提供多样化的玩具选项。

7.2.2 准备跟随儿童的引领

我们会在环境中准备各种具有成效性的和激励性的玩具，支持儿童主动发起，帮助儿童发挥引领作用。游戏区的所有材料都可能，也可以为儿童所用。JASPER环境总是给儿童提供选择玩具的机会：先在几个常规选项之间做选择；在开始常规后，再在适用于不同游戏行为（已掌握级别和目标级别）的不同玩具之间做选择。每一种玩具还会准备多件。这样既让儿童有机会选择他想玩的玩具并确定常规内的游戏步骤，又便于成人跟随儿童的想法。

7.2.3 为儿童量身定制环境

环境始终应该切合儿童的个别化需要。有些儿童需要更加结构化的物理环境才能安心待在房间，也有些儿童需要更多走动和做选择的机会。随着干预的推进，在你逐渐了解儿童的需要之后，你可能要对环境布置做出调整。在一段时间之后，你还应该逐渐降低环境的结构化程度，为儿童在更加自然的环境中（比如，在幼儿园里）游戏做好准备。

7.3 准备游戏区域

在每次干预之前，你应该为儿童准备好游戏区域。我们的游戏区域一般不大：在桌边或在地板上，能够让成人和儿童面对面舒服地坐下，中间隔着玩具和物品。通常，我们可以先在房间角落划出大概1.5米×1.5米的整齐空间，后续再根据儿童的需要做出调整（见图7.2）。

如果你去儿童家里或学校进行干预，你可能需要重新布置房间，创设一个最适合儿童的游戏区域。如果是在教室，你可以像图7.3那样，用家具或隔断物隔出一个更小的专属区域。如果是在家里，你可以用沙发、椅子或架子营造相同的效果。

尽可能让儿童朝向没有干扰物的方向。如果是在学校教室，为了避免其他人的出入给儿童造成干扰，尽量将游戏区安排在教室比较安静的角落里，以减少儿童直接视线范围内的干扰因素。

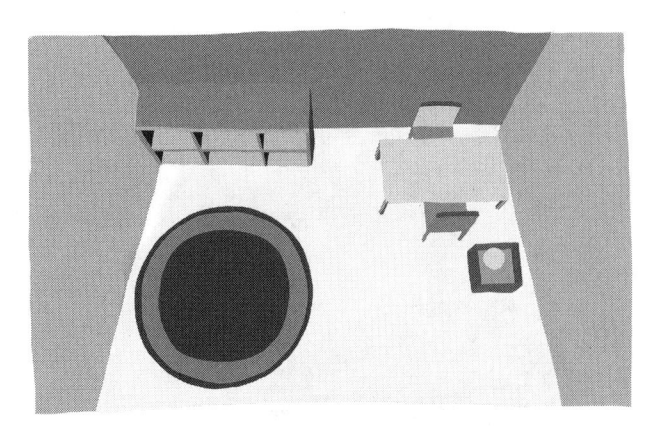

图 7.2 干净整洁的游戏空间

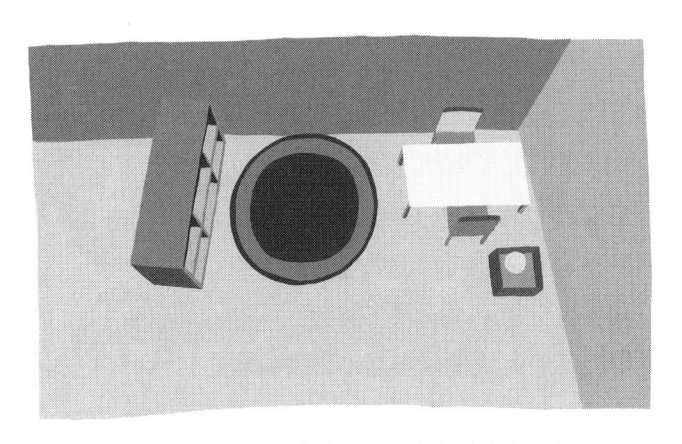

图 7.3 通过隔断营造出更小的专属游戏区域

7.3.1 选择桌子、地板或两者的组合

JASPER 干预通常在地板上、小桌边或在两者之间移动完成。这几种布局方式没有好坏之分，有的只是结构化程度上的差异。你可以根据儿童对结构化需要的变化，在一次干预中或在几次干预之间调整变化不同的方式。重要的是你要选择那种最有助于儿童参与的方式。

选择桌子

对有些儿童来说，在桌边会更便于游戏并保持参与状态。如图 7.4 所示，桌子可以提供身体上的支撑，也让玩具摆放更有条理。它是学龄儿童比较熟悉的一个地方，也是一个清晰的视觉提示，告诉儿童应该坐或站在哪里。桌面还提供了一个专属的游戏空间，你可以在上面清晰呈现各种玩具选项，同时也容易控制玩具数量。以下是适合使用桌子的一些情况：

- 儿童比较活跃、喜欢移动或经常起身游荡。
- 儿童说话声音很低，或者在没有辅助的情况下很难坐直。
- 儿童喜欢不停换玩具。
- 儿童在比较结构化的条件下更容易保持参与状态。

还要考虑桌子的大小和高度。尽量不使用过大、过宽的桌子，以免儿童够不到桌上的玩具或你们够不到彼此。至于高度，儿童应该能将胳膊撑于桌面且双脚着地。

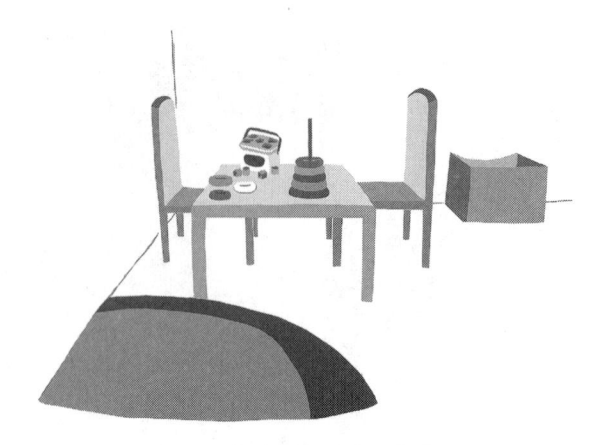

图 7.4　布置在桌上的游戏常规

选择地板

对某些儿童来说，地板是一个更合适的环境。地板的限制性较小，可以给儿童更多的活动空间（见图 7.5）。宽敞的空间可以容纳更多玩具选项，也便于安排那些需要用到较多材料或占用较大空间的常规。以下是你可以尝试选择地板的一些情况：

- 儿童比较习惯于将多种玩具选项同时呈现出来。
- 儿童的常规需要占用较大空间或用到很多材料。
- 儿童讨厌坐着、觉得坐着局促或坐着容易陷入失调状态。
- 儿童自由走动时更容易保持参与状态。

在布置地板环境的时候，给儿童划定一个明确的座位，比如，放一个扁平座椅、一块小地毯或坐垫或一个用彩色胶带圈起来的区域。这样的视觉提示可以让儿童知道应该待在这个空间的具体哪个位置，帮助他们顺利进入干预环境之中。

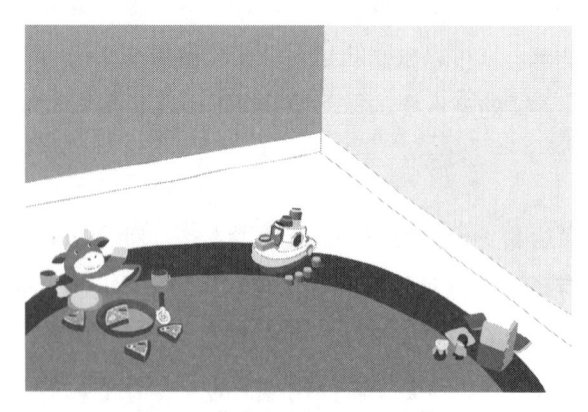

图 7.5　布置在地板上的游戏常规

选择两者的组合

但是，最好的选择往往是桌子和地板的组合，如图 7.6 所示。这两种方式的组合让你随时都可以提供儿童需要的支持。遇到以下情况，你可以尝试使用这样的组合方式：

- 儿童大部分时间都能在地板上参与游戏互动，但偶尔也需要你帮助他恢复参与状态（会陷入分心、固着或失调状态）。

图 7.6 布置在桌边和地板上的游戏常规

- 儿童在干预开始时需要较多支持，但在结束时不需要那么多支持。或者相反，前期不需要太多支持，但后期需要较多支持。

有些儿童需要先在桌边慢慢进入状态，但之后可以转移到地板上，或者相反。如果你不确定哪种环境更适合儿童，也可以先尝试两者的组合。如果最后你发现并不需要桌子，可以轻松地将它移到一边。完成练习 7.1，判断在下列情况下哪种环境最适合儿童。

练习 7.1　选择环境

根据儿童的情况描述，判断他们最适合哪一种环境安排。

儿童情况	适合环境
1. 儿童常常会在房间里游荡，很难在一个地方待住，还经常陷入失调状态。	A. 主要在地板上
2. 儿童能在一个地方待住，能挺直身体坐着，不容易被视线中的其他物体干扰。	B. 主要在桌边
3. 儿童会不时陷入失调状态并四处游荡，但也能在同一地点待上一会儿，玩在他视线之内的玩具。	C. 地板和桌边组合

7.3.2　进行环境调整

你还可以根据儿童的需要，在上述游戏区域内进一步调整你的支持水平。我们的目标是排除一切障碍，让儿童充分发挥游戏能力。以下是你可以进行的一些调整（如果有我们没有列出的其他调整方法，只要有助于促进儿童的参与状态，都可以采用）。避免进行限制性、控制性太强的调整，以及其他各种容易让儿童失调的调整。我们的目标是综合考虑个体的强弱项，创设一个能够进行积极、富有成效和有趣互动的环境，让儿童得到恰当的支持，能在其中自在地游戏互动。

对桌子环境的调整

以下是你可以对桌子环境做的一些调整：

- 允许儿童站着而不是非得坐着。

- 利用家具、墙壁或儿童身边的其他界限来限定儿童的活动空间。
- 用带靠背和/或扶手的椅子来帮助儿童坐直。
- 如图 7.7 所示，与儿童相邻而坐（仍跟儿童面对面，中间隔着玩具）
- 如图 7.8 所示，将儿童座位置于房间角落，桌子前移，在儿童两侧形成界限。

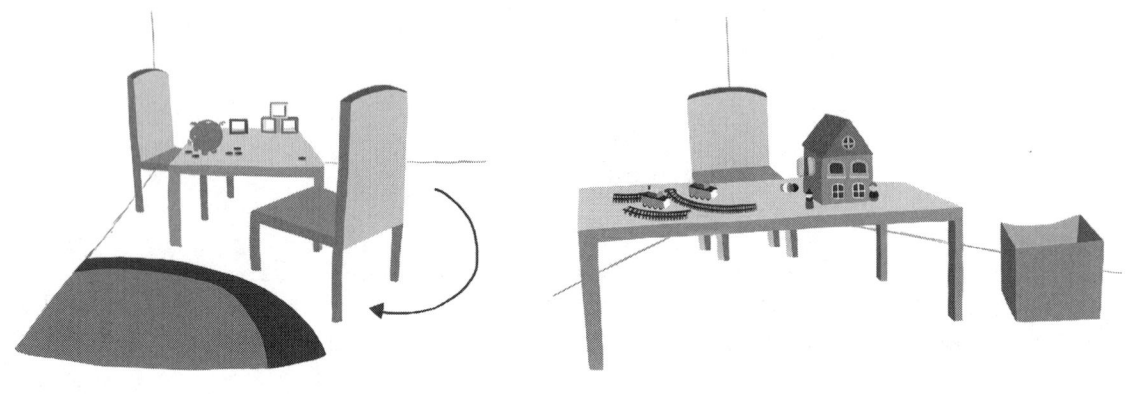

图 7.7　相邻而坐

图 7.8　桌子在角落

对地板环境的调整

以下是你可以对地板环境做的一些调整：

- 让儿童靠墙或在角落坐着，让身体获得支撑。
- 如图 7.9 所示，使用无腿靠椅支撑背部。
- 如图 7.9 所示，将玩具垫高，使之更加顺手，也让儿童不必总是身体前倾。
- 你将双腿伸直构成 V 形，用身体围出一个更小的空间。

图 7.9　成人提供了无腿的椅子，并用一个小平台垫高了玩具

7.3.3　减少干扰物

确保房间整洁、游戏区内没有杂物。环境中总会有一些你没能及时发现的干扰因素。一个简单好用的准则，是保持地板上和周围区域内没有与干预无关的物品。保证儿童视线和触手可及之处皆为"可用之物"。也就是说，只要是儿童可以轻松拿到的物品，都应该是适合用于干预的。如果一个物品会干扰儿童在干预中的参与状态，你就应该考虑将它移走。

7.4 布置常规

安排好游戏场地之后，你就可以开始布置你在第 6 章准备的常规了。不要摆出你准备的所有玩具。你应该提供几个清晰的选项，方便儿童从中选择。目的是让儿童看清楚他有哪些选项、做出选择并开始游戏。这样做可以给儿童提供主动发起的机会，也有助于保持儿童在常规中的参与状态。图 7.10 是为某位已经掌握了一般组合技能、目标为前象征技能的儿童准备的 JASPER 环境。

图 7.10　为已掌握一般组合技能、目标为前象征技能的儿童布置的常规

7.4.1 提供清晰的选项

你准备让儿童坐在哪里，无论在桌边、地板上还是两者的组合，就在他触手可及的范围内布置好初始的常规选项。以常规为单位，分组安放不同的玩具，组与组之间保持一定的距离以作区分。这样有助于儿童注意到周围有多个不同的选项，并促进常规初始步骤的展开。比如，在图 7.10 中，我们提供了四个常规选项：一个谷仓组合结构和积木、一架飞机和几个玩偶、冰激凌拼搭玩具和预先搭出部分结构的磁力片。这是为各个常规的基础准备的起始材料，不远处还有一箱为拓展准备的材料。从这个例子中，我们可以看到为儿童布置环境的大致方法。

部分组装玩具

在布置常规材料时，预先组装部分零件，从视觉上提示儿童玩具的玩法。比如，在图 7.10 中，除了将磁力片摆成一堆，你还可以预先用几块磁力片搭出一部分结构，或者，预先将几个冰激凌球搭到冰激凌筒上。这样，无须示范和辅助，儿童也能想到应该如何开始玩这些玩具。（我们没有要求儿童以这种方式玩玩具，只是以这样的方式启发儿童的游戏行为。）

准备足够的玩具数量以建立常规

你不必把每个常规要用的玩具全部摆出来，那样容易干扰到儿童，也太占地方。相反，你只需摆出基础步骤够用的玩具就可以，最多再加上一两个拓展选项。比如，你像图 7.10 那样布置了房间，在桌上摆了几个冰激凌球。如果儿童选择了冰激凌主题常规，你就需要将更多的冰激凌球放到桌上，以便你们两个能持续参与轮流以保持常规运转。

将备用和拓展玩具收拾整齐，放在随手能拿到的地方

备用材料应该收拾整齐并可随时随需取用。你可以将它们放到透明拉链袋、小箱子或篮筐、带盖小桶或其他收纳容器中，然后放到你身后、身边或附近的架子上，保证你能轻松取用但儿童却够不到。在图 7.10 中，你能看到这些常规的备用材料就放在不远处。（注意，备用材料在我们的插图里不一定都有体现。见备注 7.1。）如果你要从桌边转移到地板上，那就带上这些玩具。为了保持和儿童的互动，你是无暇起身离开临时去找玩具或折腾一个打不开的容器的，请务必提前做好打算。

备注 7.1　关于插图的说明

这本书里有很多插图。要注意这些插图是对某个策略或行为的具体呈现，但这种呈现是做了简化的，不一定能体现 JASPER 环境的复杂性。比如说，插图中的环境总是显得很干净、很整洁。这是我们要努力为儿童保持的一种状态。但典型的 JASPER 环境在背景中不会这么干净。在你触手可及的范围内还会有很多备用拓展选项，有临床人员的整理箱，不远处还有其他各种常规选项。还有些儿童在玩具丰富的环境中会表现得更好。但是，为了突出表现某一个策略，插图中不得不略去这部分的内容。

7.4.2　为高级别游戏者设置游戏站点

具有较高游戏级别的儿童最终能将几个独立的常规串联成一个更大的常规。你可以用玩具来实现这种联结。比如，在图 7.11 中，我们用积木搭出的公路联结了家具与人的常规和动物与盒子的常规。这样可以保持常规的灵活性，让常规更自然地流动，也鼓励儿童以创造性的方式游戏。

图 7.11　公路为串联三个不同常规提供了视觉提示

7.5　在常规中保持环境

我们谈了很多在**干预前**布置环境的方法。环境策略的另一个方面是**干预中**的环境管理。

7.5.1 保持面对面

你也是环境的一部分。因此，你必须找到一个能够和儿童保持互动的最佳位置。你应该如图 7.12 和图 7.13 所示，和儿童直接面对面隔着玩具坐在桌边或地板上。在绝大多数情况下，你应该避免坐在儿童身边、身后或怀抱儿童坐着，因为在这些位置上的儿童需要转头或转身才能看到你。

图 7.12　成人和儿童在桌边的理想坐法，玩具在两人中间

图 7.13　成人和儿童在地板上的理想坐法，玩具在两人中间

设法待在儿童平视即可看到的范围内。在理想情况下，儿童完全不需要转动身体就可以看到你的脸。在一些情况下，你可能需要低下身来靠近桌面或地面，以便儿童更容易看到你。你可以身体前倾或微微靠向地板，但尽量保持自然。你没必要刻意靠近儿童或直接寻求目光接触。请保持一个舒适、自然的距离。

随着儿童的移动调整你的位置

随着干预的推进，儿童会逐渐移动，你们也会开始不同的常规，你的位置和玩具都可以随之变化。如果你发现自己已经不在儿童面前，不要提示儿童移过来，请移动**你的**身体或悄悄挪动你们之间的玩具以恢复面对面的状态。

7.5.2 将玩具朝向儿童

在游戏时，注意玩具的朝向。如果玩具对儿童来说太高、太低或偏到了一边，那就将它们调整到更好的位置上。比如，你可以让存钱罐的槽孔朝向儿童，将玩具食物的切分线对准儿童的刀刃，或倾斜形状分类器以便儿童塞入形状块。如果玩具有明显的正面、背面之分，如图 7.13 中的火箭船那样，你就要保证将正面朝向儿童。也就是说，在轮到你时，你必须从玩具的背面伸出手来完成游戏动作。在参与常规的过程中，如果有一个人必须付出更多的努力，那就应该是你，而不是儿童。

7.5.3 继续扮演平等积极的角色

你要带着明确的目的重新布置环境。在干预过程中，你需要随着游戏发展往环境中补充新的玩具选项。有效的环境布置应该能支持儿童的参与和调节，帮助儿童发起新的游戏和沟通。你可以在儿童有新想法或需要更多支持来实现共同参与的时候调整环境（比如，添加新玩具以拓展常规；移除杂乱的备用玩具以减少干扰）。关于环境布置的质量标准，见图 7.14。

环境布置应该	环境布置不应该
○ 给儿童提供各种选择 ○ 含蓄、不易觉察、及时 ○ 能够支持接下来的游戏步骤 ○ 能弥补儿童肢体运动能力的不足 ○ 能给儿童提供发起新想法的机会	○ 使你无法参与轮流 ○ 过度控制 ○ 扰乱常规 ○ 引起儿童的注意并产生干扰 ○ 让儿童因为等材料而停下游戏

图 7.14 环境布置的质量标准

在布置环境时记得保持轮流

环境布置应该是不露痕迹、悄悄完成的。它不应该使你无法参与轮流，也不应该扰乱常规或对儿童产生干扰。你可以一手完成轮流动作，另一手补充更多玩具，并始终将你的注意力放在儿童身上。你不应该停下来找玩具、将儿童晾在一边、忙于整理材料或布置环境。

避免过度控制材料

在管理材料时，注意不要控制过度。不要每次只给一件玩具，也不要总是提示儿童问你要。当你对材料过度控制时，你就开始控制游戏的步骤和节奏以及常规的整体方向。你会让自发、有趣的游戏互动变得更像回合训练或不得不完成的任务。

7.5.4 用环境来培养新的技能

你也可以利用环境来建立基础、拓展常规以及创造练习沟通的机会（即第 13 章的程序法）。我们还可以把环境当成一种微妙的暗示，让儿童不需要介入性更高的辅助就能养成新的技能。这些策略我们会在接下来的几章做更加详细的讨论，相关内容都会标记表示环境的卡通小人。

7.6 环境方面的常见挑战

在干预中遇到挑战时，你首先应该重新评估干预环境。确保游戏区布置整齐，有不同的玩具选项，你所处的位置也有利于儿童保持参与状态。你可以考虑调整你所呈现的玩具的数量，或者将玩具从桌边移到地板上（或反过来）。在接下来几个小节中，我们将回答这方面的一些常见问题，并通过几个案例来说明排除问题的过程。

7.6.1 常见问题

本节将讨论你在准备 JASPER 干预环境时可能遇到的常见问题。

在任何特定的时间里，我应该在环境中提供多少玩具？

在一个特定的时间里，在环境中放置玩具的数量因人而异。它取决于儿童的参与和调节状态。你可以根据儿童在 SPACE 和最初几次干预中的表现，确定一个比较合适的玩具数量，不要太多，也不要太少。如果一次摆出太多玩具，儿童可能会将玩具扫下桌子、乱扔玩具、陷入不参与或失调状态；如果玩具选项太少，儿童可能会感到沮丧和无聊。

以下迹象表明你可能需要减少玩具：

- 常规步骤较少
- 多种选项（或同种多件）容易让儿童无所适从
- 儿童游戏节奏较慢
- 你预计会在基础部分停留较长一段时间
- 当物品较多时，儿童的刻板重复行为增多

以下迹象表明你可能需要增加玩具：

- 常规步骤很多
- 儿童很快就会玩腻某个玩具
- 儿童的游戏级别较高
- 儿童游戏节奏较快
- 你预计会有较多的拓展步骤

如何布置那些我不太能控制的环境？

在学校或家庭之类的环境中干预时，你在环境布置上也许无法尽善尽美，但你可以就地取材，发挥创意，创设你想要的空间，比如，移动长沙发或书架，隔出房间一角，以减少干扰。你也可以在出发前按照主题和常规整理好玩具并分别装入不同的盒子或袋子。这样，你就可以在到场后快速布置你需要的环境，拿取玩具也很方便。你还可以带一张毯子或盖布，遮盖那些你需要提前布置但稍后才会引入的材料。在你布置干预常规时，你可能需要安排一个能够激发儿童积极性的玩具或活动，让儿童先玩几分钟。在这种情况下，务必选一个能吸引儿童但又不过分有趣的活动，以免儿童在干预正式开始时陷入失调状态。

如果儿童不想坐在我面前该怎么办？

有些儿童可能喜欢坐你腿上，有些儿童则希望跟你保持距离独自玩耍。不管怎样，你都应该调整环境，帮助保持面对面的状态，以便更好地回应儿童的社交诉求。一点小建议：将玩具从墙边移出，避免儿童面壁而坐；用椅子或隔断物隔出更小的空间；将材料置于盒子或矮凳上，将它们抬离地面。

怎样防止儿童溜到桌子底下去？

确认你提供的桌椅让儿童坐着很舒服。儿童的椅子需要矮一点以便其双脚着地，桌子也要小一点以便儿童够到桌上的玩具。或者，儿童需要结构性更强的桌椅，比如，使用方块扶手椅（cube chair）和配套的桌子。儿童也可能会为了回避或逃避你的游戏要求而溜到桌子底下。对于这种情况，你可以提高环境的结构性，比如，你移到桌子的一角或在桌子底下放一个箱子以形成阻挡。你也可以试着先在地板上开始你的干预活动。

如果儿童动作太快以致我来不及收拾环境，该怎么办？

在干预中你需要照顾到很多东西。房间可能很快乱作一团，让你和儿童都觉得难以忍受。遇到这样的情况，有时你需要稍停片刻，快速整理或收走材料。当儿童能够高质量地参与常规时，你也可能需要花1～2分钟来清理环境，重新评估房间环境和材料，准备好下一个常规要用的玩具选项。你还要考虑儿童的游戏节奏。如果儿童平时的游戏节奏就是很快，那么你可能需要调整常规的节奏，具体方法见第10章。

7.6.2 案例分析

✉ **根本停不下来**

亲爱的 JASPER：

我干预的这个孩子特别活跃，目前处于组合游戏的水平。孩子母亲说他喜欢四处蹦跶，我在干预中亲眼见证了这一点！他从一个玩具换到另一个玩具，在房间里转来又转去，在干预中蹦蹦跳跳，根本停不下来。于是我把游戏从地板上换到桌边，而且是站着玩。因为站立时他可以稍微动动身体，这样似乎有助于他专心参与游戏。这种做法的效果还不错，但有时这样也更方便他离开桌子，让他跑得更欢了。我不知道该怎么办。怎样才能让他保持和我的联结并玩得久一点？

感谢！

根本停不下来

亲爱的"根本停不下来"：

你能通过调整环境来满足孩子的需要，这一点很棒！让他站着玩游戏，无疑是你往正确方向迈出的一步。延长游戏时间的另一个办法，是在常规中或常规与常规之间增加一些活动身体的元素。你可以试着在房间各处设置不同的游戏站点，让他在从一个常规转向另一个常规的过程中趁机释放自己。你也可以试着添加能够促进粗大运动的玩具，比如，大块的积木或用鞋盒代替积木，让他不得不弯腰拿积木，再站起身将它们搭起来。你还可以了解孩子当天在来干预之前坐了多久（比如，路上交通和学校上课），在开始干预前给他一点室外活动的时间（如果附近正好有游乐场地或安全的空地），或建立一个简短的粗大运动常规（跳跃、滑板车等），帮助他释放活动需求以便专心参与到干预之中。

游戏愉快！

JASPER

✉ 渴望保持参与状态

亲爱的JASPER：

我正在给一个6岁女孩做干预。她喜欢在房间里到处走动，探索游戏区里的所有玩具。她特别活跃，我很难吸引她的注意力。但最近我意外发现了一个能让她保持参与的基础常规，那就是将硬币塞入存钱罐里。有时她会主动开始常规，有时需要我先示范几步。我们能将10个硬币全部塞入存钱罐，这真是个巨大的胜利！在用完这些硬币后，一般我会去玩具架上搜寻其他可以塞入罐子的东西以便拓展常规。但只要我一转身，哪怕几秒钟的工夫，她就在房间里四处转悠了。这种情况给了我很大的打击，因为感觉白忙一场，我还得重新想办法激发她对玩具的兴趣！怎样才能让她和我保持互动？

感谢帮助！

渴望保持参与状态

亲爱的"渴望保持参与状态"：

你成功让孩子参与到了演示组合的基础常规中，很棒！从你的叙述来看，目前你需要加快增加新步骤的节奏。预先计划几个拓展步骤，并将需要的材料放在随手能拿到的地方。这样，在孩子塞完最后一个硬币之前，你就已经做好准备，能够给她需要的支持，帮助她保持参与状态，而不是在这个关键时刻把她晾在一边或忙着翻找材料。如果你打算把将饼干塞入存钱罐作为拓展步骤，那么，你可以将饼干装进敞口容器里并放在身边（比如，桌子底下、架子上、椅子边、你腿上）。当孩子开始将最后一个硬币塞入存钱罐时，拿出几块饼干，放到她伸手够得到的桌面上。这样，孩子马上就可以拿起材料开始下一个步骤并让常规持续进行，而不是起身游荡。

做得很棒！

JASPER

7.7 结语

虽然你不可能避免一切干扰，但每次进行干预时你都应该留心周围环境，尽你所能地减少干扰。如果你发现某种布局效果良好，就可以将它持续应用到以后的干预中，以便给儿童营造熟悉之感。对照图 7.15 复习本章的策略。随着这些策略的使用，你应该可以看到儿童在朝着目标不断前进。无论是选择玩具的能力，还是在常规中发起游戏和沟通的能力，都应该有所提高。为儿童量身定制的环境结构应该有助于减少干扰、停顿和失调次数，从而延长儿童的游戏时间。在这样的结构下，你应该看到成效性游戏的增多和干扰性行为的减少，随着时间的推移，你也能逐渐减少这样的环境支持。在接下来的几章，我们将介绍如何利用环境布置来支持不同阶段的干预、促进策略的运用和常规步骤的推进。

第 7 章小结

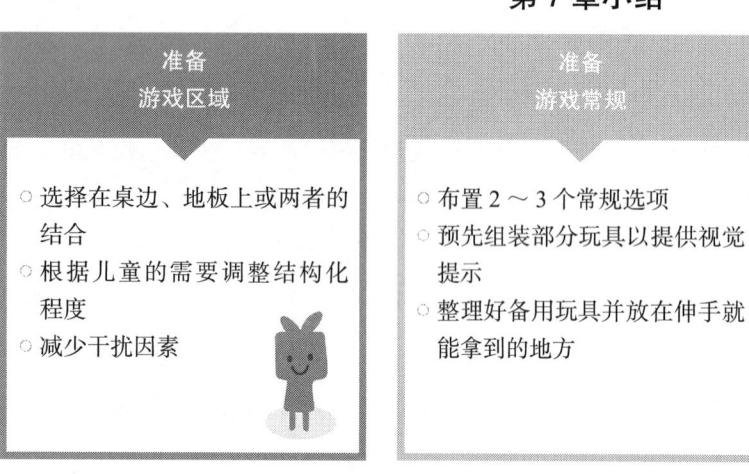

准备游戏区域
- 选择在桌边、地板上或两者的结合
- 根据儿童的需要调整结构化程度
- 减少干扰因素

准备游戏常规
- 布置 2～3 个常规选项
- 预先组装部分玩具以提供视觉提示
- 整理好备用玩具并放在伸手就能拿到的地方

管理环境
- 保持面对面
- 将玩具朝向儿童
- 整理玩具时动作迅速且有明确的目的
- 持续参与轮流
- 调整结构化程度以促进参与和调节

图 7.15　第 7 章小结

第 8 章

为参与和调节打好基础

8.1 引言

本章，我们开始为参与和调节铺垫基础。在开始时，你最好能记住一点：儿童正在面对一种全新的处境。对一些儿童来说，这可能是他们第一次接触干预（甚至教学情境）。即便熟悉干预的儿童也不一定知道接下来要做什么、会碰到谁、要待多久。对于那些极少沟通、会因变化而焦虑、在常规中容易刻板的儿童，情况更是雪上加霜。因此，我们有必要提前做好支持儿童的计划。

我们将在本章提供一系列帮助儿童理解干预期待并更加顺利地参与干预的策略，比如，视觉支持、转衔计划和正强化等。我们也会介绍辅助的等级系统——在特定情况下，我们可以用不同水平的辅助来帮助儿童落实我们提出的要求。我们还会介绍如何使用问题排除框架来评估问题状况。我们的目标是通过这些策略的使用，从互动一开始就定下积极的基调，为调节和参与打好基础。你还可以使用其他策略来继续夯实这个基础，因为很多环境策略（第 6 章、第 7 章）及游戏和沟通策略（第 9～14 章）也都有助于促进参与和调节。在第 15 章、第 16 章，我们还会专门讨论参与和调节方面的挑战，并介绍如何运用你所学的全套策略工具来应对这些挑战。

8.2 使用视觉时间表和视觉支持

很多儿童都可以从视觉支持中受益。和整齐的环境布置一样，视觉支持也可以给儿童提供清晰的视觉提示，帮助他们更有效地理解干预中成人的指导和期待。这一层额外的信息输入可以帮助他们放松心情、顺利完成游戏互动，甚至真正享受游戏的乐趣！我们可以为不同年龄和能力水平的儿童提供各种各样的视觉材料。如果儿童本来就在家中或学校使用视觉系统，那么你可以根据 JASPER 的需要对该系统做一定调整后使用。当然，你也可以根据干预需要制作全新的视觉系统。在开始干预之前，你手头最好能准备一些视觉支持材料，具体请看下面的介绍。

8.2.1 提前准备好视觉支持材料

根据你在 SPACE 和前几次干预中积累的最初印象引入视觉支持以帮助儿童调节和参与。你需要给那些参与和调节状态维持时间较短、失调情况比较严重或频繁、存在挑战行为的儿童提供更多支持，而其他儿童可能完全不需要视觉支持。（儿童需要更多支持的情况，见第 15 章、第 16 章。）下面我们来介绍几种常见的视觉支持方式。

视觉时间表

视觉时间表是对一系列步骤的简单的视觉呈现，可以让你的表述和干预期待更加清晰。视觉时间表的复杂程度各异，你应该选用简单、清晰、儿童容易遵循的时间表。比如，你可以采用"先……再……"式视觉时间表，例如，"先坐下，再玩游戏""先玩游戏，再结束"（见图8.1）。复杂些的时间表可以包括更多步骤和说明（比如，坐下－玩玩具－结束游戏－回家，见图8.2）。如果你使用了某个视觉时间表，那就在每次干预中坚持使用这个时间表，以便儿童理解你的期待并顺利完成转衔。

图8.1 简单的"先……再……"式视觉时间表可以帮助儿童理解接下来会发生什么

图8.2 多步骤视觉时间表可以将你的干预期待表达得更加清晰

完成箱

有些儿童，尤其是正在上幼儿园的儿童，可能比较熟悉整理东西的视觉提示，比如，完成箱。你可以利用这种视觉支持来帮助儿童结束干预并转到当天的其他活动中去。

社交故事

你可以通过简单地叙述来帮助儿童练习某个社交技能或社交期待。比如，如果儿童不能理解他应该跟搭档一起玩，那么你可以围绕"分享想法"这个概念编一个短故事，然后在开始干预前和儿童一起读这个故事。故事一般采用儿童视角，提醒儿童将会发生什么（"我玩一下，然后小伙伴玩一下"）、他会有怎样的感受和行为（"有时候，我不想让小伙伴动那些恐龙，还会觉得很烦"）。然后，你再写写儿童可以采用什么样的策略（"我会深呼吸并数1、2、3"）、这样做会产生怎样积极的结果（"我们轮流玩，大家一起玩得很开心"）。这样的预习可以帮助儿童自我调节并理解他人的期待，甚至还让儿童有机会提前练习新的调节策略。

计时器

视觉化的计时器有助于儿童理解你的时间安排。你可以将计时器与视觉时间表或完成箱搭配使用，让儿童看到本次干预还要多久才能结束。

8.2.2 用视觉支持来阐明你的期待

在干预过程中使用必要的视觉支持来帮助儿童理解你的期待和教学内容。比如，你可以用视觉支持来帮助儿童开始或结束干预、让他们坐下，或在儿童陷入失调或不参与状态后引导他们重新回到游戏之中。视觉支持的使用让你在减少语言输入（在出现挑战性状况时，你多说一个字都可能加重儿童的失调状态）的同时，依然能帮助儿童完成你所期待的事。

8.3 促进干预开始和结束时的转衔

ASD 儿童在转衔过程中往往需要额外的支持。因此，你最好制订一个支持计划，并在每次干预开始和结束时反复运用，以便儿童知道接下来要做什么。这个计划应该足够稳定，能让儿童建立可靠的预期，同时也足够灵活，能够满足儿童不断变化的需要。接下来，我们来举例说明如何支持儿童完成开始和结束时的这两次转衔。当然，儿童不一定需要用到所有这些策略，而且随着时间的推移，你也可以逐渐降低支持水平。

8.3.1 支持干预的开始

有些儿童会高高兴兴加入干预中，有些儿童却很难做到这一点。在儿童刚进房间时，你可能会注意到一些挑战行为，比如，哭闹、黏着大人不肯放、拒绝坐下或企图逃离房间。你此时的应对方法关系着儿童能否顺利度过这个阶段。在下面的例子中，你可以看到我们通常是如何开始 JASPER 干预的。

1. **问候成人和儿童**。告诉他们本次干预的目标及预计时长。在正式开始前，满足儿童的需要（比如，喝水、上洗手间）。将儿童随身带来的物品放到一边（比如，特殊的玩具、电子产品、零食、外套）。在由治疗师实施的 JASPER 干预中，照料者通常会在游戏区外等候，除非儿童十分幼小或存在需要照料者在场的其他理由（详见 8.8.1 节）。如果儿童为此感到痛苦，那么你可以用最初几次干预帮助她逐渐实现与照料者的分离。比如，在初次干预时，让照料者坐在儿童身边看你们游戏；在随后几次干预中，照料者逐渐远离儿童，直到儿童不再需要照料者待在房间里。

2. **进入游戏空间**。进入游戏空间的目标是帮助儿童适应环境并开始游戏。但这个转衔过程不要拖太长。缓慢和迟疑只会滋生忧愁、焦虑和烦恼。转衔过程要快速而有趣！如第 7 章所述，你应该已经布置好了游戏区和玩具，能在视觉上提示儿童在哪里坐下、有哪些玩具。所有这一切都提醒儿童该玩游戏了、该做选择了。需要的话，你可以拿出预备好的视觉时间表，给儿童解释接下来她要做什么（比如"先坐下，再玩游戏"）。

3. **帮助儿童在玩具前坐下**。如果儿童没有主动坐下，那就帮助她在准备好的玩具前坐下。确保这些玩具在儿童视线范围之内且伸手可及。理想情况下，如图 8.3 所示，儿童会从中挑出某个对她有激励性的玩具并发起最初的游戏步骤。

如果儿童没有立刻开始游戏，发出邀请，比如，你说"该玩游戏了！"或"我们来玩游戏吧！"然后暂停并期待地看着她。仔细观察儿童是否对其中某个玩具表现出兴趣，比如，她可能会看向玩具、拿起玩具或带着玩具在房间里溜达。

图 8.3　房间布置会给儿童提供选择的机会

4. 帮助开始游戏的最初几步。如果儿童对某个玩具表现出兴趣但迟迟不开始游戏，给她示范一个游戏行为。比如，如果在图 8.3 中儿童拿起一个插钉，那么你就可以示范将插钉插入插板。如果儿童没有表现出对玩具的兴趣，那么你可以一手举一个玩具让儿童选择（比如"玩插板还是积木？"然后等几秒，让儿童做出选择）。儿童可能会通过语言、手势（伸手或指物）、注视，甚至微微转动身体来表示她的选择。一旦她表示了对某个玩具的兴趣，你就可以将它递过去，让她开始游戏，或者给她示范第一个游戏步骤，帮着她完成最初几步的游戏。如果儿童无法在房间里安定下来或不选择玩具，那么你可以用视觉时间表帮助她理解需要做什么，或者通过一个简短的社会性活动与她建立更好的联结，然后再开始游戏（见备注 8.1）。

备注 8.1　通过短时的过渡活动转到玩具上来

有时候，儿童需要借助一个"热身"活动，逐渐过渡到有较高要求的游戏之中。这种过渡可以有多种形式，比如，一个比较简单的基础步骤，一个已经熟练掌握的常规，或比儿童已掌握水平低一级的常规（见第 6 章备注 6.1）。你也可以借助人际互动活动，比如，唱儿歌《老麦克唐纳有个农场》，然后顺势将动物放进谷仓，由此过渡到玩具上来。对于失调状况比较严重的儿童，你可以尝试替代活动，比如，阅读。举例来说，你可以和儿童一起阅读绘本《好饿的毛毛虫》，等儿童恢复调节和参与状态后，再一起将玩具食物塞进大肚皮毛毛虫中，以此过渡到游戏常规之中（更多替代活动，见备注 16.1）。这种过渡活动的目标是让儿童先与你，再与活动产生联结，然后你可以利用活动产生的动量快速进入游戏常规。在这些过渡活动中，你也仍然应该示范你在 JASPER 游戏常规中会使用的恰当的语言和手势，包括目标语言和手势。关于使用过渡活动促进儿童参与的更多信息，见第 15 章 15.3.2 节。

5. 建立常规基础。一旦儿童开始用玩具来进行成效性的游戏，我们就要准备开始建立常规基础了。使用第 7 章的环境策略来做好游戏准备。比如，如果儿童选择了图 8.3 中的插板游戏，那么就把插板放到你和她之间，确保她伸手就可以拿到插钉，并将其他常规选项移到一边以免产生干扰。你也应该将插板游戏的拓展材料（比如，积木、玩偶和旗子等可以和插钉一起拼插的东西）放在伸手可及的范围内。你可以通过模仿、示范和重启等策略支持儿童完成最初的步骤，具体方法会在第 9 章、第 10 章进行详细的讨论。在表 8.1 中，我们将通过几个虚构的例子来说明你如何使用本节谈到的策略来促进干预的顺利开始。

表 8.1 开始干预

杰维尔（4 岁）	斯彭斯（2 岁）	埃丽卡（5 岁）
环境：诊疗机构	环境：儿童家里	环境：儿童教室
参与和调节目标：几分钟	参与和调节目标：保持片刻	参与和调节目标：互动的大部分时间
SPACE 记录：害羞，一旦经过热身就能享受游戏。未使用任何语言或手势。已掌握组合游戏。	SPACE 记录：上半程一直哭闹和游荡，反复说"结束"。已掌握简单游戏。	SPACE 记录：放不下玩具。使用一些手势和语言。已掌握前象征技能。
杰维尔和他母亲一起来到机构，这是他的第一次干预。干预师**问候**他们、**告知本次干预计划**并**邀请杰维尔加入游戏**。 杰维尔之前从未接受过干预，开始痛苦地四处张望。干预师使用**"先……再……"式时间表**帮助他理解干预期待。她指着视觉材料说："先坐下，再游戏。" 干预师将两套常规材料放到杰维尔面前的桌上。她**密切观察**他对玩具的兴趣。他拿起一块积木，将它搭到另一块积木上。干预师**模仿**杰维尔的游戏行为，同时说"搭！"然后快速将另一组常规材料移到一边。	干预师带着整理好的玩具和一张坐垫（增加游戏**环境的结构性**）来到斯彭斯家里。 她记得斯彭斯喜欢和妈妈一起阅读，于是带了两本书过来，一本准备在她快速布置环境时给他阅读，另一本准备用于**短时过渡活动**中，供两人一起阅读。 她摆出各种**玩具选项**以开始建立常规，并等待斯彭斯做出选择。他拿起一个塑料硬币，开始放到地上滚着玩。干预师**示范**将硬币放入存钱罐并将存钱罐朝向斯彭斯。他模仿她的行为，她快速将更多硬币放到他面前。他们开始建立常规。	由于埃丽卡不肯放下手上的手工作品去参加干预，干预师准备了**完成箱和视觉时间表**来帮助她完成转衔。 她给埃丽卡展示时间表（"走 - 游戏 - 收拾 - 手工"），让埃丽卡知道她还会回来继续完成她的手工作品。埃丽卡将她的作品放进完成箱，然后和干预师一起走去干预室。 干预师布置了三个常规并**暂停**，直到埃丽卡选了以魔术贴黏合的纸杯蛋糕。干预师**模仿**她并将纸杯蛋糕放进烤箱。轮流玩过几次之后，埃丽卡突然说"手工"并向门口跑去。干预师**平静地出示视觉时间表**并**帮助她重新坐下**。他们开始用纸杯蛋糕建立常规。

在以上例子中，干预师为儿童的参与和调节提供了积极的支持。他们事先准备了各种支持策略，然后按需取用，帮助儿童在积极的氛围中开始了干预。在注意到儿童犹豫和出现失调的早期征兆后，他们及时介入，防止了事态的恶化。他们也给每位儿童留出了选择的空间；当儿童调节状态良好时，他们没有急于提供支持，所以儿童能够专心玩玩具。

8.3.2 支持干预的结束

在干预快要结束的时候，儿童通常也需要支持。随着能量、参与度和调节度的减弱，此时儿可能已经产生厌倦心理。或者相反，此时的儿童玩兴正浓，完全不想离开。JASPER 每次的干预时长通常为 45～60 分钟。我们的目标是在儿童调节和参与状态较好的时候，在积极的氛围中结束干预，而不要等到儿童失调或试图离开的时候。这样可以强化积极的行为并逐渐培养儿童的忍耐力。以下策略有助于干预的结束。

1. **发出转衔预警**。告诉儿童还有多长时间、接下来会发生什么。比如："再玩两分钟，然后结束游戏。"你应该在儿童失调之前而不是之后发出预警。至于预警次数，则取决于儿童。有些儿童需要多次提醒，也有些儿童少一些提醒反而更好。你也可以分两次发出预警，比如，还剩 5 分钟时一次，还剩 1 分钟时再一次。你还可以结合视觉时间表来发出预警。等到时间差不多时，帮助儿童结束游戏并离开。

2. **制造一个恰当的终点**。在预警的时间过后，使用你在每次结束时都会使用的计划，示意儿童该离开了。你可以通过一个简单而安静的活动，比如，唱一首再见歌，帮助儿童顺利完成转衔。这个活动应该是有趣的、能够吸引儿童参与的，但又不会太过有趣而让儿童停不下来。它可以是儿童之前成功参与过的某个常规、简单的整理活动（见备注 8.2）或一首短歌。

- 只选用**一个**活动。
- 选一个有趣或中性的活动，不要选使人不愉快的活动。
- 选一个对儿童来说熟悉的、轻松的活动（比如，如果儿童在学校有一套结束流程，你可以照搬过来）。

如果在这一活动过程中儿童陷入失调状态，那么，保持你的期待，帮助儿童调节（运用第 16 章的策略），然后在积极的氛围中结束活动。如果你提出了收拾现场之类的要求，那就要让儿童明白你给她提了一个要求，然后帮助儿童落实它。但你不必对所有儿童都提这样的要求。这一步的关键在于示意干预的结束，哪怕儿童只在一边看你收拾或听你唱歌，也是没有问题的。

备注 8.2　关于收拾现场的说明

收拾现场是一个常用的过渡活动，也是你建立清晰的"干预结束"常规的一个方法。如果你选用了收拾活动，记得**不要让儿童负责收拾所有玩具**。这对于刚刚经历过长时间干预的儿童来说要求太高了！挑几个玩具让儿童简单收拾一下，其余则由你帮助完成。

---

3. **告别**。如果儿童顺利完成转衔，其状态也不错，那就说再见吧！表 8.2 延续了表 8.1 中的案例，你可以看到干预师是如何结束 JASPER 干预的。

在这几个例子中，干预师给每个儿童都提供了恰到好处的支持。有些儿童需要的支持多一些，有些儿童则少一些。如果你发现这些步骤还不足以让儿童顺利结束游戏，那么你可能需要对环境做出调整（第 7 章），想办法解决参与（第 15 章）或失调（第 16 章）问题。

完成练习 8.1，为不同情况的儿童匹配恰当的支持水平。

表 8.2　结束干预

杰维尔（4 岁）	斯彭斯（2 岁）	埃丽卡（5 岁）
干预师注意到大约还剩 3 分钟干预就该结束了。此时，杰维尔还在开心地玩着，他正处于调节良好的状态。但他妈妈之前提醒过："他总是放不下玩具。" 干预师认为**一首简短的儿歌可以帮助他完成转衔**，因为他妈妈说起过他喜欢和她一起唱儿歌。他们正好在玩小船，于是她唱起《划、划、划小船》。杰维尔突然离开桌子向门口跑去，还伸手去抓门把手。干预师**给杰维尔出示视觉时间表**，指着时间表说："先唱歌，再结束。" 唱完歌后，她说："游戏结束！"然后陪着杰维尔去走廊找妈妈。	30 分钟后，干预师决定**在积极的氛围中结束干预**，因为斯彭斯还沉浸在游戏常规之中。她对斯彭斯发出了**"再玩两分钟"的预警**。 斯彭斯一听到这个预警就丢下玩具，开始在房间里乱跑。干预师决定给斯彭斯出示"两分钟"的**视觉计时器**，并重申期待："再玩两分钟。"她**帮助斯彭斯坐下并递给他一个玩具**以便继续常规。 当计时器响起时，干预师满脸带笑说："结束。玩得很棒！"然后，她带着斯彭斯去厨房找妈妈。	干预快结束的时候，干预师**给埃丽卡发出预警"还有 1 分钟"**。大约 1 分钟后，干预师觉得他们已经完成了常规的拓展，可以给常规一个恰当的终点了。 干预师**给埃丽卡展示时间表**，说："我们完成了游戏，现在该收拾了，然后再回去做手工。"埃丽卡和干预师一起**收拾了一些玩具**。然后，干预师带她回到教室。他们向埃丽卡的老师报到，老师带埃丽卡继续完成她的手工作品。

练习 8.1　支持转衔

为以下场景中的儿童选择恰当程度的支持以促进转衔。

1. 儿童习惯于整天都和爸爸黏在一起。在干预开始时，爸爸要离开，他大哭起来。
2. 你要求儿童收拾玩具，儿童将所有玩具都扔到了地上并开始哭闹。
3. 儿童 5 岁，他很喜欢幼儿园里"跟妈妈说再见 – 挂起书包 – 进教室"的常规。
4. 当你完成干预并告诉儿童干预结束时，儿童跌足大哭起来。

A. 热情地问候儿童，快速转入游戏室，引导儿童坐下并开始常规。
B. 使用"先……再……"式视觉时间表，让儿童看到和你一起游戏后就可以看到家长了。
C. 唱一首儿童喜爱的歌，让儿童冷静下来，然后在积极的氛围中结束干预。
D. 使用完成箱之类的视觉支持，并帮助儿童落实你的期待。

8.4 使用自然强化

在干预过程中，我们会更多地使用具有社会激励性的内在奖励（比如，做出沟通回应、模仿游戏行为、展现积极的情绪情感），而不是外在奖励（比如，频繁的口头表扬和外在强化物）。我们会给儿童提供一个有趣、平和、愉快的学习环境，帮助儿童发现**互动本身**就是一种奖励，从而减少对外部激励的需要。

8.4.1 在轮到你时强化儿童的行为

将你参与轮流时的自然反应和你的**评论性**语言（见第 6 章 6.3.2 节）作为主要的强化模式。当你注意到儿童表现出的恰当的行为并予以回应的时候，你就是在鼓励儿童更加频繁地表现出这些行为。在儿童运用新技能、结束失调或低参与状态之后，尤其要给予强化。举例来说，如果儿童给你展示某个玩具，你可以以积极饱满的情绪自然地回应说："紫色小车！"如果儿童结束失调状态并将一个小人放进校车，你就可以将另一个小人也放进车子，并欢快地说："坐校车！"当你模仿儿童的行为并兴奋地加以评论时，你既传递了令人愉快的信息，又给儿童示范了可以在游戏互动中使用的新语言。在大部分情况下，这些足以强化儿童的行为了。

限制口头表扬

一般来说，我们会避免（或严格限制）使用口头表扬，比如，"玩得很好""我听见了""你喜欢你这样说""谢谢你把它说出来"等。口头表扬会在无意中暗示儿童哪些行为是我们期待的。此外，如果成人不停地使用口头表扬，就会挤占儿童主动发起沟通的时间和空间，也让他们更少有机会听到他们能模仿的语言。

避免外部奖励

一般来说，我们会避免（或严格限制）使用外部奖励，比如，有形强化物、特殊玩具（如吹泡泡器）、食物和较长的中途休息时间。有形强化物应该是对JASPER的补充，它们不应该成为大多数儿童的默认配置。在你使用外部强化物时，比如，使用具有高激励性的感觉玩具，它可能会导致儿童进入与物互动的状态，让常规拓展变得非常困难。因此，这种水平的额外支持只在儿童真正有需要的时候才会使用，而且只作短期使用，一旦儿童掌握了需要掌握的技能就应该快速撤出。

避免惩罚

要避免那些会使社交环境变得消极的策略，比如惩罚、斥责、罚时出局等。这些策略常常会破坏游戏和欢乐的氛围。一般来说，使用正强化才是帮助儿童学习新技能和新行为的比较有效和恰当的方法。

8.4.2 展现积极的情绪情感

每一次的JASPER干预都应该在一个温暖而积极的社交氛围中进行。营造宜人的社交环境的最好方法，是展现对儿童具有激励作用的积极的情绪情感。**积极的情绪情感**是指一个人体验并表达自身积极感受的方式。展现积极情绪情感的方式有很多，比如微笑、使用欢快的语气、对儿童的活动表示兴趣等。在展现积极的情绪情感时，确保你的声音是自然的。这样，儿童模仿起来也才会自然、恰当。你应该将这种态度贯穿于与儿童的整个互动之中，这样儿童就会发现与你互动是一件有趣的事！关于展现积极的情绪情感，我们还有几个建议。

认识儿童的情绪情感表达方式

每个儿童的情感表达和对积极情绪情感的反应都是不一样的。有些儿童在你乐观积极、热情洋溢时可以很好地回应你，也有些儿童需要你比较平和、安静的对待才能保持调节和参与状态。一般来说，我们会在儿童可接受的范围内示范积极的情绪情感。认识儿童的情绪情感表达方式并努力营造一个最适合他的情绪氛围。你也可以根据当下的情况发展调节你的情绪情感。比如，如果儿童正在安静地、全神贯注地完成某个游戏行为，那么你最好用比较轻柔的声音来表达你的支持和鼓励，但如果遇到了令人比较激动的事或有了新的发现，就有必要展现比较热烈的情感了。

调节情绪情感

有时儿童会表现出与当前所处社交情境不相符合的情绪情感。极端的情绪情感（比如，过于激动）会给共同参与带来挑战。在遇到这样的情况时，你可以亲自示范一种平衡的、恰当的情绪状态。比如，儿童有时会变得特别闹腾，总是大笑，喜欢一遍遍重复奇怪的话或行为。虽然这种状态看起来好像是在交流，但它可能会使儿童的参与度降低（或者，它也可能是一种寻求关注的行为）。如果儿童过于兴奋，那么你可以使用比较平淡的语气和表情来帮助儿童安静下来。儿童的情绪情感也可能比我们期待的更为低迷，似乎什么都无法调动他的积极性，哪怕是互动中最让人激动的事。比如，当你拿出手偶娃娃，边喂边发出吃东西的声音时，儿童可能只是随便一瞥，甚至完全没有反应。如果儿童的情感较为淡漠，那么你可以提高你的情感强度，激发儿童参与互动的积极性。

8.5 理解辅助的等级系统

在有些情况下，儿童需要你用更多辅助来支持他们。你可以通过辅助来教授新的技能，也可以通过辅助帮助儿童完成你期待他们完成的事。在 JASPER 中，我们对这一策略的定义和运用都很有讲究。

8.5.1 使用辅助时考虑儿童的参与和调节

在详细讨论辅助之前，我们必须先说明一点，辅助策略的使用对儿童的参与和调节可能有促进作用，也可能有阻碍作用。第 5 章曾提到，实现共同参与状态需要成人扮演**平等而积极**的角色。你的角色不是通过辅助来指导儿童。虽然使用辅助会让你很有成就感，因为你会看到儿童成功表现出了新的技能，但如果成人的指导性太强，就可能会损害儿童的参与积极性，两人之间的互动也会变得像完成任务一样。这样的话，儿童的主动发起会减少，他们也更容易陷入失调状态。因此，你要始终把儿童的总体发展目标记在心里。

8.5.2 采用由最低到最高的辅助等级系统

在 JASPER 中，我们采用由最低到最高逐渐递进的辅助等级系统，包括环境辅助、示范、手势辅助、言语辅助和肢体辅助（见图 8.4）。

- **环境辅助**：重新布置环境，从视觉上提示儿童你期待他做的事（比如，将某个玩具往前移；将玩具递给儿童；两手各举一种玩具；给儿童出示视觉支持材料）。
- **示范**：给儿童展示一个行为（比如，示范一个成效性游戏行为或手势）。
- **手势辅助**：通过手势提示儿童你想要的行为或物品（比如，你伸出手，掌心向上，鼓励儿童给你某个物品）。

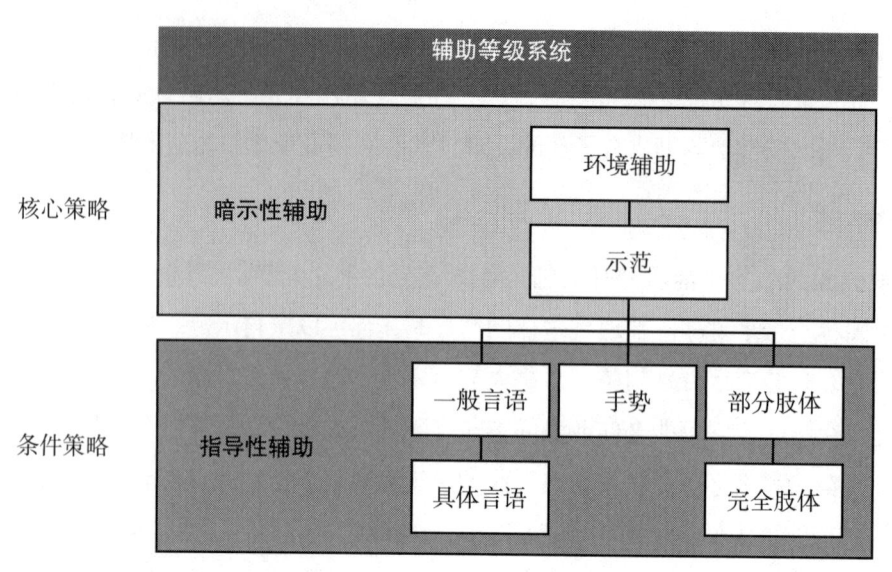

```
                    辅助等级系统
                    ┌─────────────┐
                    │   环境辅助   │
核心策略  暗示性辅助  ├─────────────┤
                    │     示范     │
                    └─────────────┘
          ┌──────────┬──────────┬──────────┐
          │ 一般言语 │   手势   │ 部分肢体 │
条件策略  指导性辅助
          │ 具体言语 │          │ 完全肢体 │
          └──────────┴──────────┴──────────┘
```

图 8.4 提示等级系统：从暗示性辅助到指导性辅助

- **一般言语辅助**：向儿童提出开放性问题（比如"发生了什么？""你想要什么？"）。
- **具体言语辅助**：要求儿童使用目标技能（比如"给我看看"）或提供儿童可用的语言（比如"说'要火车'"）。
- **部分肢体辅助**：轻轻触碰儿童的胳膊或手（比如，轻拍儿童肘部，提醒他指物）。
- **完全肢体辅助**：帮助儿童完成行为（比如，轻轻把着儿童的手帮助儿童做出目标手势）。

暗示性辅助和指导性辅助

环境辅助和示范是我们所谓的"**暗示性辅助**"，即它们给儿童提供了可能的"下一步"，但没有明确提出这样的期待。比如，你将几个玩具往前移，希望儿童可以从中选一个，然后你示范一个游戏行为，作为对接下来潜在做法的一种提示。这些辅助应该尽量低调、不易觉察，也不应该再额外增加言语或肢体辅助。在 JASPER 中，在你做出环境辅助或示范之后，儿童**不必**非得采用你的做法，我们使用这些策略的目的是鼓励儿童采用恰当的行为。

手势、言语和肢体辅助被认为是"**指导性辅助**"。指导性辅助中包含着我们明确的要求、希望儿童做出的目标反应和希望儿童能落实的期待。我们会注意不过度依赖指导性辅助来实现干预目标。正如你从图 8.4 中可以看到，暗示性辅助是 JASPER 的**核心策略**之一，我们会频繁使用它们来给儿童提供机会；而指导性辅助则属于**条件策略**，它们的使用频率低很多，我们只有在进行过问题排除之后才会使用它们。（关于何时使用核心策略和条件策略的更多信息，见第 1 章 1.6.1 节。）

8.5.3 辅助的指导原则

以下是成功使用辅助的几个指导原则。

- **辅助后暂停**：给儿童留出充分的空间来回应你的辅助。比如，如果你选择使用言语辅助，不要说"你想要什么……乔伊，你想要什么？"相反，你要先确保儿童注意力集中，然后说出辅助内容，只说一遍，再停下来等他做出回应。如果儿童没有做出回应，就在他失去参与状态前给出更高一级的辅助。
- **沿着等级系统逐渐递进**：你可以逐渐提高辅助等级以帮助儿童成功做出回应。比如，如果你一开始使用了一般言语辅助（比如"你想要什么？"），在没有得到有效回应的情况下，可进一步使用具体言语辅助（比如"你想要积木还是汽车？"）。
- **帮助儿童落实指导性辅助的内容**：必要的话，在给出辅助后，加以清晰的说明并使用视觉支持来帮助儿童理解辅助的内容并遵照执行。在给出指导性辅助时，你实际上也对儿童提出了明确的要求。这不是我们在 JASPER 中的常用操作，但既然这样做了，你就必须好好落实这一要求。这样做有助于儿童理解你的期待，让他们将来更有可能回应你的辅助。

8.5.4 避免辅助依赖

儿童容易对辅助产生依赖，也就是说，他们会指望你辅助他们，而不是自己学着使用技能。因此，你要尽量少用辅助并尽快撤出额外的支持，让儿童开始在没有成人帮助的情况下使用技能。以下是避免辅助依赖的几个策略。

- **尽可能使用核心策略**。先评估核心策略和暗示性辅助的效果，再决定是否采用指导性辅助。
- **从最含糊的辅助开始**。先采用你觉得可能奏效的最含糊的辅助。也就是说，如果介入性不那么高的辅助有可能让儿童使用技能，就不要使用介入性最高的辅助。（在大部分情况下，这意味着你要更多地依靠暗示性辅助而不是指导性辅助。）
- **快速撤出辅助**。儿童不应该长时间依赖辅助（尤其是指导性辅助）。如果你这次使用了某个级别的辅助，下次就要考虑使用低一级别的辅助。最终目标是儿童能够自发地使用目标技能。

为了避免辅助依赖，我们往往要将儿童一点点推出舒适区，让他们最终能够独立使用技能。你要相信孩子在这个过程中的学习能力，期待在下一次的尝试中他们更有可能在更少支持的情况下独立运用技能。虽然这种愿望不一定能实现，但是你必须对儿童保持较高的期待。完成练习 8.2，测试你是否理解了 JASPER 的辅助方法。

练习 8.2　在 JASPER 中使用辅助

根据 JASPER 的指导原则，判断以下说法正确与否。

1. 先采用能让儿童成功的介入性最小的辅助。	对	错
2. 反复使用相同的辅助，直到儿童表现出某个技能。	对	错
3. 在做出暗示性辅助后，你必须将它落实到底。	对	错
4. 尽快撤出辅助。	对	错
5. 言语辅助和手势辅助是 JASPER 的核心策略。	对	错

8.6 设定清晰的期待

在一些情况下，为了实现干预的长期目标，你可能需要对儿童设定一些期待。比如，如果儿童在房间里四处游荡，那么你必须帮助他在你和玩具面前待住。在干预初期以及儿童出现挑战行为的时候，尤其需要这样做。你的期待应该是清晰的，这样儿童才能明白你的要求；你的期待也应该与儿童的发展水平相适应，这样儿童才有能力贯彻落实。

8.6.1 给出清晰的指令

在指导儿童时，确保你的指令是具体的、可实现的。不要问那些儿童可能做出否定回答的问题，比如"你能过来坐下吗？"要给出清晰的指令，比如"该坐下来了""坐下"。这样的指令只说**一遍**，然后等待儿童做出回应。如果儿童没有听从指导，帮助他达到你的要求。比如，将椅子凑近他、用手指着他的椅子或通过肢体接触帮助他坐下来。每一次干预都重复使用同样的方法（比如，始终使用与儿童发展水平相适应的某个语句，让儿童熟悉他应该怎么做），直到这种期待深入儿童内心，最终得以确立。

8.6.2 始终如一的坚持

一旦给出指令，就要帮助儿童将这一期待落到实处。你的回应会让儿童明白哪种沟通方式最为有效，是通过哭闹获得他想要的东西，还是采用有助于他未来互动的更有成效的沟通方式。这对你也是一种考验，请保持冷静，始终如一地坚持你的期待，为儿童未来成功做准备。

8.6.3 保持信心

在干预过程中，你应该始终保持信心。保持冷静，控制好自己表达时的状态。使用恰当的情绪情感和语气，遇到困难积极行动，提供儿童当下需要的支持，将你对儿童的辅助和要求落实到底。尽量不要流露焦虑、挫败或痛苦的情绪，哪怕是在儿童崩溃或干预似乎难以为继的时候。找到角色的平衡，不要太过怯懦，也不要过于强势。

以下迹象表明你太怯懦了：

- 讲话声音太轻、太柔
- 显得忧虑或迟疑
- 征求儿童许可
- 经不住儿童的要求
- 容易放弃对儿童的辅助或要求
- 容易受惊吓

以下迹象表明你太强势了：

- 语气生硬或过分严厉
- 指导性太强

- 提出要求后不提供必要的支持
- 忽视儿童的经验和更大的背景

在继续往下阅读之前，完成练习8.3，判断成人是否设定了清晰的期待。

练习8.3　设定期待

判断以下场景中成人是否给儿童提出了清晰的期待。如果成人遵循了JASPER的指导原则，圈"是"；如果没有，圈"否"。

1. 你意识到干预差不多该结束了，就对儿童说："时间到了，收拾一下，穿上你的鞋。"儿童开始生气，于是你们回到常规继续游戏。几番轮流之后，你又嘱咐儿童说："收拾一下。你不想走吗？快，我们来整理一下。"但儿童还是不动，于是你又催了一遍。　　是　否

2. 儿童爬到了桌子底下，你要求她坐到椅子上。她没有反应。于是你帮她坐回到椅子上。　　是　否

3. 儿童迟迟不进房间或不选玩具。你问他："你想玩游戏吗？"儿童还是不动，也不回答。于是你说："走，我们去玩游戏。你不想和我一起玩吗？"　　是　否

8.7 ACT问题排除框架

就算尽了最大的努力，你依然会在实施干预的过程中遇到各种挑战。从根本上说，帮助儿童克服困难是你的责任。在JASPER中，我们会采用ACT框架来排除问题。ACT由评估（Assess）情况、制订（Create）计划和检验（Test）效果三个步骤组成。ACT框架是一个系统的、不断迭代的过程：先评估儿童和我们自身的行为并做出合理的假设，再在假设基础上制订策略计划，然后检验计划的效果，如此反复，直到找到能够提高儿童整体参与、调节、社交沟通和游戏能力的解决方案。在排除问题的过程中，问问自己以下这些问题：

- **评估情况**：发生了什么？常规或儿童的行为出现了哪些挑战？
- **制订计划**：我可以做点什么？我怎样运用核心和条件策略来产生变化？
- **检验效果**：我的计划是否产生了预期的效果？还有哪些地方可以改进？

在接下来的几章中，我们都会用这个结构来排除问题、应对挑战。这是一个持续的过程，既可发生于问题出现的当下，又可发生于干预后的反思中。如果挑战行为特别复杂或难以解决，建议你在干预结束后填写本章最后的工具表8.1（ACT：评估情况、制订计划并检验效果），对情况进行更仔细的研究并尽可能想出更多解决方案。填表的过程能让你对情况做出更加细致的探究，想出更多富有创意的解决方案。下面，我们来详细介绍这一过程。

8.7.1 评估情况

评估当前的情况。当干预出现状况时，你可能会从常规质量和儿童行为上看到种种迹象。记下你看到了哪些具体的情况，包括变化本身的情况以及周围环境的情况。

检查常规

你可能会在开始常规、保持常规、在常规中加入新步骤、逐渐提高常规的灵活性时遇到问题。你也可能会发现常规整体质量上的变化，比如，成人的指导太多。此外，常规之间的转衔也可能会出现问题。

检查儿童的行为

检查儿童的行为是否存在异样，包括儿童在游戏行为、沟通、情绪情感、节奏、调节和参与等方面的所有表现。儿童可能会东张西望、摆弄玩具、卡在某个游戏行为上、将玩具推下桌子、哭闹等。查看儿童是否有参与度下降（见第 15 章）、失调（见第 16 章）或刻板重复行为（见第 17 章）的情况。当这些挑战性行为反复发生或强度较高时，你还需要评估**行为的功能**，即儿童通过该行为所要传递的信息（见第 16 章）。

评估影响

考虑当前挑战对干预的影响程度，从干扰性较轻（比如，儿童总是发起同一个拓展步骤）到干扰性较强（比如，儿童在房间里游荡，还哭闹、摔玩具）。影响程度的高低将决定你的策略选择，以及你应该给儿童多大的支持才能让干预重回正轨。如果行为的干扰性较轻，你可能需要使用核心策略来进行轻微的调整。但如果干扰性中等甚至比较严重，那么你可能需要采用更有针对性的方法了（见第 15 ~ 17 章）。

8.7.2 制订计划

在评估过挑战情况之后，你就要制订计划来解决问题了。你将使用第 6 ~ 16 章中的策略来改变环境、改进你的行为并应对儿童的行为功能。

改变环境

通过环境布置来支持儿童。如果出现某种状况，你可以通过调整环境支持水平来帮助儿童游戏、调节和参与。

改变你的行为

你可能还需要改变你自己的行为来更好地支持儿童。记住，当挑战出现时，你可能也在其中发挥了作用。可能是你正在做（或没有做）的某件事导致了儿童行为或常规的变化。可能是你太死板，可能是你没有平衡使用各种策略，也可能是你对儿童的要求或期待太高或太低。要觉察你在这个问题中发挥了怎样的作用。

应对儿童的行为功能

你可以像第 16 章介绍的那样，使用核心和条件策略来应对儿童的行为功能。行为功能有助于你理解该行为何以发生，并据此来制订恰当的应对方案，尤其是在儿童陷入失调、行为较为混乱的时候。

优先采用核心策略，之后再考虑条件策略

根据情况需要，调整你的支持水平。通常，我们先采用能让儿童成功的最低水平的支持，再根据需要提高支持水平。优先采用核心策略。如果核心策略还不足以解决问题，再考虑使用条件策略。我们在第 1 章 1.6 节中简单介绍过核心和条件这两种不同水平的支持策略，第 15～17 章还会进一步谈到它们的使用原则。

8.7.3 检验效果

最后一步是检验计划的实施效果。你的计划是否起了作用？你是否需要进一步排除问题？需要注意的是，有时情况在好转前会变得更加糟糕。可能是儿童没有理解你的期待，也可能是儿童想通过增强旧的行为模式来抗拒新的变化。你可能需要多次尝试才能找到行之有效的解决方案。找到解决方案以后，你可能还需要坚持一段时间才能看到儿童的变化。

注意哪些因素起了作用

首先要注意你的计划中有哪些方面起了作用。吸取经验，为下次干预的成功做准备。比如，如果你这次中途决定提高环境的结构性而转移到了桌边，结果效果还不错，那么下次你可以提前准备，在干预一开始就采用这样的策略。

计划未来

使用 ACT 收集到的信息，未雨绸缪，积极预防问题的再次发生。了解儿童参与度降低或失调的早期征兆以做出及时的应对，避免问题干扰到常规的运行。还要注意儿童对你的行为作何反应。避免强化那些你不想再次看到的行为（详见第 16 章）。开始考虑如何逐渐撤出支持并鼓励儿童独立自主和主动发起。

8.8 支持参与和调节过程中的常见挑战

接下来是对一些常见问题的解答和对几个具体问题的案例分析。

8.8.1 常见问题

本节，我们将对制订支持计划时可能遇到的一些常见问题做出解答。

如果儿童在进游戏室时总是陷入失调状态，该怎么办？

如果儿童在进游戏室时容易陷入失调状态，你就要在转衔过程中给予更多支持。你可以先试着给儿童一个明确的预警，告诉他什么时候开始进入干预。比如，如果儿童正在候诊室玩耍，或正在参加班级的活动，你就要让他知道在多长时间内他必须结束当前的活动。对于某些儿童，除了口头预警，你还需要提供视觉时间表，让他看到接下来将发生什么。一旦你表达了这样的期待，就要将其落实到底。你可能还需要评估儿童的行为功能，运用第 16 章的策略来解决失调问题。

如果儿童不想让照料者离开，该怎么办？

有时，儿童想让照料者一起参加干预，但在照料者在场时又很难投入到干预之中。我们通常会和照料者一起想办法来帮助儿童。当照料者意识到自己可能是一个干扰源之后，很多人会选择离场。对于某些儿童，尤其是特别幼小的儿童，让照料者一起参加干预是与他们的发展水平相适应的，也有助于他们保持较好的调节状态。但对于其他儿童，照料者的在场会增加干扰，甚至引发胡闹或挑战行为。（本书讨论的是干预师介入式的JASPER，在照料者介入式的JASPER中，照料者会全面参与到干预之中。）遇到这样的情况，你最好能运用转衔策略来帮助儿童实现与照料者的分离。比如，采用视觉时间表，用友好而清晰的语言告诉儿童你希望他怎么做，在环境中布置有趣的、有吸引力的玩具来欢迎儿童。

8.8.2 案例分析

✉ **好多车！**

亲爱的JASPER：

我正在干预的小女孩总是带一些特别的东西过来。她喜欢各种交通工具。有时，她会在衣服口袋里塞很多小汽车，或者直接抱一架毛绒飞机过来。我们试着将这些玩具用到干预中，但她太宝贝它们了，有时连碰都不让我碰一下，更不要说用它们在常规中玩出新花样了。我知道如果不带上这些玩具，她妈妈都没办法让她坐上车来参加干预，因此，我认为把它们留在家里并不可行。我也曾试图在她到达时拿走玩具，但她很生气，一直追着问我要，最后我只能给她。我应该怎样处理这些玩具？

祝好！

好多车！

亲爱的"好多车"：

看来你在转入干预这个环节遇到了困难。很高兴你能尝试使用这些玩具，遗憾的是孩子似乎很难灵活运用它们，而且它们也影响了常规的进展和儿童的参与。或许你可以制订一个计划来帮助她在干预前将车子收起来。一个策略是给她准备一个储物柜或安全的地方来存放这些物品。就像上学一样，她可以挂起外套和背包，再将车子放到储物柜中某个特别安全的地方。在引入储物柜的同时，你还可以告诉她"先……再……"或配上视觉时间表，帮助她理解在干预结束前车子会一直安全地放在储物柜里。

祝顺利！

JASPER

8.9 结语

对照图8.5，复习你在本章学到的策略。随着你对儿童的逐渐熟悉，你会找到更好的办法来支持干预的顺利展开。但我们不一定总能完美地预判儿童的行为和最佳的应对方法。判断你是否成功的标准并不在于你有没有遇到挑战（你一定会遇到，要有这样的心理准备！），而是这些挑战行为多久发生一次、每次持续多久、它们的严重程度是否逐渐减轻。如果你发现它们的发生频率降低了、持续时间变短了、干扰性也减弱了，那么你就在朝着目标前进，也在为干预提供更加坚实的基础。

本章到此结束，第三部分也告一段落。你应该常常回来复习这些策略，以便你能始终根据儿童的需要调整干预的物理和情绪情感环境、推进儿童的干预目标并排除干预过程中出现的挑战。在第四部分，我们将介绍如何在你精心准备的环境中建立常规。

第 8 章小结

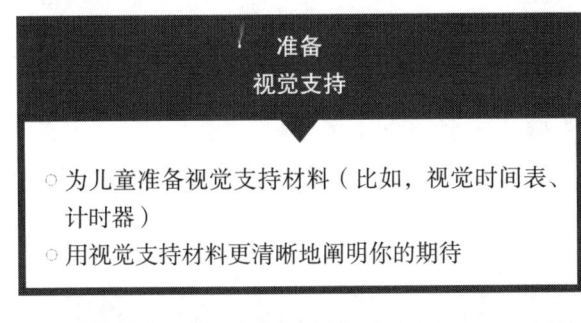

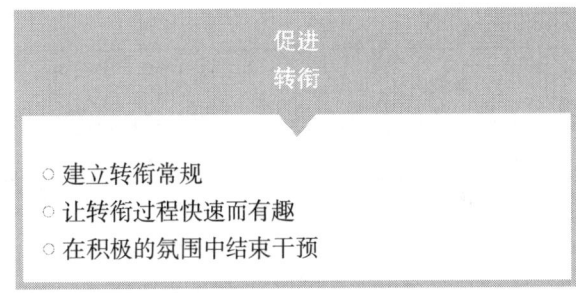

准备视觉支持
- 为儿童准备视觉支持材料（比如，视觉时间表、计时器）
- 用视觉支持材料更清晰地阐明你的期待

促进转衔
- 建立转衔常规
- 让转衔过程快速而有趣
- 在积极的氛围中结束干预

营造一个支持性的学习环境
- 使用自然强化（比如，展现积极的情绪情感、模仿儿童的成效性游戏和沟通）
- 使用由低到高的渐进式辅助等级系统
- 做好撤出辅助的计划
- 设定清晰的期待并落实到底

用 ACT 框架排除问题

评估情况（A）
- 检查常规
- 检查儿童行为

制订计划（C）
- 改变环境
- 改变你的行为
- 应对行为功能

检验效果（T）
- 注意哪些因素起了作用
- 计划未来

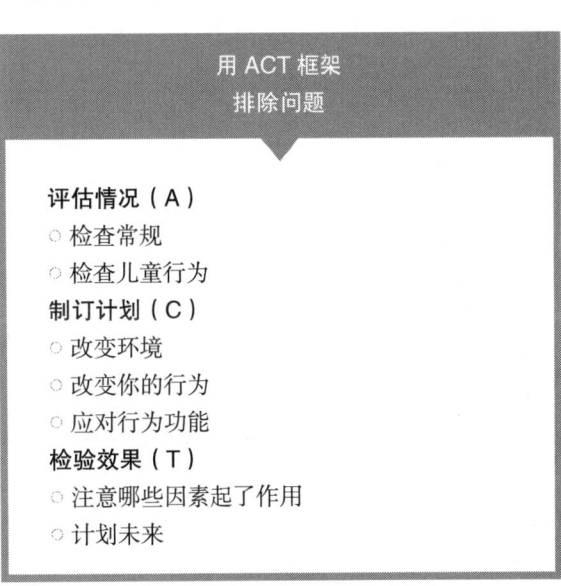

图 8.5　第 8 章小结

工具表 8.1　ACT：评估情况、制订计划并检验效果

儿童：_____　　　　成人：_____　　　　日期：_____

评估情况：发生了什么？常规或儿童的行为出现了哪些挑战？

检查常规	检查儿童行为
	试试填写"检查儿童行为"！

制订计划：我可以做些什么？我可以如何运用核心策略和条件策略来产生变化？

改变环境	改变你的行为	应对儿童的行为功能

优先使用核心策略
- 布置环境
- 使用沟通策略
- 模仿和示范
- 手势和语言的程序化
- 建立游戏常规
- 支持参与和调节
- 拓展游戏常规
- 支持成效性游戏

考虑条件策略
- 引入视觉支持
- 使用指导性辅助
- 使用促进参与和调节的条件策略
- 准备逐渐撤出支持

检验效果：我的计划是否产生了预期的效果？未来还有哪些地方可以改进？

注意哪些因素起了作用	计划未来
	准备逐渐撤出支持！

第四部分

游戏

在这个部分，你将学习如何通过模仿和示范、建立基础及拓展来创建充满活力的游戏常规。

目标

- ▶ 创建好玩有趣的游戏常规
- ▶ 鼓励儿童主动发起
- ▶ 提高游戏的复杂性和多样性
- ▶ 提高游戏的灵活性和创造性

第 9 章

模仿和示范游戏

9.1 引言

既然你已经掌握了准备环境的方法,那么现在该介绍促进游戏的策略了。本章将讨论模仿和示范游戏行为的指导原则。你应该还记得第 1 章讲过,**模仿**是对儿童的游戏行为进行重复和强化的过程,而**示范**则是展示与儿童发展水平相适应的游戏行为的过程。这两种策略的综合运用有助于实现儿童在参与、成效性游戏和主动发起方面的目标,也是你作为平等积极的游戏伙伴应该负起的很大一部分责任。一旦你理解了模仿和示范的方法和时机,就可以用它们来建立、保持和拓展常规了,这部分内容将在第 10 章、第 11 章进行专门的介绍。

9.2 根据儿童的表现来选择模仿或示范

在每一次的 JASPER 干预中,你都应该根据儿童的行为表现来确定你是进行模仿还是示范。如果儿童采用了成效性的游戏行为,你就可以用**模仿**来强化这一行为;如果儿童不参与游戏或需要帮助才能恰当地游戏,你就可以通过**示范**来提供支持。你必须根据儿童当下的表现来判断选用哪一种策略以及如何做出最佳的应对。

9.3 模仿的指导原则

你的首要角色是模仿儿童的游戏行为(见图 9.1)。当儿童采用某个游戏行为时,你应该立即做出回应,用相似的玩具做出同样的行为(见图 9.2)。比如,如果儿童将一个形状块塞入形状分类器中,你就可以模仿着将另一个形状块塞入分类器中。如果儿童拿起杯子假装喝水,你也拿起杯子假装喝水。模仿是我们强化儿童游戏行为的一个主要方法。它让儿童看到我们喜欢他的想法,比起口

模仿的指导原则 ☑
- ☐ 模仿具有成效性的游戏行为
- ☐ 立即模仿
- ☐ 模仿同一种行为
- ☐ 灵活扮演你的角色
- ☐ **不要**模仿具有干扰性的游戏行为

图 9.1 模仿的指导原则

图 9.2　成人模仿儿童的成效性游戏行为，将另一个娃娃放进澡盆

头表扬和外在强化物，这是一种更加自然的强化形式。模仿策略也有助于常规的持续推进，帮助你发挥平等积极的游戏伙伴的角色。

9.3.1 模仿具有成效性的游戏行为

在 JASPER 中，我们不会模仿儿童的所有行为，而只模仿那些**具有成效性的**游戏行为。记住，具有成效性的游戏行为是与儿童的发展水平相适应的、灵活的、有助于促进共同参与的（见第 6 章 6.2.3 节）。有时儿童会提出独出心裁、富有创意的游戏想法，这些想法可能是我们之前从未想过的。只要它们是有成效的，你都应该模仿。以下是充分利用模仿策略的其他几个指导原则。

立即模仿

在儿童表现出游戏行为后立即模仿，让儿童明白你在跟随他的想法。儿童往往动作敏捷，所以你也必须加快动作。在儿童采取下一个行为之前，你可能只有一两秒的时间来完成你的动作。

模仿同一种行为

这并不是说你必须**完全复刻**儿童的游戏行为或游戏方式。比如，如果儿童将一个圆形块放入形状分类器中，那么你不必拘泥于同色或同形，可以将其他任何一种形状块放入分类器中。

扮演你的角色

在前象征和象征游戏常规中，你在互动中更应该**扮演你自己的角色**，而不是模仿儿童的角色。比如，如果儿童假装一个小人是老师，说："好，同学们，现在该坐好了。"你可以假装学生，说："好的，老师，我坐这里。"如果此时你也假装是老师并重复完全相同的行为，就会显得生硬不自然。

9.3.2 不要模仿干扰儿童参与的行为

有时，ASD 儿童会用玩具进行非游戏性质的、对常规没有促进作用的行为，也就是第 6 章我们讲到的"干扰性行为"。比如，在图 9.3 中，儿童只盯着手里的浴液瓶而没有用它来进行游戏。

图9.3 当儿童盯着浴液瓶看时，成人没有模仿

这些行为可能是刻板或重复的，可能承担着感觉探索的功能，也可能远低于儿童目前的游戏水平。它们的发生往往表明儿童的参与度正在降低，而这可能是纯粹的参与问题，也可能是失调的前兆。如果儿童的行为看起来缺乏成效性或者跟游戏无关，你就不应该模仿。这些行为会挤占儿童参与社会性游戏的时间，也会减少儿童的学习时间。

下面这些行为我们一般也不予模仿：

- 旋转物体
- 开、关门
- 排列玩具
- 反复推倒玩具
- 反复按按钮
- 盯着物品看
- 敲打、扔玩具或将玩具含在嘴里
- 甩手

在往下阅读前，完成练习9.1，检查你是否理解了模仿策略的运用。

练习9.1 模仿的恰当运用

判断下列成人的模仿是否符合JASPER的指导原则。如果成人做出了恰当的反应，圈"是"，反之，圈"否"。

1. 你和儿童正在玩拼图。儿童总是先敲两下拼图才将它们拼上去。于是，你也先敲两下再将它们拼上去。　　是　否

2. 你和儿童正在往盒子里放小人。儿童说："这是一辆汽车。"然后假装开车。你说："我也有一辆汽车！"并假装让另一个小人在另一个盒子里开起车来。　　是　否

3. 你和儿童正在给比萨加馅料。儿童往比萨上放了一片意式香肠。你往比萨上放了一个蘑菇。　　是　否

4. 儿童拿起一架飞机，向房间另一头扔去。你说："它在飞！"然后也拿起一架飞机扔了出去。　　是　否

5. 儿童假装自己是大厨而你是顾客。儿童说："我是大厨！这是你的汉堡！"你将汉堡还给儿童说："我是大厨！这是你的汉堡！"　　是　否

9.4 示范的指导原则

还有一些时候，儿童需要成人的帮助才能保持游戏和互动。在这种情况下，你可以做示范（见

图 9.4）。示范可以让你在不代劳、不给儿童肢体辅助的情况下提供支持，保证互动的持续进行。示范也可以鼓励成效性的游戏行为，并将新的游戏想法引入常规之中。通过频繁的示范给儿童展示更多新的游戏玩法似乎是个不错的主意，但我们要记住，儿童自己的想法和主动发起才是最重要的。我们始终应该先找机会来模仿儿童；找不到这样的机会，再做示范。

示范的指导原则 ☑
- ☐ 在儿童需要支持时进行示范
- ☐ 一次示范一个行为
- ☐ 示范符合儿童发展水平的行为
- ☐ 用儿童选择的玩具进行示范
- ☐ 保证儿童有材料和时间做出回应

图 9.4　示范的指导原则

9.4.1 在儿童需要支持时进行示范

如果儿童停止游戏或需要支持，你可以示范一个成效性的游戏行为，让他们看到可以怎么做。

通过示范提高参与度

如果儿童不知道该怎么玩玩具，通过示范来展示他可以采用的步骤。比如，如果儿童看着拼图不动，你就可以拿起一块拼好。如果儿童本来在玩，但是停了下来，那么你可以示范另一个行为，帮助他将常规进行下去。注意要在儿童失去参与状态**之前**进行示范，而不要等到儿童完全停下游戏或心烦意乱之后，因为这个时候你很难再恢复儿童的参与状态了。

在干扰行为之后进行示范

如果儿童的行为对常规产生了干扰，你可以通过示范来展示更具成效性的游戏方式。在图 9.5 中，儿童陷入了与物互动的状态，他在那里摇晃浴液瓶，又一直盯着瓶子看，不再进行富有成效的常规游戏。于是，成人示范了往浴盆里加浴液这一行为，让他看到他还可以采用其他的做法。这样可以帮助儿童学习更有成效的游戏行为和新的游戏方式。

图 9.5　当浴液瓶成为游戏的干扰时，成人示范了往浴盆中加浴液这个成效性的游戏行为

9.4.2 示范儿童可能会模仿的行为

你应该示范那些与儿童发展水平相适应的、对儿童具有激励性的、有理由重复的行为。你示范是为了让儿童模仿。如果示范的步骤太简单、太难或示范的时机不对，儿童就不太可能模仿。以下这些指导原则可以让你的示范更加有效。

每次示范一个行为

一次只示范**一个**行为。只做单步的示范，比如，将一个玩具食物放入碗中。不要做双步示范，比如，将一个玩具食物放入碗中并搅拌。当你一次示范太多行为时，儿童会比较难以理解，也很难模仿。

示范与儿童发展水平相适应的行为

与儿童游戏发展水平相适应的示范最容易取得成功。如果你还在设法建立常规，你就应该示范儿童已掌握级别（也许还要更低一级）的行为。如果儿童已经开始厌倦现有常规或你们正在拓展常规，那么，你既可以示范儿童已掌握级别的游戏行为，也可以示范儿童目标级别的游戏行为（见第11章）。

用儿童选择的玩具做示范

跟随儿童的兴趣。如果儿童对某个玩具表现出兴趣，你可以试着用同**种类**的玩具示范一个步骤。比如，如果常规中有火车、轨道、货物和人物模型，儿童开始拿起货物往桌上敲打，那么你应该用货物来做示范，而不是人物或火车。如果儿童不拿也不看任何玩具，你可以示范一个你觉得可以调动儿童积极性的行为。

提供必要的材料以便儿童回应你的示范

儿童应该有一定的材料来回应你的示范。比如，如果你将一个小人放进校车，就要保证儿童伸手可及的范围内至少还有一个小人。如果你示范切蛋糕，就要保证儿童手边还有一把玩具刀。这些玩具应该是儿童能够看到也容易拿到的。如果儿童拿不到或不容易发现它们，那么即使他想做出回应也难以实现。所以，请提前做好准备。

9.4.3 给儿童留出反应时间

在做完示范以后，**暂停**，让儿童有机会做出反应。在此期间，你应该满怀期待地看着儿童。不要说话或采取其他任何行动来激发儿童的反应，比如，快速指向玩具或晃动玩具。也不要提供更多辅助或指导。静静等待几秒。儿童可能需要一点时间来理解你的行为并决定接下来做什么。以上，我们介绍了示范的指导原则，请根据这些原则来完成练习9.2。

练习 9.2　示范的恰当运用

判断下列成人的示范是否符合 JASPER 的指导原则。如果成人做出了恰当的反应，圈"是"，反之，圈"否"。

1. 儿童看着海洋动物拼图但没有开始玩。你拿起海星并让它"走"到拼图板上。　　　　　　　　　　　是　　　否
2. 儿童在排列汽车。你将一辆汽车放进车库。　　　　　　　　　　　　　　　　　　　　　　　　是　　　否
3. 在干预开始时，你在环境中准备了两个玩具选项：纸杯蛋糕和三明治。儿童看着　　　　　　　　是　　　否
三明治但没有开始玩。你将糖霜放到纸杯蛋糕上。
4. 儿童在丛林主题常规的玩具前坐下。常规中有树和带夹子的猴子。儿童看着猴子　　　　　　　　是　　　否
但没有开始玩。你把几个猴子夹到一起并挂到树上。
5. 在干预开始时，你给儿童提供了两种玩具：火车套件和磁力积木片。儿童拿起一　　　　　　　　是　　　否
块磁力片但没有开始玩。你将一块磁力片搭到另一块磁力片上。

9.5 留意儿童对示范的反应

在示范过后，你要让儿童模仿你的行为或表现出符合其发展水平的其他游戏行为。你可以对儿童的反应做进一步的回应——模仿儿童的行为，或加大示范力度，给儿童更多支持。

9.5.1 强化儿童的反应

如果儿童模仿你示范的行为，那就模仿他以强化这个新的行为。你的示范也可能会激发新的想法，让儿童去尝试某种新的玩法。比如，在建立简单游戏级别的常规时，你示范了摇铃鼓这个行为。作为回应，儿童可能会像敲鼓一样敲打铃鼓（两者均属于**差别化行为**）。这种情况你也应该进行模仿。

9.5.2 提高示范的清晰度

在某些情况下，儿童可能需要更多支持才能理解并效仿你的示范。如果儿童总是不能效仿你，你首先应该评估你的示范是否足够清晰，确保它与儿童的发展水平相适应、时机恰当并且在儿童的视线范围之内。如果你的示范是清晰的，那么你可以考虑提高支持水平。设法提供必要的、最少量的支持，帮助儿童做出反应。表 9.1 罗列了儿童的不同行为和你可以做出的恰当反应。

表 9.1　提高示范的清晰度

儿童的行为	你的反应
儿童没有注意到你的行为。	→ 再次示范同样的行为。
儿童注意到了这个行为但不感兴趣。	→ 尝试示范一个不同的行为。
儿童不喜欢这个行为或开始陷入失调状态。	→ 尝试示范一个不同的行为。
儿童注意到这个行为，也能理解，但需要更多支持才能加以尝试。	→ 示范同样的行为并将一个玩具往前移或递给儿童。
儿童主动发起一个不同的成效性游戏行为。	→ 停止示范，转而模仿儿童的行为。
儿童失去参与状态。	→ 停止示范，设法恢复儿童的参与状态（见第 15 章）。

9.6 模仿和示范的平衡

和其他策略一样，模仿和示范只有在恰当的时机、基于恰当的目的被使用，才会有效。我们可以把模仿和示范看作一对动态变化的组合。它们在常规中发挥着各自不同的作用，是互动得以保持的重要力量。当儿童发起成效性行为时，我们模仿；当儿童需要更多支持时，我们示范。模仿和示范就像稳定的鼓点，维持着干预的速度和节奏。只有对儿童和常规背景有足够的了解，你才能在模仿和示范之间找到平衡。图 9.6 和以下建议有助于你实现这种平衡。

9.6.1 索性选择模仿

当你不确定应该模仿还是示范的时候，索性选择模仿。一开始你可能不太能把握分寸。示范给人的感觉是比较具有成效，尤其是当儿童有反应的时候。但是，如果一味示范，就会形成一种完全由你主动和主导、儿童只做回应和模仿的互动关系。这样，干预很快就会变得像进行回合训练或完成任务一样。你应该通过模仿让儿童重回主导者的位置。记住，模仿是我们强化儿童的成效性游戏和持续推进常规的方法之一。（以后你还会有机会培养儿童的新技能。你可以在常规基础已建立、儿童也适应了游戏之后，再通过拓展引入环境中的其他玩具和新的游戏步骤。这样能保证儿童的游戏不会变得太过重复，儿童也有机会学习新的技能。）

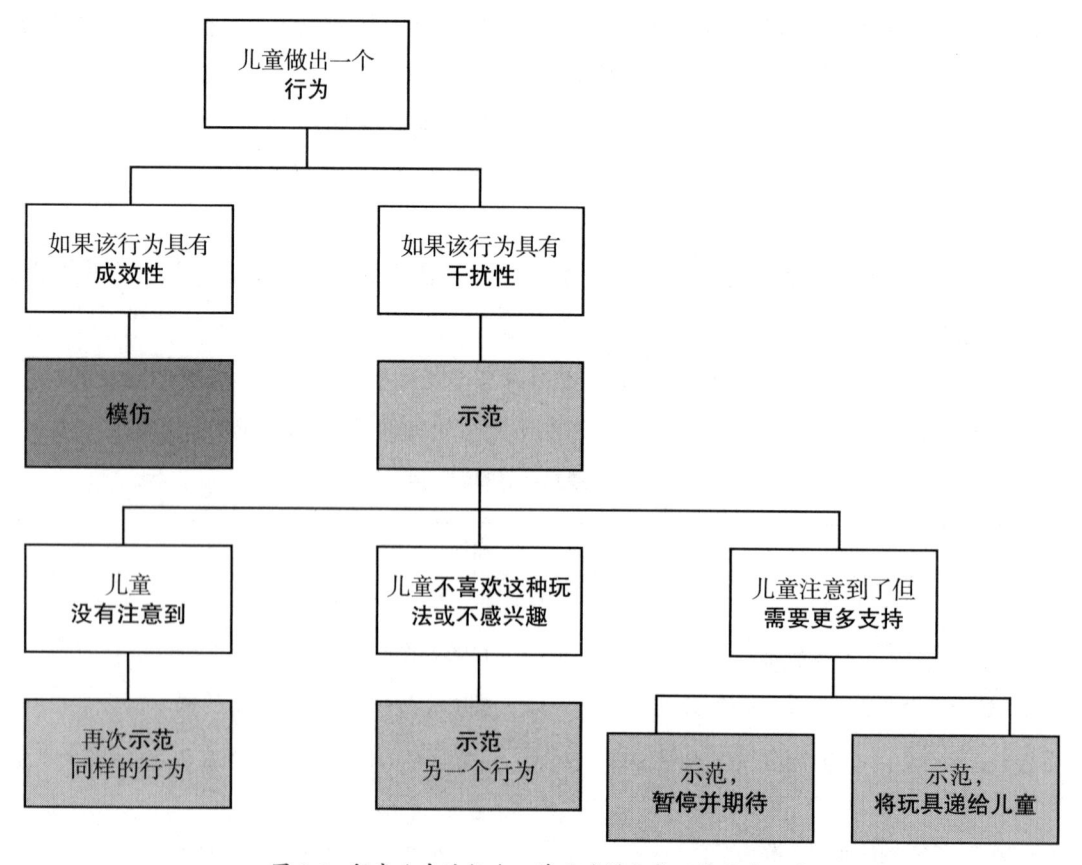

图 9.6　留意儿童的行为，并通过模仿或示范做出回应

9.6.2 在示范前考虑常规背景

模仿求快，但示范的速度和频率却有更多讲究。一个常规不应该完全靠你的示范来支撑，儿童的主动发起也必不可少。如果你觉得自己一直在为保持互动而不停示范各种游戏行为，那么一定是常规的哪个部分出了问题，或儿童需要你给予其他形式的支持。此时，你需要对你准备的环境、玩具或游戏水平进行评估。在示范前，记得考虑以下问题：

如果再等等，情况是否会好转？

如果你不确定儿童的行为是否恰当，可以先等等，看接下来会发生什么，再决定是否要做示范。但如果你怀疑儿童马上就要失去参与状态了，那就赶紧示范以保持常规运转。

该行为是否影响参与？

有些行为并不具有侵扰性。如果儿童的行为不影响参与或常规运行，你可以选择继续观察，而不是立刻示范。举个例子，如果儿童表现出某种感觉行为，比如，在轮到她游戏时在桌上敲打玩具，你可以先等等，因为儿童仍在参与游戏。如果儿童的行为有增无减，到了影响参与或干扰常规的程度，你应该示范一个更具成效性的行为，将儿童重新引回常规中来。

儿童可以自己完成吗？

有些儿童需要更多的时间才能开始较难的游戏行为或完成具有挑战性的动作技能。如果儿童能够自己完成，你就不要急于示范或提供其他支持。最佳的介入时机是在儿童有机会尝试之后、在儿童失去参与状态之前。记住，也许你只需调整一下玩具的放置角度，让儿童更容易拿取，就能让儿童玩起来了（见第 7 章 7.5.2 节）。请完成练习 9.3 和练习 9.4，根据儿童的行为，判断你应该选择示范还是模仿。

9.7 模仿和示范中的常见挑战

接下来，我们将解答一些常见问题并举几个不同儿童的案例。如果你总是无法实现模仿和示范的平衡，也可以使用第 8 章的 ACT 框架来排除问题。

练习 9.3　该模仿还是示范？

假设儿童已经掌握了前象征游戏技能，根据儿童的行为，判断成人应该模仿还是示范。

儿童的行为	成人的反应	
1. 儿童假装小人走上校车并开车送他们上学。	模仿	示范
2. 儿童反复将校车推过来又推过去。	模仿	示范
3. 儿童将小人抛进学校。	模仿	示范
4. 儿童假装他的小人是学校的老师。	模仿	示范

练习 9.4　接下来怎么办？

根据以下场景描述，判断成人接下来采取哪一个行为最为恰当。

场景	成人的反应
1. 你和儿童假装几个娃娃在野餐。儿童拿起娃娃放进野餐篮（假装它是一张床），说："晚安！"	A. 你给娃娃盖上毯子说："晚安，宝贝。" B. 你也往篮子里放一个娃娃说："晚安，宝贝。" C. 你说"那不是床"并示范给娃娃喂食。
2. 你和儿童将一个蛋糕放进烤箱。儿童反复按烤箱上的按钮。	A. 你拿开烤箱，说："不玩烤箱了。" B. 你模仿儿童按按钮，说："接着按。" C. 你示范从烤箱拿出蛋糕，说："蛋糕好了！"

9.7.1 常见问题

本节我们将讨论关于示范和模仿的几个常见问题。

如果儿童没有注意到我的动作，该怎么办？

如果儿童不是总能够注意到你的游戏动作，这很正常。如果这个问题一直出现，那么首先确认你在儿童的视线范围内。注意儿童在往哪边看，然后在他的视野内做出游戏动作。再检查环境。保证你和儿童面对面，游戏物品在你们正中间。你还可以用语言和手势来强化你的动作。比如，在轮到你游戏时，你可以一边说"搭"，一边指向搭起来的积木结构。在采用这些步骤时，要避免提醒儿童注意你。

如果儿童总是采用同一个行为，该怎么办？

如果儿童在常规中反复采用同一个行为，你可能会不知如何是好。你还继续模仿吗？具体要看你们进行的是什么样的常规。如果是搭积木，那么重复轮流 8～12 次后再重启是比较恰当的。但如果是假装给娃娃抹洗发水，重复 8～12 次才换到其他步骤就不那么恰当了。如果你感觉儿童对同一行为的重复妨碍了常规的进行或影响了他的参与，那么这一行为可能已经是刻板重复行为了，或者，说明儿童已经厌倦了当前的游戏。在这种情况下，你可以引入其他的相关选项或拓展常规，让儿童看到还有其他事可做（见第 11 章）。

如果儿童总是不发起也不模仿，我还应该继续示范吗？

如果儿童没有反应，我们通常就不再反复示范某个行为了。因为这样可能会让儿童失去参与状态，也会让我们的指导性过强。如果几次示范后儿童仍没有模仿或发起，你应该先评估儿童的参与度（比如，儿童是否已经做好向前推进的准备了？）。再评估你的环境和玩具选择（比如，环境是否过于杂乱，以致儿童注意不到你的示范？玩具是否符合儿童的游戏水平？你是否需要在环境中引入新的玩具？儿童是否明白玩具的玩法？）。接着，考虑你的示范是否清晰（比如，你示范的游戏级别是否太高了？你的示范是否落在儿童的注意焦点内？）。在你对这些方面做出评估并进行调整之后，儿童应该更有可能成功地模仿你的示范或发起新的游戏行为。

9.7.2 案例分析

下面，让我们通过几个虚构的案例来解决模仿和示范中的具体问题。

✉ **模仿不模仿**

亲爱的 JASPER：

我的学生特别喜欢玩具，也有很多有趣的游戏点子。在 SPACE 中，她表现出了很多一般组合级别的游戏行为，甚至还有一些前象征游戏行为。但我也注意到，她会用很多时间来进行非常初级的游戏活动，比如来回推卡车、敲打玩具。我们已经进行到第 3 次干预，但我们的常规却迟迟没有进展。我准备了很多一般组合玩具，比如，乐高积木，她喜欢用它们来搭建高塔。这本来可以作为我们的基础常规，但她每搭几块就会从中拆下两块，然后相互敲击。我想模仿她，于是也从塔上拆下一块积木。然后，我们就卡在了敲积木这一步。无论我尝试哪一种类型的搭建玩具，最后总是回到相同的循环中。我还继续模仿吗？

感谢！

模仿不模仿

亲爱的"模仿不模仿"：

你对现状似乎进行了准确的评估——你们难以建立稳固的常规，你也需要更多的帮助来掌握模仿的恰当时机。从你的描述来看，搭乐高这个基础常规应该是比较恰当和有成效的，所以你选择模仿是对的。但儿童的"拓展"即敲打玩具这一行为是没有成效性的，因而我们不应该模仿。你可以试试加快你的模仿速度，在儿童搭完一块积木后马上接着搭上另一块。有时候，这样紧紧跟上就可以有效"略过"那个重复性的步骤了。但你要保证环境中有足够的乐高积木来让常规持续下去。还有一种可能是儿童已经可以开始拓展常规了。也许你可以试试把几个乐高小人放到搭好的积木上去。如果这些方法都不管用，那就大胆地示范新的步骤吧！

祝顺利！

JASPER

✉ **戒掉奶瓶**

亲爱的 JASPER：

我正在干预的一个孩子非常喜欢玩洋娃娃。每次干预，他都径直走向这些娃娃。我们有一个常规是给娃娃穿衣服，把娃娃抱在怀里，给娃娃喂奶瓶。但他实在太喜欢喂奶瓶这个步骤了，总是喂了又喂，以致我们很难重启常规或给常规增加更多步骤。我想模仿这一行为，因为它正好处于孩子的目标游戏水平，但现在它成了他唯一想做的事！我给他示范了其他各种做法，但他终归还是会回到喂奶瓶上来。

祝好！

戒掉奶瓶

亲爱的"戒掉奶瓶":

很高兴,你能想办法提高常规的复杂性,使其达到孩子的目标游戏水平。你已经对这个挑战展开了一些问题排除工作,你主要采用的是示范策略。我们再就环境提几点建议。首先,我们来评估一下环境。有时候,当环境没有给儿童清晰的视觉提示,告诉他们如何玩玩具,或在儿童触手或触目所及之处没有足够的玩具选项时,儿童会一直做他们习惯做的事。好好计划一下,让常规有一个更加清晰的发展方向。比如,你可以加入一个澡盆或几张床,启发儿童思考更多玩娃娃的方法。如果新材料的加入也没能让儿童产生新的游戏想法,那么你可以尝试示范。如果这样还不行,你可能需要暂时收起奶瓶,直到你们在常规中建立起更加多样化的步骤。

你可以的!

JASPER

9.8 结语

模仿和示范是建立和保持常规的重要策略。对照图 9.7,复习本章策略要点。在初学常规时,儿童可能需要更多示范来理解游戏行为并保持参与状态。随着干预的推进,你应该看到儿童更能够主动发起成效性游戏行为,干扰行为也有所减少。此时,你就可以多模仿、少示范了。你的模仿会给儿童提供强化,你的示范又会给儿童展示新的游戏行为。因此,你应该还会看到儿童技能水平的不断提高。现在,既然你已经掌握了使用模仿和示范的方法和时机,就可以用它们来建立常规的基础了。下一章,我们就来讨论基础的建立。

第 9 章小结

优先使用模仿	用示范提供支持	平衡模仿和示范
○ 模仿儿童的成效性游戏行为 ○ 立即并持续模仿 ○ 扮演你的角色 ○ 不模仿干扰行为	○ 在儿童需要支持时示范 ○ 示范儿童可能会模仿的行为 ○ 暂停,等待儿童做出反应	○ 尽量多模仿、少示范 ○ 示范后重新回到模仿 ○ 配合儿童的节奏

图 9.7 第 9 章小结

第 10 章

建立常规基础

10.1 引言

一旦开始和儿童一起游戏，你就要致力于建立常规的基础了。正如第 5 章提到的，**基础**包括儿童已掌握级别的一个（或多个）熟悉的游戏步骤。为便于儿童的发起和保持，它应该足够简单，也有足够的可预见性。本章，我们将讨论建立常规基础的策略。我们会先谈到基础的特征；然后介绍你在常规中的角色，以及哪些迹象表明基础已经稳固建立起来；最后，我们将介绍如果儿童需要更多练习来巩固这些步骤，我们应该如何重启常规。在本章结尾，我们还会谈到在这个过程中可能会出现哪些挑战。至于应对挑战的策略——管理环境、学会扮演平等而积极的角色以及模仿和示范，你们现在应该都比较熟悉了。这些策略的综合运用有助于儿童在常规中建立并保持参与状态。

10.2 基础简介

基础是最初的几个游戏步骤，可以为常规的后续发展奠定基础。在讨论建立基础的具体方法之前，我们先来详细说说基础的特征。

10.2.1 基础的特征

基础应该包括儿童**已掌握**游戏级别的几个步骤，保证儿童轻松而自信地开始常规。

基础是常规的开始

儿童凭兴趣从环境中的几个玩具选项中做出选择，而你也紧跟其后——基础就这样开始了。跟随儿童的兴趣可以保证儿童参与常规的积极性，也有利于儿童进入共同参与的状态。有些儿童的基础只有一个步骤，有些儿童的基础则会有多个步骤。无论怎样，这些游戏行为都应该是可以反复进行，从而实现两个人之间来回往复的轮流的，这是常规的基调。比如，如果儿童选择了套嵌盒，开始将一个盒子放入另一个盒子，那么，你可以建立这样的基础：先将盒子一个个套嵌在一起（演示组合），再将它们一个个搭起来（一般组合）。通过两人来回轮流完成这些行为，你们就为常规建立了一个良好的起点。

基础是一个随时可以返回的舒适区

基础是儿童在整个常规中都有自信、能够轻松返回到的一个（或一组）步骤。继续上文套嵌盒的例子，在用盒子搭出高塔之后，你们可以在每个盒子的开口处放上小人（儿童施动），以此来拓展基础。在进行这个难度更高的步骤时，如果你发现儿童的参与状态或积极性有所减弱，可以返回到基础，通过重复儿童已经熟悉的套嵌或堆搭步骤**重启**常规，以此来提高儿童的参与度和自信心。

10.3 你在建立游戏常规中的角色

为了建立常规基础，你必须在游戏步骤中扮演平等而积极的角色，同时也支持儿童参与游戏。你应该在以下步骤中发挥平等而积极的游戏伙伴的角色：在轮到儿童时留出空间，在轮到你时模仿和示范游戏动作，在整个常规中持续管理环境。本节，我们就来介绍你在建立常规基础时使用这些策略的指导原则。这些原则同样适用于常规的保持和发展过程。

10.3.1 在轮到儿童时留出空间

在轮流游戏中，当轮到儿童时，我们应该保持安静，为儿童主动发起游戏行为和语言留出空间。也就是说，**在这段时间里，你不应该说话或采取任何游戏行为**。在与你分享自己的游戏想法之前，儿童可能需要时间来整理和构思。如果你在这个空间塞满你的语言和动作，儿童就更难以主动发起。你在这段时间里要做的，是**注意儿童的游戏行为和沟通表达并随时准备做出回应**。你可以微笑地看着儿童，满怀期待，让他看到你准备接收他的任何分享。但不要刻意吸引儿童的注意或以任何方式来辅助儿童。在图 10.1 中，成人密切留意儿童的动向，随时准备加入轮流。

图 10.1 在轮到儿童时，成人不说话，也不采取任何行为

留意儿童的各种意图表达

儿童的行为表现可能会和我们预想的不一样。她可能会看着玩具、拿起玩具或做出其他非常规的举动。她也可能会看着你、做出手势或发出某个词语的近似音。儿童不一定总能够用语言表达自己，但这不意味着她没有表达。所以，你要留心观察儿童的行为和其他各种表达方式。你可能会发现儿童兴趣浓厚、积极性高涨，或者感到无聊、正在失去参与状态。你甚至可能会发现失调或挑战行为的早期信号。你的任务是积极监测这些不易觉察的迹象并随它们的变化做相应的调整，从而推动常规的持续发展。

在儿童尝试新技能时保持耐心

在轮到儿童时，你不要着急。如果儿童正在尝试说或做某件事，给她足够的时间来尝试独立完成。比如，如果儿童正试着把小人放到椅子上，尽管有些笨拙，你也先让她自己去尝试，然后再提供协助或问她是否需要帮助。如果儿童开始说话，但声音逐渐减弱，给她机会完成她的表达。我们保持耐心，就是在给儿童机会练习她本来可能不会尝试的新技能。我们偶尔也可以提供协助，但仅限于儿童需要你帮助她保持参与和调节状态的时候。

10.3.2 在轮到你时模仿和示范

一旦儿童采取了某个行为，你应该回应一个与其发展水平相适应的行为，以此来推动常规的进展。正如第 9 章所述，如果儿童采取了成效性游戏行为，你就模仿；如果儿童需要支持，你就示范。趁着轮到你的机会，好好发挥你的角色，做一个有趣的、积极参与的、友善的游戏伙伴。（你也可以趁着轮到你时回应儿童或示范语言和手势的机会，完成你的沟通；见第 12 章。）

10.3.3 持续管理环境

随着游戏的进行，环境会发生变化。玩具会混到一起，儿童会四处移动，你精心布置的环境可能无法再提供儿童需要的支持。经常检查游戏区域，确保给儿童提供一个最佳的环境。比如，在图 10.2 中，成人注意到儿童的积木快用光了，于是趁着轮到自己的机会悄悄移了一些积木过去。这就是对第 7 章环境布置策略的运用。将杂乱的东西收拾整齐，将类似的玩具收到一起，以便儿童取用。及时补充玩具，让儿童有足够的材料继续练习基础步骤。做这些的时候，你应该不露痕迹，不要对常规造成干扰，也不要妨碍你自己正常参与轮流。

图 10.2　成人一边参与轮流，一边悄悄管理环境以帮助建立基础

10.4 监测常规基础是否已稳固建立

在你们开始常规之后，就要朝着**建立基础**的目标前进。"建立基础"是指儿童能够自如地完成基础步骤，也能相对轻松地保持这些步骤。在游戏过程中，你应该持续监测儿童的参与状态和对基础步骤的熟练程度。儿童是否已经能够自如地完成基础步骤？还是需要更多练习？图 10.3 列举了基础已经稳固建立的各种标志。

基础已经稳固建立的标志	基础尚未稳固的标志
○ 几个可重复步骤组成了一个连贯的序列 ○ 每个步骤均有多次重复 ○ 有些轮流是由儿童主动发起的 ○ 游戏双方平等参与 ○ 促进了共同参与	○ 儿童总是在换玩具 ○ 步骤之间杂乱无章 ○ 每个步骤的重复次数很少 ○ 缺乏儿童主动发起的轮流 ○ 角色不平等（比如，成人频繁示范） ○ 局限或脆弱的共同参与

图 10.3　基础已经稳固建立和基础尚未稳固的标志

10.4.1 判断应该重启还是拓展

如果基础已经建立，你就可以拓展常规以增加新的步骤了。但如果基础尚未稳固，你就需要重启常规以继续练习。回忆一下第 5 章的内容，**拓展**是往常规中增加一个新步骤的过程，**重启**则是返回到之前某个常规步骤的过程。在大部分情况下，ASD 儿童在能够开始拓展之前往往需要一段时间来建立稳固的基础。因此，在增加新步骤之前，你可能需要多次重启常规基础。我们将在下一节详细讨论重启常规的方法（在第 11 章讨论拓展）。

在往下阅读之前，先用一点时间来完成练习 10.1，判断常规基础是否已经建立起来。

练习 10.1　判断常规基础是否已建立

判断以下基础是尚未稳固还是已经建立起来。

1. 你和儿童正在用盒子搭高塔。你推倒高塔，儿童抬头看你，哈哈大笑，然后重新开始搭建。　　　未稳固　　已建立
2. 你和儿童正在玩插板游戏。你做完示范后递了一个插钉过去，儿童慢吞吞完成了他的动作。　　　未稳固　　已建立
   你接着完成动作，又轮到儿童了，但他却只盯着插孔看。你又递给他一个插钉，他将它插入了插孔。
3. 你和儿童将几块比萨放进盘子，将两个形状块放入形状分类器。接着，你示范将几个泡沫　　未稳固　　已建立
   积木搭起来。

10.5　重启常规

在需要时重启常规以建立基础。你应该还记得第 5 章说过，你可以在完成基础步骤后重启（为了建立基础），或在拓展之后重启。你也可以为了保持参与状态或在机会自然出现时重启。无论哪种情况，你都可以按照图 10.4 的步骤以及接下来的介绍重启常规。

重启的指导原则 ☑

☐ 返回到之前的某个步骤（比如，推倒搭好的部件、小人们返回市场采购下一餐的食材）
☐ 快速重置材料（比如，拿出预先搭建好的玩具、将玩具零件移到儿童身边）
☐ 清理环境（比如，将备用材料移到一边）
☐ 为接下来的步骤提供支持（比如，模仿、把玩具递给儿童、示范）

图 10.4　重启的指导原则

10.5.1 回到之前的某个步骤

为了重启常规，你要想办法回到之前的某个常规步骤。这个过程应该尽量自然，就像你们在照常互动一样，就算放到整个常规背景下看也不违和。最常用的重启方法，是将你们之前拼搭起来的东西拆掉——推倒用积木拼搭起来的结构、倒出拼好的拼图、拆开用魔术贴黏合的食物（见图10.5）。尽量一次性重置全部的玩具零件，而不是逐件拆解。比如，如果把所有纸杯蛋糕都装进了烤盘，那就快速将它们全部倒出并稍加整理。如果你一个一个取出蛋糕，儿童可能会觉得你在破坏他的游戏成果，而停下来的这段时间也会破坏儿童的参与状态。

如果是更高级别的游戏，你往往可以将重启融入整个常规"故事"之中。比如，如果你们的常规是将小人放进车里，开车送它们去学校，然后让它们在课桌前坐下，那么，你可以将小人放回车里（重启）并开车送它们回家。这样的重启特别灵活、有创意，因为它以一种新的巧妙的方式（去新地点）重复了一个熟悉的步骤（开车）。这样既让儿童有机会采用很多熟悉的步骤，实现重启并巩固基础，还给这些步骤赋予了新意。你还可以用其他各种有趣的方式或利用常规中自然发生的机会来重启常规。比如，如果你们正在进行把饼干放入托盘的常规，那么你可以出动"饼干怪"，让它"吃掉"盘子里所有的饼干。

图 10.5　儿童和成人推倒高塔以便重启常规，回到搭高塔这个基础

10.5.2 重置环境

一旦重启常规，快速重置环境。对一些玩具进行部分组装（比如，用几块积木重新搭出一部分高塔），并保证儿童有足够的材料可用。重新整理玩具，拆开组装起来的零部件，将玩具重新分组归拢以便儿童更容易注意到它们，并将所有备用的拓展材料移到一边。如果重启时所有材料乱作一团，儿童就很难主动发起接下来的步骤，或很难保持参与状态。你必须快速完成重置，以便重新开始基础步骤。

10.5.3 为接下来的步骤提供支持

在重启之后，有些儿童会失去参与状态，或者不明白他们可以继续玩玩具了。因此，你可能要为接下来的步骤提供支持。如果儿童主动发起了接下来的步骤，你可以模仿。如果没有发起，你就应该准备好快速做出示范。随着儿童更加熟悉常规，她在重启基础时也就不需要那么多支持了。

10.5.4 常见问题

以下是与重启常规相关的一些常见问题。

我应该从常规的哪一步开始重启？

从哪一步开始重启常规没有明确的规定。最常见的重启时机是在用完手头的材料之后、完成基础步骤之后或在拓展之后。但是，你也可以根据各种因素，比如，儿童的参与和调节状态，选择在这些节点之间的任何时间重启常规。同样，你也不必非得从常规的第一个步骤开始重启。

儿童应该参与常规的重启吗？

要看儿童和常规的具体情况。如果重启的这一步是常规中比较重要的步骤，比如，将小人放回车里准备回家，那么儿童可以参与。但是，如果重启只涉及材料的重置（比如，将形状块从形状分类器中倒出），那么儿童可以参与，也可以不参与，主要看他自己是否有兴趣。随着常规的不断重复，儿童可能会自己主动发起重启。比如，儿童可能会说："倒了！"表示他准备要推倒高塔了。

所有常规都必须重启吗？

通常来说，每个常规都会有一些部分是需要重启的。但这也是不一定的，尤其是当儿童已经处于较高水平的时候。重启说到底就是保持参与状态的一种手段。如果儿童能够主动发起很多拓展步骤，能够主导互动，那么你可能不需要频繁重启。

我应该多久重启一次？

重启和拓展的平衡有助于你帮助儿童保持在常规中的积极性和参与度。在判断你应该进行重启还是拓展时，除了监测基础是否已经稳固建立，你还要考虑其他多种因素。如果是比较新的常规，你可能还需要通过更多重复来建立基础。如果是比较熟悉的常规，你也许很快就能建立起基础了。在判断应该重启还是拓展常规时，请考虑以下因素：

- 基础的长度
- 基础的级别（比如，这些步骤和玩法是否已经熟练掌握）
- 你已经重启的次数
- 你在本次和历次干预中使用这个常规的次数
- 这个基础常规与其他常规的相似度

以上每一个因素都影响着你还需要多少练习才能建立起稳固的基础。更多指标见图11.11。

10.6 配合儿童的节奏

在你建立基础以及完成常规的其余部分时，你都必须把握常规的节奏。这里的**节奏**是指互动的时机、速度和流畅度，主要判断依据是儿童完成游戏行为和沟通的快慢。每个儿童都有自己天然的游戏节奏。有些儿童喜欢速战速决，有些儿童天生慢条斯理、有条不紊。如果儿童的游戏节奏很快，她对于接下来做什么可能会有很多自己的想法，你应该及时补充更多玩具，随时准备参与轮流，努力跟上她的步伐。相反，如果儿童的游戏节奏较慢，她可能需要更多时间来思考每一个步骤。她可能动作迟缓，有重复行为，会用更多时间来观察物体并决定接下来做什么。在这种情况下，你必须保持耐心，让儿童有时间消化理解当前常规中正在发生的各种事情。虽然我们将配合儿童的节奏这个策略放在这里，作为建立基础的内容来讨论，但它是整个常规发展过程中你都要承担的一项重要职能，尤其是在你帮助儿童保持参与状态的时候。

10.6.1 监测节奏

儿童的节奏可能会变得太快或太慢，或者前后变化太大。这种变化通常表明儿童的参与状态发生了变化，以及儿童需要你的支持。图 10.6 列举了节奏太快或太慢的各种迹象。接下来我们将介绍调节这两种情况的方法。

以下迹象表明儿童节奏太快	以下迹象表明儿童节奏太慢
○ 在轮流时感觉手忙脚乱、失去控制 ○ 儿童似乎只与物体互动 ○ 儿童的游戏行为感觉有些重复 ○ 儿童动作太快，几乎没有你参与轮流的余地 ○ 在轮到你时，儿童也没有完全停下 ○ 互动的整体质量下降	○ 儿童有些走神、无聊、厌倦 ○ 儿童无聊地摆弄着玩具，而不是用它们进行富有成效的游戏 ○ 儿童间隔很久才会参与轮流 ○ 你推进常规时非常吃力 ○ 你感觉自己正在失去动量

图 10.6 节奏太快或太慢的各种迹象

10.6.2 调整节奏

当儿童的游戏节奏太快或太慢时，你必须帮助他**调整节奏**。也就是说，你要在轮到你的时候做出调节，帮助儿童回到更加可持续的游戏速度上来。

节奏太快时的调节

儿童的节奏变得太快，通常表示儿童对玩具或完成常规的积极性高，但不太有兴趣与你分享这种经历。在这种情况下，你可能很难加入游戏中，或者来不及准备应有的材料来保持常规的持续。如果儿童动作太快，你就要**想办法放缓游戏节奏，让儿童能够与你产生联结**。以下是节奏太快的一些应对策略：

- 在轮到你时放缓游戏速度（在插入游戏时要眼疾手快，在完成游戏行为时再放缓速度）。
- 保持情绪平和。
- 放缓语速。
- 适当限制可用材料的数量，让儿童放缓更换玩具的速度（比如，每次只提供 3 件玩具）。
- 采用需要更多动作控制的玩具（比如，搭某种必须以特定方式才能组合起来的积木）。

节奏太慢时的调节

儿童的节奏变得太慢，通常表示儿童的积极性和参与度在减退，你们的常规正在失去动量。对于慢节奏的游戏者，你应该保证材料清晰易取并提高自己的情绪状态，以保持足够的动量来激发儿童的兴趣。如果儿童节奏太慢，你就要**想办法提高儿童在常规中的积极性和参与度**。以下是节奏太慢的一些应对策略：

- 立即模仿儿童的游戏行为，注意动作清晰并且在儿童视线范围内。
- 递给儿童一件玩具，以便他开始下一轮游戏（使用暗示性的环境辅助）。
- 提供环境支持（比如，将玩具朝向儿童，保证材料近在手边）。
- 提高你的情绪情感表现，调动儿童参与常规的积极性。
- 通过示范共同注意语言和手势，共享儿童正在探索的事物（比如，指着儿童正在看的玩具发表评论性意见）。
- 如果儿童觉得无聊，提供拓展选项。
- 提供新的常规选项。

10.7 建立基础的常见挑战

建立基础并不总是一件容易的事。本节将讨论你在建立常规的过程中可能遇到的一些常见挑战，并提供几个新的策略来帮助你克服困难。如果你觉得难以建立起稳固的基础，请使用第 8 章的 ACT 框架来查找可能的原因并制订出应对的计划。

10.7.1 常见问题

接下来，我们来解答几个与建立基础相关的常见问题。

如果儿童容易受备用玩具的干扰，该怎么办？

一旦儿童在干预开始时选定了玩具，你就可以将其他玩具选项移到他们够不到的地方。如果放在一边的玩具还是会对儿童造成干扰，那就将它们彻底移出儿童的视线范围。在你重启或拓展常规时，调整你往环境中添加玩具的方式和时机。如果儿童易受备用玩具的干扰，你最好等儿童开始基础步骤后再放出备用步骤会用到的玩具。

如果儿童在重启过程中失去参与状态，该怎么办？

你需要加快你的重启节奏，并在这个过程中利用环境进一步支持儿童与你保持互动。比如，快速重置基础常规所用材料，移除可能的干扰因素。准备好足够的备用材料，以便你能快速将它们布置到环境之中或直接递给儿童，鼓励儿童再次参与轮流。如果这些做法不起作用，那就快速做出示范并递给儿童一件材料。你可能还需要用比较含蓄的方法重启常规，让儿童感觉常规仍在继续，而不是暂停了。比如，不要当着儿童的面倒出存钱罐里的硬币，而是避开他的视线悄悄倒出，再放回桌上，然后直接开始重复基础步骤。或者，你们也可以轮流从存钱罐里取出硬币，让重启看起来更像是常规的一个步骤，而不是明显在重新开始或结束什么。

如果儿童破坏马上就要建立起来的基础，该怎么办？

如果儿童总是破坏基础（比如，反复从盘子里拿走比萨），综合运用环境和节奏调节策略来提高支持水平并促进常规发展。你可以尝试使用不容易推倒或拆开的材料（比如，卡在一起的积木、带磁吸或魔术贴的玩具食物）。你还可以加快你的节奏，快速模仿儿童的每一个恰当行为，再尝试将玩具往前移或直接递给她，以这种暗示性方式提示儿童继续推进常规。如果你的问题与刻板或其他重复行为有关，参考第17章的应对策略。

10.7.2 案例分析

以下虚构案例将讨论如何应对建立基础过程中出现的挑战。

✉ **疯狂女飞人**

亲爱的 JASPER：

我觉得我的搭档是闪电麦昆——这孩子的速度实在太快了！当我发现她如此擅长玩演示组合游戏的时候，我很是兴奋。我们的基础开始还算顺利。但几分钟以后，玩具零件满天飞，我觉得自己已经跟不上了。她的动作如此之快，快到我觉得连她本人都受不了这样的游戏速度！在如此失控的游戏节奏下，我根本无法和她产生联结。她似乎听不见我说了什么，也注意不到我的行为。有时，我甚至怀疑她都没有注意到我在她身边。怎样才能帮助她在建立基础的过程中保持参与和调节状态呢？

祝好！

疯狂女飞人

亲爱的"疯狂女飞人"：

从你的描述中，我们了解到孩子的游戏节奏飞快，而且只与物体互动。让我们来想想办法，帮助她把节奏缓下来。首先，监测周围环境中的玩具数量。无论何时，儿童手边都只放少量的几件玩具。这样，她就很难再三心二意了。其次，你可以试着放缓你轮流时的速度。给她示范一个较慢的节奏，而不是配合她的快节奏。你先让你的玩具快速进入儿童的视线，比如，快速将圆环置于套杆的上方，然后缓缓下落，将圆环套到杆子上。示范这种平和的、较为缓慢的节奏有助于儿童放缓她的节奏。再次，当情况开始混乱时，别忘了调整你自己的情绪和语言。较为平和的情绪也有助于你放缓自己的节奏。最后，鉴于儿童似乎已经熟练掌握了演示组合的基础步骤，你还可以尝试下一级别，即一般组合的基础步骤。这种全新的、具有挑战性的游戏行为可能需要她更加专注、更加努力才能完成。采用全新的游戏行为也有助于她注意到你并回到共同参与的状态之中。

继续加油！

✉ 淘气哥斯拉

亲爱的 JASPER：

我干预的这个孩子的目标游戏级别是实体组合。他的进步很大，我们现在的常规能维持15分钟之久！他特别喜欢搭大型积木。每当搭起一个高塔，我们两个都会特别兴奋，因为他又可以推倒它了。塔倒下去的那一刻，我们会一起哈哈大笑！这真的让人觉得是一个特别美好的共同参与的时刻。可是，在这之后，我们几乎立刻就会"断连"。他开始推倒其他玩具，还把收纳箱里的玩具也全都倒出来。我很难让他冷静下来重新回到游戏中。积木塔常规如此有趣，感觉也很吸引他，但就是很难保持和发展。我怎样才能让这个常规持续进行下去，也让它更具成效性呢？

祝好！

淘气哥斯拉

亲爱的"淘气哥斯拉"：

听起来你们的干预充满了乐趣，但儿童容易兴奋过头，陷入失调状态。注意你们搭的积木塔应该在可控的范围内，尤其是在推倒的时候。你应该让儿童参与推倒的过程，但也要有所控制，避免儿童因此而过于失控，进而断开与你的联结。此外，儿童的情绪似乎特别高亢。塔倒下来的瞬间固然有趣和令人兴奋，但你仍然可以给儿童示范一个更加冷静的积极反应，以平衡他的亢奋情绪。你可能会发现，在你减弱反应之后，儿童会试图激起你更大的反应。记住，不要用你的兴奋反应来强化推倒这个行为，因为这一行为会让儿童陷入失调状态。你应该在儿童能够主动发起或者能够模仿你的示范时，使用这个情绪策略来强化儿童的积极表现。

继续加油！

JASPER

10.8 结语

基础的建立为干预目标的实现奠定了重要的基础。最值一提的是，它能让你建立和恢复儿童在常规中的参与状态。作为常规的起点，它是儿童熟悉的、能够轻松完成的，因而也给儿童练习主动发起提供了机会。你将持续模仿、示范、管理环境并重启，直到建立起稳固的基础。有些儿童能很快完成这个过程，但有些儿童则需要一些时间。一旦建立起基础，你就可以拓展常规了。随着儿童对常规越来越熟悉，建立基础也会变得更为容易。在开启新的一章之前，请对照图10.7复习建立基础的策略。

第 10 章小结

建立基础
- 使用可重复的步骤建立一个连贯的序列
- 对每一个步骤进行多次重复
- 促进儿童主动发起的轮流
- 促进儿童和成人的平等参与

为儿童发起留出空间
- 在轮到儿童时不要说话或游戏
- 留心儿童的行为和沟通表达以便做出回应

在轮到你时模仿或示范
- 在儿童的注意焦点内发出行为
- 通过模仿或示范建立动量
- 发出行为时搭配语言和手势

支持基础
- 管理环境
  - 减少杂乱
  - 及时补充玩具
- 重启常规
  - 回到之前的某个步骤
- 重置环境
- 调节你的节奏来支持儿童

图 10.7　第 10 章小结

第 11 章

拓展常规

11.1 引言

一旦建立起基础，我们就要开始**拓展**常规了——每次增加一个新的游戏步骤。正如我们在第 5 章所述，拓展会给常规增加新的步骤。和重启一样，拓展能延长儿童在常规中的游戏和参与时间，从而促进干预目标的实现。拓展也能保持常规的吸引力，持续调动儿童的参与积极性。如果你始终不增加新的步骤，常规就会变得刻板重复，儿童也会感到厌倦并将注意力转向其他事物。在建立基础以后，常规并不就此结束，我们可以通过拓展来帮助儿童在已经建立的这个熟悉的常规环境中练习新的游戏步骤。拓展也鼓励儿童灵活发起，并逐渐提高儿童游戏行为的多样性和复杂性。但拓展有时会相当困难，尤其是当涉及儿童以前从未尝试过的新步骤时，以及需要儿童以全新的方式灵活使用玩具的时候。因此，你最好能给儿童提供必要的支持来完成这些步骤。本章，我们将介绍如何为拓展准备玩具、布置环境，以及如何在常规中为儿童拓展留出足够的空间。如果儿童进行了拓展，你就模仿，从而将这个新步骤纳入常规之中。如果儿童未加拓展，我们会告诉你如何提供更多的支持。

11.2 拓展简介

拓展是儿童学习新的游戏技能、分享想法以及练习更加多样、复杂的技能的主要途径之一。拓展可以是这样的：

> 你和儿童建立了一个"过家家"的基础常规，你们分别扮演妈妈和女儿。假装一起吃早餐后，儿童说："妈妈，我该上学了！"然后用积木代替汽车，开车去上学。

儿童之所以能够主动发起这些步骤，靠的是基础调动起来的积极性，而步骤的拓展又延长了她在常规中的参与时间。随着时间的推移，你还可以将多个步骤（甚至多个常规）连成一体。在讨论拓展方法之前，我们先来介绍一下拓展的种类、特征和时机。

11.2.1 拓展的种类

有两种不同的游戏拓展方法：水平拓展和垂直拓展。**水平拓展**是指新步骤与当前步骤处于同一个游戏级别。比如，在图 11.1 中，成人和儿童一开始在玩堆搭套嵌盒的游戏，属于一般组合级别；他们接着增加了一个搭积木的步骤，这个不同的游戏行为同样处于一般组合级别。**垂直拓展**是指拓展步骤比当前步骤高出一个级别。比如，如果儿童正在玩一般组合级别的游戏，那么垂直拓展的步骤可能是一个前象征级别的游戏行为，比如常规组合或儿童施动行为。在图 11.2 中，儿童一开始在搭积木，属于一般组合级别，而拓展步骤则是将小人放到搭好的积木上，属于儿童施动（前象征）行为。

水平拓展在当前的游戏级别内增加了不同的游戏行为，提高了儿童游戏的**多样性**。垂直拓展则在更高的游戏级别上增加了不同的游戏行为，提高了儿童游戏的**复杂性**。对儿童来说，水平拓展通常比垂直拓展更为容易，因为它们与儿童已经掌握的行为更为相似，相互之间的联系也更加紧密。而垂直的游戏行为往往因为处于更高的游戏级别而更具挑战性。你的常规应该同时包括这两种不同的拓展方式以保证游戏的丰富性——既有已掌握级别的游戏，也有目标级别的游戏。

图 11.1　在搭起来的套嵌盒上再搭起积木，实现了一般组合级别的水平拓展

图 11.2　在搭好的结构上放上小人，实现了儿童施动级别的垂直拓展

11.2.2　拓展的特征

为了成功实现拓展，拓展步骤应该是对常规基础的自然增补，可以让常规特征（见第 5 章 5.4 节）更加鲜明。以下是拓展应该具有的一些特征：

拓展推动常规向有意义的方向发展

拓展应该始终与基础存在清晰的联系，符合常规"故事"的总体发展脉络。在较高的游戏级别中，拓展给人的感觉比较像故事的不断发展，比如，娃娃洗澡，刷牙，读睡前故事，然后睡觉。而在较为初级的游戏级别中，则是你给儿童编排一组存在逻辑关联的步骤，比如，将硬币塞入存钱罐，将硬币堆搭在盒子上，然后将盒子堆搭成塔。步骤之间必须保持一定的联系，能构成一个具有内在凝聚力的序列，以便儿童在干预过程中持续推进，而不是从一个游戏行为随意跳到另一个游戏行为。拓展中最常见的错误，就是引入一个与已有步骤没有逻辑联系的游戏行为，比如，将硬币塞入存钱罐，叠搭冰激凌，再将形状块放入形状分类器中。虽然这几个步骤同属演示组合级别，但它们无法形成具有内在凝聚力的序列。如果儿童看不到新步骤与当前步骤之间的明确联系，他可能就不会采用这个步骤。

拓展契合儿童的兴趣和经验

拓展对儿童来说应该始终是清晰的、合乎逻辑的。比如，你们开始了一个常规，将小人放进船里。你错误地认为儿童应该理解"钓鱼"这个概念，于是决定加入钓鱼竿和烤鱼用的材料来拓展常规。这些拓展对于象征水平的钓鱼常规来说是合乎逻辑的，但由于目前这个儿童对钓鱼并不熟悉，所以他的参与度并不高，也不能主动发起其他步骤来推进常规的持续发展。

拓展可以是很小的变化

拓展不一定是对现有常规的很大的变化，它们可以是对之前步骤的微调，目的是提高游戏的灵活性和多样性。比如，你们可以用积木搭出不同形状的结构（比如，又高又细的结构和又矮又宽的结构），可以引入新的搭建材料（比如，积木和套嵌盒混用），也可以将同一个行为施于不同的对象（比如，先给自己梳头，再给娃娃梳头）。

拓展鼓励儿童主动发起

每当常规中出现一个拓展的机会，儿童也会多一个分享新想法的机会。虽然你和儿童都可以给常规增加拓展步骤，但由儿童来完成会更加理想，因为这样可以鼓励儿童主动发起，也保证常规对儿童的激励作用。

11.2.3 拓展的时机

拓展应该发生在基础建立以后、儿童参与度下降之前。大部分时候，儿童会通过各种信号告诉我们他已经可以学习新的东西了，比如，环顾四周，寻找其他玩具，或者不像之前那样感兴趣了。我们的目标是提前备好材料，在这些信号出现*之前*及时拓展。正如我们在第 10 章所说，有时儿童在常规开始后不久就可以进行拓展，但有时却需要更多时间来建立基础，在这之后才能引入新步骤。图 11.3 分别列举了拓展时机未到和为时已晚的几种表现。

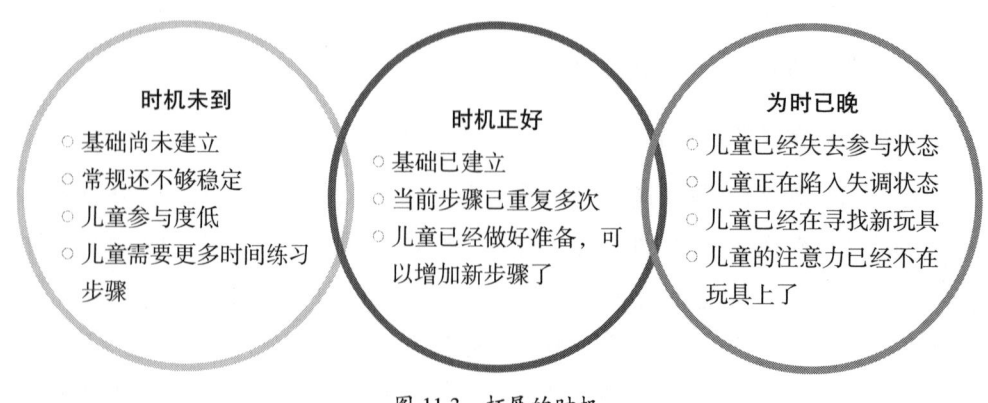

时机未到
- 基础尚未建立
- 常规还不够稳定
- 儿童参与度低
- 儿童需要更多时间练习步骤

时机正好
- 基础已建立
- 当前步骤已重复多次
- 儿童已经做好准备，可以增加新步骤了

为时已晚
- 儿童已经失去参与状态
- 儿童正在陷入失调状态
- 儿童已经在寻找新玩具
- 儿童的注意力已经不在玩具上了

图 11.3　拓展的时机

11.3 为拓展准备环境

提前准备好拓展需要的玩具和环境,确保在该拓展的时候,你们能按需取用。在理想情况下,儿童会发现新玩具或想到新主意,然后主动开始拓展常规。

11.3.1 为拓展选择玩具

正如我们在第 6 章所述,你应该为拓展准备好玩具和游戏行为。图 11.4 是关于准备拓展的几个指导原则,表 11.1 列举了不同级别基础步骤的拓展方法,包括水平拓展和垂直拓展。

> **计划拓展的指导原则** ☑
> ☐ 选择与发展水平相适应的玩具和行为
> ☐ 包括水平和垂直拓展
> ☐ 选择能够让游戏更加灵活和多样的玩具和行为
> ☐ 将新玩具和新行为与现有常规步骤清晰地联系起来
> ☐ 推动常规向有意义的方向发展
> ☐ 考虑儿童的兴趣和经验

图 11.4 计划拓展的指导原则

表 11.1 拓展常规

玩具和游戏级别	基础步骤	水平拓展	垂直拓展
卡扣式珠串 (简单游戏)	将珠子滚下斜坡 (差别化)	将珠子落入盒子 (差别化)	将珠子扣在一起 (演示组合)
套环 (演示组合)	将木环套到杆子上 (演示组合)	将绒布环套到杆子上 (演示组合)	将盒子堆叠在杆子上 (一般组合)
积木 (一般组合)	用积木搭出盒子 (一般组合)	将汽车放入盒子 (一般组合)	用积木搭出车库 (实体组合)
餐具/娃娃 (前象征)	将茶杯送到嘴边 (假装自己)	将勺子送到嘴边 (假装自己)	将勺子送到娃娃嘴边 (儿童施动)
茶具 (象征)	假装往杯子里倒"茶水" (无物体替代)	假装往茶水里加"糖" (无物体替代)	娃娃搅拌"糖"和"茶水"并喝掉 (多方案序列)

11.3.2 为拓展布置玩具

在环境中放置一些拓展用的玩具选项。这些玩具应该在儿童能看到也能够到的范围内,但又不会干扰正在进行的基础步骤。在图 11.5 的比萨主题常规中,成人为拓展准备了烤箱和兔子这两个不同的玩具选项。

图 11.5　成人在环境中准备了一个烤箱和一只兔子，以便儿童主动发起拓展

在儿童准备好拓展之前摆出玩具

你应该在儿童准备好拓展**之前**将玩具放到环境中。可以在常规开始之前，也可以在基础建立以后。不要让儿童等待材料或失去参与状态，这两种情况都表明你应该早一点拿出玩具。

提供拓展选项

拓展选项的数量取决于儿童。一般推荐 2 种，因为我们希望给儿童选择、由儿童来决定常规的拓展方法。这样儿童就可以选一个对他来说有趣的也最为合理的步骤。

11.4　给儿童留出拓展的时间

一旦布置好环境，你就要给儿童留出时间来主动发起拓展。在基础建立以后，儿童应该有一段安静的时间和一定的空间来注意周围的玩具并想到新的步骤。所谓"安静的时间"，是指我们怀着期待，等待儿童展示他的想法。在此期间，不要拍或敲打玩具，不要故作惊讶状或使用其他言语辅助来引导儿童。

11.4.1　密切注意新的行为和兴趣

密切注意儿童的表现，判断他是否已经能够开始拓展。在理想的情况下，儿童会看到手边的某个玩具，并想到接下来可以用它做什么。在图 11.6 中，儿童注意到一旁的烤箱，于是假装用它来烤比萨。有时，儿童的拓展步骤会很快完成或不太清晰，或者他只是看着玩具或拿起玩具但不知该做些什么。密切留意各种蛛丝马迹，判断儿童的兴趣点在哪里，以便及时做出回应！

11.4.2　模仿儿童的拓展

如果儿童主动发起了一个具有成效的拓展步骤，而且这个步骤可以与现有常规联系起来，那么，你应该进行模仿以强化儿童的想法！比如，在图 11.6 中，成人应该马上模仿儿童，也将一块比萨放进烤箱。（如果儿童的行为与当前常规没有明确的联系或具有一定的干扰性，那么你可以从该行为出发，因势利导，让它与常规建立起联系。）

图 11.6　儿童将比萨放进烤箱，以此拓展了常规

11.5 为拓展提供更多支持

如果儿童没有主动发起拓展，你可以提供更多的支持来帮助拓展。具体方法见图 11.7 以及接下来的介绍。

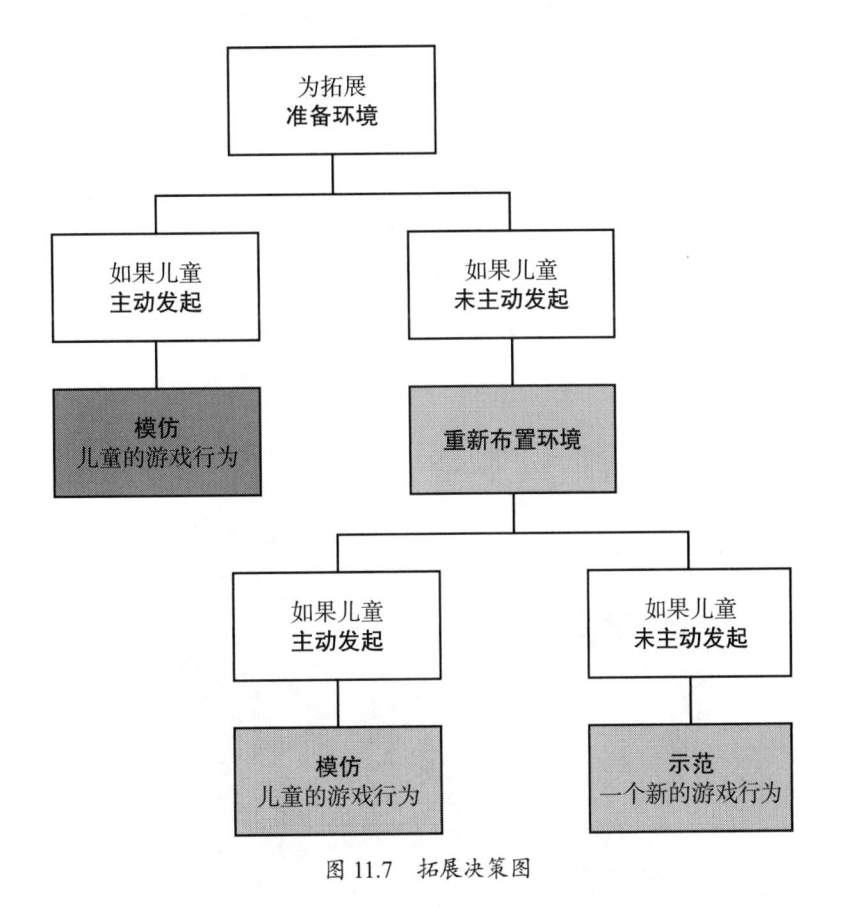

图 11.7　拓展决策图

11.5.1 重新布置环境

重新布置拓展玩具，以便儿童注意到他有哪些选项。你可以清理基础步骤的玩具，挪近拓展玩具，让拓展选项更加显眼。与其他环境辅助一样，这一步的环境重置也应该快速、低调地完成。如果儿童还是没有主动发起，你可以进一步提高支持水平——将其中一个拓展玩具前移。比如，在图11.8中，成人将兔子移到桌子中央并等待儿童做出反应。这样，不用示范，你也能帮助儿童选择拓展的方法。

如果这样的支持仍然不够，你可以再递给儿童一件玩具（比如，用来喂小兔的一块食物）。

图 11.8　成人将兔子往前推以支持儿童发起拓展

11.5.2 示范拓展步骤

如果在你运用环境策略后儿童仍然没有主动发起拓展，那就示范一个新的游戏行为。在图11.9中，成人在示范喂兔子吃比萨。目的是让儿童模仿你的拓展步骤，并将这个步骤纳入常规之中。

图 11.9　成人示范喂兔子的拓展步骤

确保你的示范是清晰的

确保你示范的拓展步骤是儿童容易注意也容易重复的。以下特征表明你的示范是清晰的：

- 与儿童的发展水平相适应
- 在儿童的视线范围内
- 时机恰当（在轮到你的时候、在儿童完成轮流后立刻开始）
- 契合儿童的兴趣、经验和动机
- 与之前的步骤有清晰的内在联系

也许你会发现你的示范不够清晰或不容易模仿，比如，游戏级别太高了、连续拓展了太多步骤，或者，你发现儿童对这个拓展步骤不感兴趣。无论怎样，如果儿童没有跟随你的示范，没有关系，先放一放，稍后再试。如果你确实做了清晰的示范但儿童仍然没有反应，那就换一个步骤。

11.5.3 再次示范

儿童不一定非得模仿你的拓展步骤。她也许对那个步骤不感兴趣，或者还没有做好尝试的准备。这个时候，你可以选择：在下一次轮到你时，再次示范同一个步骤、示范并递给儿童一件玩具或尝试一个不同的拓展步骤。

11.5.4 稍后再尝试

如果儿童仍然不拓展，那就没必要再提供辅助或继续增加支持了（见备注 11.1），你可以在常规的其他时间另行尝试。按照图 11.7 展示的支持层级，继续给儿童提供拓展的机会，直到儿童模仿你的拓展或采用他自己的拓展方法。下面我们通过一个例子来看看拓展的完整过程。

- **建立常规基础**：你和儿童搭建了一个学校。
- **准备环境**：还在进行基础步骤时，你将几张课桌和几个小人放到了儿童伸手能够到的地方。
- **回到基础**：在给学校搭建出多间教室之后，儿童对于基础步骤已经很有信心，种种迹象表明他已经做好准备，可以开始拓展了。
- **重新布置环境**：你将课桌椅作为可能的拓展材料往前移。儿童注意到这些新玩具并拿起一张课桌。你等着看他接下来会做什么，但他仍然只是看着。
- **示范**：等待几秒后，你示范将课桌放进教室。儿童注意到了但没有采取任何行动。
- **增加支持**：你递给儿童一张课桌并等待，但他将它放回到桌上。
- **稍后再试**：因为儿童没有跟随你做出拓展动作，所以你重启了搭建学校的常规，恢复儿童的参与状态，在进行过几次轮流后再次尝试拓展（与之前一样的步骤或换一个拓展步骤）。

在这个例子中，成人给儿童提供了充分的拓展机会，但儿童并没有完成拓展。可能是他对这个步骤不感兴趣，也可能是他没有理解你对他的期待。继续尝试，既可以反复尝试同样的步骤，也可以示范一个不同的步骤（比如，先将枕头或毯子放到床上）。如果始终无法拓展，你应该填写工具表 8.1，使用 ACT 框架来排除问题，直到常规得以顺利推进。

完成练习 11.1，为不同场景选择恰当的拓展方法。

> **备注 11.1　我可以用指导性辅助来帮助拓展吗？**
>
> 一般来说，我们不会用指导性辅助来帮助拓展。在我们的经验里，这些辅助的介入性太强了，我们会采用其他更适合的方法来教授这些技能。首先，指导性辅助通常无法产生自发的游戏行为。其次，它们会让干预变得更像"训练"而非游戏，让互动失去趣味性。最后，它们会让儿童习惯于期待那个"正确答案"，而不是自己动脑筋想出灵活多样的玩法。相比于言语、手势和肢体辅助，我们更倾向于使用暗示性辅助，比如，通过环境布置和示范，比较含蓄地提示拓展的方法。这样的辅助通常足够让儿童主动发起新的游戏行为了。如果儿童仍然没有拓展，通常意味着常规的某个方面存在问题，而不是儿童需要介入性更高的辅助。（儿童不拓展的更多原因，见11.8节。）

练习 11.1　拓展常规

根据 JASPER 的指导原则，判断下列场景中成人应该采用哪一种游戏行为。

1. 你和儿童建立了一个基础常规：拼出一个圆形火车轨道，在轨道上开火车，撞毁火车轨道。这个基础你们已经反复进行了三次，你发现儿童的轮流动作开始变慢，身体也开始远离你。接下来你应该先采用下列步骤中的哪一个？
   A. 把火车轨道收起来并拿出一个新玩具。
   B. 每次轮到儿童时故意不给玩具，让儿童不得不发起沟通，跟你要玩具。
   C. 把小人和套嵌盒作为潜在拓展材料移到更靠近儿童的地方。
   D. 示范在火车轨道上搭盒子。

2. 你和儿童建立了一个基础常规：将比萨块拼到一起，再将它们切开。然后，儿童发起了拓展，将比萨一块块搭起来，形成塔的样子。接下来你最好怎么做（假设儿童已经掌握了演示组合级别的游戏技能）？
   A. 返回到常规基础，重新拼好比萨。
   B. 递给儿童更多比萨块，让他自己完成拓展步骤。
   C. 参与轮流，也将比萨块搭到比萨塔上。
   D. 示范一个不同的步骤：将比萨块放到盘子里。

3. 你和儿童开始了把动物送进谷仓的常规。然后，儿童开始反复开关谷仓门。你怎么做才能让常规持续进行下去（假设儿童已经掌握了单方案序列级的游戏技能）？
   A. 模仿儿童的拓展步骤，也去开关谷仓门。
   B. 示范一个与谷仓门有关的成效性步骤（比如，让动物敲门）。
   C. 拿出新材料以便儿童拓展（比如，给动物吃的食物）。
   D. B 或 C。

11.6　在拓展后继续常规

一旦顺利加入拓展步骤，继续重复这个步骤，直到用完手头的材料、你们两个都完成合理次数的轮流或儿童准备好开始新的步骤。此时，你可以选择重启或再次拓展。这就是常规的完整的发展过程。

11.6.1 监测参与状态

在拓展常规时要注意儿童参与状态的起伏，以判断接下来应该采用怎样的步骤。如果儿童参与状态下降，如图 11.10 所示，你们应该再次重启常规。如果儿童参与状态提升，就表明她能够保持这一水平的常规，甚至还可以做进一步的拓展。最终，常规可能会自然结束，或者儿童会发出某种信号，表明她已经不再有兴趣。到了这个时候，你可以通过环境布置帮助儿童转到另一个常规。关于你应该重启、继续拓展，还是转向新常规，见图 11.11 中的情况说明。

图 11.10　成人和儿童重启常规

应该重启的情况	应该再次拓展的情况	应该转向新常规的情况
○ 儿童看起来还不能自如地完成当前的步骤 ○ 儿童参与度降低（比如，目光接触减少、参与轮流的速度变慢） ○ 儿童的主动发起减少 ○ 儿童对共同注意或请求技能的使用减少 ○ 成人的示范更加频繁 ○ 常规正在失去方向 ○ 常规故事自然发展，正好需要进行重复	○ 儿童被常规吸引，很是兴奋 ○ 儿童能自如地完成当前的步骤 ○ 你们在前几次干预中已经多次采用这一常规 ○ 儿童开始表现出厌倦情绪或放慢游戏节奏 ○ 儿童在往前推进时会短暂陷入只与玩具互动的状态 ○ 在你重启时，儿童常常会失去参与状态	○ 常规自然结束 ○ 你们已经探索了富有创意、灵活多样的常规拓展方法 ○ 常规"故事"已经发展完毕或开始变得太过重复 ○ 对于儿童的发展水平而言，常规开始变得太过复杂（比如，包含多个垂直拓展） ○ 儿童的游戏节奏放缓、参与度降低、沟通减少，表明他对当前常规已失去兴趣 ○ 儿童开始出现更多重复行为

图 11.11　根据儿童的参与状态调整常规的走向

11.7 继续深化常规

在拓展常规时，也要考虑给你们的步骤增加更多的灵活性和多样性。这是培养儿童技能多样性和复杂性的方法，也能防止常规变得乏味、刻板或重复。

11.7.1 提高不同级别的游戏常规的灵活性

儿童所处的游戏级别不同，增加常规灵活性的方法也不同。哪怕你只对之前的步骤进行微增微改，都有助于提高常规的灵活性。在图 11.12 中，成人和儿童先是将硬币放入存钱罐，后来又拓展了一个相似的步骤，将饼干放入存钱罐。新材料的加入和两种材料的混用，有助于锻炼儿童的灵活性。下面，我们来举例说明不同级别的游戏常规的拓展方法。

简单游戏常规

适用于简单游戏的玩具大部分都是具有因果关系的玩具。这些玩具的玩法通常都比较明显而且单一，不太能和其他玩具搭配使用。因此，我们需要有点创意才能实现拓展。在大多数情况下，对简单游戏常规的拓展就是用不同的玩具依次完成相似的行为。具体的方法有：

- 用不同方式来玩各种因果玩具（比如，在地板、轨道上推移各种交通工具，然后停入车库）
- 增加同种玩具的多样性（比如，将各式各样的球来回滚向对方，再滚下斜坡）
- 用不同玩具完成相似的行为（比如，先敲鼓，再敲木琴）

组合游戏常规

组合常规通常是将各种材料堆搭或拼接起来。在这个级别的游戏中，你可以开始混搭不同的材料了。这种混搭是与儿童的发展水平相适应的，因为这个阶段的儿童主要还是从组合角度来思考问题，而不太关心这些材料代表着什么、有怎样的象征功能。在图 11.12 中，成人和儿童在把饼干和硬币放入存钱罐。同样地，你也可以将动物拼图放进翻斗车或堆叠到套嵌盒顶上。不要从成人的角度而要从儿童的角度来思考事物的合理性。你还可以对玩具、布局或顺序做出微调。比如：

- 混用不同的演示组合玩具来玩一般组合游戏（比如，将形状分类玩具中的形状块放入套嵌杯中）
- 在已有结构上添加另一种材料（比如，将塑料积木搭到套嵌盒、木制积木、泡沫积木或鞋盒上）
- 在已有结构上添加新的形状块（比如，在由正方形搭出的结构上加入三角形或长方形）
- 搭建不同形状的结构（比如，先搭一个细高的塔，再搭一个宽矮的塔）
- 混搭不同的食物玩具（比如，将冰激凌球搭到蛋糕上）

虽然在这个级别可以混搭使用不同的材料，但步骤之间仍需讲究次序和条理。避免胡乱堆砌各种材料。如果你将所有材料混到一起，然后装进卡车，这不是拓展。行为背后必须有一个目的并向常规方向靠拢。

图 11.12　成人和儿童先后将硬币和饼干放入存钱罐中

前象征游戏常规

前象征游戏常规通常由许多独立行为构成，这些行为统一在一个共同的主题之下，比如，将娃娃拿出被窝，穿上衣服，喂早饭。对这些常规的拓展往往是给现有主题添加更多内容（比如，给娃娃刷牙，让娃娃坐到椅子上准备吃早饭，做煎饼）。当然，你也可以变化常规的主题（比如，将娃娃放到床上并盖上毯子，或让它们坐上校车）。还有其他一些方法：

- 先搭出环境的每一个组成要素，再放入娃娃（比如，搭出屋子，在屋子四周围上篱笆，在花园添上树和花，再将娃娃放进屋子）
- 给娃娃喂食不同的东西（比如，先将勺子送到娃娃嘴边，然后是奶瓶）
- 增加很多来自日常生活常规的小细节（比如，切菜，把菜放入微波炉，把菜装进碗里，用勺子搅拌，然后假装开吃）
- 搭建富有创意的场所和情境（比如，游泳池、学校、太空站、杂货店、城堡）

象征游戏常规

和前象征常规一样，象征游戏常规的拓展步骤通常也是继续充实互动主题或互动的传统程序（比如茶会、寻宝、洗澡、游乐园等）。不过，你现在有了更多发挥创意的空间，因为儿童现在已经能赋予娃娃生命，能扮演某些角色，也能替代使用物品了。面对某些儿童，你在重启或返回到基础步骤时可以不那么明显了。因为随着常规的发展，常规中包含的主题会越来越多，你可以在拓展步骤之间自然插入熟悉的步骤或玩法。比如，你可以让娃娃反复走上连接家、学校和游乐场的小路，以返回到其中某个主题。随着时间的推移，每个游戏主题也会发展出更多不同的游戏行为。这样，儿童的游戏就会变得更加多样和复杂，儿童的参与状态也能保持更久，而不是频繁变换各种玩法。还有其他一些方法：

- 从儿童自身经历中选取激动人心的事，给一个故事编排出多个步骤（比如，你和儿童搭建房子，让娃娃们在房子里开派对，烤蛋糕，绑扎气球，玩"我们都是木头人"游戏）
- 将童书主题用作常规主题（比如，海盗发现几件财宝，将财宝收进箱子，将箱子装到船上，

用磁力片搭出一片海洋，将船驶向小岛，上树摘果实，用财宝买茶叶，然后开茶会派对）
- 引入不同种类的玩偶来出演故事（比如，让动物们来制作华夫饼，在桌边坐下，吃早餐，排队等校车，坐校车去学校，进教室）

11.7.2 将不同常规串联起来

一旦建立起多个稳定的常规，每个常规又进行了多次拓展，有了相当的灵活性和多样性，你就有了继续拓展的另一个方法，即将各个独立常规串联起来。**串联**是将两个或两个以上常规联结成一个更大、更复杂的常规的过程。对有些儿童来说，这不是一个能在短期内实现的目标。串联的前提是儿童对你要串联的常规已经相当熟悉，而且你们对每一个常规都进行了各式各样的拓展。在考虑串联时，选择那些具有相似行为和共同主题、对儿童来说合理的常规。在图 11.13 中，儿童有两个独立的常规：右边是娃娃在游乐场上玩，左边是娃娃在娃娃屋里上床睡觉。由于这两个常规都已稳定建立起来且有相似的步骤，你可以将它们串联成一个更长的故事。比如，你可以先让娃娃们在游乐场上玩，然后将它们放进车里，开车送它们回家睡觉。

图 11.13　公路为串联娃娃屋常规和游乐场常规提供了清晰的视觉提示

只有当儿童稳定建立起多个几经拓展的常规，并且能将更多玩法联系到一起之后，你才可以尝试常规串联。如果儿童还没有做好串联准备，你们完全可以继续拓展现有常规。如果儿童已经做好准备，可按以下方法操作：

1. 选择两个（或更多）已经稳定建立的常规进行串联。
2. 在干预前，分别摆放不同常规的材料，但各常规材料之间相隔不远。
3. 多想几个串联常规的方法，并准备必要的串联材料。
4. 在开始干预时，根据儿童的选择，开始第一个常规。在尝试串联第二个常规之前，确保第一个常规已经稳定建立起来。
5. 在第一个常规稳定建立后，开始串联第二个常规。如果儿童自己想到了串联方法，采用这个方法。如果儿童没有主动发起串联，那么，示范接下来的第一个步骤，或增加支持以帮助儿童主动发起这个步骤。

在刚开始进行串联时，在布置常规玩具的同时，你可以再准备两个常规之间的清晰的视觉联结或实体"桥梁"。比如，在图 11.13 中，成人在两个常规之间摆放了一条路，帮助儿童将游乐场常规和娃娃屋常规联系到一起。有些玩具可以在不同常规之间建立视觉联结，起到串联常规的作用，比如：

- 可以假装有生命的物体（比如，作为施动者的人偶或动物玩偶）
- 施动者可用的通道（比如，滑梯、楼梯、梯子、人行道等）
- 施动者可用的大型交通工具（比如，船、汽车、飞机、火车等）
- 交通工具可用的通道（比如，道路、轨道、隧道等）

一开始，你可能需要帮助儿童完成串联。但随着串联能力的逐渐提升，儿童应该会主动发起串联步骤。

11.7.3 逐渐增加儿童主动发起的拓展

随着常规的不断拓展和变化，在成人发起和儿童发起的拓展之间必须实现平衡。在刚开始建立常规时，这两者的比例会不太协调，要么是儿童发起大部分的拓展（通常是因为行为陷入刻板），要么是成人主导拓展（说明儿童需要练习主动发起）。理想的情况是实现两者的平衡。我们应该逐渐提高成人和儿童之间的互动以持续建立灵活的常规。

11.8 拓展的常见挑战

拓展对儿童来说会是一个比较困难的步骤。也许他还没有做好这样的准备，也许他就是喜欢现在的玩法，不想改变。在你试图拓展，让游戏变得更加灵活时，多少会遇到一些阻力。在你初学 JASPER 时，每当儿童闹脾气时，你可能忍不住要让步。但你应该想办法克服儿童的抗拒行为，因为它正是转机所在。随着儿童对常规和干预结构的不断熟悉，他的游戏技能应该会越来越多样，越来越有创意，也越来越灵活，所以你需要通过各种努力来让儿童适应并熟练掌握每一个拓展步骤。下面的小节将涉及常规拓展中的一些常见问题和场景。当你遇到这些问题和挑战时，可以使用第 8 章的 ACT 框架来排除问题。不断尝试，并对你的计划作必要的调整。

11.8.1 常见问题

下面，我们来谈谈在尝试拓展常规时你可能会遇到的一些常见问题和挑战。

怎样保持常规的清晰发展方向？

常规的方向可能会随儿童的拓展发生变化。儿童可能会想到你没有预料到或没有做准备的玩法，也可能会采取与你设想的不太一致的步骤。你应该支持儿童富有成效的游戏想法，并跟随他去往他想去的方向，哪怕这意味着你要放弃自己对常规的发展预期。你可能需要提供新的材料来将儿童的想法与常规联系起来或让常规往新的方向发展。你可以考虑下面这些做法：

- 提前多想一步。判断后面的步骤可能会用到哪些材料，并提前准备几个能推动常规故事发展的步骤。当儿童在游戏中加入新的玩法时，你应该保持灵活并跟随他的引导。同时，你也有能够让常规继续推进的其他"备用"玩法。
- 利用轮到你的机会来塑造或引导儿童的游戏想法，使之与常规更相适应。比如，如果你们正在组合食物玩具，而儿童却抱起一个娃娃来回摇晃，那么你也可以抱起娃娃摇晃，然后示范给娃娃喂食的行为。这样，你既强化了儿童的主动发起，也让当前常规得以持续。
- 调整环境中的玩具选项，让儿童更有可能想到彼此关联的游戏玩法。有些儿童有不少点子，但每个玩具只玩一步就丢开，换另一个也还如此。如果是这样的情况，你可能要减少环境中的玩具选项，只放几个马上会用的选项。这样既给儿童选择的余地，也让你保持对环境，进而对常规方向的掌控。
- 考虑重启常规。如果常规逐渐迷失方向，你可以返回到基础或之前的某个步骤，朝着更加清晰的方向重建常规。

如果我想不到更多拓展方法，该怎么办？

就算你感觉自己很好地理解了游戏常规和拓展的概念，要在 JASPER 干预中想出可行的步骤和拓展方法也依然会有困难。在和儿童游戏时，明明需要拓展，大脑却突然"空白"，这是还在培训期的 JASPER 干预师经常会遇到的情况。一个很好的练习，是针对某个常用玩具，写出 5～10 种不同游戏级别的拓展方法。比如，比萨玩具，可以有以下这些潜在的拓展方法：

组合级别
- 给比萨加上馅料
- 将比萨块拼起来
- 将比萨块堆叠起来

前象征级别
- 切分比萨
- 将比萨放进玩具烤箱
- 给玩偶喂比萨
- 将比萨馅料放进碗里，用工具搅拌
- 假装吃比萨
- 用积木搭出烤箱
- 将比萨放进盘子

象征级别
- 用积木代替馅料放到比萨上
- 假装比萨很烫并对着它吹气
- 使用收银机，假装在餐馆买比萨

记得从儿童身上汲取灵感！在理想的情况下，我们希望儿童能主动发起我们能模仿的游戏行为。因此，如果儿童想到了有趣且具有成效的新玩法，请把它加入你的拓展备选项中。

如果儿童不喜欢我的拓展方法，该怎么办？

有时，你会感觉你的拓展方法不那么有效。别泄气！这很正常。没关系，你可以下次再试，或者把它用到别的常规中。再想一些别的有趣的方法来吸引儿童参与。实在没招，环顾一下你的四周，看看环境中是否有可以用来拓展的玩具。有时，稍微停下来整理一下思路有助于激发你的拓展灵感。

如果儿童总是很快完成常规，该怎么办？

如果不是游戏节奏的问题（参见第10章10.6节），那么你需要考虑每个步骤的时长。太快完成所有拓展步骤是一个比较常见的问题，尤其是在前象征和象征游戏常规中（比如，给狗梳毛；摆出食碗，在碗里装上食物，然后让狗吃）。即使你们拓展了好几个步骤，也只用几分钟就能完成，然后你发现再没什么可干的了。除了想出更多拓展方法，你还可以想办法延长单个步骤的时长。请考虑以下建议：

- 增加玩偶的数量，以便你们能将同一行为施于不同对象，增加轮流的次数。
- 将一个大的拓展步骤分成若干小步。比如，在你计划的洗澡常规中，可能只有将娃娃放进澡盆和将娃娃拿出来这两步。但其实这两步之间还可以增加很多步骤，比如，给娃娃抹浴液并擦洗身体，给娃娃洗脸，抹洗发水，擦干身体，等等。中间步骤越多，常规持续的时间也越长。然后，你们可以再转向下一个大的拓展步骤，比如，让娃娃上床睡觉。
- 在用到娃娃的游戏中，插入高级的组合游戏行为（通常需要用更多时间来轮流）。比如，先给娃娃们搭一个学校，再用娃娃在里面展开上学主题的常规。

11.8.2 案例分析

下面，我们通过几个虚构案例来解决拓展方面的一些挑战。

✉ 营地辅导员

亲爱的JASPER：

我和我的小姑娘一起建立了一个绝妙的野营主题常规，但过了某一点，我好像再也拓展不了了！我们先用棕色积木搭出了生篝火的木柴，又在木柴顶上放上红色积木生起火来。然后，我们假装在火上烤棉花糖，再用饼干把棉花糖夹起来，做成夹心饼干。我们还假装吃饼干，也让玩偶们一起吃。到此为止，一切顺利。对于接下来的步骤，我也有很多设想。可孩子却把所有东西都拆了，开始重复之前的步骤。她好像特别喜欢前面这几个步骤。我愿意跟随她的引领，但我也想加入新的步骤，因为她已经能很自如地完成现在的步骤了。我给她示范了几个新玩法，也在她手边准备了拓展材料，但她好像没有注意到，或许也不感兴趣。我该怎样拓展我们的常规呢？

祝好！

营地辅导员

亲爱的"营地辅导员"：

你们的常规太有意思了！我们也认为拓展时机已经成熟，因为孩子好像能熟练完成当前的步骤了。下面几个方法可以帮助你拓展。首先，注意你布置环境的时机。在她做完夹心饼干之前，你就要把拓展材料放到她能够到的地方。这样，在她还没来得及拆玩具时，她就能从这些视觉提示中想到接下来的步骤了。其次，选择那些能够清晰提示后续步骤的拓展玩具。比如，你可以试着在旁边放上可以烧烤的热狗或小鱼。如果这种及时的环境布置未能激发儿童主动发起，那么，你可以在儿童重新开始做夹心饼干前示范你期望的游戏行为。

此外，你们似乎还进行了很多垂直拓展。相信你们也能从更多前象征级别的水平拓展中受益。比如，你们可以用三角形积木给娃娃搭帐篷（实体组合），在里面加入睡袋和枕头（常规组合）。增加水平拓展，比如，将糖果放到夹心饼干上，或者将夹心饼干喂给不同的玩偶（比如，从娃娃换到毛绒玩具），也是突破已有常规步骤的一个方法。如果这些策略仍然不能起效，那么儿童对这一模式的热衷可能是刻板的。在这种情况下，你需要提高常规的灵活性（比如，打乱基础步骤的顺序，或从另一个基础步骤开始进入常规）。

祝顺利！

JASPER

✉ 组合困局

亲爱的 JASPER：

我卡在一般组合上，怎么也出不来！我的学生熟练掌握了组合游戏技能，还有一些不错的前象征游戏技能。比如，他会假装自己吃玩具水果，也给我和动物们吃。他还会把小人放进椅子、交通工具和各种结构中。可当我想往实体组合发展时却发现寸步难行。我曾试着和他一起用积木搭长路、房屋、交通工具、建筑和其他各种各样的东西，但这些东西对于他似乎仍然只是一般组合。我还应该继续尝试吗？

祝好！

组合困局

亲爱的"组合困局"：

你对学生的下一步发展目标（发展实体组合技能）有着清晰的认识，也在努力实现这一目标。这些都很好。实体组合级别的游戏需要儿童理解搭建类玩具的比较抽象的玩法，如果儿童的理解力达不到，就很难实现这一级别的跨越。帮助儿童顺利进入实体组合游戏的一个方法，是采用能够清晰、具体地表现特定物体的玩具。比如，使用与你想要的成品形似的积木（用圆形积木来当车轮）。越具体的东西，儿童越容易理解。还有一个方法是找儿童感兴趣的以及在生活中经历过的事物来表现某个实体组合。比如，如果儿童喜欢去邮局，那么你们可以先搭出一个建筑结构，在上面加上邮局的标志，再搭出邮筒和包裹放到里面。你还可以用现成的玩具来和实体组合相搭配。比如，你可以先拿出几张玩具椅子，再另外搭出几张椅子，让常规中的所有小人都有椅子可坐。如果你坚持尝试一段时间后发现儿童还是不能理解实体组合，那就是他能力上还没有做好准备。你不妨先通过其他前象征游戏行为来提高常规的复杂性，过一段时间后再回来尝试。

祝顺利！

JASPER

✉ 起步太短

亲爱的JASPER：

我正在带一个18月龄的小宝宝，他才刚开始学习玩游戏。我们一直在玩简单游戏，最近开始玩演示组合游戏了，真是令人激动！但我也发愁，我们的常规时间太短了。通常，我会在环境中准备大约5种选项，孩子会自己探索并从中做出选择。我们愉快地玩起了套环游戏，他能将圆环套到杆子上，他也很喜欢鼓、木琴之类的乐器。但这些常规都只能维持一两个步骤就结束了。请问这样正常吗？

祝好！

起步太短

亲爱的"起步太短"：

这些行为确实令人激动，希望你能以此为基础，再接再厉！听起来孩子对游戏很感兴趣，也很投入，希望你能创造出更多美好的游戏时光！记住，对于特别低龄的孩子，他们的常规可以比年龄稍大或游戏级别较高的儿童的短一点。从孩子目前的发展来看，他的注意力和参与度确实还有待提高。因此，你也许应该制订一个计划，通过调整环境和你的行为来延长常规的时间。

- 如果儿童总是来回倒换玩具，试试将环境中的玩具选项减至2~3种。
- 给正在形成的演示组合技能准备更多玩具选项，为新的拓展提供更多可能。你还可以准备很多可以拆解的演示组合玩具，在常规中以拆解步骤为基础，从这个已掌握的级别开始拓展至目标级别。
- 准备拓展。选出可以用来组合的材料。设法保持材料间的自然衔接，避免太过突然的变化。比如，在存钱罐主题常规中，将其他可以放入罐中的材料（硬币、饼干、比萨馅料等）靠近摆放。
- 利用乐器在常规中插入儿童熟悉或喜爱的歌曲（比如，边敲鼓边唱"如果感到幸福你就拍拍手"），以此延长常规时间。
- 在重启时，加快节奏并带着饱满的情绪做出示范以延长单个常规的持续时间，而不是转到一个全新的常规上去。

继续加油！

JASPER

✉ 缺一点黏合

JASPER：

　　我正在带一个小女孩，她满脑子都是象征游戏的点子！我很愿意鼓励并支持她的想法，但有时也会觉得跟着她玩有点怪怪的，因为这些玩法有些漫无目的。她是在玩，但步骤之间没什么联系。比如，我会拿出她心爱的猫咪玩具。我们准备了不同的游戏站点，有让猫咪爬树抓鸟的地方，有让猫咪吃饭睡觉的房间，有让猫咪带伙伴就医的救助站，还有其他游戏项目！这些她全都能玩。但我总觉得这些步骤之间太过跳跃，从一个行为跳到另一个行为，从一个站点跳到另一个站点，好玩是好玩，就是缺一点能黏合它们的东西。我应该继续跟随吗？

　　祝好！

缺一点黏合

亲爱的"缺一点黏合"：

　　你们的猫咪主题常规很有创意，但它似乎还需要一点结构来将所有游戏行为连成一个更有凝聚力的常规。制订一个计划，给每个站点安排更多游戏行为，延长在各站点停留的时间。每一站都可以有自己独立而复杂的常规。你可以将各站的常规想象成不同的"章"，它们最终将构成一个更大的"故事"。通过增加每一章的篇幅，我们能增加整个故事的篇幅和复杂性。比如，如果爬树那一站目前有爬树和抓鸟两个步骤，那就再设法准备至少10个步骤的材料。然后，你再加入一个能将所有章节串联起来的步骤或玩具。比如，拼搭出一条路，让猫咪能走去每一个站点。最后，你还可以考虑下面这些方法：

- 检查每个站点的材料：这些材料是否足够你们在这个站点完成多个步骤？有没有材料可以展开新的、有创意的步骤？
- 检查站点的数量及各站之间的距离：各站之间是否保持了足够的距离，能让儿童全神贯注于眼前的材料？各站之间有没有能够将它们自然串联起来的材料？
- 检查你的模仿和示范节奏：在移向下一个站点前，她是否有停顿或看上去不太确定接下来做什么？她是否需要你示范才能延长当前部分的常规？

　　做得很棒，继续加油！

JASPER

11.9　结语

　　第四部分到此结束。从某种意义上说，谈到拓展，我们迄今为止讨论的所有策略也都达到了它们的巅峰。我们在设定目标、布置环境、建立基础时的种种努力，全都导向这个时刻——我们通过拓展来促进儿童的主动发起，提高游戏技能、灵活性和参与度。除了帮助儿童学习新技能，拓展也有助于保持游戏的趣味性，同时让常规变得更加复杂、多样和持久。图11.14是对常规拓展策略的一个总结。

在接下来的第五部分，我们将介绍常规的下一个要素——沟通。沟通策略的使用以游戏策略的使用为基础，并应与第三部分的策略结合使用。

第 11 章小结

准备拓展	模仿儿童的拓展
○ 计划更多**水平拓展**，在同一级别上发展游戏的多样性 ○ 计划更多**垂直拓展**，在更高级别上发展游戏的复杂性 ○ 随着基础的确立，准备恰当的拓展玩具	○ 为儿童拓展留出空间 ○ 模仿儿童具有成效性的拓展步骤 ○ 支持正在形成的游戏想法
支持拓展	逐渐引入变化
○ 重新布置环境，作为给儿童的暗示性辅助 ○ 如果儿童未主动发起，做出示范 ○ 确保示范与儿童的发展水平相适应、清晰且在儿童的视线范围内	○ 通过在常规中加入细小变化，提高灵活性 ○ 设法平衡儿童和成人的拓展想法 ○ 将已建立的不同常规串联成一个更复杂的常规

图 11.14　第 11 章小结

第五部分

沟通

在这个部分，你将学习如何回应并拓展儿童的沟通，如何使用程序化方法，以及如何运用言语生成设备来支持初学语言的儿童。

目标

▶ 鼓励儿童主动发起

▶ 提高分享和请求的沟通技能

▶ 促进手势和语言的使用

第 12 章

核心沟通策略

12.1 引言

本章，我们将介绍如何将沟通融入常规之中。先举个例子：

> 成人和儿童正在进行一个包含动物模型、拖拉机和谷仓的常规。儿童将一个动物放进拖拉机并抬头看向成人。成人给儿童展示他手里的动物，然后把它放进拖拉机，说"马！"。

就像在游戏中一样，你在沟通中也要发挥平等而积极的伙伴角色。你要给儿童留出沟通的空间，监测儿童的表现并适时使用示范和模仿（并拓展语言）。你要在使用游戏策略的同时使用这些沟通策略，鼓励儿童在常规中进行更多社交沟通。在本章前半部分，我们将介绍如何通过**模仿和拓展**来强化儿童的成效性沟通行为。接着，我们将讨论如何给儿童做沟通**示范**。最后，我们将就沟通中出现的挑战，比如，非常规的沟通方式、与干预无关的请求、挑战行为和失调表现等，提供应对的方法和建议。在我们详细讨论对沟通的模仿、拓展和示范之前，请先对照图 12.1，复习一下迄今为止我们介绍过的沟通原则。

策略回顾
做一个平等而积极的沟通者   **选择儿童可以使用的语言**   √ 不要太消极，也不要太具指导性   √ 符合儿童的语言水平   √ 为儿童留出沟通的空间   √ 使用评论性语言   √ 轮到儿童时，不要说话或做手势   √ 避免使用指令   √ 为你的游戏行为搭配语言和共同注意手势   √ 使用灵活自然的语音语调   √ 减少口头表扬   √ 你的用词要注意一致性和多样性的平衡   （见第 5 章、第 6 章、第 8 章）

图 12.1　策略回顾

12.2 监测儿童的沟通意愿

就像你给儿童留出游戏空间一样，你也应该在常规中给儿童留出沟通的空间。这意味着在轮到儿童时，你不应该说话，也不应该吸引他的注意力或给予辅助。相反，你应该旁观并等待儿童发起沟通，监测儿童是否有任何的沟通意愿。在儿童极有可能做出沟通的时候，尤其如此。保持密切关注，以便你能注意到儿童的所有沟通诉求，包括那些比较微妙的诉求，并及时做出回应。图 12.2 是你在干预中可能会注意到的一些沟通表现。

目标技能	形成中的技能	非常规沟通
○ 目光接触、手势和语言 ○ 为了分享和请求而进行的沟通 ○ 发起和回应的能力 ○ 非言语和言语相结合的沟通	○ 飞快地一瞥 ○ 部分成形的手势 ○ 词语近似音或有清晰沟通意图的声音 ○ 说得太轻或太快以致你难以理解的词语 ○ 没有明确指向你但与常规有关的沟通	○ 脚本式语言 ○ 回声式语言 ○ 牵着成人的手去拿物品 ○ 模糊的、未指向他人的、重复的或发音不清的沟通 ○ 持续尖叫或哭喊

图 12.2 监测儿童在整个干预过程中的各种沟通表现

12.3 模仿并拓展具有成效的沟通方式

在整个常规中，你应该通过**模仿和拓展**来回应儿童的沟通。模仿沟通是灵活地重复儿童的沟通方式的过程，拓展是增加一个或多个新词的过程。比如，在图 12.3 中，儿童说："小猪上。"成人模仿并拓展说："小马上车！"比儿童的句子多了一个新词。

模仿和拓展可以强化儿童的沟通，并让儿童看到他自己可以尝试哪些技能。如图 12.4，无论儿童看向你、对你做出手势还是使用语言（图中使用了近似音），你都可以给她展示表达同样信息的各种不同的方式。当你以儿童的发起为基础进行拓展时，儿童更有可能注意并理解你的拓展。在接下来各小节，我们将介绍在常规中进行有效模仿和拓展的一些指导原则。

图 12.3 成人在轮到他时模仿并拓展儿童的语言

图 12.4　成人综合运用多种沟通方式来回应儿童的各种沟通尝试

12.3.1 模仿和拓展应该符合儿童的发展水平

你的模仿和拓展要与儿童的发展水平相适应。如果儿童只讲单词句，你的回应就应该是双词句，分别包括模仿的部分和拓展的部分（下文举例中加下划线的为拓展部分）。

- 如果儿童说："汽车。"你可以说："<u>黄色</u>汽车！"或"<u>飞快的</u>汽车！"
- 如果儿童手指木偶，你可以手指木偶，说："木偶！"

如果儿童能说较长的句子，你可以整句模仿并拓展。

- 如果儿童说："我们去钓鱼。"你可以说："我们<u>坐船</u>去钓鱼！"
- 如果儿童说："我当船长。"你可以说："我当<u>渔夫</u>！"

更多语言拓展见表 12.1。

表 12.1　模仿并拓展沟通

儿童的沟通	成人的拓展
儿童使用一个声音和/或目光接触 →	拓展到一个词加一个手势
儿童使用一个手势 →	模仿手势并加一个词
儿童使用一个手势和一个词 →	模仿手势并拓展到两个词
儿童使用 1～3 个词 →	拓展到 2～4 个词并加手势
儿童使用一个短词组 →	拓展到更长的词组并加手势
儿童使用一个长词组和手势 →	模仿手势并拓展到一个句子
儿童使用句子 →	展开对话
儿童重复同样的词语 →	换个说法

立即做出回应

立即做出回应，以便儿童明白你已经注意并接收到了他的沟通尝试。如果儿童必须重复他的表达才能得到你的回应，那么，他可能会觉得自己的表达不够好，或者你没有理解他的意思，甚至觉得不值得这样做。如果儿童的游戏节奏较快，那么你可以在接下来轮到你的时候做出回应。如果儿童的游戏节奏较慢，或者很少沟通，那么你可能需要打破常规，在还没有轮到你时就做出回应，以便有效强化儿童的沟通。(如果是这样,那么等轮到你时,你就可以回归平等积极的搭档角色,安静地完成你该完成的游戏行为。)

即使是不清晰的语言也给予回应

就算儿童的表达并不清晰,也尽量予以回应并加以拓展。当儿童还在学习沟通时,她可能只会发出某种声音或一个近似音,或者会说但说得不够清晰,或者你不能确定她说了什么。在这些情况下,你应该如第 6 章 6.3.1 节所述,用一个清晰的词来加以回应。不要让儿童再说一遍或说得更好一些。相反,你应该尽你所能,猜测她正在说的是哪个词,然后将它表达出来。这样有助于儿童学会词语的正确表达,也向她表明她的沟通是有效的。比如,在图 12.5 中,儿童发出了一个近似"sh"的音,成人马上示范了完整的词"上!"。

同样地,如果儿童制造出一些声效,这些声效在常规中是有意义的,那么你也可以对它们进行拓展。如果儿童在发出游戏行为的同时发出一个声效,你应该模仿这个声效并加上一个实义词。比如,如果儿童一边推车,一边发出"呜呜"声,你就可以说:"呜呜!<u>开车</u>!"如果儿童将一个球滚向你并说"咻!",你就可以回应说:"咻!<u>球</u>!"但是,如果这种声效与常规无关,是脚本式的或高度重复的,那么你最好选择忽略或示范其他更为恰当的表达。

图 12.5 儿童发出一个近似音,成人通过示范一个完整词来加以拓展

塑造形成中的手势

儿童可能会主动发起一个手势,但手势做得不是很清晰。在这种情况下,你应该使用恰当的辅助方式,帮助儿童成功做出手势,再给出回应。比如,如果儿童说"鸟!"并试图用共同注意手势引起你的注意,但他的手却转向他自己而不是你,那么你可以使用部分肢体辅助,轻轻碰一下他的手,提醒他将物体朝向外边。然后,再指着物体说:"<u>红色的鸟</u>。"同样地,在儿童够不到某个物体而发出指物请求时,如果他的指物动作不完全成形,你可以快速使用一个完全肢体辅助,轻轻把着他的手做出指物动作,然后再给他回应。

带着积极的情绪做出回应

在回应儿童时,请带着积极的情绪情感。记得在第 8 章里,我们把评论性语言和情绪情感作为自然强化物来使用（见8.4节）。带着高昂饱满的情绪回应儿童的沟通，可以向儿童明确表示她的沟通令你振奋，同时也强化她的沟通行为。另外，这样做还能增加游戏的趣味性！但是请记住，你必须始终根据儿童的情况来调整你的情绪情感。

12.3.2 发挥你在对话中的角色

如果儿童已经具有较高的沟通水平，那么你就可以在对话中发挥你应有的角色。比如，如果儿童说："牛仔们跑进隧道里了！"那么你可以回应说："我们也走吧，别让警长抓到我们！"如果你扮演的是警长的角色，你可以回应说："哪里跑！"在这样的情况下，直接模仿往往会显得冗余，对对话不起任何推动作用，与你的角色也不相符合。

练习12.1举了几个儿童发起沟通、成人加以回应的例子，请判断这些回应是否恰当。

练习12.1　模仿并拓展沟通

判断下列成人对儿童的回应是否符合JASPER的指导原则。

描述	成人的反应	
1. 儿童抱着一个毛绒玩具并看向你。你指着它说："小熊！"	是	否
2. 儿童将小汽车放进车库，说："进去。"你也将小汽车放进车库，说："汽车进去。"	是	否
3. 儿童说："我是警察。我来抓你！"你说："我也是警察！我来抓你！"	是	否
4. 儿童把一只老虎放进一个建筑结构中，说："老虎进动物园。"你说："你应该把这些动物也放进去。"	是	否
5. 儿童说："啾啾（球）！"你说："啾啾滚！"	是	否

12.4 在轮到你时做示范

正如之前我们会通过示范游戏行为来支持儿童进行成效性游戏步骤，我们也会在儿童不沟通或不能恰当沟通的时候，通过示范语言来支持他们的沟通。在进行JASPER干预时，在整个常规中，你都应该利用轮到你的机会来示范语言和手势。这样能让儿童持续接触各种语言和手势，以便他能主动将它们运用到之后的游戏之中。在图12.6中，成人在轮到他时示范了共同注意展示手势和"粉色小猪"这一词组。接下来，我们将介绍在常规中有效示范沟通的指导原则。

12.4.1 示范符合儿童发展水平的沟通方式

如第6章所述，你应该示范符合儿童语言水平的评论性语言。你选用的词句应该与儿童的发展水平相适应并与常规相关。避免给儿童辅助、指令，避免提出测试性问题和其他形式的要求。

12.4.2 通过示范促进社交沟通

在发展儿童的语言技能时，始终记得把它放到更大的社交背景之中。你的示范不仅要帮助儿童学习新的沟通技能，也要提高他们的社会交往技能、突显常规中那些有趣好玩的时刻。这样，在示

图 12.6　成人在轮到他时，运用手势和语言，示范了一个综合的回应方式

范沟通技能的同时，你还示范了共同参与、社会性联结和如何做一个有趣的游戏伙伴。你的示范应该无缝融入常规之中，看起来就像常规的一部分，而不是一种干扰。它们应该是你和儿童产生真实联结的时刻，而不是你对他的教学指导。

在图 12.7 中，成人和儿童正在拼搭蛋糕。成人递给儿童一根蜡烛（共同注意给物）说："蜡烛！"如果展示得当，这会是一个有趣的分享时刻。但如果时机把握不好，它更像是你在对儿童提要求。像这样的情况，你要等待合适的示范时机，让儿童明白你在分享而不是提要求。当然，你还要展现积极的情绪情感。如果儿童没有任何回应，那就继续完成常规。

图 12.7　成人示范了语言和共同注意给物手势

12.4.3　示范共同注意手势

利用常规中自然发生的机会来使用共同注意手势（见图 12.8）。我们的目标是频繁、自然地使用这些手势，让儿童看到它们的使用方法。这些手势应该突显那些有趣好玩的物体和行为，对常规也不会造成干扰。以下指导原则可以让你的手势既自然又明显。

图12.8 成人在轮到他时将一个动物放进拖车，并示范了共同注意指物和语言

手势搭配语言和游戏动作

在利用轮到你的机会示范手势时，可以搭配语言和游戏动作。下面，我们来举例说明具体的搭配方法（加下划线的为手势）。

- 你和儿童搭了一个高塔，然后轮流往上放动物。儿童看着一个动物。在轮到你时，你用共同注意指物手势指着那个动物说："积木上！"并将它放了上去。
- 你和儿童轮流喂玩偶吃东西。你用共同注意展示手势给儿童看一个食物，说："胡萝卜！"然后喂给玩偶。
- 你和儿童轮流假装将壶里的饮料倒入杯子。在轮到你时，你用共同注意给物给了儿童一个杯子，说："喝点果汁！"
- 你和儿童正在假装举办音乐会。儿童说："鼓手呢？"你说："在我这里！"然后使用共同注意展示鼓手模型。

示范清晰的手势

你的手势要干脆利落且清晰，以便儿童更容易注意到它们。一次只示范一个手势，不要同时使用多个手势，比如，既展示又指物。

- 当你展示时，举起物体，手臂微微伸向儿童。不要将物体凑到儿童面前摇晃。
- 当你指物时，伸出手臂和食指，收拢其他手指以构成完全成形的指物动作。不要拍打或触碰玩具。
- 当你给物时，伸直手臂，掌心朝上，将物体递给儿童。如果儿童不想接过物体，不要强迫。

让手势既明显又自然

你示范的手势既要显眼，又要自然。在儿童视线范围内做出手势，并将手势保持得比平时久一点（1～2秒），让儿童有机会注意到。如果儿童没有注意到或没有做出反应，继续游戏。儿童不必非得看向玩具、模仿手势或接过玩具并将其用于常规。避免采取其他措施来吸引儿童的注意。不要暂停太久，不要晃动你的手或玩具，做手势时不要太凑近儿童的脸，也不要为了激发目光接触而刻意将玩具凑近你的眼睛。我们要做的只是让儿童有机会注意到这些技能。在第 13 章，我们还将使用程序化策略来给儿童提供练习使用这些手势的机会。

12.4.4 把握示范节奏

你的示范次数因儿童和常规而异。我们希望儿童有很多机会来注意这些技能，但这不意味着每次轮到你时你都要做出示范。我们永远要给儿童留出沟通的时间。如果常规的大部分时间都是你在说话，或者你总是干扰儿童，或者在轮到儿童时你还在说话，那么你已经示范过头了。你也没必要每次沟通都使用手势，但你应该在干预过程中持续、自然地使用它们。

12.5 沟通的常见挑战

有时，你会觉得不知该如何回应儿童的沟通。当一筹莫展时，你更需要明察秋毫。你终究是能在干预中找到回应儿童的机会的。留意那些可以发展语言的机会，发现儿童使用技能的蛛丝马迹，充分利用这些短暂却有意义的时刻来回应儿童。当然，要做到这些并不容易。接下来，我们来看看关于使用核心沟通策略的一些常见问题和案例。

12.5.1 常见问题

下面我们来解答关于沟通的几个常见问题。

如果儿童的沟通不够清晰，我该如何回应？

如果儿童的沟通不清晰或不完整，不要让他再来一遍或说得更好一些，而要尽你所能地理解儿童的表达意图并及时做出回应。通过快速强化儿童的沟通尝试，让正在形成的对话得以持续，才是最重要的。等轮到你的时候再示范正确的发音，鼓励儿童更加清晰地说出那些词语或短语。

我应该如何回应脚本式语言？

根据儿童沟通的恰当程度来决定你做出何种回应。如果儿童看起来正在努力和你沟通，或者他的言语和常规密切相关，那么你可以以此为基础进行拓展或示范更为恰当的表达。比如，如果儿童在玩火车时开始重复"托马斯小火车来了"，那么你可以给他展示一辆火车，说："这是乔伊小火车！我们一起去上学吧！"然后开着火车去学校。这样的回应让儿童看到，除了脚本式语言，他还可以说一些别的有意义的话。如果儿童的话和常规没有关系（比如，说台词、唱不相关的歌曲），它可能表明儿童的调节或参与状态已经有所下降。这个时候，你就不要再模仿和拓展了。你要给儿童更多支持，给他示范游戏行为，或使用更为恰当的语言来引导他的沟通。

我始终都要满足儿童的请求吗？

我们应该尽可能地满足儿童的请求，让儿童看到我们理解他的沟通，也营造出更为积极的游戏氛围。但我们也要根据请求背后的功能来决定我们最终的回应方式。

应该满足的请求	不应该满足的请求
• 能满足合理需求的	• 会影响儿童参与状态的
• 能延长或拓展常规的	• 会对常规产生干扰的
• 能运用新的或正在形成的技能的	• 会让儿童回避活动的
• 能促进儿童参与状态的	• 会让固着或刻板行为更严重的
• 能导向成效性游戏的	• 会导致干扰性行为的

但你始终要让儿童知道你接收到了他的请求，哪怕你无法满足。如果你可以满足，并且能将对常规的干扰降到最低，那么快速予以满足。如果不能满足，那么首先明确已收到了他的请求，然后帮助他回到游戏中来。比如，你可以对他说："我们先玩游戏，再看书。"儿童有时会使用请求来逃避活动。当你已经满足他的请求，但他仍然不肯罢休的时候，尤其要考虑这种情况。比如，如果儿童在整个常规中反复要求说："我要看书！我要看书！"他很可能是想逃避当前的活动，这时你应该帮助他回到常规中来。最后，如果儿童要求某个玩具，而你知道这个玩具会影响他的参与状态，那么你也需要引导他回到常规中来。比如，你可以回应他说："今天我们玩这些玩具。"同时示意眼前的玩具，然后再示范一个有趣的后续步骤。（如果这些做法使儿童陷入失调状态，见第16章的应对方法。）

我该如何回应非常规的沟通方式？

如果儿童以非常规的方式与你沟通，那么你可以用你希望的方式来加以拓展。比如，如果儿童牵着你的手，把你带到附近的某个玩具旁，那么你可以给他示范一个恰当的请求方式，比如，指着玩具说："想要玩具！"如果儿童将你的手放到罐子上，请求你帮忙打开，你可以示范一个指物手势并说："帮我。"你也可以利用这个机会使用程序法（见第13章），引导儿童使用新的技能。

我该如何回应挑战行为和失调表现？

如果你的回应可能会强化你不希望出现的行为，那么减少回应。比如，如果儿童尖叫着看向你以寻求关注，或者在你们玩谷仓游戏时反复哼唱字母歌，那么他们可能陷入了失调状态或正在使用非成效性的脚本语言，这些情况都会影响儿童的参与状态。在这种情况下，我们不应该再模仿，而要根据行为的功能做出应对（见第16章）。

12.5.2 案例分析

✉ **该模仿还是发起**

亲爱的 JASPER：

我不知道该如何帮助我的一位学生学习使用新的语言。这位学生极擅长模仿，无论我在游戏中说什么，他都能模仿出来。但我很少听到他使用自己的语言。是我说太多了吗？我还应该继续说吗？当他重复我的话时，我也需要模仿吗？

祝好！

该模仿还是发起

亲爱的"该模仿还是发起":

你能评估学生的行为并注意到他对模仿的严重依赖，很不错。从你的描述来看，他可能需要有更多的空间来主动发起。制订计划，降低你的沟通频率，让儿童有更多时间形成自己的语言。当你觉得他可能要与你沟通时，提起你的情绪，并配上含蓄自然的表情（比如，满怀期待地停下，或带着鼓励的表情）。要尽量自然，也不要等太久。另一个可行的办法，是在你示范时尽可能使用多样化的语言，鼓励儿童学习新词新句。比如，每次你将小人放进飞机的时候，不要总说"进"，你还可以说"女孩""坐""飞""飞机"之类的词语。即便他很少主动发起，你也仍要拓展他的语言。比如，你示范说"吃比萨"，他模仿说"吃比萨"，你可以回应说"再吃点比萨"或"我们吃比萨"。如果他继续模仿你，你也可以继续模仿他，但这种模仿应该更加灵活（比如"吃腊肠"）。

一切顺利！

JASPER

✉ 不知说什么好

亲爱的JASPER：

我正在干预的这个小孩说话不多。他对游戏感兴趣，也会发出一些声音，但我不太确定他在表达什么。我尝试用简单的单音节单词来发表评论，但他好像完全不懂我在说什么。我怎样才能选用正确的词语？怎样才能帮助他开口说话？

感谢！

不知说什么好

亲爱的"不知说什么好"：

考虑到孩子说话不多，你就给他示范单词句，这一点做得很不错。这里再给你推荐几个方法。首先，监测你们的互动节奏，在轮到儿童时给他充分的说话空间。每当他发出声音时，用一个清晰的单词来强化他的这种沟通尝试。你可以根据他的发音来选择你的用词。比如，如果他发出"d"的音，你可以选择以这个音为声母的单词，比如"搭"。如果他开始模仿你，比如，说"嗒"，那么你可以再次模仿并拓展他的语言，说"搭！"这样做，除了强化他说的话，还能让他再听一遍这个词。你还可以考虑采用扩大和替代沟通系统（AAC）来加速他的进步（见第14章）。

继续加油！

JASPER

✉ 走不出的循环

亲爱的 JASPER：

我干预的孩子已经初步发展出象征游戏技能。我们开始将她最喜欢的电视角色融进我们的常规之中。虽然采用了一些较高级别的游戏行为，但她似乎也陷在了脚本式语言里。她总是不停重复剧中人的台词。即便我给她示范了一些与常规更加相关的新的短语，情况也并没有好转。我想继续使用这些角色，因为它们仍能调动孩子的积极性，孩子也仍能用它们来进行富有成效的游戏。问题是，我该如何帮助她使用更加灵活的语言呢？

谢谢！

走不出的循环

亲爱的"走不出的循环"：

看来你在发展儿童的游戏技能上取得了很大的进步，但在沟通技能上则不然。我们认为，你坚持使用她感兴趣的东西，这种做法是对的，尤其是在她游戏技能仍不断发展的情况下。建议你再评估一下她的沟通发展目标。只有在使用脚本式语言的时候，她才会说短语吗？如果是这样，那么她已经掌握的语句的句长可能比你认为的要短得多。你需要确定她自发语言的平均句长，然后制订计划，在示范时使用与该水平相匹配的语言。另一个方法是塑造她的脚本式语言。在回应她时，不要完全按照她的脚本式语言来进行模仿和拓展，而可以用灵活的语言来描述你正在采用的行为。比如，如果每次当你把人偶放到建筑物上时，她都会说："我们马上来救援！"那么你可以评论你当前的动作说："爬上去！"回应时一定要情绪饱满，为了增强效果，你甚至还可以配上相应的手势。

你能行！

JASPER

12.6 结语

干预的成功离不开对沟通的模仿、拓展和示范。但只有在时机恰当、这几个方面协调配合的情况下，它们才会有成效。如果你还是 JASPER 的初学者，就必须密切留意模仿和拓展的机会，并注意不要示范太多。随着常规的不断发展，儿童的沟通技能也应该得到发展。当你在熟悉的常规中重复使用某个词句和手势的时候，儿童应该更容易注意到它们，并反过来将它们运用到和你的沟通之中。随着儿童对常规步骤越来越熟悉，他的参与度应该会有所提升，而且这看起来似乎不太费力。他可能开始注意到你一直在使用的词句和手势，当你给他机会时，他会做出更加积极的应对。一开始，这种应对更多的是模仿和语言上的回应；渐渐地，他会更加主动地表达自己。图 12.9 是对核心沟通策略的总结。下一章，我们将介绍沟通的程序化和辅助策略。

第12章小结

模仿并拓展	在轮到你时示范	将共同注意手势和语言搭配起来
○ 回应儿童表现出的沟通意图 ○ 匹配儿童的平均句长 ○ 立即回应儿童形成中的沟通表达 ○ 发挥你在对话中的角色 ○ 展现积极的情绪情感	○ 示范符合儿童发展水平的沟通方式 ○ 在轮到你时示范以促进社会性联结 ○ 把握你的语言节奏	○ 清晰地示范手势 ○ 在常规中利用自然的机会使用手势 ○ 塑造正在形成的手势

图 12.9　第 12 章小结

第 13 章

手势和语言的程序化

13.1 引言

本章，我们讨论下一个层级的沟通策略——程序化。**程序化**是在已经建立的常规中提供清晰而系统的机会，让儿童学习语言和手势的过程。本章的策略可与第 12 章的核心沟通策略配合使用。使用程序化策略的目的是加大支持力度，帮助儿童生成目标技能。这个过程包括以下几步：在常规中**示范**共同注意手势和语言，**提供清晰的机会**或利用自然出现的机会来让儿童使用目标技能，**暂停**并等待儿童做出沟通，然后对儿童的沟通尝试**做出回应**（通过辅助给予更多支持，或以你的回应来强化儿童的沟通表现；见图 13.1）。

下面，我们来举例说明如何在干预中通过程序化策略来教授共同注意指物手势。为便于理解，我们在程序化机会下标了<u>下划线</u>（本章接下来的段落均采用此种处理方法）。

> 你和儿童一起搭建了城堡，然后让小人们从城堡的一侧往上爬，一直爬到城堡顶端。在整个常规中，你利用轮到你的机会择机示范了几次共同注意指物手势。你一边指物，一边评论，并完成了你的游戏动作。在布置拓展材料的时候，你<u>引入两个恐龙玩偶</u>，并把它们放到儿童看得见也够得着的地方。你<u>微笑着暂停并期待地看着</u>儿童。儿童看着玩偶，但没有用手指。于是，你使用一般言语辅助说："你看到了什么？"并等他回答。儿童使用共同注意指物手势指向恐龙。你模仿他的手势，并情绪饱满地评论说："大恐龙！"以此来强化他的沟通尝试。

当你在环境中引入玩偶并满怀期待地暂停时，你就是在给儿童机会，让他与你分享新鲜、让人激动的事物（最好能使用共同注意指物动作）。虽然在有些情况下我们必须用到辅助之类的指导性策略，但在一般情况下，我们始终先采用程序化这种更加自然、含蓄的方法来引入分享机会。每次干预你都可以像这样多次引入程序化机会，帮助儿童学习使用目标沟通技能。下面，我们将介绍程序化和辅助的更多细节。在本章末尾，我们将解答与此相关的一些常见问题，并针对一些常见挑战提供解决方案。

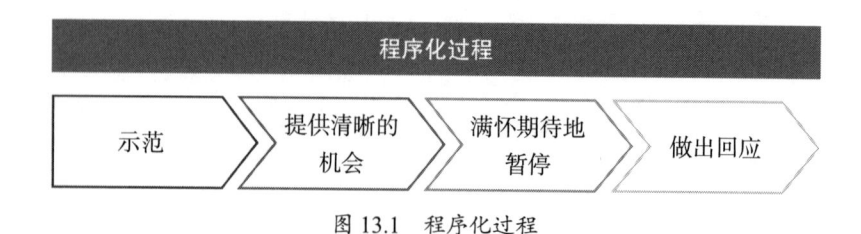

程序化过程
示范 → 提供清晰的机会 → 满怀期待地暂停 → 做出回应

图 13.1　程序化过程

13.2 程序化简介

在详细讨论程序化方法的指导原则之前，我们先回答与之相关的几个基础问题。

13.2.1 你应该对哪些技能使用程序化方法教授？

对儿童的目标沟通技能使用程序化方法教授。在 JASPER 中，我们用程序化方法来教授共同注意和请求的手势及语言。对照图 13.2，复习第 2 章介绍过的沟通技能。

目标回顾	
共同注意技能	**请求技能**
√ 回应共同注意 *	√ 注视请求 *
√ 注视分享 *	√ 伸手请求
√ 展示分享	√ 给物请求
√ 指物分享	√ 指物请求
√ 给物分享	√ 语言请求
√ 语言分享	（见第 2～4 章）

* 如果以该技能为目标，则需再选一个手势目标。在教授这些技能时避免使用指导性辅助。

图 13.2　社交沟通目标回顾

正如第 2 章所述，手势对所有儿童来说都是一个重要的发展里程碑，即使是已经开始使用语言的儿童也不例外。因此，我们会同时教授非言语和言语的沟通方式。在 JASPER 中，儿童在共同注意和请求方面都有需要达成的手势和语言目标。有些儿童可能还会发展注视分享或注视请求的技能，但这些目标始终应该与手势目标相结合，在我们给儿童辅助这些技能时也应该结合其他的沟通方式。在进行程序化时，优先考虑你在第 4 章为儿童设定的技能目标。比如，如果儿童的目标是共同注意指物，那么你应该在常规中为这个技能多制造几次程序化机会。当然，在机缘巧合的情况下，你还可以对目标技能以外的其他技能使用程序化方法教授。总之，根据常规的自然发展来选择进行程序化的目标技能。

13.2.2 为什么你应该使用程序化方法？

程序化方法是我们教授语言和手势的方法之一。有些儿童通过观察你在常规中的沟通示范就能学会这些技能，但很多儿童还需要程序化方法提供的比较系统的机会，才能注意到这些技能并加以练习。程序化方法还有助于成人更好地觉察常规中存在的自然的学习机会。我们总是急于发起沟通，而忘了给儿童留出该有的沟通空间。比如，如果发生了有趣的事情，我们就会立刻想和儿童建立联结；如果儿童需要帮助，我们也会马上出手。程序化方法有助于我们发现这些时刻的存在，提醒我们应该给儿童提供更多的时间和帮助，让他们自己做出反应。

13.2.3 什么时候你应该使用程序化方法？

你始终应该在**已建立**的常规（见第 10 章的定义）中使用程序化方法。在儿童积极性高并表现出共同参与状态时，适时使用程序化方法。比如，如果儿童看起来很兴奋，并好几次主动发起了轮流，那么这就是使用程序化方法的好时机。因为在这样的情况下，儿童更有可能做出沟通尝试。关于使用程序化方法的恰当时机，见 13.3.3 节。你既可以利用常规中自然出现的机会，也可以主动制造机会来使用程序化方法。

寻找自然机会

有时，在常规中会自然出现使用程序化方法的机会。如果某个玩具从塔顶突然掉落，就是一个自然的社交机会，你可以利用这个机会使用程序化方法来教授共同注意技能。如果你注意到儿童正看向某个玩具，而它又恰好在你手边，那么你可以举起玩具，暂停并期待儿童发出请求。

制造新的机会

你还可以主动制造使用程序化方法的机会。比如，你可以在常规中策略性地安排一个搞怪或出人意料的步骤，激发儿童的共同注意，与儿童分享这一时刻。你也可以故意将玩具的一些零件放到儿童够不到的地方，促使儿童发出请求。不过，虽然这些都是你预先计划好的，你在将它们嵌入常规时还是要尽量自然。

13.2.4 你应该多久使用一次程序化方法？

程序化策略不宜一直使用，它应该被有系统地用到合适的时机，帮助儿童练习目标技能。使用程序化方法的次数在很大程度上取决于儿童、干预和常规的具体情况。一般来说，你应该先试着在每一个已建立的游戏常规中使用几次程序化方法，然后做出评估。如果儿童在整个干预中没有多次利用程序化方法的机会来使用目标手势、没有同时练习到共同注意和请求技能，或者他的目标手势在一段时间内没什么进步，那么你使用程序化方法的次数可能**太少**了。反之，如果你因为进行程序化而不再参与轮流、不再扮演平等积极的角色、频繁让儿童失去参与状态或陷入失调状态，那么你使用程序化方法的次数可能**太多**了。记住，你要扮演的是**平等而积极**的游戏伙伴的角色。因此，你应该避免在轮流游戏中连续使用程序化方法、让儿童每一轮都必须提出请求才能得到玩具、为了程序化而置儿童的游戏想法于不顾——这些做法都会妨碍你成为平等积极的游戏伙伴。

为什么不宜一直使用程序化方法？程序化方法能让儿童给出回应，因而常常让人觉得它是一种非常有效的策略。但我们必须认识到，这一策略会对儿童提出较高的要求，也会造成常规的停顿，导致儿童参与度下降或陷入失调状态。而且，程序化方法带来的往往是一种经过辅助的回应，而非主动的发起。虽然程序化方法的确是辅助儿童学习沟通的有效工具，但它说到底不过是通往主动发起这个终极目标途中的一个小站。为了不断靠近我们的终极目标，我们必须在常规中保持平等积极的角色，逐渐减少对儿童的支持，把重心重新转移到主动发起上来。以上是对程序化方法的一些特征的介绍。接下来，我们来讨论如何在常规中使用这一策略。

13.3 准备程序化

在使用程序化方法之前,你应该做一定的准备,以便儿童能够利用好你提供的机会。你的目标是在常规中建立沟通期待,然后给儿童一个机会,让他用语言或手势来实现这一期待。你可以按照以下步骤来做准备,保证程序化方法的成功运用。

13.3.1 在常规中建立参与状态

运用第 5~12 章的策略,让儿童积极参与到常规之中。记住,常规不仅为游戏的展开提供情境背景,也是沟通得以发生的情境背景。没有良好的参与状态和持续产生沟通内容的情境,你就不要指望儿童能使用目标沟通技能。这两个条件是发展新技能的基础,保证儿童有足够的调节和参与状态来尝试新的、可能有一定难度的技能。

13.3.2 在常规中示范目标沟通技能

为了程序化方法的使用成功,你应该在常规中更多地示范那些你希望儿童在程序化过程中能够使用的共同注意手势和语言(如第 12 章所述;见图 13.3)。在示范时,你可以给儿童介绍你期待他使用的技能。对有些儿童来说,仅仅示范就足够让他们开始学习这些技能了。但大部分儿童可能还需要清晰的程序化机会来练习这些技能。示范能让儿童熟悉你对他的期待,也给他提供他可以使用的清晰的手势和语言样本。

你也可以为了程序化而提前示范请求的手势和语言。但这种示范不太常用,只在机缘巧合的情况下使用(见备注 13.1)。一般来说,示范共同注意技能就够了。以上是对程序化准备工作的介绍,接下来要讲的是我们如何在常规中制造清晰的程序化机会。

图 13.3 成人示范共同注意技能,以便之后在常规中通过程序化让儿童使用这一技能

> **备注 13.1 我应该示范请求技能吗?**
>
> 手势和语言示范主要适用于共同注意技能，因为在常规中你很少有机会自然地示范请求技能。比如，你不应该为了示范请求而要求儿童帮助你修理或拿取玩具。但是，你可以在儿童提出请求时以示范请求技能来作为**回应**。比如，如果儿童伸手要娃娃，那么你可以示范指物请求说："要娃娃！"

13.3.3 寻找合适的时机

如果你已经建立起常规并示范了语言和手势，但儿童仍然没有发起沟通，那么找一个合适的时机来使用程序化方法。你的程序化机会必须适时引入，并且容易让儿童注意到。你可以在儿童积极性高、参与度好、比较有可能与你沟通的时候进行示范——这些时候，儿童即使得到极少支持也很有可能做出回应。图 13.4 列举了引入程序化方法的恰当时机，以及引入太早和太晚的一些情况。

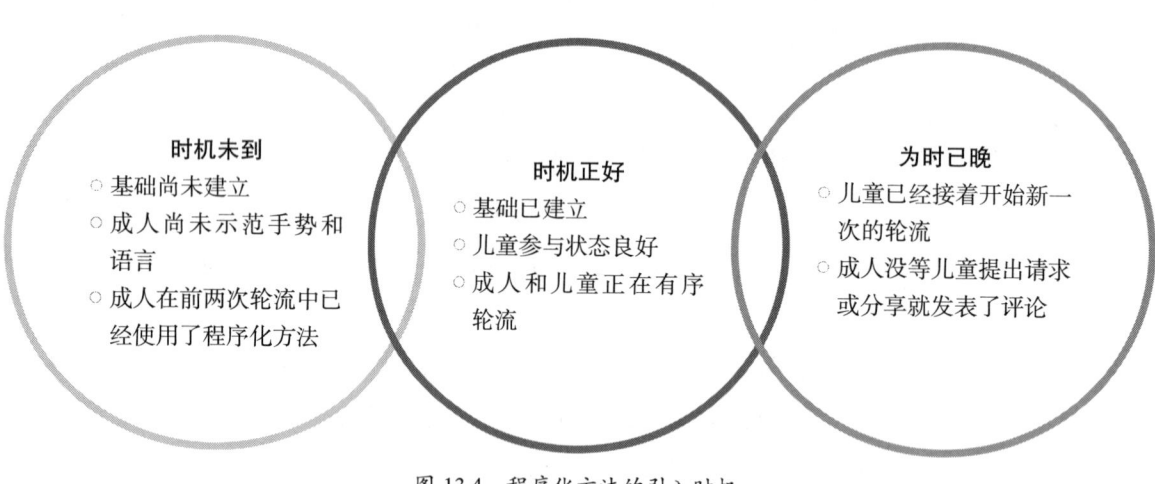

时机未到
- 基础尚未建立
- 成人尚未示范手势和语言
- 成人在前两次轮流中已经使用了程序化方法

时机正好
- 基础已建立
- 儿童参与状态良好
- 成人和儿童正在有序轮流

为时已晚
- 儿童已经接着开始新一次的轮流
- 成人没等儿童提出请求或分享就发表了评论

图 13.4 程序化方法的引入时机

13.4 引入程序化机会

在为沟通建立起清晰的情境背景并明确了你的沟通期待之后，你就可以给儿童提供程序化机会来练习目标技能了。如 13.2.3 节所述，这种机会可以是自然出现的，也可以是你制造出来的。图 13.5 列举了一些我们可以使用的对共同注意和请求技能进行程序化的机会。这些列举并不全面，它们只是我们在实践中亲测有效的几个策略。在使用这些策略之后，你应该稍作停顿，静静地、满怀期待地看着儿童。在此期间，不要说话，不要辅助，不要吸引儿童的注意（故作惊讶状、制造声效等），不要将儿童的注意力引向玩具（轻拍、摇晃或敲打玩具），也不要采用其他方法来激发儿童的技能。你只静静等待片刻。因为我们希望儿童在自然环境下学习沟通，以便将这些技能顺利迁移到其他环境中去。如果儿童使用了沟通技能，你就以回应来强化他的表现（见 13.5.1 节）。如果在提供机会和暂停后儿童仍没有使用沟通技能，你可以再使用一个指导性辅助（见 13.5.2 节），也可以换个时间再试（见 13.5.3 节）。共同注意技能和请求技能的程序化过程会稍微有点区别。下面，我们先谈谈共同注意的程序化策略，然后再谈请求技能的相关策略。

```
┌─────────────────────────────────────────────┐
│              程序化机会 ☑                    │
│  共同注意              请求                  │
│  ☐ 利用意外时刻        ☐ 利用自然发生的机会   │
│  ☐ 引入有趣的拓展玩具   ☐ 任由儿童用光材料    │
│  ☐ 引入搞怪的步骤      ☐ 举起两个玩具选项    │
│  ☐ 将材料置于不透明容器内 ☐ 在一个预期的步骤前暂停 │
│                        ☐ 任由儿童尝试需要他人协助才能 │
│                          完成的事            │
└─────────────────────────────────────────────┘

图 13.5　提供程序化机会

### 13.4.1 共同注意技能的程序化

想办法在常规中引入一个程序化机会，鼓励儿童使用共同注意技能。目标是制造机会，让儿童乐于与你分享某个物品或事件。下面，我们举几个例子来说明鼓励儿童使用这些技能的方法。

#### 利用意外时刻

利用常规中自然发生的有趣的、意外的时刻来使用程序化策略，鼓励儿童使用目标技能。当这样的时刻出现时，暂停，满怀期待地等待儿童给出沟通反应。比如：

你和儿童用磁力片搭了一个结构，然后又往顶上加小人。在加了几个小人之后，这个结构突然倒塌。你暂停游戏，满怀期待地等着，看儿童是否会发起沟通。

在遇到突发状况时，你不要急于反应。你可以满怀期待地暂停，看儿童是否会发起沟通。

#### 引入有趣的拓展玩具

有时，儿童会使用共同注意技能和你分享他们看到的令人激动的事物。比如：

你和儿童正在给玩具纸杯蛋糕加糖霜。你在加糖霜时示范共同注意指物手势，说："糖霜！"等到常规基础建立，你也持续示范了这个目标手势之后，你拿出蜡烛，放到儿童视线和伸手可及的范围内。你满怀期待地暂停下来，看他是否会针对它们说点什么。

此刻，你静静停下，为儿童留出反应的空间，就是在给儿童提供分享兴奋之情的机会。

#### 引入搞怪步骤

在几个熟悉的步骤之间中加入一个搞怪的、出其不意的步骤，让儿童有机会表达他的幽默或惊讶之情。比如：

你和儿童已经建立了一个熟悉的常规：组装三明治当午餐，然后再吃蛋糕。你示范了一个搞怪的新步骤：将一块蛋糕放到三明治上，然后满怀期待地暂停下来，看儿童是否会和你沟通。

#### 将材料置于不透明容器内

允许儿童打开不透明容器，分享他的惊喜发现（见图 13.6）。当你和儿童轮流拿出其中的物品
```

时，就是在为儿童练习共同注意技能提供程序化机会。容器中的玩具还可以作为拓展材料用到接下来的常规步骤之中。比如：

> 成人把一个带盖的野餐篮放到桌上。篮里装满了水果。儿童打开篮子，成人满怀期待地停下。儿童从篮子里取出水果，并展示给成人，说："给动物们的苹果！"

这是一种有趣的程序化方法，但它不应该在常规中占很大的分量。每次干预，你可以准备4～6件玩具、选几个不同的时机来使用这一策略，然后回到正常的常规步骤之中。

图 13.6　成人把玩具食物装进野餐篮里，给儿童制造了使用共同注意技能的机会

13.4.2　请求技能的程序化

当儿童想要得到某样东西或满足某种需要时，他们很可能会发起沟通。你可以利用这种机会来使用程序化策略，让儿童练习请求的目标技能。记住，如果儿童发出请求，立刻予以回应——这是我们强化儿童技能的主要方式。我们要做的不是阻挠儿童或频频扣住玩具不放，而是给儿童提供清晰的机会来使用他的目标技能。

利用自然发生的机会

当儿童在常规中需要某样物品或需要帮助时，暂停。比如：

> 当你和儿童把动物装进卡车时，车门掉落下来。你满怀期待地停下，看儿童是否会提出请求。

这种时候你不要急于出手，因为这正是运用程序化方法的好机会。

任由儿童用光材料

在常规中任由儿童用光手头的材料而不加补给，然后暂停，让儿童有机会提出请求。比如：

> 你和儿童正在往泡沫插板上插插钉。你不再往儿童的环境中移入新的插钉，任由她用光手头的插钉。然后，等再轮到她时，她在桌上四处寻找插钉。你满怀期待地停下，等待她向你提出请求。

注意将其他插钉放到靠近你而儿童很难够到的地方，防止儿童自行伸手抓取（见备注13.2）。

> **备注 13.2　对请求技能进行程序化时的玩具管理**
>
> 如果你打算在儿童想要某个物品时运用程序化方法来教授请求技能，请将该物品放到儿童够不到的地方，让儿童有一个清晰机会来提出请求。如果放到儿童够得到的地方，儿童可能会直接伸手去抓或从你手里拿走。记住，此时我们的目标是让儿童使用目标技能来与你沟通（比如，伸手请求或指物请求）。抓取不是一种恰当的请求方式。它既不是目标技能，也不是此刻我们要强化的回应方式。因此，你必须做好准备，防止儿童出现抓取行为。你应该好好利用这个机会来帮助儿童练习更有成效、更为恰当的言语或非言语的请求方式。

举起两个玩具选项

通过提供两种不同的玩具选项（见图 13.7），给儿童制造请求的机会。趁儿童恰好没有其他玩具选项时，举起两个不同的玩具。注意保持距离，不要让儿童够到它们。比如：

> 你和儿童开始了玩磁力片和动物的常规。儿童搭完了他面前的最后一块磁力片。你<u>举起两种选项</u>，一只手里是正方形磁力片，另一只手里是三角形磁力片。你<u>满怀期待地停下</u>，看他是否会要求你给他其中一个。

在这个阶段，不要使用言语辅助。你只需举着这两个选项，静静等待，看他是否提出请求。确保儿童无法够到这两个选项，以免他自行伸手抓取（见备注 13.2）。

图 13.7　当儿童用完手头的材料时，成人在他够不到的地方举起两种材料选项，满怀期待地停下，以便儿童能使用请求技能

在预期的步骤前暂停

在常规的某个时刻持续示范目标技能，让儿童清晰地看到在这个特定步骤可以如何沟通，然后暂停。目标是儿童能发起沟通，让常规能够继续进行下去。比如：

> 在图 13.8 中，成人每次将动物放进他们搭出的结构中时都会指着说："动物进去！"这样<u>连续示范多次</u>之后，成人在下一次轮到她时停下，并期待地看着儿童。儿童说："再放动物进去！"

为了充分发挥这个机会的作用，你必须在一个已经稳固建立的、对儿童极具激励性的常规中持续示范目标技能，以便儿童建立起稳定的心理预期。如果还没有建立这种预期你就暂停，儿童可能无法理解你为什么要停下。

图 13.8　成人在已建立的常规进入某个预期的步骤前停下，以便儿童能使用沟通技能

任由儿童尝试需要他人协助才能完成的事

这样的游戏行为往往涉及精细动作，比如，将小人放进椅子、将形状块塞入形状分类器。举例来说：

在给娃娃们洗完澡后，你和儿童开始给它们穿衣服。儿童无法穿上娃娃的裤子。于是你满怀期待地停了下来，希望他能用手势或语言向你求助。

另一个方法是将儿童的偏好物放进很难打开的容器，然后暂停，等待儿童请你帮忙打开。如果儿童偏爱对熟悉的常规进行某种方式的拓展，那么这一策略会特别有用。比如：

儿童对昆虫特别感兴趣。于是你们先建立了用积木搭一棵树的基础。然后，你引入一个透明罐子，里面装满了塑料蝴蝶。你允许儿童尝试打开，并满怀期待地停下，等待儿童请求帮助。

13.4.3 每次提供机会后满怀期待地停下，等待儿童做出回应

在使用上述程序化策略和步骤后，你要满怀期待地停下，让儿童有时间表现出共同注意或请求的目标技能。比如：

你和儿童正在给村民们搭城堡。你将几个火龙模型放到儿童伸手能够到的地方。你没有刻意吸引儿童的注意力，也没有示范，而是满怀期待地停下，让儿童有时间注意到它们。儿童看到了火龙，抬起头看向你，然后又把目光重新转向火龙。

暂停是程序化过程必不可少的一个部分。记住，在停下的时间里，你应该保持沉默，避免辅助或吸引儿童的注意力。步骤序列中的短暂停顿有助于儿童注意到你对他的期待并想办法给出回应。等待多久要看儿童的具体情况。但不要因为等太久而让儿童失去参与状态或陷入失调。

完成练习 13.1，找出每个场景中制造程序化机会的最佳方法。

练习 13.1　制造程序化机会

根据我们提供的信息，判断下一轮你采用哪一种策略最为恰当。

场景	成人的行为
1. 你和儿童给娃娃洗澡并擦干身体。你想制造一个机会来让儿童发出指物请求。	A. 举起娃娃，让儿童拿不到娃娃。 B. 举起一把梳子和一件衬衫。
2. 你和儿童建立了拼蛋糕、插蜡烛、切蛋糕的常规。你想制造一个机会来让儿童对正在发生的事发表评论。	A. 每次你都提高音量来发表与蛋糕相关的评论。 B. 故意搞怪，比如，将一块芝士放到蛋糕上。
3. 你和儿童正在拼拼图。你想制造一个机会来让儿童发出给物请求。	A. 选一块难度高、儿童自己拼不了的拼图。 B. 将几块拼图放进密封容器中。
4. 你和儿童正在将带魔术贴的木制水果块拼到一起。你想制造一个机会来让儿童使用JA指物动作。	A. 把橙子块和香蕉块黏到一起。 B. 摇晃容器中的水果以吸引儿童的注意力。
5. 你和儿童正在搭一幢高房子。随着房子越来越高，儿童已经够不到顶上了。你想制造一个机会来让儿童发出给物请求。	A. 在她努力往上够的时候，暂停并满怀期待地等待。 B. 说："把积木给我。"

13.5 注意儿童对机会的反应

对于你提供的程序化机会，儿童可能会以不易觉察的方式做出回应。因此，你要密切留意儿童的各种沟通表现。在理想情况下，儿童会以目标技能回应你。如果儿童做出回应，那么，通过对语言和手势的模仿及拓展（遵循第12章的指导原则）来强化他的沟通表现。如果儿童没有回应，你可以通过辅助给予更多支持，也可以换个时间再试（尤其当你之前的示范不够清晰的时候）。下面，我们以花园主题常规为例，谈谈如何将制造机会、暂停并注意儿童的反应这几个步骤连贯起来。

- **请求技能的程序化**：你和儿童拼装好了所有的花茎。这是儿童已经熟悉了的常规，接下来的步骤是给花茎插上花瓣。你把一个装着花瓣的密封容器放到桌上。儿童试着打开容器，你也满怀期待地暂停下来。儿童抬起头看了你一会儿，然后将容器递给你，请求你的帮助。你接过容器，指着它说："要花朵！"你打开容器，把花瓣递给她（强化）。
- **共同注意技能的程序化**：你将一个装着4～6只彩色昆虫的不透明袋子放到桌上儿童能够到的地方。儿童注意到了袋子并往里瞧。你暂停，并期待地看向儿童。儿童掏出一只虫子，仔细看了一会儿，说："虫子！"同时将它举到他自己面前。你轻轻碰了碰他的手肘，帮助他伸出手臂，将虫子举向你（辅助）。你指着虫子说："粉色虫子！"（强化）。

图13.9展示了程序化的完整过程。在接下来的小节，我们将介绍每一种反应的细节。

13.5.1 强化儿童的沟通表现

如果儿童成功使用目标技能或尽力尝试沟通，你应该通过模仿和拓展快速予以强化，并配以积极饱满的情绪。

在回应儿童时，你既可以直接模仿儿童的手势（比如，儿童给你某个物品，你把这个物品给回

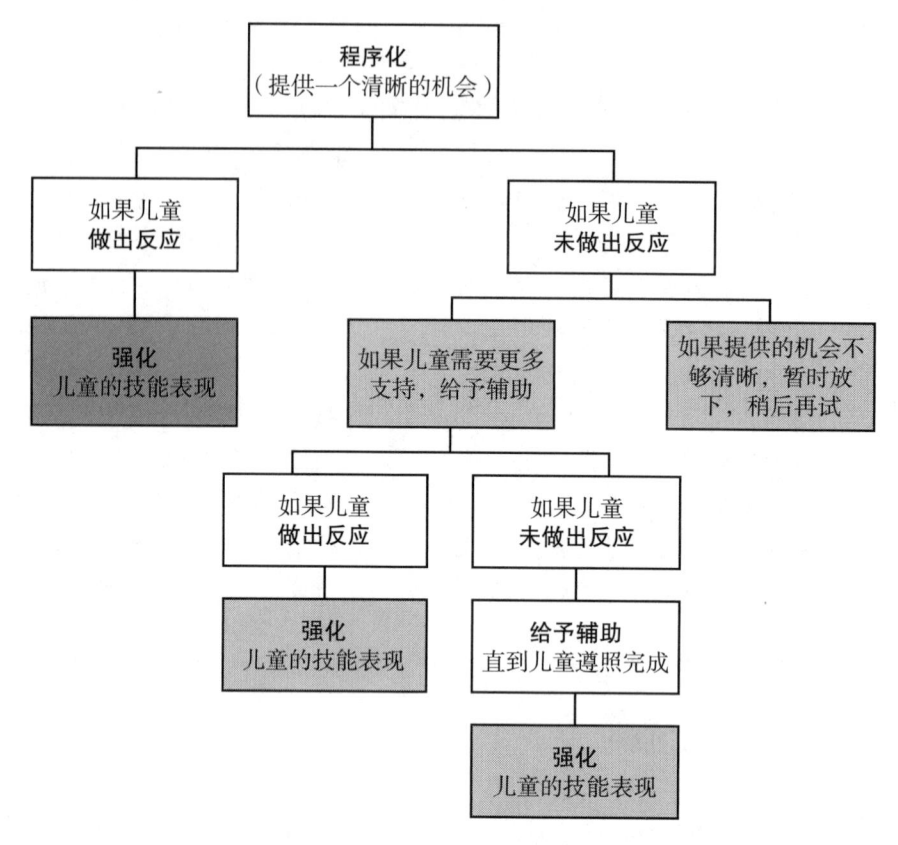

```
                    程序化
              （提供一个清晰的机会）
           ┌─────────────┴─────────────┐
        如果儿童                      如果儿童
       做出反应                      未做出反应
           │                  ┌──────────┴──────────┐
         强化              如果儿童需要更多        如果提供的机会不
      儿童的技能表现       支持，给予辅助         够清晰，暂时放
                                                  下，稍后再试
                         ┌────────┴────────┐
                      如果儿童           如果儿童
                     做出反应           未做出反应
                         │                 │
                       强化             给予辅助
                   儿童的技能表现      直到儿童遵照完成
                                           │
                                         强化
                                     儿童的技能表现
```

图 13.9　程序化决策图

去），也可以换用其他手势（比如，图 13.10 中，儿童展示，你指物）。如果儿童只以目光接触来回应你，你仍可以通过语言和手势模仿并拓展儿童的反应。比如在下面这个例子中，儿童就没有以目标技能来回应你。

　　你正在发展儿童的指物请求技能。你举起两个玩具选项并停下。儿童看向其中的一个玩具。于是你拓展了这一沟通表现——指着这个物品，说出它的名称，并将它递给儿童。

　　虽然儿童并未使用目标技能，但他仍通过注视恰当表达了他的请求。你的手势和语言既是对他的回应，也向他展示了他还可以采用其他哪些技能。

　　这样的强化也适用于你给儿童提供必要的指导性辅助（见 13.5.2 节）之后：如果儿童表现出沟通技能，予以回应并加以拓展，以此强化他的技能表现。当儿童还在努力学习某项新技能时，你尤其需要多回应并强化儿童对这个技能的表现。

13.5.2　使用指导性辅助，帮助儿童使用目标技能

　　如果儿童在你提供程序化机会之后的几秒内没有做出反应，但参与状态尚佳，那么你可以通过**言语**、**手势**或**肢体**辅助更清晰地表达你的期待，帮助儿童表现出目标技能。

- **带着期待做示范**：在提供程序化机会后再次示范，然后暂停，期待儿童使用目标手势。比如，示范指物并保持不动。
- **手势辅助**：伸出手，手掌向上摊开，鼓励儿童给你物品。

图 13.10　成人以另一种手势和语言来回应儿童的沟通尝试

- **一般言语辅助**：问儿童一个开放式问题，比如"怎么回事？"（辅助共同注意），"你想要什么？"（辅助请求）。或使用一般性评论，比如"我也要一点"。
- **具体言语辅助**：直接要求儿童使用目标技能，比如"指出来""给我看看""给我"，或教儿童怎么说话，比如"说'要火车'"。
- **部分肢体辅助**：轻轻触碰儿童的手臂或手，提醒他使用手势。
- **完全肢体辅助**：轻轻把着儿童的手，帮他做出目标手势。

选择能最大限度地促进儿童独立自主的辅助类型。我们在第 8 章讨论过辅助的策略，这里再做一个总结。

辅助的指导原则（详见第 8 章）

- 先给儿童必要的、介入性最小的支持。随着对儿童的不断熟悉，你可以跳过这一步，直接采用最适合儿童当前水平的辅助方式。
- 每种辅助都只用一遍（除非儿童一开始没有注意到你的辅助，你可以等他将注意力重新回到你身上时再辅助一遍）。比如，你不应该说："你要什么？你要什么，娜娜？你要这个吗？"如果儿童没有回答你，就算反复辅助也不一定有用，而且还会让儿童觉得你第一遍问她时并没有打算要听她的答复。
- 在辅助后给儿童足够的反应时间，但也不要等太久，以免儿童失去参与状态。
- 如果辅助后儿童没有做出反应，提高支持水平以帮助他成功做出反应（比如，如果你一开始使用的是一般言语辅助，那么现在可以使用具体言语辅助）。
- 需要的话，继续提高辅助等级，直到儿童表现出目标技能。
- 尽快撤出辅助，以便儿童能独立使用沟通技能。

表 13.1 举例说明了在具体的游戏常规中发展各种共同注意技能的方法，表 13.2 则是发展各种请求技能的方法。

完成练习 13.2，检验你是否理解了在提供程序化机会后辅助儿童的方法。

练习 13.2 辅助和程序化

根据 JASPER 的指导原则，判断下列说法的对错。

	对	错
1. 你可以使用肢体辅助来让儿童使用目光接触。	对	错
2. 如果儿童使用了其他形式的沟通，你就不必再辅助其使用目标技能了。	对	错
3. 你应该在提供程序化机会后立刻使用一个指导性辅助。	对	错
4. 你可以通过提高辅助等级来帮助儿童使用目标技能。	对	错
5. 要做好尽快撤出辅助的打算（即使在当次干预中）。	对	错
6. 至少每隔一次轮流就要使用程序化和辅助策略。	对	错

表 13.1 共同注意技能的程序化和辅助策略

目标技能	制造清晰的机会	带着期待示范	手势辅助	一般言语辅助	具体言语辅助	部分肢体辅助	完全肢体辅助
场景：成人和儿童用积木和动物建立了动物园主题常规。在常规中，成人拿起不同动物展示给儿童，并告诉儿童动物的名称（比如"我有一只猴子"）。							
JA 展示	成人将新动物或儿童喜爱的动物递给儿童。	成人拿起一只猴子，展示给儿童，说："我有一只猴子！"然后满怀期待地暂停。	不适用	当儿童手拿猴子时，成人说："你有什么？"	成人说："给我看看。"	成人轻触或轻拍儿童肘部，让他举起手臂。	成人调整儿童手部，帮助做出展示动作。
场景：成人和儿童用蛋糕、烤箱和小人建立了生日派对主题常规。成人在常规中多次示范了共同注意指物手势，比如，指着蛋糕说："它掉了！"							
JA 指物	成人在把蛋糕放入烤箱时将蛋糕掉落。	成人指着蛋糕，满怀期待地暂停。	不适用	成人说："哇，怎么回事？"	成人说："指一下。"	成人轻触或轻拍儿童手腕。	成人轻轻扳动儿童的手指，做出指物动作。
场景：成人和儿童用娃娃、浴缸、毛巾、浴液和梳子建立了洗澡主题常规。在常规中，成人给儿童各种玩具，以便和儿童一起轮流给娃娃洗澡。							
JA 给物	成人将毛巾和梳子移到儿童手边并暂停。	成人将自己用的梳子给儿童，说："这把梳子给你。"然后满怀期待地暂停。	成人伸出一只手，掌心向上摊开。	成人说："我需要一把梳子。"	成人说："给我。"	成人轻推或轻拍儿童肘部，将儿童的手移向她摊开的手掌。	成人轻轻把着儿童的手，帮助儿童递过梳子。
场景：成人和儿童用农场动物、谷仓和拖拉机建立了农场主题常规。在常规中，成人根据儿童的语言水平示范了恰当的语言分享。							
语言分享	成人将恐龙模型加入常规之中。	成人一边将它展示给儿童，一边说："这是恐龙！"	不适用（除非儿童使用言语生成设备，见表 14.1）	成人说："这是什么？"	成人说："说'这是恐龙'。"	不适用（除非儿童使用言语生成设备，见表 14.1）	不适用（除非儿童使用言语生成设备，见表 14.1）

表 13.2　请求技能的程序化和辅助策略

目标技能	制造清晰的机会	带着期待示范	手势辅助	一般言语辅助	具体言语辅助	部分肢体辅助	完全肢体辅助
场景：成人和儿童在进行抛气球主题常规：将一个气球来回抛给对方，再将它扔过网去。在常规中，当儿童注视一个新气球时，成人就会示范把手伸向气球并说"气球"。							
伸手请求	成人利用静电将气球固定到天花板上。	成人伸手去够气球，然后怀着期待暂停，看儿童是否也会伸出手。	不适用	成人说："你要什么？"	成人说："伸手！"	成人轻轻触碰儿童肘部，鼓励他抬起手臂。	成人朝着气球方向轻轻抬起儿童的手臂。
场景：成人和儿童正在用大块的纸板砖、磁力片和鬃毛积木玩搭建常规。在常规中，成人递给儿童不同的积木。							
给物请求	成人和儿童将积木搭成高塔。最后高塔太高了，儿童够不到顶上了。	成人给儿童一块积木。	成人伸出手，掌心朝上，以便儿童把积木递给她。	成人问："你要做什么？"	成人说："给我。"	成人轻推或轻拍儿童的手，鼓励他给她积木，让她帮忙将积木搭到高塔上。	成人轻轻帮助儿童将积木给她，然后将积木搭到了塔上。
场景：成人和儿童正在用食物、餐具和娃娃进行野餐主题常规。在常规中，成人示范了一个共同注意指物动作。如果儿童开始伸手请求某个物品，成人给他示范指物请求，说："要杯子。"							
指物请求	成人在儿童够不到的地方举起一个三明治和一个杯子。儿童将手伸向杯子。	成人指着杯子并满怀期待地暂停，看儿童是否会做出指物请求动作。	不适用	成人问："你想要什么？"	成人说："指一下。"	成人轻触儿童的手指，帮助他握拢手指。	成人轻轻将儿童的手指调整成指物的动作。
场景：成人和儿童用积木和玩偶建立了宇宙飞船主题常规。在常规中，成人根据儿童的平均句长示范了恰当的请求语言。							
语言请求	成人说："3、2、1，出发！"然后将飞船发射了出去。	成人在发射飞船时说："出发！"	不适用（除非儿童使用言语生成设备，见表14.1）	成人说："它应该做什么？"	成人说："说'出发'。"	不适用（除非儿童使用言语生成设备，见表14.1）	不适用（除非儿童使用言语生成设备，见表14.1）

13.5.3　下次再试

在快节奏的互动中引入程序化沟通机会时一定要把握好时机。这不是一件容易的事。有时，也许你才刚开始引入机会，就意识到选错了时间。你不必每次程序化都使用辅助。以下情况，你可能需要下次再试：

- 你在给儿童制造的机会不在他的视线范围内，儿童没有注意到。

- 你提供机会时速度太慢了，儿童已经转向其他玩具或发起另一个常规步骤。
- 你选择的时机不对，儿童失去了参与状态（见备注 13.3）。

> **备注 13.3 支持参与**
>
> 如果在你提供机会时儿童失去参与状态，那就不要再尝试程序化了。你要做的是帮助儿童恢复参与状态。一旦重新建立起儿童在常规中的参与状态，你就可以寻找新的机会来让儿童练习目标技能。如果儿童一直没有恢复参与状态，你也无法改变这一状况，那么你可能需要使用 ACT 框架来排除可能存在的其他问题。记得全面排查干预的各个方面，因为除了机会本身的问题，还可能存在其他方面的问题（比如，儿童的参与状态之所以不够稳定，可能是因为他已经厌倦了现有的常规，也做好了拓展的准备）。解决所有问题之后，你最终应该可以在常规中顺利运用程序化策略。

如果你意识到你提供的机会并不十分清晰，就不要强迫儿童按照你的期待行事。你完全可以下次再试。比如：

你和儿童正在进行狗狗托管中心主题常规，你希望儿童能使用共同注意指物技能。一只小狗突然从你们搭建的狗舍中掉了出来。于是你暂停下来，看着儿童。但她已经带她的小狗去洗浴站了，所以没有注意到这一切。

因为这个机会发生在儿童的注意焦点之外，而且她已经前往常规的下一个步骤，所以你可以暂且放下，继续前行。下面是与请求技能相关的例子：

你和儿童正在假装洗衣服。你们轮流将衣物放进洗衣机，儿童开始四处张望。你举起两个拓展选项——一篮衣服和一瓶洗衣液。但儿童突然发现旁边还有几件衣服，便接着往洗衣机里加衣服。

在这种情况下，不要试图吸引儿童的注意力，也不要辅助她，而应该直接模仿她的动作，等下次再尝试程序化。如果儿童没有马上使用目标技能，不要沮丧。多加练习，你会越来越善于把握时机。你也可能需要多次重复这个过程才能让儿童理解你的期待，尤其是涉及共同注意的时候。

13.6 提高程序化操作和辅助的质量

除了学会程序化方法的基本操作，你还应该设法提高程序化操作的质量，发挥它们对儿童的最大效用。在我们的经验中，程序化方法是 JASPER 新手治疗师最难掌握的策略之一。在接下来的小节中，我们将介绍程序化过程中要考虑的几个重要因素，确保你能充分发挥程序化机会的价值。

13.6.1 制造清晰的机会

考虑你提供的程序化机会是否足够清晰，评估它发生的时机、情境和频率是否恰当。下面几个因素请务必牢记在心：

以下情况表明你提供的程序化机会足够清晰：
- 它在一个已经建立的常规中、在儿童积极性较高的情况下发生。
- 在对共同注意手势进行程序化之前你已经做好示范。
- 它在儿童的视线范围内发生。
- 它在常规的恰当时机发生。
- 它非常清晰地激发了你期待的技能。
- 在这个机会之后有短暂而安静的停顿。
- 它的发生频率较为恰当。

以下情况表明你提供的程序化机会不够清晰：
- 时机不对。
- 儿童没有注意到。
- 当你提供机会时，儿童已经开始其他的步骤。
- 你通过给予辅助吸引儿童的注意力（比如，故作惊讶状、敲打或晃动玩具）

13.6.2 根据儿童的需要来使用程序化方法

你应该在使用前几章谈到的各种策略的基础上，考虑使用程序化方法来让儿童使用手势和语言技能。虽然这一策略非常有助于新技能的教学，但只有与其他核心策略保持平衡且契合儿童当前的需要，它才是有意义的。

考虑儿童的参与和调节状态

虽然你在干预中的主要焦点是示范目标手势，但总有一些时刻，儿童会表现出较高的调节和参与状态。你可以利用这些时刻对目标技能使用程序化方法教授。如果儿童状态不佳，不能参与到常规中或出现失调的迹象，那就不是使用程序化方法的时候。你可以在儿童状态好转之后再引入程序化机会。每次干预总会有几次程序化机会，哪怕是参与和调节状态总体偏低的儿童也不例外，它们就是你实现沟通目标的途径。因此，你应该密切监测儿童的参与和调节状态，找到发展这些技能的理想时机。

考虑儿童的进步情况

如果儿童在某些目标技能上进步缓慢，那么你可以为他练习它们提供更多机会。比如，如果儿童的目标是共同注意展示技能，那么，你可以将他最喜爱的玩偶放进不透明容器，引入到初始的常规选项之中。然后，你可以再嵌入几次练习机会，并在你们轮流从容器中取出玩偶时辅助儿童使用共同注意展示技能。

保持创造性和灵活性

在安排程序化机会时，考虑使用对儿童具有激励作用的事物。比如，如果儿童特别喜欢搭积木，那么你可以和他一起用纸板积木搭高塔，直到塔高到他够不到为止，以此来让儿童发出给物请求。这种做法比让他去做让他感到挫败的活动（比如，拼他拼不上的拼图）更容易激发他的技能。所以，你要认真考虑怎样的机会更容易让眼前这个孩子取得成功。如果打不开盒子会让儿童特别受挫，那就换一个更好的办法，比如，举起两个不同的材料选项。如果儿童特别讨厌别人的触碰，那么你可能需要更多地依靠言语而非肢体的指导性辅助。

13.6.3 保持平等积极的角色

当你开始引入程序化机会时，记得继续参与轮流，也保持有趣好玩的互动。如果你过于频繁地使用程序化方法，你们之间的互动就会成为儿童的负担，常规也会失去应有的活力。我们的最终目标是儿童能够在干预之外的互动中使用目标沟通技能。当常规中充斥着程序化机会时，儿童就会被置于应答者的地位，这不利于他实现主动发起的目标。因此，我们始终必须保持程序化机会和其他干预目标之间的平衡。

13.6.4 逐渐撤出支持

程序化操作和辅助常常能引发儿童的回应，因而会让人觉得它们是可以"挑大梁"的策略，但我们要避免过度依赖它们。我们的目标不仅是让儿童做出回应，表现我们期望的技能，我们还希望通过程序化操作和辅助产生的这些技能可以不断发展，最终实现儿童的主动发起。通过使用程序化和辅助策略，我们帮助儿童清晰地理解我们的期待，也给他机会练习使用目标技能。一旦儿童理解并有能力实现这一期待，你就该逐渐撤出你的支持。你要相信儿童已经更好地理解了你的期待，下次少一些支持也能表现出同样的技能。在这个过程中，儿童需要的支持会越来越少，直到他有能力主动发起该项技能。

13.7 程序化过程中的常见挑战

程序化操作既离不开成人的高度觉察与配合，也对儿童提出很多要求。这会给程序化过程带来一定的挑战。即便如此，程序化方法也仍然是教授目标技能的一个非常重要的策略。你在程序化过程中可能会遇到挑战，包括儿童参与状态的变化、抗拒使用新技能、无法理解期待等。接下来，我们将解答这方面的一些常见问题并举几个案例来加以说明。

13.7.1 常见问题

本节，我们将解答在JASPER常规中进行程序化的几个常见问题。

如果儿童使用的是目标技能之外的其他技能，该怎么办？

有时，在程序化过程中，儿童使用的可能并不是你希望的那一个技能。比如，你希望儿童使用某个共同注意手势，但儿童却用语言来回应你。如果儿童使用了另一种技能，你可以通过模仿和拓展来回应并支持儿童的技能表现，并在稍后再次尝试对目标技能使用程序化策略教授。如果儿童一直使用已掌握的技能而从未使用目标技能，那么你应该通过辅助帮助他使用目标技能。一旦选择了辅助，你就必须根据需要持续增加支持，直到儿童做出你期望的手势。请看下面这个场景：

<u>你在积木倒塌的时候示范了一个共同注意指物手势。当积木再次倒塌的时候，你满怀期待地暂停</u>（利用自然发生的时机），等待儿童发出指物手势。儿童说："倒了！"但并未指向积木。你清晰地示范了共同注意指物手势，说："积木倒了！"（强化）

由于儿童并未做出手势，你就示范了共同注意指物手势，也拓展了儿童的语言，并再次尝试。这一次，你会增加支持力度。

<u>积木倒塌后，你满怀期待地暂停</u>（利用自然发生的时机），看儿童是否会指物。儿童说："倒了！"但并未指物。你示范了一个共同注意指物手势，然后暂停，并且不说话（带着期待示范）。儿童没有回应。你轻拍儿童肘部（部分肢体辅助），提醒他指物。一旦儿童发出指物动作，你马上模仿并拓展——指着积木说："它们倒了！"（强化）

这个场景看似有很多步骤，实则一气呵成，步骤之间间隔极短。你的目的是通过暂停让儿童明白你期待着他做点什么，然后帮助儿童实现这一期待。

如果儿童只对指导性辅助有反应，该怎么办？

如果你发现你总是要反复辅助才能让儿童使用目标技能，那么，你需要反思你进行程序化的时机是否恰当、你提供的机会是否足够清晰。也许儿童根本没有注意到你提供的机会，也许这种机会在常规背景中缺乏意义。这还可能说明你应该换一个目标技能，儿童目前的能力水平还不足以完成你原定的目标。

如果儿童陷入失调状态，该怎么办？

有时候，在你进行程序化或辅助时，儿童可能会因为抗拒而陷入失调状态。在遇到这种情况时，要保持冷静，控制好场面，不要让儿童的反应影响你的情绪状态。运用第16章的策略，帮助儿童恢复调节状态，恢复在常规中的参与度，建立常规基础，然后再次尝试辅助。哪怕再难、儿童再抗拒，都要坚持尝试。迄今为止我们介绍的所有策略都在为儿童学习这些沟通技能创造条件。如果我们建立了常规，进行了示范，也完成了其他种种步骤，却没能帮助儿童坚持学习这些目标技能，那么之前的努力也就白费了。

13.7.2 案例分析

接下来，我们通过几个虚构案例来探讨如何应对手势和语言程序化过程中的挑战。

✉ **指日不可待**

亲爱的JASPER：

我是一个还在受训期的JASPER新人，最近才开始在干预中练习使用程序化策略。我干预的这个孩子已经掌握了伸手请求的技能，所以我们现在正在发展指物请求。我觉得程序化策略成效显著，每次我举起两个材料选项，他基本上都会指一个。我们的程序化策略运用最成功的是在形状分类常规中。每次轮到他时,我都会举起两个形状块,他知道他想要哪块就指哪块。这个方法一直都很管用,直到最近几次,我发现他对形状块好像不那么感兴趣了。他还是会问我要几个形状块,但接着就变得很沮丧。我是不是做错了什么?

感谢!

指日不可待

亲爱的"指日不可待":

从伸手请求到指物请求,看来你已经能够为儿童设定与其发展水平相适应的目标了。这一点很棒!但是,从你的介绍来看,儿童开始出现越来越严重的失调情况。这可能是因为你对程序化策略的使用过于频繁了。记住,你要始终保持平等而积极的游戏伙伴的角色。你不应该让程序化操作取代你参与轮流。如果你每一轮都举起玩具让儿童选择,那么儿童进行游戏在某种程度上就会依赖这样的辅助,游戏最终会变成任务。你应该在儿童兴致比较高的时候偶尔引入程序化机会,而不是将它变成拿到玩具的必要条件。好好计划一下,把你的程序化频率降下来,同时保证在轮到你的时候你能持续、快速地模仿儿童的成效性游戏行为。这样做有助于保持儿童的参与状态,并让儿童有机会在轮到他时主动发起这一手势。在你决定进行程序化的时候,你要试着以不同的方式制造机会,尽可能地自然。比如,不要总是举着玩具让儿童选,你还可以将几个玩具挪到儿童够不到的地方,看他会不会指着问你要。

你可以的!

JASPER

✉ 分享即关爱

亲爱的JASPER:

在最近几次干预中,我正在干预的这个孩子跟我进行了很多交流!她会指着问我要架子上的新玩具,搭积木够不到塔顶时会把积木给我,在使用这些手势时也开始搭配一些词语。问题是,她在共同注意技能上一直不见长进。偶尔,她会在看到某个东西而特别兴奋的时候,在物体和我之间协调运用目光接触,但是没有手势,也没有语言。我该怎样帮助她使用更多的共同注意技能?

感谢!

分享即关爱

亲爱的"分享即关爱":

你说孩子的沟通变得更加频繁了,真是太好了!请先评估一下你在共同注意方面的技能目标。孩子目前已经能够使用协调的共同注视来进行分享,那么她的目标技能应该是展示分享和说单词句。你可以计划通过拓展和程序化来发展这些技能。首先,当她使用共同注视分享时,给她示范一个手势和语言。其次，在干预过程中持续示范目标技能。再次，安排程序化机会来使儿童运用共同注意展示技能。比如，当儿童注意到有趣的玩具时，可能会进行展示分享。你可以试着将一些动物玩偶装进不透明容器，当儿童逐个拿出来看时，你可以怀着期待暂停。你也可以使用肢体或部分肢体辅助，鼓励她先给你展示她手里的动物，再将它用于游戏。

继续加油！

JASPER

13.8 结语

程序化操作和辅助是培养儿童目标沟通技能的重要步骤。就像本章从头到尾都在强调的那样，我们必须注意不要太过频繁地使用程序化策略，也不要因此而失去平等积极的角色。但是，我们也不能太少程序化操作。从很多方面来说，程序化方法都属于巅峰级别的沟通策略，也是我们能提供的最高级别的支持方式（连同辅助）。因此，我们必须将这一策略吸纳到我们的策略系统中，让它与其他策略一道，助力儿童学习新的目标技能。

本章和前几章我们讨论的核心策略——支持儿童保持参与状态、为对话的展开提供游戏背景、模仿并拓展儿童的沟通表现、示范沟通方法——为儿童的沟通奠定了基础。然后，你通过程序化操作，利用互动中的关键时刻，给儿童提供清晰的机会练习使用新的技能。通过在常规背景中使用程序化策略，你将帮助儿童最大程度地理解你的期待、积极参与社交互动并最终学会新的沟通方式。一旦你成功运用程序化策略，使儿童使用了新技能，那么，可喜可贺，儿童在进步的路上又迈出了有意义的一步！然后，当你再次使用这一策略时，你应该逐渐减少支持，直到儿童能够主动发起这一技能。对照图 13.11，复习第 13 章的策略。

第 13 章小结

准备程序化	引入程序化机会	回应儿童
○ 选择目标手势和语言 ○ 建立儿童在常规中的参与状态 ○ 示范手势和语言	○ 制造使用共同注意技能的机会 ○ 制造使用请求技能的机会 ○ 暂停并期待儿童做出反应	○ 如果儿童做出沟通，以手势和语言来回应 ○ 如果儿童需要支持，提供介入性最小的辅助 ○ 逐渐撤出辅助

图 13.11 第 13 章小结

第 14 章

采用言语生成设备

14.1 引言

如果儿童极少口语，你可以在干预中采用扩大和替代沟通系统（AAC）来帮助儿童向你提出请求或与你分享。AAC 种类繁多，大致可分为无辅助系统（只使用自身身体，比如手语）和有辅助系统（除身体之外还借助其他工具，比如图片或电子产品）两种。AAC 可能没什么技术含量（比如图片沟通系统），也可能比较高科技（比如言语生成设备；Beukelman & Mirenda, 2013; Romski, Sevcik, Barton-Hulsey, & Whitmore, 2015）。任何形式的 AAC 都可以运用到 JASPER 中。本章，我们专门讨论言语生成设备（Speech-Generating Device, SGD）。在 JASPER 的试验研究中也包括这一方面的内容——研究发现，言语生成设备对于辅助性语言和口语都有促进作用（Kasari et al., 2014a）。不过，本章的很多指导原则也适用于其他各类 AAC。我们的目标是认识这一系统，确保它对于儿童是清晰好用的，然后再以辅助语言和口语来做出清晰的回应。如果儿童有专门的言语治疗师，你们可以一起制订针对儿童及其 AAC 系统的干预计划。在接下来各小节，我们将介绍如何设置 AAC 设备，以及如何运用第 12 章、第 13 章的策略，使用 SGD 来完成沟通的模仿、拓展、示范和程序化。

14.2 准备沟通设备

当准备在干预中使用 SGD 时，你应该有很多注意事项。你的目标是让设备尽可能方便易用：无论在界面设置上，还是词语选择上，都要便于儿童在常规中的使用。

14.2.1 设置导航

你可能需要设置一个全新的设备，或配合儿童的照料者、言语治疗师和其他临床人员一起使用已有设备，因此需要留出额外的时间来准备 SGD 设备。你需要在整个干预过程中熟练操控设备，所以你要先熟悉设备，知道它当前的设置，以及儿童在干预前的设备使用情况。

SGD 熟练使用者

了解儿童的现有系统，以及他目前对该系统的熟悉和熟练程度。详细了解儿童现在已经在使用哪些图标。注意儿童是处于组词阶段，还是已经能使用短句甚至长句。接着，再注意儿童是否能滑动屏幕翻页或切换不同页面或文件夹，是否能在设备中添加新图标。考虑现有设置是否适用于你的 JASPER 干预。你可以在现有设置中添加更多与干预相关的图标（比如，常规常用玩具和行为的图标）。在一些情况下，你可能需要新建一个 JASPER 的专用文件夹，以便更加灵活地管理它。

SGD 初级使用者

对于很多初学沟通的儿童，你可以先在设备上设置少量几个图标，以后再逐渐增加图标数量。每一页的图标数量因人而异，从几个到几十个不等。大部分新手可以从四宫格开始。如果一开始图标太多，可能会让儿童无所适从，容易分心。你还可以通过找图标活动评估儿童的图标选择能力。比如，你可以让儿童在四宫格、九宫格、十六宫格，甚至更多格的图片中找出他认识的某个物品的图片。这有助于你确定在一页或一屏上使用多少个图标。

图标分类

新建几个文件夹来安放不同的图标，以便儿童在常规中更容易找到它们（见图14.1）。为减少导航中的混乱，你可以将它们整理成一页或几页（比如，每个常规一页）。

每一个文件夹都应该集合与常规有关的各种词语。对于新手使用者，你可以选择只创建一个页面，然后从不同常规中选几个高频名词和动词加入其中（见图14.2）；随着儿童开始使用这些图标，再往里增加新的图标。你也可以创建多个页面（比如，每个常规一页），再将它们整理到一个文件夹中，保证每一页都只有少量几个词语。

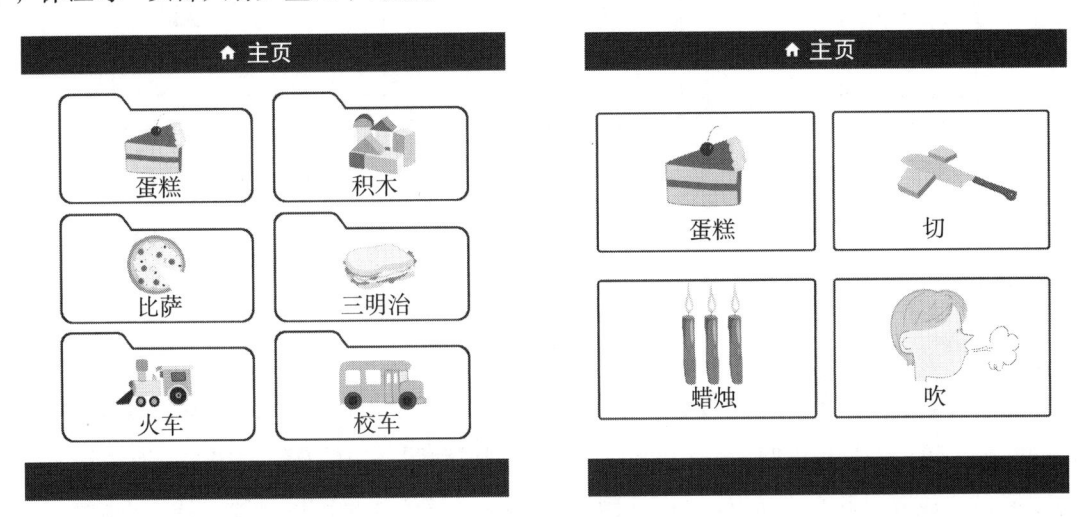

图 14.1　SGD 文件夹

图 14.2　SGD 页面示例

关于SGD设备上的图标数量及名词和动词的具体排列，各种研究还在持续进行中。在JASPER的研究试验中，我们对于图标的安排是比较灵活的。如果儿童有言语治疗师，你们应该一起决定这方面的具体安排。

操控的便利性

注意每个图标的尺寸大小。很多应用默认的图标尺寸大约是5厘米×5厘米。对于精细运动困难的儿童，太小的图标不便于触摸，大尺寸的图标会更容易操控。请根据儿童的需要，选择大小合适的图标。

14.2.2　选择清晰的图标

每次开始干预前，在应用中更新与常规相关的词语和图标。选几个你预计在常规中会用到的、与玩具或游戏行为有关的名词和动词。选择那些可以用视觉材料——照片或图片符号——来清晰表达的词语。比如，图 14.2 这个生日蛋糕主题常规的页面，就使用了图片符号，选用的这几个词语（蛋糕、蜡烛、切、吹）也紧扣常规步骤。

图标的形象性

在给新手使用者设置设备时，注意图标的形象性。图标可以特别具体（像真实物体的照片），也可以很抽象（像绘画）。在决定用照片还是用符号当图标时，你要先评估儿童是否有能力区分各种符号并理解某个符号或某幅画代表着真实的物体或行为。如果儿童还不具备这种能力，那么你需要将真实玩具或行为拍成照片，以便儿童理解图标的意义。图 14.3 展示的正是不同程度的形象性：积木的实拍图、积木的黑白线条画及积木的卡通画。确保儿童能理解你所选择的图标风格。

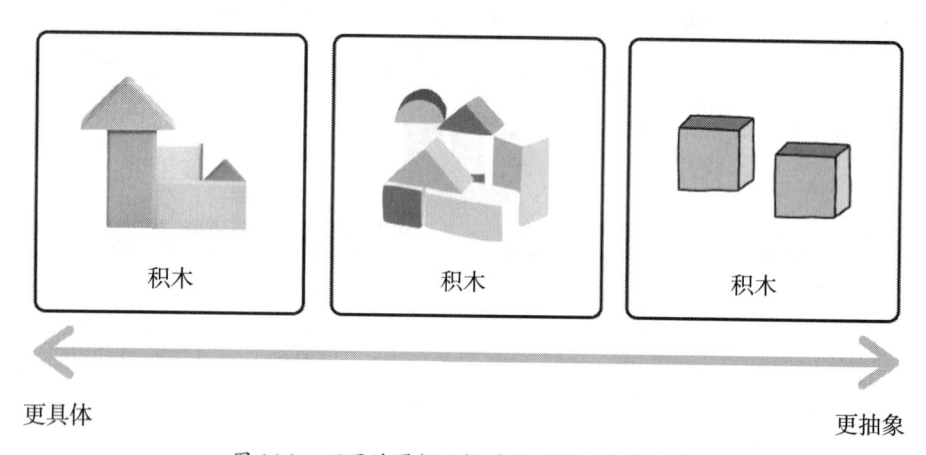

积木	积木	积木

更具体　　　　　　　　　　　　　　　　　　　　　　更抽象

图 14.3　不同的图标风格对应不同的抽象水平

语言的复杂性

和口语一样，你选择的图标语言也要符合儿童的语言发展水平。如果儿童使用单词句来沟通，那么你的图标上也应该是单个的词语，比如，单个名词或动词。如果儿童使用的是双词句，你可以考虑将图标设置成双词发音，即点击一下图标能听到两个词语，也可以设置成依次点击两个图标，将两个词组合起来。对于水平较高的沟通者，你还可以考虑加入语法因素和更加复杂的词汇（比如，代词、复数、冠词等）。

词语的多样性

想想每个常规中你都可以选出哪些常用的名词和动词。比如，在娃娃屋主题常规中，你可能会选择娃娃、床、睡觉和打鼾之类的图标。图标选项应该多样化，这样你们的沟通才会多变而有趣。

语言的功能性

你提供的图标既要有能用来发表评论性意见的（比如"搭"），也要有能用来提出请求的（比如"还要"）。这就需要你提前做好打算。想想儿童对哪些东西感兴趣，在干预过程中可能会与你有哪些沟通，然后根据这些潜在需要提供恰当的图标。

14.2.3 减少干扰

如果儿童容易被设备的其他特征所干扰（比如，上下滚动图标、使用键盘、打开其他应用），那么，在将 SGD 设备引入干预前，请先设置好对其他功能的访问限制，减少可能的干扰。

移除其他功能

有些平板允许你进行个性化的应用设置。你可以对儿童进行用户登录设置，限制儿童访问其他应用，也可以对 AAC 应用进行退出设置，要求退出时必须输入密码。你还可以选择移除对儿童有吸引力的其他功能（比如游戏、娱乐应用、互联网浏览器等），让设备只能用于沟通。有些应用还提供编辑选项、键盘使用、主屏幕键、滚屏等功能。你可以在干预期间停用这些功能，以减少对儿童的干扰。有些儿童会着迷于设备的滚屏功能。如果设备本身无法停用这一功能，你可以像图 14.1 显示的那样，将图标分别放入不同文件夹中，从而减少屏幕滚动。或者，你也可以减少图标数量，将它们全部集中到一页上。

14.2.4 更新词汇

随着干预的推进，常规会不断发展变化，你也要及时更新设备中的词汇。修改和增加新图标不仅有助于拓展儿童的词汇，也能让那些暂时没有主动发起语言的儿童接触到更加多样化的词语。随着儿童语言的发展，你可以添加更复杂的词语组合、更长的短句，增加每一页的图标数量，也可以移除那些没怎么使用的词语和短句。举个例子，在一开始的三明治主题常规中，你们使用了 4～6 个图标。经过几次干预的反复练习，SGD 的页面上可能已经有了十几个甚至更多数量的词语（具体的增长数量取决于儿童的沟通频率和使用句长）。见图 14.4。

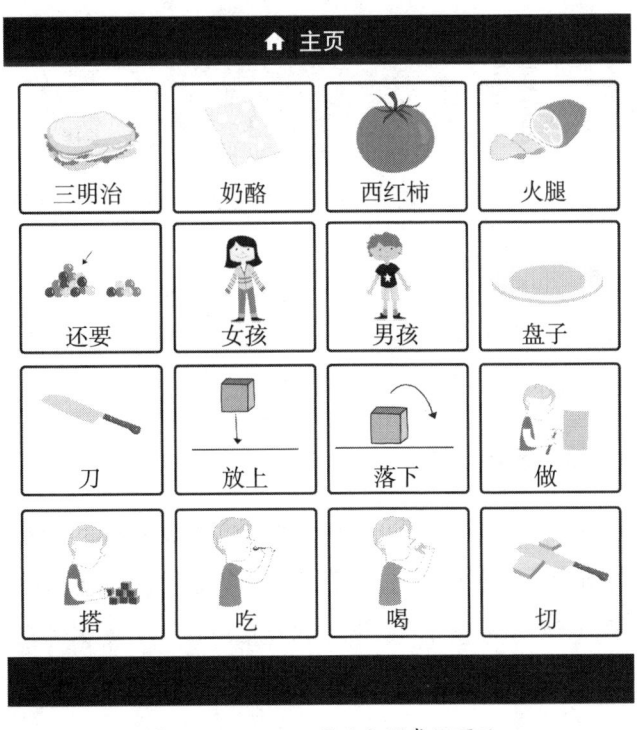

图 14.4　SGD 三明治主题常规页面

14.3 将 SGD 引入干预中

我们在使用环境和沟通策略时的指导原则同样适用于 SGD 的使用。将 SGD 置于环境中，然后使用前几章谈到的策略，鼓励儿童在常规中进行更多沟通。

14.3.1 环境注意事项

SGD 的引入给你们的物理环境增添了一个重要因素，原本由你、儿童和玩具构成的三方互动变成了现在的四方互动。请将 SGD 设备放在儿童易于拿取但又不干扰常规的地方。

将 SGD 放在儿童伸手能够到的地方

和玩具一样，SGD 也应该放在你和儿童之间。设备的屏幕应该朝向儿童而不是你（见图 14.5）。对于不方便转移视线和身体的儿童，你还可以提供更多便利，比如，用小桌、椅子或盒子垫高设备，或用支架撑起设备，使之更好地朝向儿童。当你和儿童在空间里移动时，随身带上设备，让它始终处于儿童伸手可及的范围内。

图 14.5 在食物主题常规中，儿童可以随时点击手边的 SGD 设备

选择与常规相关的页面

随着常规的发展，及时切换 SGD 的页面内容。如果你改换了常规，或你们的 SGD 有好几个页面，那么，及时切换到与当前步骤相对应的页面上。

14.3.2 将口语和辅助语言搭配起来

请遵循第 12 章的沟通指导原则。和言语沟通一样，你也应该利用轮到你的机会示范沟通技能，然后在轮到儿童时给他留出练习这些技能的空间。在你沟通时，无论是示范语言，还是回应儿童，都要将 SGD 和口语搭配起来使用。比如，如果你和儿童正在建立叠搭冰激凌球的基础常规，那么你应该利用轮到你的机会，往冰激凌球堆上加一个球，用口语说"冰激凌"，并点击 SGD 设备上的"冰激凌"图标。关于应该先用口语还是先点图标，我们不做规定，只要这两种示范紧跟在一起就可以。这个过程应该尽量自然，你可以趁儿童沟通积极性较高时进行这样的示范。

给儿童留出沟通的空间

在轮到儿童时，不要说话，也不要使用 SGD 设备，在一旁认真观看儿童的行为。在图 14.5 中，儿童在轮到她时使用了设备，而成人则准备做出应答。给儿童一点时间来浏览 SGD 上的图标。我们不希望儿童沉迷于设备而不再与你互动，但我们也理解儿童可能需要更多时间来确定自己想说什么或找到正确的图标。

模仿并拓展儿童的沟通表现

如果儿童使用设备进行沟通，那么你就在轮到你时模仿并拓展儿童的语言。在你使用 SGD 时，记得配上口语。这样就能给儿童展示同一词语的两种表达方式。比如，在图 14.6 中，在儿童如图 14.5 那样点击"三明治"图标发起沟通后，成人做出回应并加以拓展：他说"吃三明治！"并在 SGD 上点击了"吃"和"三明治"这两个图标。别忘了正常参与游戏的轮流。

图 14.6　成人同时以口语和辅助语言模仿并拓展儿童的沟通

示范口语和辅助语言

如果儿童没有发起沟通，那么，在轮到你时示范口语和辅助语言。比如，如果儿童假装咬了一口食物，你也可以假装咬一口食物说："吃！"然后点击 SGD 上"吃"的图标。

使用手势

在轮到你完成游戏动作时，照常使用沟通手势。这样你就能给儿童展示三种不同的沟通形式：口语、AAC 和手势。比如，你可以指着奶酪，说"奶酪"，并点击 SGD 上的"奶酪"图标。这些步骤需要一定的练习和协调才能流畅自如。开始时，你可能会有点手忙脚乱。记住，你应该选择在儿童参与状态最佳的时候使用手势，而不是每次轮到你都使用手势。

在学习使用 SGD 设备进行程序化和辅助之前，完成练习 14.1，测试你是否掌握了在干预中使用 SGD 设备的基本策略。

练习 14.1　使用言语生成设备

判断下列说法的对错。

1. 在干预中，你只能使用设备中已经预设好的词语。	对	错
2. 你应该在设备中设置符合儿童语言水平的名词、动词和其他词类。	对	错
3. 如果儿童受到 SGD 设备的干扰，那么你应该移走设备，在随后的干预中也不再尝试使用设备。	对	错
4. 在设置设备时，要考虑儿童的符号理解能力，选用儿童能理解的图标。	对	错
5. 如果你使用 SGD 来模仿或拓展儿童的语言，就无须再搭配口语或手势。	对	错
6. 在整个干预过程中，你应该不断移动设备，保证它始终朝向儿童且在儿童伸手可及的范围内。	对	错

14.3.3 使用 SGD 的程序化和辅助

如果儿童没有跟随你的示范使用 SGD，那么你可以遵循第 13 章的指导原则，选择合适的时机，使用 SGD 来运用程序化和辅助策略，帮助儿童使用语言和手势。比如，如果儿童找不到某个玩具，也不知道如何提出请求，你就可以停下来，帮助他用设备来要求他想要的东西。如果儿童没有任何沟通表示，你就可以提高支持水平，给他一个辅助。下面，我们举例说明通过 SGD 辅助沟通的方法。首先制造一个清晰的机会。比如，当儿童看向某个玩具时，你将 SGD 设备移到他视线和伸手可及的范围内，然后满怀期待地停下。接着，选择一个恰当的辅助方式。比如：

- **环境辅助**：举起设备，给儿童一个视觉提示，或将设备移到更靠近儿童的地方。
- **示范**：在轮到你时，点击图标，给儿童展示设备的使用方法。
- **一般言语辅助**：用简单的语言问儿童需要什么："你要什么？""怎么了？"
- **具体言语辅助**：给儿童提供他可以使用的语言（比如"说'积木'"）。
- **手势辅助**：将你的食指悬停于你希望儿童使用的图标之上，然后等待。
- **部分肢体辅助**：轻触儿童的手或手臂，提醒他使用设备。
- **完全肢体辅助**：手把手帮助儿童用食指触摸图标。

一如既往，你应该选用能够帮助儿童取得成功的介入性最小的辅助方式。你可能也需要将多种辅助方式搭配起来使用。比如，如果你能在提供具体言语辅助（"说'积木'"）的同时示范点击"积木"图标，对儿童会更有帮助。在表 14.1 中，我们将以不同场景为例，介绍用 SGD 设备来辅助学习目标技能的具体方法。

14.4 使用 SGD 的常见挑战

随着你在干预中越来越熟练地使用 SGD 设备，你也可能会遇到一些挑战。下面，我们来解答几个常见问题并分析几个案例，帮助你排查并解决可能的问题。

表 14.1　使用言语生成设备（SGD）的程序化操作和辅助

目标技能	制造清晰的机会	环境辅助	示范并等待	手势辅助	一般言语辅助	具体言语辅助	部分肢体辅助	完全肢体辅助
场景：成人和儿童用人物模型、野生动物模型和游猎车建立了一个游猎主题常规。在常规中，成人用口语说出不同动物的名称，并在 SGD 设备上点击相应动物的图标（比如，狮子、斑马、大象）。									
语言分享	成人将儿童最喜欢的火龙模型引入环境，跟其他野生动物模型放到一起，并暂停。	成人将 SGD 设备移近儿童。	成人示范在 SGD 上点击"火龙"图标并暂停。	成人将食指悬停于"火龙"图标之上。	成人问儿童："你看到了什么？"	成人指导儿童："说'火龙'。"	成人轻拍儿童的手或手腕。	成人轻轻把着儿童的手，帮助他用食指点击"火龙"图标。
场景：成人和儿童用不同形状的磁力积木片建立了一个积木主题常规。在常规中，成人在轮到他搭积木时用口语说"积木"，并在 SGD 设备上点击"积木"图标。									
语言请求	成人没有将积木递给儿童，而是自己收着并暂停。	成人将 SGD 设备移到儿童面前。	成人示范在 SGD 上点击"积木"图标并暂停。	成人将食指悬停于"积木"图标之上。	成人问儿童："你要什么？"	成人指导儿童："说'积木'。"	成人轻拍儿童的手或手腕。	成人轻轻把着儿童的手，帮助他用食指点击"积木"图标。

14.4.1　常见问题

本节，我们将解答有关 SGD 的几个常见问题。

我只能使用 SGD 设备上已有的词语吗？

你不必局限于设备上已有的词语。如果你想使用设备上没有的词语，可以直接用口语说出来。比起刻板地使用已有的图标，自然沟通显然更为重要。如果你在常规中需要频繁使用某个新词，那么可以快速将它加入页面图标中，也可以在干预结束后再加入。

如果儿童点击图标却没有明确的沟通目的，该怎么办？

在最初引入 SGD 设备时，儿童需要时间来探索、熟悉设备，无目的地点击图标是很正常的！你应该给儿童留出探索的时间，注意儿童点击了哪些图标，然后搭配展示相应的玩具或行为。比如，如果儿童点击了"蛋糕"图标，你应该在轮到你时给儿童展示玩具蛋糕，用蛋糕示范一个游戏行为，用口语说"蛋糕！"，然后在 SGD 上点击"蛋糕"图标。这些步骤可以一气呵成，不费多少时间。在儿童点击图标后做出这样的回应，可以让儿童看到 SGD 是与具体的、有意义的行为和结果相关的。但是，如果 SGD 设备给干预带来持续的干扰，你就需要先建立一个能吸引儿童的有趣的常规，再引入设备。等儿童逐渐了解设备的用途，你再想办法在整个干预过程中持续使用 SGD。

如果儿童已经在使用 SGD 之外的其他沟通设备，该怎么办？

如果儿童已经能够有效使用其他 AAC 系统，比如图片交换沟通系统（Frost，2002）、手势语或图片沟通符号，那么你也可以将这些方法用到 JASPER 干预中。你应该与儿童的其他服务提供者（比如言语治疗师）合作，将儿童当前正在使用的系统应用到你的干预之中。然后，你就可以通过该 AAC 系统来运用我们的核心沟通策略，比如，对儿童的沟通进行模仿、示范和拓展。

14.4.2 案例分析

下面，我们通过两个虚构案例来解决儿童在使用 SGD 中的具体问题。

✉ 心无灵犀

亲爱的 JASPER：

  我干预的这个学生对玩具很感兴趣，也给我们的常规贡献了很多绝妙的主意。但她不太使用语言，这让我们两个都倍感挫败。她常常环顾四周，想找点什么加入常规之中。可我总是不明白她需要什么。她为此感到失望，然后开始哭泣。本来好好的常规，就因为我不理解她而毁了。我该怎样帮助她表达自己的想法呢？

  祝好！

心无灵犀

亲爱的"心无灵犀"：

  这种情况确实让人感到挫败。好消息是，你已经对它进行了评估，似乎也找到了行为背后的原因。孩子有想法要分享却无人能懂，内心一定是相当沮丧的，可是她还一直在努力尝试，这一点值得赞赏。我们先来评估一下环境。在布置环境时，你是否能把玩具放到儿童更容易拿到的地方？试试将它们放到儿童伸手能够到的柜子上或透明容器中，让儿童看到她有哪些选项可用。我们也建议你在干预中使用 AAC 设备，让儿童有更多词汇可用，也让她多一种分享想法和请求玩具的途径。想想你们在常规中有哪些常用的玩具和行为，将它们的图标添加到设备中；还有新步骤会用到哪些词句，将它们的图标也添加进来。在儿童使用 AAC 时，继续拓展她的口语用词，无论是发表评论还是提出请求。比如，如果她点击了"汽车"的图标，你可以用口语回答说："绿色汽车！"然后示范点击"绿色"和"汽车"图标，并将汽车递给她。

  继续努力！

JASPER

✉ 为 SGD 而焦虑

亲爱的 JASPER：

  我正在给一个极少口语的孩子做干预，我觉得 SGD 对他一定会有帮助。我为我们的干预建了一个文件夹，在里面收录了干预会用到的各种玩具的图标。在干预过程中，我也尽量将设备放到他容易拿到的地方。但它就一直放在那里，孩子根本不用它来沟通。而且，他似乎一看屏幕就会分神。我怎样才能更好地帮助他用 SGD 来学习？

为 SGD 而焦虑

亲爱的"为 SGD 而焦虑"：

你能设置 SGD 并在干预中推行，这很好！想要探索新事物，尤其是那些带有科技感的事物，是儿童的天性。首先，由于这是一种新的沟通形式，并且具有一定的干扰性，你可以先根据你们正在使用的玩具，往设备中添加少量几个图标。接着，给儿童示范如何用 SGD 来发表评论和提出请求，比如，你可以在轮到你时点击词语对应的图标，同时说出这个词语。这样，儿童就有机会模仿你的做法。如果儿童并未开始模仿，你可以引入程序化机会和指导性辅助（比如，肢体辅助），给儿童展示 SGD 的使用方法。记得在整个干预过程中都将 SGD 设备放在儿童视线及伸手可及的范围内，并打开与你们正在进行的常规相关的图标页面。当你专注于运用 JASPER 的其他策略时往往容易忘记这一点，但它真的很重要——你必须给儿童提供持续的机会来练习使用 SGD。

一切顺利！

JASPER

14.5 结语

SGD 的采用有助于你给儿童提供持续的语言示范，也让儿童多一种沟通的方式。在干预前做好准备，在干预中始终将设备放到儿童够得到的地方，以便儿童使用。复习图 14.7 中的相关策略。

第五部分到此结束。到目前为止，我们已经介绍了游戏和沟通的策略，接下来的第六部分，我们将接着讨论参与、调节和局限及重复行为（RRB）的相关问题。

第 14 章小结

准备言语生成设备	在干预中使用言语生成设备
○ 选择一个 SGD ○ 图标的数量和风格类型应该与儿童的语言水平相适应 ○ 整理图标 ○ 减少设备上的干扰因素和其他功能 ○ 及时更新词汇	○ 将 SGD 放到儿童视线和伸手可及的范围内 ○ 在轮到你时使用 SGD 和口语来示范或回应 ○ 让你的语言保持自然 ○ 用 SGD 来进行程序化以促进沟通

图 14.7　第 14 章小结

第六部分

问题排除

在这个部分,你将学习如何使用核心策略和条件策略来解决儿童在参与、调节和成效性游戏方面的问题。

目标

▶ 提高处于参与和调节状态的时长

▶ 提高互动的质量

第 15 章

支持参与

15.1 引言

本章，我们回到参与这个概念。正如第 2 章所述，与典型发展儿童相比，ASD 儿童处于共同参与状态的时间相对较少。如果没有外在的支持，他们可能就会出现参与方面的各种状况，比如，四处游荡、无法选定玩具、频繁更换玩具或不能持续待在一个常规里。ASD 儿童还会有更多时间处于参与度较低的状态，比如，不参与或与物互动，很少主动发起游戏和沟通。我们的目标是帮助儿童走出参与度较低的状态，进入共同参与的状态。共同参与状态是儿童学习的重要前提。我们正是在共同参与的状态下，在儿童对物体和人都能加以关注的情况下，实现 JASPER 的诸多干预目标的。但这种状态离不开成人的积极参与和支持。毕竟，没有你的参与，也不存在所谓的"共同参与"状态。我们在第 8 章已经为儿童参与打好了基础。现在，我们要将 ACT 问题排除框架用到参与领域，提高儿童在干预中的参与质量和参与时长（见图 15.1）。

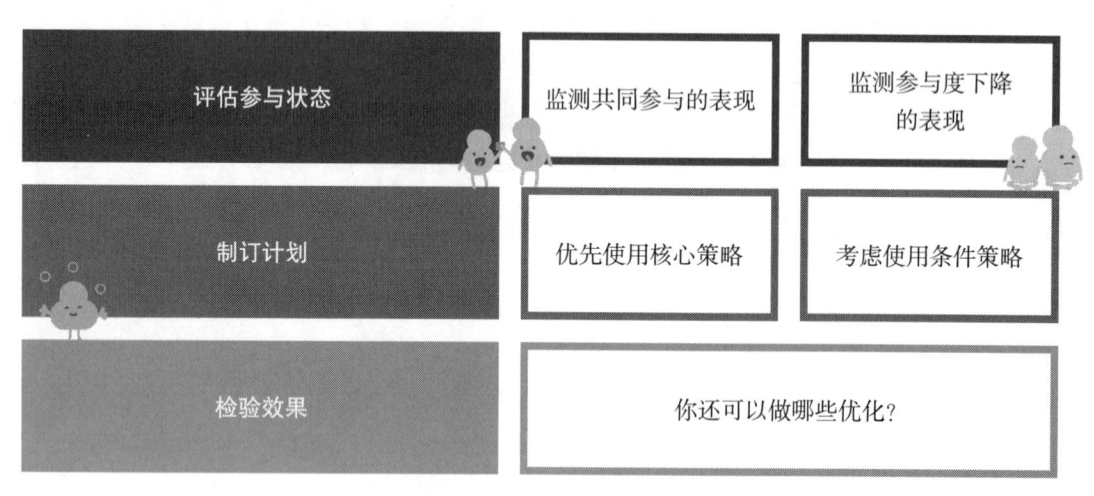

评估参与状态	监测共同参与的表现	监测参与度下降的表现
制订计划	优先使用核心策略	考虑使用条件策略
检验效果	你还可以做哪些优化？	

图 15.1　参与问题 ACT

我们将首先介绍如何评估儿童当下的参与状态，如何区分共同参与状态和参与度下降的状态。然后，我们会介绍如何制订计划以及如何综合运用核心和条件策略。第 5～14 章的**核心**策略是我们用来提高儿童参与度的主要方法。它们既有助于培养儿童的参与状态，也是儿童参与度下降时我们第一时间可以提供的支持。**条件**策略则在特定情况下使用，为儿童提高参与度提供额外的支持。我们会在本章接下来的内容中不时引入相关案例来阐释这些策略，也会介绍综合运用这些策略的指导原则。在本章末尾，我们将通过几个常见问题和一个干预实例来展示检验效果的方法。本章无意于提供解决参与问题的全部信息，我们只对我们的方法做一个大概的介绍。更多信息及相关反馈会放在我们的培训内容中。在培训中，你将学习如何为儿童提供个别化的干预方法，如何为当前的状况选择正确的应对策略，如何综合运用核心和条件策略，以及如何逐渐撤出支持。

15.2 评估参与状态

在 JASPER 中，我们会监测儿童在整个常规中的参与状态。我们首先通过 SPACE 和最初几次的干预来了解儿童参与的基线水平，然后再密切注意参与状态的变化情况。在图 15.2 中，你可以看到参与状态较好和较差这两种情况的常见表现。在互动中，大部分儿童都无法全程保持共同参与状态（有些儿童在一开始只有极短时间处于这种状态）。随着你能更好地把握儿童的参与状态，你也可以提供更切合儿童需要的支持。

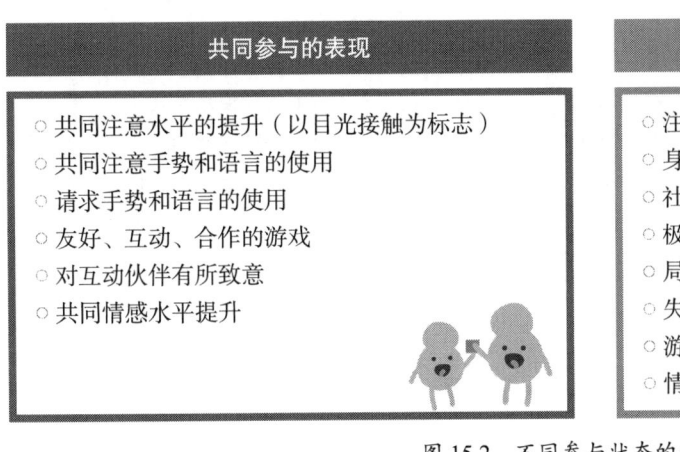

共同参与的表现	参与度下降的表现
○ 共同注意水平的提升（以目光接触为标志） ○ 共同注意手势和语言的使用 ○ 请求手势和语言的使用 ○ 友好、互动、合作的游戏 ○ 对互动伙伴有所致意 ○ 共同情感水平提升	○ 注意力转移（比如，环顾四周） ○ 身体位置移动或远离互动 ○ 社交沟通减少 ○ 极度专注于玩具 ○ 局限重复行为增多 ○ 失调状况加重 ○ 游戏节奏改变 ○ 情绪状态改变

图 15.2　不同参与状态的外在表现

15.2.1 评估干扰程度

注意儿童参与度的下降程度。

- **参与度轻微下降**：儿童仍参与游戏，但社交互动质量有所下降或不太稳定。具体表现为社交沟通有所减少，游戏节奏或情绪状态有所下降。儿童在轮流时动作可能比平时更慢，偶尔还会扫视四周。
- **参与度中度下降**：儿童仍参与常规，但明显懈怠下来，会不时陷入与物互动或旁观的状态。他们的沟通、专注度和情绪状态均有明显下滑（见图 15.3）。游戏节奏也可能会明显放缓或加快。儿童可能会旁观你游戏、摆弄玩具、焦躁不安或开始找其他事情来做。
- **参与度严重下降**：儿童处于不参与或与物互动的状态，不再专注于游戏常规。儿童可能会离开游戏空间，变得焦躁、心烦或完全失调。他可能会主动拒绝或停止轮流。他也可能还待在原地，但不关心任何事，只沉浸于手上的物品或玩具，对社交伙伴或社交互动失去觉察。

如果儿童参与度是轻微到中度的下降，你通常可以采用核心策略来应对。如果是中度到严重的下降，你可能需要如图 15.4 展示的那样，综合运用核心和条件策略。

图 15.3　儿童望着天花板发呆，表明他正在失去参与状态

评估参与状态

轻微下降	中等下降	严重下降
○ 儿童仍在游戏 ○ 互动质量下降 ○ 社交沟通减少 ○ 情绪或节奏轻微下降	○ 儿童仍保持一定的注意力 ○ 沟通明显减少 ○ 情绪或节奏明显下降	○ 儿童不再能保持注意力 ○ 儿童离开游戏空间 ○ 陷入失调状态或消极情绪 ○ 儿童不参与或与物互动

使用核心策略　　　　　　　　　　　　　　　　　　　　　　　引入条件策略

图 15.4　监测儿童参与度的下降程度以做出有效应对

15.3 制订计划，促进参与

本节，我们将讨论可以采用哪些核心和条件策略来保持儿童在常规中的参与状态。我们可以将这些策略作为我们的支持"工具箱"，根据儿童的个体需要和问题的具体情况有选择地加以运用。如果你遇到的是儿童参与度轻中度下降的状况，那么运用核心策略就足以应对。如果是中重度下降的状况，那么你可能需要综合运用核心和条件策略。总的来说，我们先观察儿童在一段时间内的行为模式，然后在他失去参与状态**之前**及时运用合适的策略来给予支持。图 15.5 展示了可用来支持参与的各种核心策略和条件策略。

支持参与的策略 ☑

核心策略
☐ 管理环境
☐ 做一个平等积极的游戏伙伴
☐ 促进具有成效性的、灵活性的游戏
☐ 建立并拓展常规
☐ 回应儿童的沟通

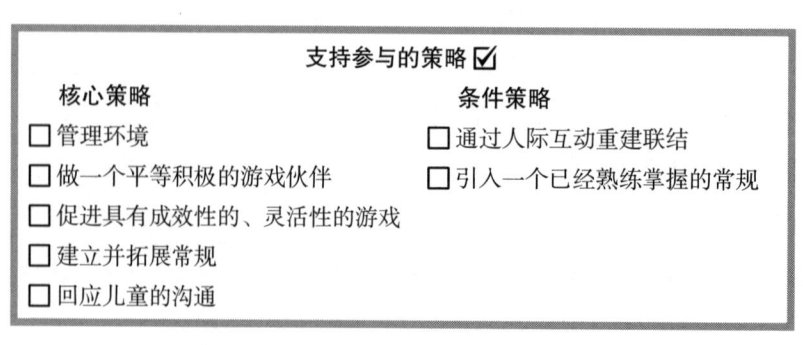

条件策略
☐ 通过人际互动重建联结
☐ 引入一个已经熟练掌握的常规

图 15.5　支持参与的策略

15.3.1 支持参与的核心策略

在排除参与问题时,首先评估你对核心策略的使用情况。第 5~14 章的很多策略都有助于促进参与。你为选择玩具、布置环境、建立常规、鼓励沟通所作的种种努力,都在促进参与!在图 15.6 中,成人也正是从这些方面来鼓励儿童共同参与常规的。本节,我们将介绍如何用这些熟悉的策略(下文中加下划线的部分)来促进参与,一方面使儿童更容易取得成功,另一方面也应对参与度下降的情况。然后,我们会通过几个案例解释具体的操作方法。

图 15.6 儿童主动给成人展示宠物医生,成人做出回应

管理环境

布置环境以最大限度地促进参与、减少干扰。确保儿童手边总有与其发展水平相适应的玩具选项,并随着游戏的进展增减玩具数量。玩具选项应该足够多,能保持儿童的参与状态,但又不会太多,以免对儿童产生干扰。确保你们采取了最佳的相对位置——你和儿童面对面、玩具在你们之间。跟随儿童移动,以便监测儿童的参与状态并及时回应儿童的社交诉求。在干预过程中,务必在环境中加入拓展选项以延长儿童在每个常规中的参与时长。出现问题时,重新布置环境以提供支持。清理游戏空间,考虑从地板上转移到桌边或从桌边转移到地板上,重新评估你对玩具的选择是否恰当。更多详情见第 7 章。

做一个平等积极的游戏伙伴

在常规中积极参与游戏和沟通,让儿童看到你是如何与社交伙伴互动的。避免消极推进或过度引导游戏过程,因为这样会让儿童更加难以保持参与状态。平衡你的角色,给儿童留出主动发起游戏和沟通的空间。如果儿童的游戏节奏变得太慢或太快,帮助调节常规节奏,以便你们能保持联结、玩到一起。如果儿童的情绪过于高亢或低落,调节你的情绪以带动儿童恢复恰当的情绪状态。更多详情见第 5 章、第 8 章、第 10 章。

促进具有成效性的、灵活性的游戏

游戏中的一些小障碍会极大地影响共同参与状态的实现。避免干扰性太强的玩具或行为,即那些会导致干扰性行为和让儿童与物互动的玩具。尽可能多采纳儿童的游戏想法，通过持续而即时的模仿肯定并回应儿童的参与。如果儿童开始失去参与状态，或者游戏的成效性减弱，那就示范一个恰当的游戏行为（另见第 17 章）。你可能还需要暂时移走具有干扰性的玩具，稍后再重新尝试引入。更多详情见第 6 章、第 9 章。

建立并拓展常规

建立常规基础，为儿童参与打好基础。如果常规步骤难度太高或迷失方向，你可以退回到之前的步骤或重启常规，保证常规始终有一个清晰的发展方向。综合运用水平拓展和垂直拓展，提高儿童的参与积极性并延长常规的时间。考虑将已经建立的多个常规串联起来，提高儿童在每次干预中的参与时长。尽你所能，延长儿童待在常规中的时间。当儿童表现出对新玩具或新活动的兴趣、当前常规不再具有成效或不再吸引儿童时，转向新的常规。更多详情见第 5 章、第 10 章、第 11 章。

回应儿童的沟通

给儿童留出充分的空间进行沟通，并回应儿童的社交沟通诉求，让儿童看到你对他想说的话感兴趣，营造出良好的互动氛围，为进一步发展目标技能创造条件。如果儿童没有任何沟通表现，示范恰当的语言，让儿童看到如何与伙伴进行积极的社交互动，并引导儿童进入更高的参与状态。更多详情见第 12 章。

完成练习 15.1，为四个不同的场景选择恰当的 JASPER 策略。

练习 15.1　支持参与

为以下场景选择最恰当的支持参与的策略。

互动情况描述	潜在策略
1. 在 SPACE 中，儿童会用积木搭房子、将动物拼图放进房子、给娃娃梳头、将饼干放入碗中搅拌。干预一开始，你带儿童玩插板和套嵌盒。儿童四处张望，不情愿地将插钉插入插板，然后转身不理你。	A. 选择与儿童的发展水平相适应的玩具 B. 在轮到儿童时留出空间 C. 移动到儿童面前
2. 你和儿童轮流将比萨馅料塞进大肚皮娃娃嘴里。你们两人各轮到了 10 次。你注意到轮到儿童时其速度逐渐减慢，沟通也变少，就算你模仿他的动作也无济于事。	A. 进行持续而及时的模仿 B. 用拓展来维持常规 C. 示范恰当的语言
3. 你和儿童将食物玩具放进搅拌机里。这个常规以往常常会引向早餐和准备上学主题常规，但这次却卡在了基础步骤上。即使你模仿了儿童的游戏动作，也示范了不同的拓展步骤，儿童的参与状态还是越来越差，并开始出现早期失调的征兆。	A. 转向新的常规 B. 建立基础 C. 移动到儿童面前
4. 你想看看儿童在新常规中会怎么玩，于是看着他将小人放进火箭。你谈论着他正在进行的游戏行为，但他好像根本没有注意到你。	A. 进行持续而即时的模仿 B. 移除具有干扰性的玩具 C. 调节你的情绪

15.3.2　支持参与的条件策略

核心策略是整个干预过程通用的策略，而条件策略则只在特定情况下、为防止或应对参与度较低的情况而使用。当儿童的行为对干预产生中重度的干扰时，你可以使用条件策略来建立社会性联结、恢复参与状态，然后重新回到常规之中。下面，我们来介绍各个条件策略的基本使用原则，并通过几个案例做具体的说明。

通过人际互动重建联结

通过短时的人际互动，将儿童从较低的参与状态（比如不参与、旁观或与物互动）调整到较高的参与状态（受支持的或协调的共同参与）。这里的人际互动可以是唱一首歌，也可以是做一个简单的游戏，比如：

- **儿歌**：字母歌、《小小的蜘蛛》、《划、划、划小船》
- **简单游戏**：躲猫猫（特别年幼的孩子）、挠痒痒、拍手游戏（比如"你拍一，我拍一"）
- **大动作游戏**：荡秋千、蹦跳

在进行互动时，你可以继续使用 JASPER 的沟通策略：回应儿童的沟通，示范语言和手势，保持平等积极的角色。一旦你们之间重新建立联结，儿童又能与你进行丰富的互动，你就可以重新引入玩具，再次进入共同参与的状态。你可以视儿童的需要，将这一策略用于干预的不同时刻。你还可以在干预开始时、在不同常规之间、在儿童陷入失调状态之后，通过人际互动来导入常规，或者，把它用作常规的一个有趣的步骤，帮助调动儿童的积极性（见图 15.7）。比如：

- 在干预开始约 30 分钟后，儿童通常会变得疲倦或陷入失调状态。为避免这种情况的发生，提前准备可与某个常规相配的一首歌或一个活动，然后，在儿童失调前引入这个步骤，帮助儿童保持积极性和参与度。
- 在儿童哭闹或失调过后，她开始平静下来，但对玩具还没什么兴趣。这时，你就可以开始唱《公交车的轮子转呀转》（Wheels on the Bus），边唱边将小人放到公交车上。一旦儿童加入游戏中，就停止歌唱。

图 15.7　成人在蛋糕主题常规中加入人际互动，和儿童一起唱生日歌

引入一个已经熟练掌握的常规

提前准备一个儿童已掌握级别（或再低一级）的游戏常规，在儿童处于较低参与状态时使用。它可以是一个熟悉的常规、对儿童具有高度激励性的常规，也可以是你在第 6 章 6.2.1 节准备的已

经熟练掌握的常规。比如：

- 对于处于一般组合游戏级别的儿童，你们可以将不同形状块放入形状分类器中（演示组合）以重建参与状态，然后轮流堆搭套嵌盒（一般组合），再将玩偶放入开着口的套嵌盒里（儿童施动）。
- 对于处于象征游戏水平的儿童，你们可以先搭一个关押火龙的地牢（实体组合）以重建参与状态，然后把娃娃们装扮成英雄，对地牢发起进攻（玩偶施动）。

一旦儿童的参与度得到提升，你就可以重新回到与儿童发展水平相适应的游戏级别上来。

用点时间，完成练习15.2，用这些条件策略来应对儿童参与状态不佳的情况。

练习 15.2　应对参与状态不佳的情况

找出使用核心或条件策略支持儿童提高参与状态的最佳方式。

1. 在干预开始时，你试着建立一个儿童已掌握级别的游戏常规。常规的基础步骤是将蛋糕块放入盘子。但儿童只是旁观，并不参与轮流。你可以如何变化常规以促进参与？
   A. 使用肢体辅助让儿童参与轮流，让她积极参与到游戏之中。
   B. 从往蛋糕上插蜡烛这个更低级别的组合步骤开始常规。
   C. 先进行唱生日歌的人际互动，再开始将蛋糕放入盘子。
   D. B 或 C。

2. 儿童一个玩具只玩一到两轮就会换到另一个，这么短的时间根本来不及建立基础常规。你应该怎么做？
   A. 永远跟随儿童，因此你会模仿他的每一个行为。
   B. 减少环境中的玩具选项，直到建立起基础。
   C. 敲打玩具或以其他方式将儿童的注意力吸引到他可能会玩的玩具上来。
   D. 在干预的前半段允许儿童探索每一种玩具，然后缩小他的选择范围。

3. 儿童主动发起了搭积木游戏，于是你配合她的想法，开始递积木给她。你还试着对她正在进行的行为发表评论，却发现她陷入了与物互动的状态——她只是盯着积木看个不停。你可以怎样帮助她实现共同参与？
   A. 拿着积木不给，让她不得不看向你，请求你给她积木以便继续往下搭。
   B. 快速拿走积木并引入一个不同的玩具。
   C. 每次给积木前都使用言语辅助说"看我"以便她注意到你。
   D. 将发表评论和参与轮流结合起来，发挥你平等积极的角色。

4. 在干预过程中，你使用了环境策略，也发挥了平等积极的角色，还示范了有趣的新步骤，但始终没能成功建立常规。你们几乎已经开始了一个常规，这个常规很符合儿童的游戏水平，但他总是离开，无法保持参与状态。你可以做哪些改变来帮助儿童实现参与？
   A. 鉴于他这次状态不佳，干脆改成只玩感觉玩具。
   B. 只要他参与轮流游戏，就提供有形强化物，比如，给他小熊QQ糖。
   C. 使用一个已经熟练掌握的常规，再逐渐过渡到目标级别的常规。
   D. 每次轮到他时都增加言语辅助以帮助他掌握常规。

15.4 检验你的计划是否促进了参与

在实施你的计划之后，你可能会发现这个计划还有很多提升的空间。你应该经常反思你还可以做出哪些变化，以便更加积极主动地支持儿童。你几乎总能再做点什么来提升儿童的表现、优化你的回应。在下面的小节中，我们将讨论如何逐渐完善你的方法，并解答与这个过程相关的一些常见问题。最后，我们还会通过一个实例来展示干预师在干预中如何通过ACT框架来平衡运用核心策略和条件策略。

15.4.1 计划未来

随着干预的推进，始终关注儿童积极性和参与状态的变化并做出积极的应对。确保对周围环境、玩具和你的支持水平做必要的调整和更新以满足儿童的需要。随着你越来越了解儿童，你的应对应该会更精准、更有效。这样，儿童处于低参与状态的时间和你对条件策略的使用都会减少。

积极应对各种不参与状态

随着时间的推移和你对儿童的熟悉，你会注意到各种形式的不参与状态。不要等问题严重以后再做应对，而要及早发现并及时提供支持。随着你更加了解哪些策略对儿童最为有效，你在应对时会更加得心应手，更顺利也更快速地帮助儿童恢复参与状态。

逐渐撤出支持

你应该随着儿童的进步不断更新你的方法。在几次干预之后，想想儿童最初的参与状态，再看看现在的参与状态。想想你最初使用的策略现在是否依然适用。在大部分情况下，你应该可以逐渐撤出你的支持了。这样，你也开始逐渐减少对条件策略的依赖，更多地依靠核心策略。儿童的参与能力应该有所进步，相应地，你也要调整你的期待和支持水平。

在支持儿童提高参与状态时，记得要看干预的大局和总体目标。如果你过度依赖条件策略，势必造成干预整体发展的停滞。虽然条件策略可以很好地提升儿童当下的参与状态（比如，从不参与状态进入与人互动的状态），但如果你把它们当作主要策略来用，反而会限制儿童实现共同参与和养成新技能的机会。因此，条件策略只能是用来帮助儿童恢复共同参与状态的一种过渡性策略。

15.4.2 常见问题

本节，我们将讨论有关参与策略的几个常见问题。

怎样才能更有效地走出低参与状态？

儿童一旦失去参与状态，就很难快速恢复。如果你此时正在设法延长共同参与的时间，那么这样的情况会让你感觉特别沮丧。下面推荐几个快速有效的应对方法：

- 一发现参与度下降的情况，马上提高支持水平，避免儿童进入与物互动的状态或完全失去参与状态。
- 使用条件策略的时间要短。一旦儿童恢复参与状态，就不需要再使用条件策略了。
- 一旦与儿童建立联结，试着重新回到高质量常规之中。你可能只需要重启基础、将某个玩具往前移或示范当前常规的一个游戏行为就可以完成这一步，但也可能需要从头开始新建一个常规。
- 如果儿童的参与状态依然达不到你期望的水平，排除其他方面的问题。或许是游戏级别不太合适，或许是儿童需要更加结构化的环境，也或许是你还需要用更多的时间来建立稳定的常规才能开始拓展。你不应过于依赖条件策略来保持儿童的参与状态。
- 积极预防低参与状态的再次出现。如果你知道干预或常规的某个部分对于儿童比较困难，在临近这个部分时提前给予额外的帮助。
- 逐渐培养儿童对参与的耐受力。在一段时间内，你应该看到儿童的参与能力有所提高。

我如何确定应该采用哪个策略？

这在很大程度上取决于儿童、困难程度、挑战本身，以及这个状况是偶发的还是反复出现的。一般来说，先采用必要的、最少量的支持来帮助儿童恢复参与状态，然后视情况逐渐增加支持。随着你接续接受培训以及经验的增长，你会不断完善方法，能够从你的支持工具箱中选出正确的策略来帮助儿童回到共同参与的状态。

如果儿童对常规不感兴趣，怎么办？

无论你多么努力维持儿童的参与状态，常规总有自然结束的时候，儿童也会对某些玩具失去兴趣。只要这种情况没有频繁到让你几乎无法建立起稳固的常规，你就可以跟随儿童的兴趣，转向新的常规（更多转向常规的情况见第11章图11.11）。这一过程与第8章谈到的开始干预的过程相类似。在开始新常规时，你可以先在环境中加入新的玩具选项，并保留当前常规的玩具。如果儿童主动开始玩其中的某个新玩具，跟他一起玩并模仿他的游戏行为以建立基础。如果儿童需要支持才能开始新常规，你可以一手举一个玩具，帮助他做出选择。比如，你可以问他想玩原来的玩具还是新玩具。如果儿童看起来对玩具很感兴趣但没有发起游戏行为，你可以示范第一个步骤。

如果我卡在人际互动活动中出不来，怎么办？

如果你们长时间"卡"在人际互动活动中，那么看看你们的互动活动发生在什么样的情况下。如果儿童能参加好玩的人际互动活动，还能因此而避开具有挑战性的玩具游戏，那么你们的常规时间只会越缩越短。为了让儿童在游戏常规中待久一点，你可以尝试使用"先……再……"的言语辅助或视觉提示，让儿童明白你收到了她对人际互动活动的请求，但在这之前你们需要先完成游戏。你还可以将人际互动活动纳入常规之中，让它成为常规的一个步骤。

为什么儿童在不同常规中的参与状态会有如此大的差异？

儿童在不同常规中有不同的参与状态，原因有很多。最显而易见的情况，是儿童对常规步骤不感兴趣、常规步骤不符合儿童的技能水平以及儿童对同一种事物产生了厌倦心理。在干预开始和结束时，儿童的参与状态可能也不会太好。另一种常见的解释是常规的复杂程度。有时，你的目标技能和常规的要求水平也会影响儿童的参与和调节状态。如果儿童已经掌握了实体组合的游戏技能，那么他在这一级别的常规中就会有更高的参与度，常规的时间会更长，他也会有更多的主动发起，因为这些步骤都是他适应和熟悉的。如果是更加复杂的施动级别的常规，常规步骤大多是儿童不太熟悉的，可以想象，儿童就不会有很高的参与度，常规时间会缩短，主动发起也会减少。不同常规有不同的发展节奏。支持儿童同时发展多个不同的技能是一个不错的办法。我们的目标是，就算儿童在不同常规中有不同的参与状态，他们在每个常规中的参与状态都能呈现上升的趋势。

15.4.3 案例分析

接下来，我们通过几个案例说明如何使用这些核心和条件策略来应对干预中的各种挑战。

✉ **善始不善终**

亲爱的 JASPER：

在干预开始时，孩子的状态很不错。她从我布置的几个常规中选了一个，在建立起基础之后，很快就开始发起拓展。我感觉我们的拓展总共有 20 个之多。比如，在城堡主题常规中，我们搭建城堡，王室成员骑马进入城堡，海盗突袭城堡，有时护城河泛滥，人们不得不爬上城堡的塔楼……但是没过多久，她似乎就对这个常规失去了兴趣。我一直尝试加入新的步骤，但她开始坐立不安，最后索性脱下鞋子，开始玩鞋带。这时，我清走原来的玩具，又拿出新玩具。但她已经不能像一开始那样快速做出选择了。我不知道怎样才能保持她的兴趣。接下来我该怎么办？

感谢帮助！

善始不善终

亲爱的"善始不善终"：

你们能发展出这么有创意又这么复杂的常规，很厉害！但是，无论多么有活力的常规，在一段时间后，其中的玩具和故事也会让儿童生厌。这是不可避免的。你要做的是及时发现儿童的兴趣正在减弱，并在她失去参与状态之前提供新的玩具选项。你能评估你们的常规并注意到你需要进行更多的拓展，这一点很不错。这里再给你一些建议。以海盗主题常规为例，你可以打乱原来的步骤，以同样的材料，建立新的基础，展开不同的故事。你也可以保留海盗主题常规的原有基础，然后制造机会，把它串联到其他常规上去。比如，如果你们在城堡里玩公主和骑士的游戏，你可以拿出食物玩具，将当前常规串联到烘焙主题常规上去，之后可以再举行宴会。不过，如果儿童目前对这些材料已经不那么感兴趣了，你也可以在干预开始时直接提供其他的常规选项，同时把海盗们放到一边。随着游戏的自然发展，你也许还有机会用海盗来做拓展或串联。

继续游戏！

JASPER

✉ **我都想要**

亲爱的 JASPER：

我正在带的这个孩子才刚开始接触 JASPER。他的游戏技能还比较初级，所以我跃跃欲试，准备好好发展他的游戏技能。目前的状态是我们的常规时间比较短，人际互动时间比较长，因为他对玩具不是特别感兴趣。每当我发现他在常规中状态欠佳（比如，开始转过身去或不再伸手拿玩具），就会和他一起唱歌或玩挠痒痒游戏。但我发现我们玩玩具的时间越来越少了。我希望我们能建立更多玩玩具的常规，可是如果没有频繁的人际互动，我不知道如何推进这样的常规。怎样才能让我们的常规中有更多的玩具游戏和共同参与？

祝好！

我都想要

亲爱的"我都想要"：

你打算在干预中加入更多玩玩具的常规，这个方向是对的。对一些儿童来说，人际互动可以帮助他们更顺利地进入JASPER的干预过程。由于这个孩子才开始学习玩玩具，你和他进行一定的人际互动是恰当的。但我们要注意，不要等到游戏陷入困境或儿童陷入失调状态才开始使用人际互动活动，这样只会强化儿童逃避游戏要求的念头。及早在常规中加入儿歌活动并提高你的情绪状态以保持儿童的积极性，而不是等到儿童失去参与状态才加以应对。

继续加油！

JASPER

✉ 做蛋糕

亲爱的JASPER：

我确信我的学生目前正处于象征游戏的水平。在SPACE中，他会假装饼干很烫，也会给娃娃唱生日歌。这是我对他的第二次干预，我发现让他保持参与状态真的太难了。我引入了有趣的食物主题常规（一套厨具、一个生日蛋糕和一副隔热手套、几个娃娃和一套洗浴玩具），但他好像并不感兴趣。我感觉我一直都在给他示范游戏行为，但他完全没有跟上来的意思。请问是我哪里做错了吗？

祝好！

做蛋糕

亲爱的"做蛋糕"：

你能想办法围绕儿童已掌握的最高游戏水平展开游戏，很好！但仅凭这两个行为还不足以说明他已经掌握了象征游戏。目前看来，儿童参与这一水平的游戏尚有难度。你再回去看看他的SPACE记录，然后制订一个计划，以儿童已掌握的前象征游戏技能为基础建立常规。如果他对食物主题常规比较感兴趣，那么下次你可以继续使用这些材料。你可以试试常规组合级别的游戏：先拼搭一个蛋糕，再将蛋糕放入烤箱，或者切开蛋糕放到盘子里。如果他能很好地参与这个基础常规，那么你可以通过加入厨具或布置餐桌进行水平拓展。一旦顺利玩起来，你再想办法将它引向唱生日歌和给娃娃喂食，但不要操之过急。记住，如果在进行垂直拓展——给娃娃喂食——时发现儿童兴趣减弱，你可以通过自己吃蛋糕（假装自己）或重启，重新回到前象征水平的游戏中。

你做得很棒！

JASPER

15.4.4 ACT 实例

从以下个案实例中，你可以看到在干预过程中遇到参与问题时怎样使用 ACT 框架来排除问题。

儿童和成人正在建立一个宠物医院主题常规。他们搭建起宠物医院，将动物们放进去。儿童对这个常规很感兴趣，他们一上来就完成了好几个有趣的步骤。成人想要确认儿童已经能够轻松完成这些步骤，于是决定重启常规，但她发现儿童开始坐立不安。到第三遍的时候，儿童突然站起来，不再参与常规（见图 15.8）。此时成人才开始想办法恢复她的参与状态，但是非常困难，他们用了很长时间都没能重新建立起基础。成人对当前情况进行了评估，她决定早一点开始重启，并且认为在建立基础的过程中儿童可能需要更多的支持。但这些尝试并没有起效。于是她又觉得儿童需要的可能是拓展。她试着进行了拓展，这次情况有所改观，但她还不能确定是这个方法起了作用。她不知道接下来该如何进展，于是在干预结束时决定使用 ACT 框架来进一步排查问题。

她填写了 ACT 表格，表格样本见图 15.9。以下是对她的思考过程的分析。

图 15.8 在重启常规的过程中，儿童陷入不参与状态

- **评估情况**：成人注意到了常规和儿童行为发生的一些关键性变化。首先她发现，问题似乎出现在基础快要结束以及他们重启常规的时候。她还注意到，随着常规的推进，儿童开始焦躁地摆弄玩具，游戏兴趣也逐渐减弱。她意识到她的拓展引入得太迟了！这一判断是合理的，因为儿童已经越来越熟悉常规，她应该能比之前更早开始拓展。成人的计划逐渐清晰起来。
- **制订计划**：成人判断她不应该太频繁地重启常规，她决定早一点推出拓展选项。她还意识到她没有及时更新拓展选项，于是准备了几个她认为儿童会感兴趣的新步骤。万一儿童真的失去参与状态，她还准备使用条件策略——用一首歌来进行简短的人际互动，减少儿童游荡和不参与的时间。
- **检验效果**：在下一次的干预中，成人试用了她的计划。她在常规中密切监测儿童的表现。在第二次完成基础之后，儿童开始坐立不安。于是成人将拓展材料放到环境中，但儿童却转过身去。成人意识到她还是太迟了，儿童已经起身离开了。于是成人使用了人际互动以恢复儿童的参与状态。等到再次进行基础步骤时，成人早早就将拓展选项引入环境之中。儿童主动发起了一个新步骤。成人模仿，他们顺利拓展了常规！

ACT：评估情况、制订计划并检验效果

儿童：_____S.S_____   成人：_____W.S._____   日期：_____9月8日_____

评估情况：发生了什么？常规或儿童的行为出现了哪些挑战？

检查常规	检查儿童行为
—能够建立常规基础 —重启基础3次 —儿童在重启时出现困难	—儿童失去参与状态 —焦躁地摆弄玩具 —似乎对游戏不那么感兴趣了 *试试填写"检查儿童行为"！*

制订计划：我可以做些什么？我可以如何运用核心策略和条件策略来产生变化？

改变环境	改变你的行为	应对儿童的行为功能
—提高拓展选项的多样性	—加快拓展节奏 —密切留意儿童是否准备好向前推进 —选择拓展而不是重启 —加入人际互动	不适用

↑ **核心策略**　　　　　← **条件策略**

优先使用核心策略
- 布置环境
- 模仿和示范
- 建立游戏常规
- 拓展游戏常规
- 使用沟通策略
- 手势和语言的程序化
- 支持参与和调节
- 支持成效性游戏

考虑条件策略
- 引入视觉支持
- 使用指导性辅助
- 使用促进参与和调节的条件策略
- 准备逐渐撤出支持

检验效果：我的计划是否产生了预期的效果？未来还有哪些地方可以改进？

注意哪些因素起了作用	计划未来
—人际互动有效！ —早一点拓展也很有用	—基础一建立就推出拓展选项 —逐渐撤出人际互动活动 —预先搭好部分结构以加快重启 —准备更多可以相互串联的常规 　-去公园 　-制作并享用美食 　-回家

准备逐渐撤出支持！

图 15.9　ACT 范表（第 8 章工具表 8.1）

在干预结束后，成人又反思了她哪些地方做得好、哪些地方还有待提高。她提醒自己要尽早开始拓展，并且把人际互动作为帮助儿童保持参与状态的备用应急方案。事实证明这些应对是有效的，她很高兴儿童不再像之前那样频繁失去参与状态了。放眼未来，成人觉得儿童应该不需要长久依赖人际互动来重启常规，她打算更快、更有效地重置环境，逐渐减少儿童对唱歌活动的依赖。她甚至想到预先搭好一部分宠物医院，这样重启时就不需要完全从头开始，可以更快地回到常规之中。最后，她复盘了最近几周他们建立的常规，想到了很多将它们串联起来从而延长儿童参与时间的方法。

15.5 结语

随着时间的推移，在你的支持下，儿童的参与状态应该得到不断改善，儿童也能朝着目标不断进步。你们的常规时间应该有所延长，儿童协调互动的能力也应该得到提高，表现为能够发起更多的游戏和沟通。同样的情况，儿童原本比较容易失去参与状态，现在却能保持较长时间的参与状态了。这样的转变需要一定的时间。你必须持续监测儿童的参与状态，并根据情况给予恰当水平的支持。你还可以通过我们的培训，进一步学习相关内容并获得更多反馈。我们将帮助你根据儿童的具体情况做出个别化的应对，并实现这些策略与其他干预目标之间的平衡。在往下学习新内容之前，复习图 15.10 中的参与支持策略。

第 15 章小结

评估 参与状态	制订计划 促进参与	检验效果 计划是否促进了参与
○ 注意参与度良好的表现 ○ 注意参与度下降的表现 ○ 评估参与度下降的严重程度	○ 使用核心策略 　■ 促进参与 　■ 应对轻中度挑战 　■ 使用第 5～14 章的策略 ○ 考虑增加条件策略 　■ 使用人际互动 　■ 引入已熟练掌握的常规	○ 计划未来支持儿童的策略 ○ 积极预防行为的发生 ○ 逐渐撤出支持

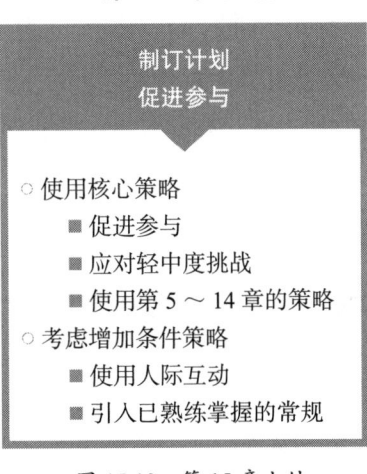

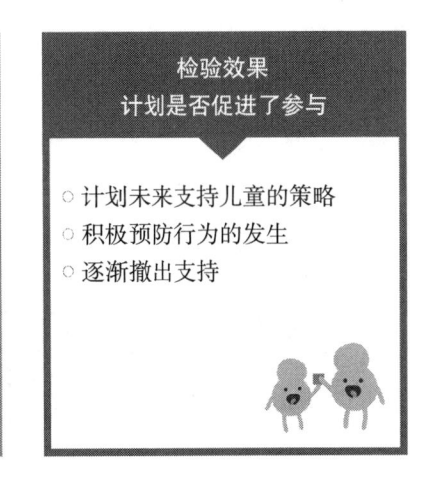

图 15.10　第 15 章小结

第 16 章

支持调节

16.1 引言

本章，我们将回到调节这个概念。正如第 2 章所述，ASD 儿童会比他们的典型发展同伴经历更多种类、更加严重的失调状态（Sofronoff et al., 2007）。作为 JASPER 干预师，在常规中支持儿童保持调节状态是你的责任。当儿童陷入失调时，我们的目标是帮助其恢复调节状态，并降低之后再发生失调的频率以及失调的严重程度。我们承认，这个过程可能并不容易，而且需要我们根据每个儿童的独特需要做出个别化的应对。我们已经在第 8 章为儿童调节打好了基础。这里，我们将采用 ACT 的问题排除框架，进一步促进儿童的调节并应对他们的失调状态（见图 16.1）。

我们首先介绍如何评估儿童当下的调节状态、发现儿童失调的早期信号以及对儿童的行为功能做出假设。接着，我们将介绍如何制订计划。和参与问题一样，我们也可以采用核心策略和条件策略来促进儿童的调节：运用第 5～15 章的核心策略来促进调节并应对失调，在特定情况下，再提供条件策略作为第二层支持，用来应对儿童的某种行为功能。最后，我们将讨论如何检验计划的效果并反思哪些方面还有待提高。我们不会在这里提供关于解决失调问题的全部信息，我们只对我们的方法做一个简介，并提供一些常用的策略。我们会把更多信息和反馈意见放到我们的培训中。在培训中，你将学习如何根据儿童的不同需求做出个别化的应对，以及如何实现这些策略与其他干预目标之间的平衡。

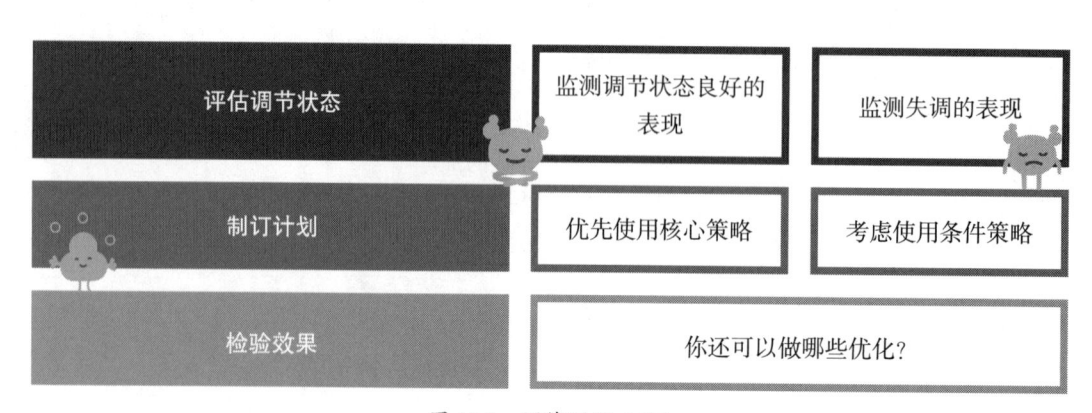

评估调节状态	监测调节状态良好的表现	监测失调的表现
制订计划	优先使用核心策略	考虑使用条件策略
检验效果	你还可以做哪些优化？	

图 16.1　调节问题 ACT

16.2 评估调节状态

为了支持调节，你必须在整个干预过程中积极监测儿童的调节状态。根据 SPACE 和最初几次干预的经验，了解儿童在调节状态良好和失调时分别有哪些表现（见图 16.2）。

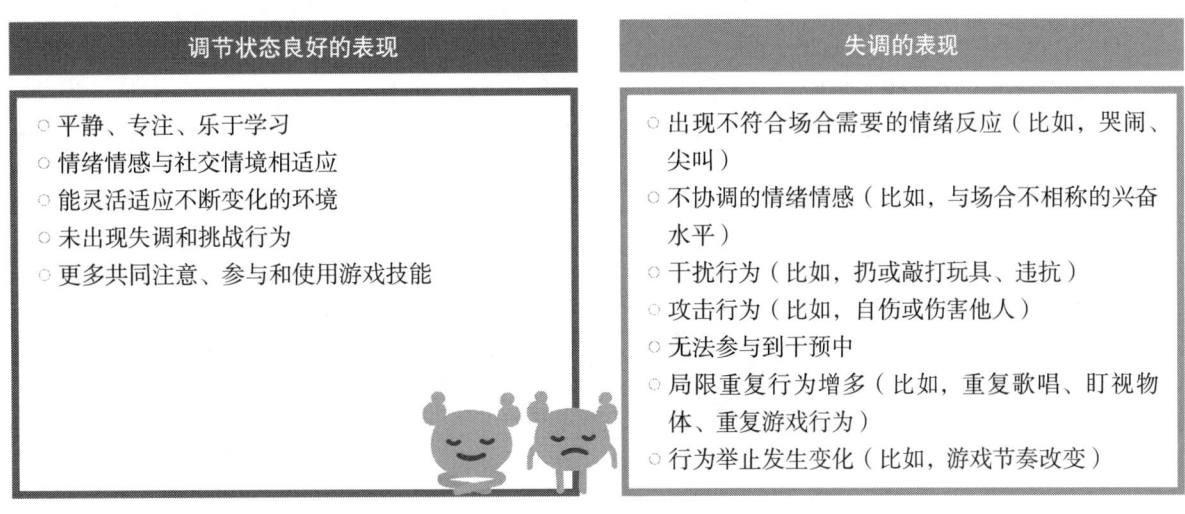

调节状态良好的表现	失调的表现
○ 平静、专注、乐于学习 ○ 情绪情感与社交情境相适应 ○ 能灵活适应不断变化的环境 ○ 未出现失调和挑战行为 ○ 更多共同注意、参与和使用游戏技能	○ 出现不符合场合需要的情绪反应（比如，哭闹、尖叫） ○ 不协调的情绪情感（比如，与场合不相称的兴奋水平） ○ 干扰行为（比如，扔或敲打玩具、违抗） ○ 攻击行为（比如，自伤或伤害他人） ○ 无法参与到干预中 ○ 局限重复行为增多（比如，重复歌唱、盯视物体、重复游戏行为） ○ 行为举止发生变化（比如，游戏节奏改变）

图 16.2　调节状态的各种表现

16.2.1　评估干扰程度

失调会对儿童和互动产生不同程度的影响。

- **轻微干扰**：你们可以继续推进常规，儿童可能需要也可能不需要额外的支持。儿童可能有点局促不安，情绪上显得不太愉快，或出现较多的重复行为。
- **中度干扰**：你们可以继续推进常规，但儿童需要你提供支持。儿童参与轮流的次数开始减少，开始扰乱环境（比如，将玩具摔下桌子），身体开始躁动不安。
- **严重干扰**：你们无法继续游戏，儿童需要帮助才能恢复调节状态。儿童会拒绝游戏、在空间里四处移动、以不恰当的方式沟通（比如尖叫）或表现出一定的攻击性。（最严重的失调状态包括攻击或伤害自己或他人。）

在出现严重干扰行为之前，儿童通常会表现出调节状态下降的一些早期信号。如果儿童自身调节能力不足，你对这些行为也置之不理，那么这种轻微的失调状态可能很快就会升级到严重程度。预防是最好的应对办法。尽可能去认识这些不易觉察的失调信号，以便你能及时提高支持水平，避免儿童彻底陷入失调状态。

如图 16.3 所示，当问题处于轻中度时，你一般可以采用核心策略来加以应对；而当问题变成中重度时，你就可能需要综合运用核心和条件策略。

评估调节状态

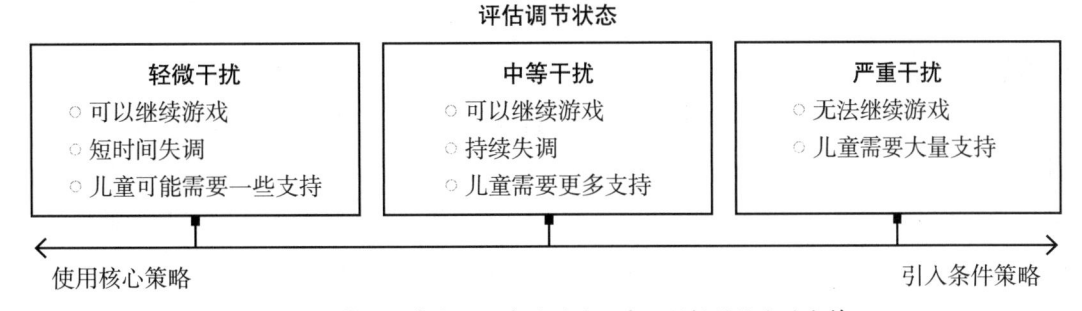

轻微干扰	中等干扰	严重干扰
○ 可以继续游戏 ○ 短时间失调 ○ 儿童可能需要一些支持	○ 可以继续游戏 ○ 持续失调 ○ 儿童需要更多支持	○ 无法继续游戏 ○ 儿童需要大量支持

使用核心策略　←――――――――――――――――→　引入条件策略

图 16.3　监测儿童失调状态的严重程度以便提供恰当的支持

16.2.2 评估行为功能

当儿童反复陷入失调或失调状态变得更为严重时，JASPER 会借鉴应用行为分析（ABA）的原理，从行为的四个常见功能来假设儿童出现干扰行为的原因，即社会性关注、逃避/回避、获得和自发/感觉（Fisher et al., 2011; Cooper et al., 2017）。假设行为功能有助于我们做出恰当的应对。关于行为的四个功能，如图16.4所示，并见下文简介。

社会性关注　　回避/逃避　　获得　　自发/感觉

图 16.4　行为的四种功能

社会性关注

当行为的目的在于获得社会性关注时，儿童常常会重复那些最能吸引他人注意力、最能引起他人强烈反响的行为。因此，他们会通过恰当或不太恰当的行为来寻求奖励或斥责。图16.4中，女孩为了获得成人的关注而将玩具放到头顶并朝成人做鬼脸。

逃避/回避

有些行为是为了逃避或回避。比如，避开某个常规或步骤，回避某种游戏要求、某个玩具，避免待在游戏室里，甚至避免与某人（比如，新的干预师）互动。在你增加步骤难度，比如，采用程序化方法或进行垂直拓展时，在你不断提高游戏灵活性时，在进行活动转换时，你会发现儿童的回避行为增多了。

获得

有些行为是为了获得某个东西。这个东西可能在当前常规中，可能在另一个常规中，也可能在干预之外。它可以是某个物品、某个人（妈妈或爸爸）或某件事（回家）。如果儿童的要求没有获得认可或满足，她就可能会陷入沮丧或失调状态。在图16.4中，女孩正试图拿取架子高处她喜爱的玩具。

自发/感觉

有些儿童会表现出异常的感觉行为，比如，重复的手部或身体运动、肌肉绷紧、对触感或某种质感的异常偏好或排斥、异常的视觉探索等。看到这样的行为时，我们一般先考虑行为的其他三个功能，因为这些行为可以直接或间接实现这些功能，比如，舔舐玩具可以获得消极回应（关注），摇晃身体可以避免与玩具互动（回避），敲打玩具可以代替言语请求（获得）。如果行为与这三个功能中的任何一个都不沾边，那么我们可以考虑"自发"功能，即这一体验能给儿童带来即时的内在的奖赏。换句话说，儿童的行为既不是为了得到什么（关注或获得），也不是为了避免什么（回避），而是这个行为本身对他具有奖励作用。比如，儿童盯着玩具是因为他喜欢玩具的外观，在桌上敲打积木是因为他喜欢敲打时的手感，咬自己的衬衫是因为他喜欢咬物时的口感。图 16.4 中的婴儿正将一只橡皮鸭放进嘴里以获得感觉输入。

16.2.3 理解行为

当发现儿童出现失调表现时，你往往需要考虑失调前后都发生了什么，从中理解行为承载了怎样的功能。失调的原因有时是比较清楚的，比如，儿童尖叫着将手伸向玩具（获得），但有时也出乎意料，令人费解。你不知道行为出于何种目的、受什么因素的触发，更不知道该如何应对。理解行为的方法有很多，最常用的莫过于使用前提 – 行为 – 后果即 ABC 图表（类似于本章最后的工具表 16.1）来追踪儿童在一段时间内的行为表现。我们首先描述行为，再考虑行为发生前后分别发生了什么。这些信息有助于你假设行为的功能，从而做出更好的应对。工具表 16.1 最好搭配工具表 8.1（ACT：评估情况、制订计划并检验效果）一起使用。

16.3 制订计划，促进调节

本节，我们将讨论在干预过程中支持儿童保持调节状态的核心和条件策略。这些策略就是你的支持工具箱，你可以根据儿童的个别化需要和行为对儿童参与状态的干扰程度，有选择地运用它们。当行为干扰程度处于轻中度时，一般采用核心策略就够了；而当干扰程度处于中重度时，就需要评估行为的功能并综合运用核心和条件策略。如果儿童的行为会给自身或他人带来危险，你还需要和行为专家共同制订干预计划。图 16.5 简单概括了用来支持调节的核心和条件策略。

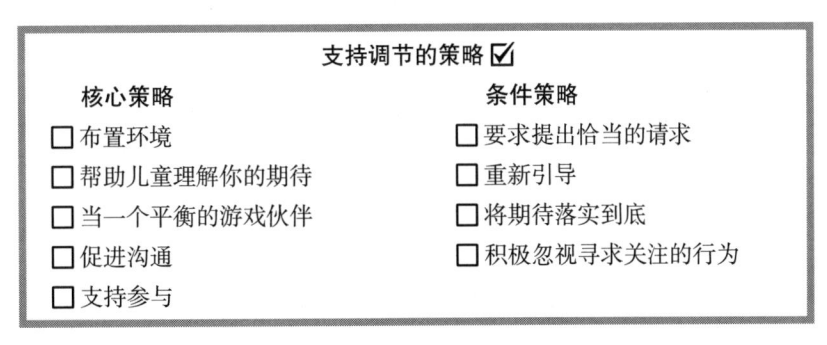

```
           支持调节的策略 ☑

核心策略                    条件策略
☐ 布置环境                  ☐ 要求提出恰当的请求
☐ 帮助儿童理解你的期待      ☐ 重新引导
☐ 当一个平衡的游戏伙伴      ☐ 将期待落实到底
☐ 促进沟通                  ☐ 积极忽视寻求关注的行为
☐ 支持参与
```

图 16.5　支持调节的策略

16.3.1 核心策略

第 5 ~ 15 章的策略可用来支持调节。在下面各节中，我们将介绍运用核心策略（下划线部分）促进调节及应对早期失调的方法。然后，我们还将通过几个案例来展示这些策略在常规中的具体使用方法。

布置环境

当物理空间或常规不够清晰时，儿童常常会陷入失调状态。所以，你应该<u>精心布置环境</u>，让儿童更容易明白你的期待。给儿童一个明确的座位。用隔断或书架之类的物理屏障制造出更小、更清晰的游戏空间。提供符合儿童发展水平的游戏选项，保证游戏不会太难，也不会太无聊（见图16.6）。在开始游戏后，你也许会发现某些玩具容易让儿童分心并最终导致失调。你需要移走干扰物，稍后再评估是否重新引入它们（见第17章）。

图16.6　成人利用SPACE的评估结果来促进儿童的调节状态

帮助儿童理解你的期待

当儿童不确定你期待他做什么的时候也容易出现失调。在设定期待时，使用清晰的、与儿童发展水平相适应的指令。需要的话，还可以通过视觉支持来增进理解（见图16.7）。保证你们在积极的氛围中开始和结束干预。在儿童失调时保持清晰、明确和始终如一的态度。你越慌乱、话越多，就越容易加重儿童的失调状态。如果你不确定该做什么，最好停下来想一想，而不是盲目行动。儿童也可以利用这个机会自我调整。就算儿童调整不过来，至少你有时间评估情况并做出理智的判断。在转入和转出干预时儿童也容易失调，因此，在干预开始和结束时采用稳定的过渡计划来支持转衔，让儿童知道接下来要做什么。更多信息见第8章。

图16.7　成人给儿童展示视觉时间表以设定对儿童的干预期待

当一个平衡的游戏伙伴

当儿童陷入失调状态时，你还可以对常规各方面和你自己的行为做出调整。如果常规要求太高，让儿童不堪重负，你可以通过返回到基础或重启常规调节要求水平。如果你总是督促儿童玩目标水平的游戏或使用目标水平的沟通技能，就会让儿童承受很大的压力，最终导致失调。在这些时候，你要给儿童提供时间和空间主动提出请求或发起游戏想法。你还要调节你的游戏或沟通节奏。

另一方面，失调有时不是因为常规太难，而是太简单。它说明儿童厌倦了现有的常规，已经准备好接受新的事物了。在这种情况下，你应该提高要求难度。你可以综合运用水平拓展和垂直拓展，让常规既不会太难、太令人挫败，也不会太简单、太无聊。示范恰当的情绪情感并做必要的调节，让儿童学习在与游戏伙伴保持联结的同时有效表露自己的情绪情感。更多信息见第 8～11 章。

促进沟通

帮助儿童以恰当的方式沟通以减少挫败体验。通过程序化策略发展请求和共同注意手势，帮助儿童更好地表达想法和需求（在某些情况下，还会使用 SGD 设备）。对很多儿童来说，失调向来都是一种有效的沟通方式。而导致失调的原因可能就是不被理解或未得到回应。我们要保证所有儿童都能以恰当而有效的方式沟通。如果你不能立刻满足儿童的请求，那么对这个请求做出回应，通过与儿童发展水平相适应的方式，说明你会在什么时候、以怎样的方式满足这个请求。更多信息见第 12～14 章。

支持参与

失去参与和失去调节这两种状态常常同时发生。参与度的下降可能会导致失调状态的加重。反过来，失调状态的加重也会导致参与度的下降。注意儿童的这两种状态是如何相互影响的，以便你及时发现情况并快速做出应对。在做出应对以后，通过支持参与的策略帮助儿童冷静并重建联结。需要的话，你可以在儿童失调后使用短时的人际互动、引入一个比较容易的常规或进行一个简短的替代活动，帮助儿童恢复联结和参与状态。更多信息见第 15 章。

完成练习 16.1，从我们讨论过的 JASPER 策略中选出适合各个场景的最佳策略。

练习 16.1 支持调节

为各场景选择最恰当的策略来支持调节。

互动情况描述	潜在策略
1. 在常规中，儿童有很多想法，但不能很好地表达出来。当你没能配合她的想法时，她会很沮丧。可你实在无法理解她在表达什么。	A. 尝试使用 SGD 设备 B. 增加环境的结构性 C. 支持转衔
2. 你和儿童建立了一个常规，包括一个稳固的基础和几个垂直拓展。然后，你又示范了一个目标级别的游戏步骤。但儿童却大声唱起歌来，也不再参与轮流。	A. 回到基础 B. 平衡水平和垂直拓展 C. A 或 B
3. 在儿童所在幼儿园班级进行干预时，儿童总是哭哭啼啼，还在教室里四处游荡。	A. 增加环境的结构性并提供其他支持 B. 给儿童提供时间和空间 C. 提高你的情绪
4. 在将所有形状块放入形状分类器后，你发现儿童在椅子上扭来扭去，身体也不再朝向你。他眼睛看向墙壁，不再参与轮流。	A. 通过程序化促进沟通 B. 考虑调整你的常规节奏 C. 提供清晰而明确的指导

16.3.2 条件策略

应对中重度的失调除了使用第 5～15 章的核心策略之外，往往还需要更多支持。它们可能还需要用到以下条件策略：要求儿童以恰当的方式提出请求、重新引导儿童、帮助儿童落实你的期待以及积极忽视不恰当的寻求关注的行为。当然，这些策略并不适用于所有的行为或情况。你必须先评估行为的功能，然后从中选择合适的策略来加以应对。在这个过程中，我们的目标不是压制或惩罚儿童的失调行为，而是帮助他们以更恰当和有效的方式来表达他们的体验，同时更好地参与到常规中来。接下来，我们将分别介绍各个条件策略的基本使用原则，并举例说明如何将它们与核心策略搭配起来使用。

要求提出恰当的请求

当处于失调状态时，儿童也许不再能进行沟通，或者会用一些不太恰当的策略来提出请求，比如尖叫或哭喊。如果我们不能始终如一地要求儿童用符合他们发展水平的方式来沟通，就会让儿童觉得这些不恰当的行为是有效的。把失调当成一个机会，利用它来改变儿童现有的行为方式，帮助儿童理解新的期待、学习新的技能或沟通方式。在儿童陷入失调时，要求他们使用某个恰当的技能（最好是一个已经掌握了的技能）。设定期待，然后帮助儿童恰当应对，从而将这个期待落到实处。请看下面这个例子：

> 儿童因为想要某个玩具而尖叫，于是你教她如何发出恰当的请求。你首先示范说"还要"（或者在 SGD 上点击"还要"图标）。当儿童再次尖叫时，你举起积木并暂停。如果儿童没有反应，你可以给出一个言语辅助，比如"还要吗？"如果儿童仍然没有反应，你可以再给出一个更加具体的言语辅助："说'还要'。"或帮助她点击 SGD 上的图标。

在短期内，这个过程可能会加剧儿童的失调状态。因此，务必保证你的期待是清晰的，并且你能通过辅助帮助儿童成功实现这一期待。如果你无法满足儿童的请求，可以尝试使用接下来的两个策略：<u>重新引导儿童</u>，然后<u>帮助儿童落实你的期待</u>。

重新引导儿童

引导儿童远离造成干扰或失调的源头，转向更恰当、更有成效的选项。重新引导的方式有很多。你可以先采用暗示性辅助，比如，将玩具往前移或示范新的行为。根据不同的行为功能和干扰程度，你可能还需要使用指导性辅助来进行更加清晰的说明或提供视觉支持（关于视觉支持和设定清晰的期待，更多内容见第 8 章）。通过简短的人际互动活动帮助儿童建立人际联结也是一个不错的引导方法。但要注意避免把人际互动变成对失调行为的强化，尤其是逃避和寻求关注这两种行为。如果儿童仍然想要那些已经不再具有成效的玩具或活动，你就要快速移除该物品，然后提供其他选项。比如：

- 一个学步期幼儿总是黏着她的照料者，但照料者不想一起参加干预。于是你轻轻唱起她最爱的歌曲，还给了她几个特别好玩的玩具，帮助她顺利进入干预。
- 儿童不断问你要他最喜欢的那个娃娃，但你知道他不会用它进行成效性游戏。因此，你告诉他现在不能玩娃娃，然后示范了一个有趣的新行为以继续你们当前的常规。

将期待落实到底

我们在第 8 章介绍了建立干预期待的一系列策略。当儿童出现失调情况时，你要想办法帮助儿童按照你的指导行事，将你的期待落实到底。儿童在情绪不佳时更难以处理信息，因此，你此时的指导一定要清晰且始终如一。明确说出你想让儿童做什么（比如"坐下""该玩游戏了"）。尽量使用相同的词语和短句，语气要平和，表达要直接，并且每次都遵循同样的流程。谨慎选择你的指令，只提那些你愿意帮助执行的要求，因为儿童可能需要你通过辅助帮助他们将这些要求落到实处。举例来说：

- 在干预即将结束时，因为玩具组里少了一个玩具，儿童非常懊恼，甚至坐地大哭起来，边哭边尖叫着"回家！"等她稍稍平静后，你摆出两个她已经熟练掌握的常规选项，平静地说："再玩 5 分钟。"你引导儿童参与到熟悉的常规之中，并通过保持环境整洁、摆出选项和示范促进参与和调节，从而在积极的氛围中结束了干预。
- 儿童把玩具全都扔到了地上并不停喊着："结束！结束！"你向他展示"先游戏，然后结束"的视觉时间表，还平静地读出上面的文字内容。然后你采用核心策略，比如，环境布置、模仿和示范，帮助他重新参与到游戏之中。

积极忽视寻求关注的行为

积极忽视是指你故意不理睬儿童表现出的寻求社会性关注的行为。比如，如果儿童扔玩具、反复敲打玩具或一边啼哭一边察看你的反应，那么，忽视该行为，并将注意力从儿童身上移开（见图 16.8）。积极忽视有不同的程度。你可以通过以下这些策略减少你的回应：目光下移，移开视线；转过身去，不再正对儿童；保持沉默，对沟通不予回应；将情绪回落到比较平淡的水平。注意不要做得过于明显，否则它会变成一种回应。在大部分情况下，视线下垂或微微转身就够了。虽然出于安全方面的考虑，有些行为是不应该被忽视的，但即便在这样的情况下，你也还是要想想怎样减少目光接触和调节语音语调，避免强化儿童寻求关注的行为。

图 16.8 成人积极忽视儿童寻求关注的行为

下面举几个积极忽视儿童的干扰行为的例子：

- 儿童在活动中哭哭啼啼并抬头看你的反应。你忽视她的啼哭,快速示范了一个游戏行为并递给她一个玩具。
- 儿童假装让动物玩偶吃人偶。你开始模仿这个行为,但很快发现这是一个寻求关注的行为,因为儿童一直重复这个行为,还大笑着看向你,越来越兴奋。于是你不再模仿,而是积极忽视,并示范了一个恰当的、激动人心的拓展步骤,比如,让动物玩偶去看马戏表演。

如果失调状态特别严重或持续造成干扰,那么除了以上策略,你还需要给予更多支持。更多这方面的信息,见备注 16.1。关于四种行为功能的不同表现、举例和潜在的应对方法,见表 16.1。接下来,完成练习 16.2,平衡运用核心和条件策略来应对各种失调状况。

表 16.1 行为的功能

不同功能的行为表现	举例	潜在的应对方法
社会性关注 - 行为发生时直接看向某人 - 行为发生时/后微笑和大笑 - 在得到回应后行为增多	- 儿童没有将比萨馅料放到比萨饼上,而是放进了嘴里。这样做的时候,儿童抬头看你,并对你微笑。	→ 降低情绪状态,冷静地阻止儿童将馅料往嘴里放;转到使用大尺寸玩具的新常规中,使儿童无法再将玩具放进嘴里,避免窒息风险。
	- 当你在常规中示范一个新步骤时,儿童打了你的手,然后等着看你的反应。	→ 积极忽视:将你的手放到儿童够不到的地方,再示范新步骤。
逃避/回避 - 身体上避开某个地方(比如,跑开) - 当要求停止时,行为也突然停止 - 当要求持续时,行为增多或加重	- 儿童躲到桌子底下。 - 儿童闭上眼睛玩"消失"。 - 当成人示范当前玩具的新玩法时,儿童玩起另一个玩具。	→ 调整环境,使之更加结构化。 → 调整节奏并提高情绪以促进参与并建立常规。 → 将游戏要求调整到与儿童发展水平相适应的范围内。
获得 - 请求或寻找某个物品 - 当儿童获得物品时,行为停止 - 当儿童拿不到物品时,行为加重	- 儿童想看动画片,于是在房间里四处寻找他的平板电脑。 - 儿童反复问你要红色积木,直到她拿到所有红色积木。	→ 引入"先游戏,再看动画片"的视觉提示。 → 调整环境,引入不同颜色的积木。 → 如果你们因此而无法建立起常规,引向一个新的常规。
自发/感觉 - 表现出重复性的感觉行为:向上推下巴,明显不安,盯视、敲打物体或将物体含在嘴里	- 儿童一边转动车轮,一边盯着看。 - 儿童一边游戏,一边在座位上来回摇晃身体。	→ 考虑其他玩具选项,将带轮子的玩具移出常规。 → 支持参与并继续当前常规。

> **备注 16.1　严重而持续的干扰行为**
>
> 当失调状态较为严重且持续带来干扰时，你可能需要启动临时计划来帮助儿童恢复调节和参与状态。这种情况常见于干预开始时、干预结束时或儿童陷入严重失调状态（比如，持续了好几分钟）之后。为了降低失调的频率和严重程度，你需要在一段时间内提供额外的支持，再随着儿童的适应而逐渐撤出。比如，我们可能会使用代币记录板来强化儿童的积极行为。我们也可能会设计一个**替代活动**来帮助儿童顺利转衔。在这种情况下，我们不再要求儿童参与游戏，但仍保留干预的其他要素。比如，给儿童展示符合他语言水平的书，以此来示范共同注意技能。我们还可能会按照事先的计划，在干预中穿插一段短暂的休息时间。这些策略相对于我们的一般规则来说都是例外，只在极个别的情况下短时间使用。比如，当儿童持续哭了 10 分钟而迟迟无法开始干预的时候，你可以通过读书活动建立和他的联结，并让他冷静下来。第一次干预，你们可以阅读 3 分钟，第二次干预减到 2 分钟，第三次再减到 1 分钟，第四次就可以用一个已经熟练掌握的常规来引入干预。这种应对方式必须是高度个别化的，因此不在本书讨论范围内。你可以通过我们的培训获得更多相关信息。

练习 16.2　应对失调

根据儿童的失调状况，选出最佳的应对策略。

1. 儿童将桌上的玩具纷纷推落到地上，于是你说："玩具放着别动。我们来玩游戏！"你调动起情绪，让常规显得更加有趣。但儿童继续推落玩具，还冲着你笑。你接下来应该怎么做？
   A. 忽视儿童的行为并示范一个新的常规步骤。
   B. 帮助儿童捡起所有掉落的玩具。
   C. 通过唱生日歌进行人际互动。
   D. 再次要求儿童停止这一行为。

2. 儿童被海盗船吸引，陷入与物互动的状态。于是你决定移走海盗船。你说："我数到三，你把船放下。"你数到了三，说："把船放下。"然后迅速将船移出儿童的视线范围。儿童在接下来的干预中不断问你要船，还不时尖叫和哭闹。你应该如何应对？
   A. 忽视儿童的请求，继续游戏。
   B. 先尝试重新引导，但如果儿童生气，就重新拿出海盗船。
   C. 使用视觉时间表，告诉儿童"先游戏，再给船"，再将她引向新的玩具选项。
   D. 降低游戏级别，减少她的挫败感。

3. 干预才开始 5 分钟，儿童就离开座位，钻到桌子底下。对此你该如何应对？
   A. 接受儿童不想游戏这一现实，结束干预，以后再设法逐渐延长干预时间。
   B. 教儿童说"结束"，并帮助他选一个新的玩具。
   C. 使用视觉时间表提醒儿童"先游戏，再休息"。
   D. B 或 C。

16.4　检验你的计划是否促进了调节

在实施你的计划之后，评估其中哪些方面起了效果，哪些方面还有待提高。问题排除是一个持续的过程，你永远会有提升的空间。在接下来的几个小节中，我们将介绍如何在儿童失调后恢复与儿童的联结，以及如何逐渐完善你的应对方法。然后，我们还会回答几个常见问题，并通过一个实例说明排除问题的过程。

16.4.1 恢复联结和参与

制订计划，看看在儿童失调后你可以如何支持调节和参与。否则，儿童可能很快又会陷入失调状态。

强化积极行为

只要儿童冷静下来、开始做一些有成效的事情，你就应该快速强化这些恰当的行为。一般来说，我们会通过展现积极的情绪情感和模仿提供自然的强化。个别情况可能需要用到言语表扬来增加强化效果，但这种做法属于特例，仅限于儿童结束失调状态、开始表现出恰当行为的时候使用。

重新回到常规之中

随着儿童逐渐恢复调节状态，你可以开始帮助儿童恢复参与状态（使用第 15 章的策略）并重新回到常规之中（使用第 9 章的模仿策略和第 10 章建立基础的策略）。在回到常规之前，你可能需要使用促进参与的策略重新建立与儿童的联结（见第 15 章 15.3.2）。

16.4.2 计划未来

随着干预的推进，你应该看到儿童调节能力的不断提高——失调次数减少、失调程度减轻、失调状态的持续时间越来越短。请使用以下策略不断完善你的方法。

预防失调的发生

随着你对儿童的逐渐熟悉，你会注意到儿童的各种行为模式。不要等到失调发生才加以应对，而要提前采取措施促进调节，防止问题变得严重。复习第 8 章的策略，然后按需取用，再想想常规和你自身行为还有哪些可以改进的地方。然后，注意你的应对产生了怎样的结果。确保你没有强化儿童的干扰行为。

逐渐撤出支持

持续评估你的计划。随着计划的持续实施，儿童应该更容易理解你的期待，需要的支持也越来越少。想办法逐渐撤出你的支持，减少儿童对这些额外措施的依赖。理想的情况下，我们希望儿童能学会新的行为模式，在干预之外的环境中，在没有额外支持的情况下，也能与人成功互动。

你还要记得你有其他干预目标要实现。你可能发现，当你加入更有难度的步骤，比如进行程序化或垂直拓展时，当你增加灵活性时，或者在转衔时，失调情况会变得严重。所以，在完成这些比较具有挑战性的目标时，你要注意选择时机，要将它们安排在儿童比较可能成功的时候。比如，在儿童积极性较高时进行程序化会比在参与状态不佳时更加有效。当然，再多的支持也不保证我们一定能够防止失调的发生。有时，为了实现其他的干预目标，我们有必要先解决儿童的失调问题。

16.4.3 常见问题

本节，我们将回答你在支持调节过程中可能会遇到的常见问题。

当儿童陷入失调时，怎样应对才更加有效？

一发现失调信号，马上做出有效的应对。这样可以避免挤占太多的常规时间。具体建议如下：

- 及时发现儿童参与状态下降的各种表现并做出应对。不要等到儿童完全失调才开始应对。拖延越久，应对起来越是麻烦。
- 强化儿童的良好表现。一旦儿童停止非期望行为或再次表现出你期望的行为，立刻做出回应。这一点非常重要。
- 不要强化非期望的行为。
- 一旦儿童冷静下来，帮助他重新回到常规之中。在某些情况下，你可能需要用到支持参与的策略，比如，通过短时间的人际互动促进转衔。（在使用促进参与的策略时注意不要强化非期望的行为。避免陷入失调－简单互动活动－失调的循环，耗费太多本应用于常规的时间。）
- 如果儿童的失调情况比你预想得更为严重，排查互动的其他方面是否存在问题。

如何避免强化非期望行为？

注意你可能会在无意中强化儿童的挑战性行为。比如，如果你责怪儿童反复开灯关灯，它可能就会发展成一个不恰当的寻求关注行为。同样，如果你在儿童啼哭时给她拥抱或新玩具，这可能也在无意中强化了儿童的逃避行为。注意你的应对产生了怎样的结果。它**在一段时间内**增加还是减少了行为的发生？有些策略可以在当时有效缓解失调状况，却在之后给你带来长期的挑战。因此，要保证你的应对方法既有利于即时目标，也有利于未来目标的实现。

如果儿童行为变得更加糟糕，是否意味着我哪里做错了？

有时，你会觉得你的应对方法不仅没能缓解反而加重了儿童的失调状态。这种情况不一定是你哪里做错了。当你为了减少挑战性行为而对儿童施加新的要求时，儿童的行为在短期内可能会变得更糟，但之后会逐渐好转（即 ABA 所说的"消退爆发"）。

16.4.4 案例分析

再举几个例子来说明使用核心和条件策略促进调节的方法。

✉ **这是逃避吗？**

亲爱的 JASPER：

> 我正在给一个6岁女孩做干预。我们玩了很棒的食物游戏：将冰激凌球一个个叠套起来，还一起做了沙拉。但我发现，每当我在常规中加入娃娃或动物时，她就会要求上洗手间。这是我们玩食物玩具时从未有过的情况。等我带她去洗手间的时候，她又不想上了。所以，我认为她不是真想上洗手间，而是想逃避常规的新变化。我们在来回洗手间的路上浪费了很多时间。

上次干预,她继续提出这样的要求,我试着对其中一次进行了忽视,因为她确实已经上过了,她就尖叫着躺到了地上。怎样才能让她跟上我的步调?

祝好!

这是逃避吗?

亲爱的"这是逃避吗":

你的侦探工作做得不错!从你的评估来看,她会在你加入一个更高级别的前象征游戏步骤后要求上洗手间。在制订解决这个问题的计划时,你也许可以考虑在你的食物主题常规中再增加一些组合步骤,让游戏难度保持在儿童比较容易应付的水平上。比如,你可以尝试加入一些常规组合的步骤,比如,用勺子舀冰激凌球。你也可以考虑假装自己的步骤,比如,将舀着冰激凌的勺子送到嘴边。你还可以找找是否有其他更能吸引儿童的角色或人物模型。如果她还是要去洗手间,那么,用清晰的语言告诉她现在是游戏时间,然后继续坚持游戏。试着建立先去洗手间再开始干预 – 游戏 – 需要时再去洗手间的习惯模式。你可以用视觉时间表来帮助她认识这一模式。在展示过视觉时间表之后,引导她重新回到常规之中,并继续尝试拓展。要解决这个问题可能需要一点时间,请耐心坚持!

祝好!

JASPER

✉ 为什么总是哭哭啼啼?

亲爱的 JASPER:

我这个孩子在干预过程中总是哭哭啼啼的,还一直问我要没有摆出来的玩具。我设法让他玩我准备在桌上的玩具,但他就是不停地要新玩具。可当我真的拿出新玩具时,他其实也没怎么玩。我不知道该怎么办,因为他好像玩什么都没兴趣。要和他一起建立一个稳定的游戏常规实在太难了。请帮帮我!

为什么总是哭哭啼啼?

亲爱的"为什么总是哭哭啼啼":

儿童之所以哭、之所以问你要玩具,可能是在逃避干预中的游戏要求。既然假设了这样的行为功能(获得和逃避兼有),我们就可以采用一些策略来促进他的调节和参与。这个问题应该用核心策略来解决。在环境布置上,你可以先选几个儿童感兴趣并与他的发展水平相适应的玩具。一旦儿童选定了他想要的玩具,减少环境中的玩具选项。你可能需要将一些玩具收起来(使用比较牢固的容器),以免他看见所有玩具选项。为了防止他选了一个又要求另一个,你需要快速示范一个有趣的步骤,并鼓励他跟上(比如,递给他一件玩具),从而开始轮流,让常规持续运转下去。你应该坚持跟他玩他选出的这个玩具,让他明白,一旦他选定了某一个玩具，接下来的几分钟，你们就会一起玩这个玩具。

祝顺利！

JASPER

✉ 只学习不玩耍

亲爱的 JASPER：

我刚开始接触一个孩子，他接受过各种不同的干预，现在换到 JASPER，感觉还不太适应。他极少口语，但从之前的干预中学过几个短语。在干预过程中，如果他厌烦了或不想玩了，就会哭着说："不玩了！不玩了！"一开始，我还觉得这是一种恰当的沟通行为，值得强化，所以会让他停下来休息一下。但现在这种行为实在太频繁了，我们连基础常规都快推进不了了。怎样才能让他明白我理解他的请求，同时又不完全放弃我的干预目标？我应该对他置之不理，只管往下推进吗？

谢谢！

只学习不玩耍

亲爱的"只学习不玩耍"：

你能评估孩子的行为，注意到某些地方不太对劲，这很好。我们当然要肯定孩子在这些情况下做出了功能性的沟通。在这一点上，你似乎做得很不错。但你也在这个过程中无意强化了他的一些逃避行为。JASPER 可能与孩子以前受过的干预差别很大，他还不太适应在干预中全程保持游戏和互动。你可以采用以下策略来设定清晰的期待，帮助他参与到干预之中：首先，做出言语答复，让他知道你听到了他的话（比如"玩几分钟"），然后示范返回到常规以重新引导他。如果他还是说"不玩"，冷静地出示视觉时间表，更加清晰地表达你的期待。不要停下干预，这样会让他的要求得到很大的满足（会进一步强化他的逃避行为），简单展示一下视觉时间表，然后引导他回到常规中。此外，避免过于频繁地撤换玩具或进行人际互动，因为这样也会导致他的逃避行为。试着增加更多拓展玩具，让儿童在发生逃避行为之前有机会接触到新的玩具选项、进行成效性的游戏。

继续加油！

JASPER

✉ 猫狗满天飞

亲爱的 JASPER：

我正在给一个不到 3 岁的幼儿做干预。之前几次干预，我都遇到了困难。开始时一切顺利，但没过几分钟，当我试着对基础常规进行拓展时，她就开始出现越来越多的失调行为。比如说，我们正在用磁力片搭一个结构，我试着往里边放了几个小猫和小狗模型。她就开始尖叫，还叫得特别大声，边叫边看着我，然后抓起动物模型往房间一头扔去。我想，可能是使用动物模型这个步骤对她来说难度较大，她想逃避这个任务，于是告诉她不许扔，并让她把地上的动物模型捡了起来。但等我再次尝试拓展时，同样的情况又发生了。我怎样才能减少这种干扰性行为呢？

谢谢！

猫狗满天飞

亲爱的"猫狗满天飞"：

好问题！首先，想想你的拓展步骤处于哪个游戏级别。如果儿童不知道怎么玩这个玩具，或者不知道怎样以富有成效的方式玩这个玩具，那么他们的失调状态往往就会加剧，以致出现扔玩具这样的行为。以儿童目前的能力，她可能还无法往儿童施动级别的步骤拓展。如果你想进行垂直拓展，可以发挥她现有的拼搭能力，试着往实体组合的方向发展。然后，你还应该想想行为（喊叫和扔模型）的功能。除了逃避，这一行为可能还有寻求关注的意味。下次当她再扔模型的时候，尝试积极忽视，转移你的视线，然后再次示范将模型放入。你还可以整理环境并递给她一个模型，让你的期待更加明确并降低难度要求。或者，你可以直接用言语清晰地表达你的期待（比如"先玩小狗，再玩其他玩具"），并提供恰当的支持，帮助儿童落实这一期待。比如，你可以要求她将一个模型放入，然后结束这个步骤，开始玩另一个玩具。这样，你既没有强化她消极的寻求关注行为，还很好地落实了你设定的期待。

你可以的！

JASPER

16.4.5 个案实例

下面，我们举一个实例来说明如何在ACT框架下运用你至今所学的策略来支持调节。

成人和儿童建立了一个基础常规：将盒子套嵌起来，将盒子倒出，再将盒子搭成高塔。儿童特别喜欢推倒盒子并咯咯大笑，然后大喊"倒了！"。此时成人会微笑着推倒盒子说："倒下了！"然后，成人再次示范搭起盒子。儿童却重复了刚才的行为，而且比上一次更加兴奋。成人和儿童一起推倒盒子，一起哈哈大笑，他觉得儿童热情如此高涨，他们的常规基础应该建立起来了。于是，成人拿出小人和其他搭建材料，准备开始拓展。他试着为拓展提供支持——将小人放到他们中间，等着看儿童如何行动。这时，儿童咯咯笑出声来，开始轻轻拍打搭在那里的盒子。成人试着示范将小人放到盒子顶上。但儿童顺手推倒了盒子，然后开始满屋子扔盒子，同时还笑着看向成人（见图16.9）。成人再次示范，儿童继续扔盒子，还把面前的玩具搅得一团乱。

看到儿童情绪高涨，成人以为常规开了一个好头，但随后意识到他们偏离了正轨。他快速运用ACT框架查找了可能的问题，并制订了调整的计划。由于当时来不及填写ACT表格（工具表8.1），

图 16.9　儿童在极度兴奋和失调中推倒了盒子

他只在脑中快速过了一遍排除问题的过程。他的思考过程是这样的：

- **评估情况**：成人注意到儿童是在他们推倒盒子之后才闹腾起来的，而且这种情况愈演愈烈，直至儿童陷入失调状态，情绪极度亢奋并开始扔玩具。成人怀疑这是一种寻求关注的行为，因为儿童在扔玩具时会抬头看他，还哈哈大笑。他回忆起这些行为在他示范将小人放到盒子上时最为严重，所以他也怀疑儿童还在试图回避拓展。成人很想知道，如果他早一点，在儿童失调情况没那么严重时就尝试拓展，结果会怎样。

- **制订计划**：由于儿童行为的主要功能似乎是寻求关注，所以成人决定积极忽视儿童推倒盒子和扔盒子的行为。他也决定不再呼应儿童的高能量状态，而将情绪降到较为平和的状态。至于应对逃避问题，他打算引入更多拓展选项，看是否能有吸引儿童的拓展步骤，而且他还会早点将这些材料引入常规之中。

- **检验效果**：为了防止儿童继续扔玩具，成人快速清理了环境，将乱成一团的材料转移到了儿童够不到的地方。在建立基础的过程中，他始终将情绪保持在比较冷静的水平。为了准备拓展，他在环境中引入了小人、动物玩偶、形状块和乐高积木。儿童看着它们，又咯咯笑起来，接着又开始扔起来。成人对这个行为进行了忽视，并认为他需要更加清晰地表达他的期待。成人意识到儿童是在逃避拓展所带来的更高的要求，于是做好计划，打算在这个步骤给儿童提供更多帮助。他决定在加入小人前先进行一个水平拓展（比如，将更多积木放到高塔上）。他还决定加快节奏。成人将拓展材料前移并一字排开以便儿童注意到它们，又在儿童有机会推倒盒子之前快速进行了示范并递给儿童一块积木。儿童将积木搭到盒子上，成人立刻提高情绪加以评论并接着往上搭。他们顺利完成了第一个拓展步骤，成人继续通过把控自己的节奏和情绪支持儿童。

干预结束后，成人决定用 ACT 表格（工具表 8.1）记录他的思考过程，以便记录并吸取这一次的教训，希望下次能未雨绸缪（见图 16.10）。他决心以后要更快行动，防止儿童出现寻求关注和回避行为。他打算在干预中安排更多程序化机会，让儿童学会用恰当的方式分享。他还决定在未来引

ACT：评估情况、制订计划并检验效果

儿童：__C.K.__　　成人：__A.G.__　　日期：__1月17日__

评估情况：发生了什么？常规或儿童的行为出现了哪些挑战？

检查常规	检查儿童行为
—能够建立基础 —不能拓展常规	—C.K. 正在陷入失调状态 —表现出不恰当的情绪状态 —扔玩具 —为寻求关注？（抬头看、微笑） —为回避拓展？

试试填写"检查儿童行为"！

制订计划：我可以做些什么？我可以如何运用核心策略和条件策略来产生变化？

改变环境	改变你的行为	应对儿童的行为功能
—增加拓展选项	—调节情绪状态 —加快拓展节奏	—当 C.K. 推倒、扔玩具时，忽视这一寻求关注的行为

核心策略

优先使用核心策略
- 布置环境
- 模仿和示范
- 建立游戏常规
- 拓展游戏常规
- 使用沟通策略
- 手势和语言的程序化
- 支持参与和调节
- 支持成效性游戏

条件策略

考虑条件策略
- 引入视觉支持
- 使用指导性辅助
- 使用促进参与和调节的条件策略
- 准备逐渐撤出支持

检验效果：我的计划是否产生了预期的效果？未来还有哪些地方可以改进？

注意哪些因素起了作用	计划未来
—保持冷静以平衡儿童的高亢情绪 —增加更多水平拓展 —加快拓展节奏并提供更多支持 —当儿童表现出成效性行为时提高情绪状态	—提供更多程序化机会来发展共同注意手势和语言，让 C.K. 能以更恰当的方式获取关注 —准备不易推倒的材料和常规，支持有成效的发起 —逐渐放缓示范节奏

准备逐渐撤出支持！

图 16.10　ACT 范表（第 8 章工具表 8.1）

入更多不易被推倒的玩具。他希望通过增加更多品种的组合材料，比如，食物玩具和拼插积木，他可以逐渐撤出支持并减少示范，让儿童有更多主动发起的机会。

16.5 结语

支持调节是一个持续评估、不断完善的过程。我们必须通过JASPER的核心策略积极主动地支持儿童的调节需要，并在遇到挑战时运用ACT框架来排除问题。随着你对儿童的不断熟悉，你也会更了解他特有的调节和失调表现，知道什么时候会出现这些行为。你的反应决定着儿童的干扰行为是增加还是减少。有些做法能在当时有效停止干扰行为（比如，在儿童尖叫着要某样东西时，把这个东西给他，他马上就会冷静下来），但也会在无意中强化这种社会不太认可的行为，给以后的干预带来更多隐患（比如，让儿童明白，尖叫能让他得到想要的东西）。所以你要打破这种循环，对儿童的行为设定清晰的期待，并帮助儿童重新回到常规之中。渐渐地，儿童应该有更多时间处于调节良好的状态，更少时间处于失调状态，参与常规的能力在总体上也会得到提升。复习图16.11中的支持调节的策略。下一章，我们将继续使用ACT框架来解决儿童的干扰性行为问题。这一次，我们将专门讨论重复行为。

第 16 章小结

评估 调节状态	制订计划 促进调节	检验效果 计划是否促进了调节
○ 注意调节良好的表现 ○ 注意失调的表现 ○ 评估严重程度 ○ 评估行为功能 　■ 社会性关注 　■ 回避/逃避 　■ 获得 　■ 自发/感觉	○ 使用核心策略 　■ 促进调节 　■ 应对轻中度挑战 　■ 使用第5~15章的策略 ○ 增加条件策略 　■ 要求提出恰当的请求 　■ 重新引导 　■ 将期待落实到底 　■ 积极忽视寻求关注的行为	○ 恢复联结和参与 ○ 计划未来 ○ 积极预防行为的发生 ○ 逐渐撤出支持

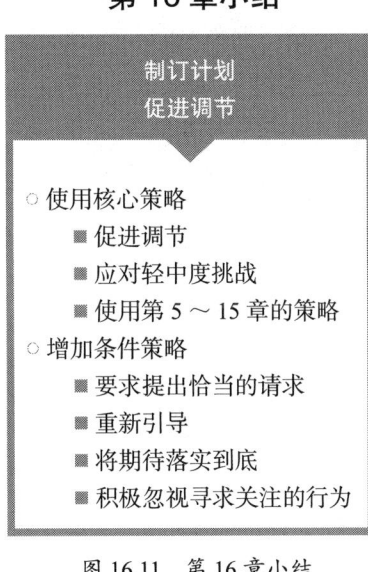

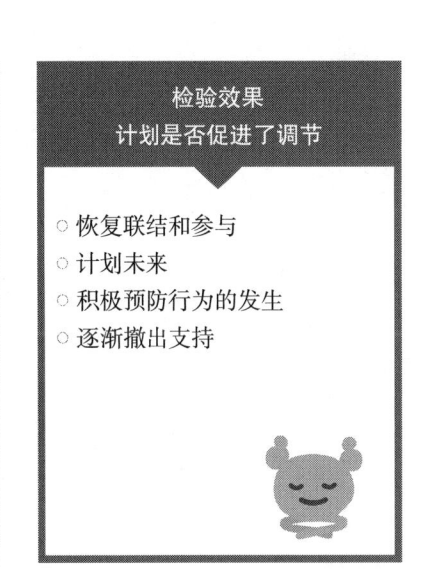

图 16.11　第 16 章小结

工具表 16.1　检查儿童行为

儿童：_____　　成人：_____

	行为描述	行为之前 发生了什么	行为之后 发生了什么	可能的行为功能
干预 No.： 日期：				
干预 No.： 日期：				
干预 No.： 日期：				
干预 No.： 日期：				
干预 No.： 日期：				
干预 No.： 日期：				
干预 No.： 日期：				
干预 No.： 日期：				

第 17 章

在 RRB 背景下支持成效性游戏

17.1 引言

本章，我们将介绍在局限重复行为（RRB）、兴趣或活动的背景下促进成效性游戏的方法。你可能还记得第 6 章说过，成效性游戏是与发展水平相适应的、灵活的、多样化的、富有创意的游戏，可以让儿童保持共同参与的状态。这和**干扰性**的游戏行为形成了强烈的反差，后者会对共同参与产生破坏作用。但我们在成效性游戏中也要面对各种挑战，RRB 的存在就是其中之一。正如我们在第 2 章所述，RRB 包括各种 ASD 核心的非典型行为，比如，刻板、狭窄兴趣、重复行为和感觉行为。对于 RRB，我们还有很多不了解的地方：它们在何时以及为何而发生，它们是否在紧张时出现，是否有助于儿童保持冷静。与参与和调节一样，我们也不打算在本书提供应对 RRB 的全面而详尽的指导。RRB 的问题排除有着极强的个体针对性，你们的应对会有千差万别。这里，我们只采用 ACT 框架对我们的方法做一个基本的概述（见图 17.1）。

评估游戏质量	监测行为的干扰程度	假设行为为何发生
制订计划 （针对具体的 RRB）	优先使用核心策略	考虑使用条件策略
检验效果	你还可以做哪些优化？	

图 17.1　促进成效性游戏 ACT

我们将首先谈到监测儿童的行为，判断行为的干扰程度以及可能的发生背景。然后，我们会介绍如果儿童需要支持，我们可以采用哪些策略加以应对。我们会综合运用核心和条件策略。我们会使用核心策略，比如环境布置和示范，解决大部分的挑战。如果儿童需要更多支持，我们还会使用条件策略促进成效性游戏。与前几章一样，我们会通过几个案例说明这些策略的分层使用方法以及它们之间的相互作用。除了这些内容，你还可以通过我们的培训获得更多的信息和反馈。在往下阅读之前，先复习图 17.2 中我们至今为止谈到的有关成效性游戏的策略。

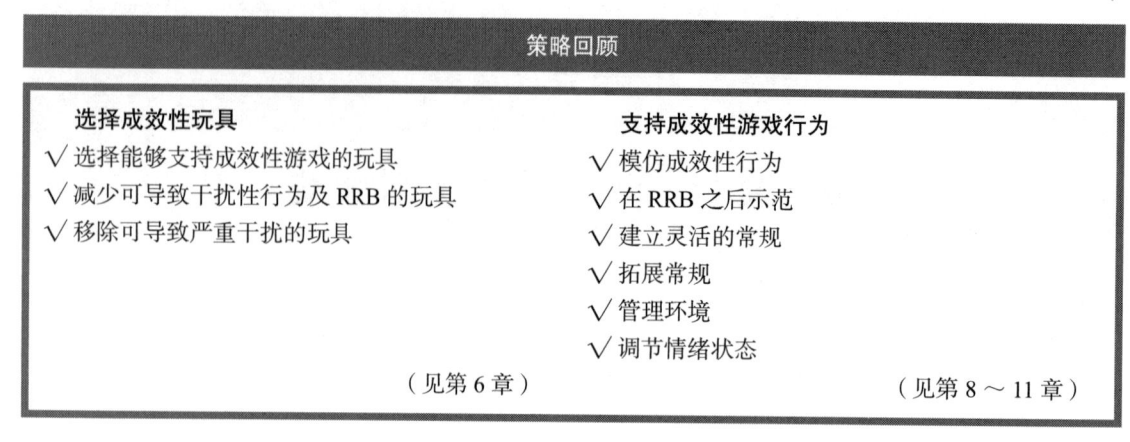

策略回顾
选择成效性玩具　　　　　　　　　　**支持成效性游戏行为** √ 选择能够支持成效性游戏的玩具　　　√ 模仿成效性行为 √ 减少可导致干扰性行为及 RRB 的玩具　√ 在 RRB 之后示范 √ 移除可导致严重干扰的玩具　　　　　√ 建立灵活的常规 　　　　　　　　　　　　　　　　　　√ 拓展常规 　　　　　　　　　　　　　　　　　　√ 管理环境 　　　　　　　　　　　　　　　　　　√ 调节情绪状态 （见第 6 章）　　　　　　　　　　　　（见第 8～11 章）

图 17.2　策略回顾

17.2 评估游戏的质量

正如我们在第 2 章谈到的，RRB 可表现为各种形式，还会影响到你们游戏互动的质量。本章我们讨论 RRB 的四种常见类型：刻板、狭窄兴趣、重复行为和感觉行为。RRB 的干扰性在于它们往往涉及一些比较低级的游戏行为（无差别和差别化行为），是刻板重复的而非灵活的，而且缺乏社交动机。在常规中密切监测儿童是否出现了 RRB 和干扰性游戏行为。RRB 的表现见第 2 章备注 2.3，成效性和干扰性游戏行为的表现见第 6 章 6.2.3 节。我们的目标是注意这些行为何时出现、为何出现、它们对互动产生了多大的干扰，从而做好应对的准备。

17.2.1 评估行为的干扰程度

RRB 会加剧与物互动的状态，使社会性游戏减少、常规质量下降。但它们也可能在背景中悄悄发生，还有助于促进儿童的自我调节。留意 RRB 行为对干预的干扰程度，从而判断你是应该增加支持，还是继续监测。

- **没有干扰或轻微干扰**：你和儿童仍参与常规。行为在背景中发生，没有干扰性或只有轻微的干扰性。比如，儿童会盯着积木看上片刻，然后再将积木搭到塔上去。
- **中等干扰**：你们能继续游戏，但儿童偶尔会陷入与物互动的状态，需要你示范才能进行成效性游戏、保持参与和拓展常规。
- **严重干扰**：你们无法再进行成效性游戏了。儿童可能完全陷入与物互动的状态，会刻板地坚持自己的游戏想法，或出现失调行为。你可能无法再加入轮流或建立常规了。

如图 17.3 所示，你可以随着儿童行为干扰性的增加而提高支持水平。当行为没有干扰性或干扰性轻微时，你一般可继续监测。当然，你也可以考虑使用核心策略，防止行为变得更频繁、更严重。当行为的干扰性达到中等程度时，你可以提供支持，帮助儿童以更有成效的方式来游戏。你可以试着引导并帮助儿童形成更具成效性的游戏想法，而不是彻底放弃或使用更具指导性的策略。当行为具有严重干扰性时，考虑移除干扰物，撤换玩具选项，综合运用核心和条件策略来支持儿童的参与和调节，最终导向更具成效性的游戏。

我们的目标不是阻止各种 RRB 的发生，而是促进儿童与他人的互动，不仅促进儿童在干预中与干预师的互动，也促进他们在其他社交环境及日常生活中与同伴的互动，让他们尽其所能地参与其中并学有所获。在这个过程中，你可能需要支持他们的参与，也可能需要教他们新的游戏方法。

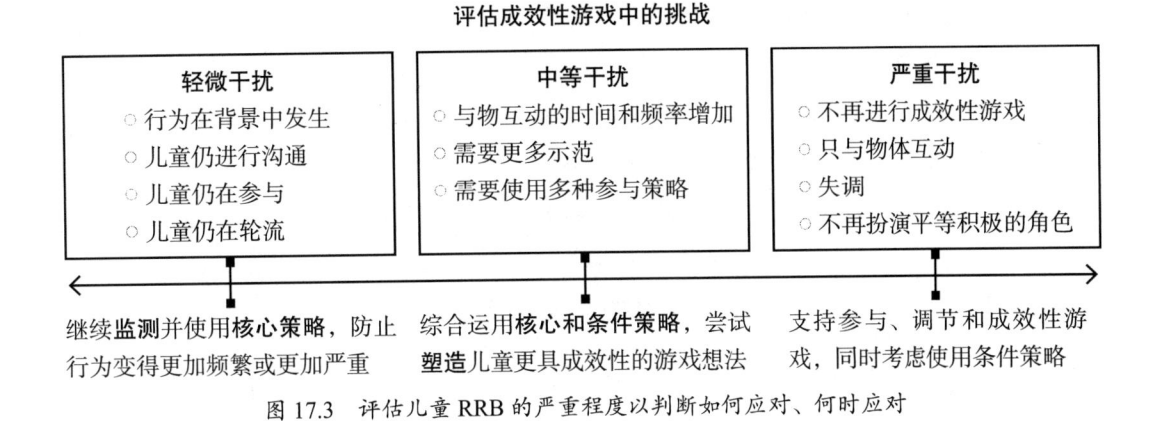

评估成效性游戏中的挑战

轻微干扰	中等干扰	严重干扰
○ 行为在背景中发生 ○ 儿童仍进行沟通 ○ 儿童仍在参与 ○ 儿童仍在轮流	○ 与物互动的时间和频率增加 ○ 需要更多示范 ○ 需要使用多种参与策略	○ 不再进行成效性游戏 ○ 只与物体互动 ○ 失调 ○ 不再扮演平等积极的角色
继续**监测**并使用**核心策略**，防止行为变得更加频繁或更加严重	综合运用**核心和条件策略**，尝试**塑造**儿童更具成效性的游戏想法	支持参与、调节和成效性游戏，同时考虑使用条件策略

图 17.3　评估儿童 RRB 的严重程度以判断如何应对、何时应对

17.2.2　假设行为发生的原因

如果一个行为严重或反复影响干预的进行，那么你需要对行为的原因做出假设。

评估调节状态

RRB 可能是儿童失调的一种表现。在这种情况下，你可能需要考虑行为的其他三种功能（见第 16 章），或使用工具表 16.1（检查儿童行为）来收集更多信息。密切注意重复行为出现前发生了什么。比如，是不是每次当你尝试拓展或节奏太慢时儿童都会出现脚本式歌唱的行为，而且越来越大声，越来越激烈？对行为认识越多，就越能做出恰当的应对，并在下次未雨绸缪。

评估其他因素

外部因素，比如，晚上没有睡好、严重过敏，也会影响儿童进行成效性游戏的能力。在干预前从儿童的家人或老师处了解情况，并留意儿童转入干预时的状态表现。再基于这些信息，决定你在干预中应该保持何种程度的灵活性。

完成练习 17.1，判断你是应该继续监测儿童，还是提供支持。

练习 17.1　判断何时做出应对

判断以下场景中成人是应该继续监测还是提供更多支持以促进成效性游戏。

1. 儿童悄声说着电视剧里的台词，但还在继续参与轮流。	继续监测	提供支持
2. 儿童一手握着插钉，在整个常规中都没有放下，但还在继续参与轮流。	继续监测	提供支持
3. 儿童来回推动小汽车，盯着车轮看了好几分钟。	继续监测	提供支持
4. 儿童拒绝将盒子搭起来。每次你示范搭建时，他都会推开你的手，然后他会将盒子套嵌在一起。	继续监测	提供支持
5. 在干预中，儿童偶尔会停下来，一边指着吸顶灯，一边对着你微笑。	继续监测	提供支持

17.3 制订计划，促进成效性游戏

图 17.4 分别列举了四种 RRB 的应对策略。虽然我们对这些推荐策略进行了分门别类，但你在实际使用中应该保持灵活，它们之间总是会有一定的交叉。而且这些也并非全部的方法，你在使用时还要多发挥自己的创意。我们常常会看到儿童同时出现不同的 RRB，因此你也需要同时使用多种策略来加以应对。和其他几个方面一样，你也始终应该先使用核心策略（确切地说是环境策略），再根据需要使用条件性的、更具指导性的策略。

在接下来的小节中，我们将介绍不同种类的 RRB 以及它们的应对策略和相关案例。

促进成效性游戏的策略 ☑

应对刻板
☐ 预防刻板模式
☐ 混用不同材料
☐ 重启时以不同方式重置材料
☐ 用不同玩具练习相似的步骤
☐ 控制可用玩具的数量
☐ 改变熟悉的步骤序列
☐ 护住你完成的步骤
☐ 示范 2～3 次以建立动量
☐ 努力扮演平等积极的角色
☐ 使用平行游戏

应对狭窄兴趣
☐ 把握引入偏好玩具的最佳时机
☐ 做好环境准备以保持常规运行
☐ 想其他办法来利用儿童的兴趣
☐ 暂时移除某个玩具
☐ 设定清晰的期待

应对重复行为
☐ 选择可防止重复行为的玩具
☐ 允许儿童探索玩具
☐ 使用环境辅助
☐ 回到比较容易成功的常规步骤

应对感觉行为
☐ 评估环境中的感觉输入
☐ 利用儿童注意你的时刻
☐ 保持常规节奏

图 17.4　促进成效性游戏的策略

17.4 解决刻板问题

RRB 的一个常见形式是**刻板**。刻板可以有多种不同的表现，包括不灵活、坚持"相同"、固守特定模式或难以从一个活动转到另一个活动（美国精神医学学会，2013）。在 JASPER 干预中，刻板会导致共同参与时间减少，游戏灵活性和多样性减弱，在被要求进行更加灵活的互动时，儿童也更容易陷入失调状态。以下是几个常见例子：

- **坚持某种模式或顺序**：儿童在常规中喜欢采用某种特定的模式或顺序，拒绝尝试这种偏好模式之外的其他游戏方式（比如，所有形状块必须以相同顺序放入形状分类器中）。
- **坚持完成**：当玩具未"完成"（比如，拼图拼到拼图板上、饼干均匀摆入托盘）时，儿童会陷入失调状态；他们可能也无法接受任何"破坏"成品的步骤。

- **坚持某个角色**：如果成人在常规中发挥平等积极的角色作用却破坏了儿童对常规的想象，那么儿童可能会抵触这样的角色。

刻板会成为共同参与的极大障碍。儿童可能会拒绝你的拓展和示范、排斥你的加入（比如，推开你的手或告诉你"不要"）或在你试图打断刻板行为时陷入失调。总之，刻板行为会阻碍儿童干预目标的达成。

17.4.1 使用核心的环境策略来支持灵活性

当儿童的游戏陷入刻板时，我们的首要目标就是提高儿童游戏的灵活性。我们使用核心策略，尤其是环境策略，来应对刻板并促进新的富有创意的游戏玩法。当你注意到儿童开始出现刻板行为时，更加积极主动地运用以下策略，鼓励儿童以富有成效的方式游戏。

预防刻板模式

通过环境布置和材料安排，从视觉上提示玩具的新玩法。表 17.1 举例说明了预防儿童常见刻板行为的一些方法。但也要注意避免给儿童带来不必要的挫败体验。我们的目标不是阻止儿童采用她偏好的游戏方式，而是支持她采用更加灵活的游戏行为。

表 17.1 预防刻板模式的策略

儿童的偏好模式	提高灵活性的可行方案
只喜欢玩消防车	→ 在干预前摆出不同类型的车子并移除消防车
喜欢成对加入人物或动物模型	→ 移除所有副本，避免成对模型的存在
每次搭积木都坚持完全相同的组合方式	→ 在建立常规时使用预先搭好的不一样的基础结构
喜欢让玩具保持完成状态	→ 移除套件中的部分零件，让它不可能百分百地被完成（比如，缺几块比萨、小人数量不足以填满车上所有座位）
喜欢将玩具移到桌上，哪怕是你布置在地板上的比较大型的游戏站点	→ 试着在大桌子上游戏，增加游戏空间的表面积

混用不同材料

除了预防，你还可以刻意混用不同的材料，让玩具更加多变、游戏行为更加灵活。比如，如果你们在玩乐高积木，那么你可以用不同形状、不同尺寸的泡沫或磁力积木片来进行水平拓展。如果你们平时习惯于使用人物模型，那么你可以在相同常规中稍微尝试不一样的材料，比如，使用动物模型，或混用人物和动物模型。（更多例子，见第 11 章 11.7.1 节。）

重启时以不同方式重置材料

在重启常规时，以不同方式重置材料以提高灵活性。比如，如果儿童喜欢往垂直方向搭积木，那么你可以提前搭好一个不一样的结构，比如，大的正方形底座（见图 17.5）。这样，我们就在儿童开始重复偏好模式之前展示了一种不同的游戏方式。你还可以在重启之后改变拓展材料的呈现顺序，或提供全新的拓展材料，将常规引向一个灵活的新方向。

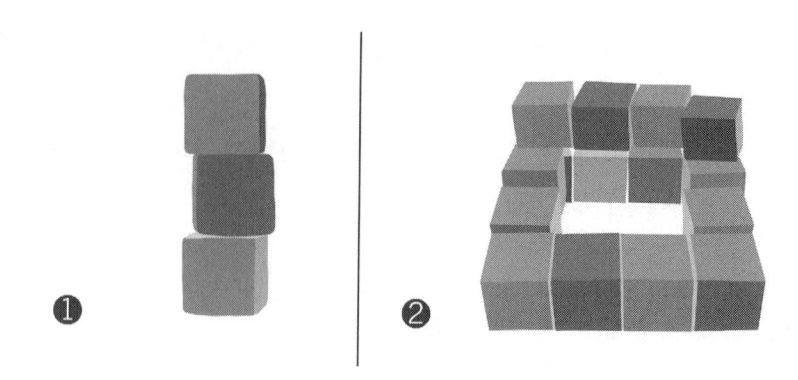

图 17.5　在重启常规时以不同方式快速重置材料或拿出预先搭建好的不同结构

用不同玩具练习相似的步骤

在进行同一个常规时，使用具有相似功能的不同玩具，让儿童接触略有不同的事物。比如，将芝麻街人物造型的弹起式玩具换成动物造型的，将比萨主题常规改成三明治主题常规。

控制可用玩具的数量

如果你提供儿童需要的全部材料，儿童可能马上就会进入习惯的游戏模式。为了防止儿童陷入这样的刻板模式，你可以只提供少量几件玩具，再随时增加拓展材料以保持常规的推进。这样，儿童既可以用自己喜欢的模式玩一会儿，又可以提高灵活性。比如，儿童喜欢以某种特定的顺序将插钉排列在插板上。为了提高灵活性，你可以只给他几个插钉，然后快速引入积木，将它们搭到插钉顶上，将常规继续推进下去。

改变熟悉的步骤序列

在常规中加入新的步骤或改变熟悉步骤的排列顺序。比如，在"准备睡觉"主题常规中，你可以把刷牙这一步放在最后而不是最前；你还可以增加新步骤，比如，轻轻摇晃娃娃，使其入睡；或者每次唱一首不一样的摇篮曲。你还可以给常规增加一些出乎意料的因素（比如，给娃娃们准备一张床而不是两张）或让儿童感觉搞笑的东西（比如，加入一个马桶）。这些小小的变化增加了常规的灵活性，既保留了儿童喜欢并熟悉的部分，又有助于打破原有的刻板模式。

17.4.2　考虑采用条件策略来支持灵活性

如果儿童在你使用核心策略之后依然坚持刻板的游戏方式，或者这种刻板方式开始影响常规的建立和拓展，那么你需要采用一些条件策略来增加灵活性。

护住你完成的步骤

如果儿童总想移除你加入的材料或破坏你完成的步骤，那么在完成你的步骤后护住你加入的材料。这样做可以鼓励儿童参与轮流，而不是排斥你的参与。为了帮助儿童接着完成她的部分，在护住你的材料的同时，你还可以把新材料移到更靠近她的地方，或直接递给她一件材料。

示范 2～3 次以建立动量

如果儿童抗拒你的示范或拓展，那么你可以连续示范两到三次，让儿童看清这个步骤。这样做可以为下一个步骤建立起新的视觉模式。如果你只示范一次，儿童可能会把这个玩具或步骤当成对现有模式的一种扰乱，但两到三次的示范就有助于儿童形成对新模式的思维图像。在进行连续示范时，确保儿童手边有适用的材料，方便他加入这个新步骤中来。

努力实现平等积极的角色

如果儿童总是给你指派角色，你可以想办法提高这一模式的灵活性。比如，如果儿童说："站在那里，点一杯柠檬汽水。"为了增加灵活性，成人可以回答说："可是，我想来一杯冰沙汽水。"对于那些游戏级别较高、即将练习与同伴一起游戏的儿童，你还可以通过社交故事（见第 8 章）在游戏中引入角色分配的概念。比如，你可以在干预开始时讲讲两个小伙伴彼此分享想法的小故事。

使用平行游戏

在一些情况下，和儿童一起灵活游戏是一件非常困难的事，尤其是在你刚开始提出这样的期待时。如果当你试图加入常规时儿童变得越来越失调、越来越痛苦，那么你可能需要先在儿童边上建立一个平行的游戏常规。比如，你可以在儿童搭建的结构旁搭一个你自己的结构。这样，儿童可以继续按照他的方式搭建，你也能接着往下推进常规。在几番轮流之后，你可以制造机会，将两个结构合并到同一个常规之中。比如，你可以在两个结构之间搭一座桥或一条路，将两者连接起来。或者，你们也可以在重启之后开始合作搭建同一个结构。但不到万不得已，请不要使用这个策略。如果你最终还是采用了这一策略，也要尽快回到共同游戏中来。

17.4.3 与刻板相关的案例

接下来，我们举几个案例来说明你可以如何运用这些策略来应对刻板问题。

✉ **困惑的乘客**

亲爱的 JASPER：

我和我的学生建立了很棒的交通工具主题常规，我们开着车在城里四处兜风。一段时间后，我开始意识到，我们总在重复相同的事：先沿着百老汇街一直往前开，然后右转进入主街，往前开三个街区后再次右转，进入第六大道。他特别聪明，知道怎样去他爱去的很多地方。我试着在此基础上做一些变化，比如，在车里加入新的动画人物，改变路线和目的地，甚至尝试了不同的开车方式（快速开、慢速开、在颠簸路上开、在隧道里开），但这些我都没能成功起来。往往我一引入新变化，他就会生气，拿走所有车子，然后离我远远的。我怎样才能加入常规之中？我愿意跟随他的兴趣，但实在不知道还有什么好用的办法了。我是否应该放弃这个常规，试试其他呢？

谢谢！

困惑的乘客

亲爱的"困惑的乘客":

显然,你为拓展这个交通工具主题常规做了一些很棒的尝试!请务必对这个常规的整体游戏级别做出评估。你似乎考虑到儿童的语言水平而选择了一些高级别的游戏行为,但来回开车却是一个简单的差别化行为。如果常规的大部分内容都低于儿童的发展水平,你就需要建立一个不同的、更高级别的常规。但如果你能通过这些已掌握级别和目标级别的步骤保持共同参与状态,那么它也不失为一个好的起点,你可以以此为基础发展灵活性。你可以在重启常规时尝试加入各种变化。比如,你可以让重启过程更加有趣:假装哥斯拉过来撞倒了整座城市,这样,你们在重置材料时就不可能完全恢复街道和建筑物的原样。尝试加入一些小小的变化,比如,"坏掉"的路灯,然后引入修理工具和修理人员。如果这些拓展能够取得一定的成功,那么接下来你要考虑的可能是儿童的方式和你的方式、旧步骤和新步骤之间的平衡问题。你还可以引入一些新的交通工具(比如船或飞机),给你的常规增添更多的小变化。

祝好运!

JASPER

✉ 只爱自己玩

亲爱的 JASPER:

我在给一个小女孩做干预,她已经有了很不错的演示组合游戏技能。她特别喜欢玩纸杯蛋糕。我们将蛋糕放进托盘,然后再倒出来。这个常规她简直可以玩一整天。但我总觉得即使我不在那里,她也能一直玩下去。我会坐在她对面并调动起积极的情绪,让我的游戏步骤更显眼、更有趣。但每次当我加入时,她都生气地推开我的手。我们常常为此而争斗一番。怎样才能让她愿意跟我一起玩呢?

感谢帮助!

只爱自己玩

亲爱的"只爱自己玩":

你能注意你在干预中的情绪状态和身体位置,这已经很棒了。你可能需要评估儿童将纸杯蛋糕放入托盘时的参与质量。她似乎是陷入了与物互动的状态,你可能需要制订一个计划来帮助她进入共同参与状态。由于你已经尝试过了很多促进共同游戏的策略,现在你可能需要开始在她身边进行短时的平行游戏。比如,你可以拿出第二套纸杯蛋糕和托盘,放到她的托盘旁,然后试着在她旁边用你的纸杯蛋糕示范几个新步骤。这样,她在参与游戏前就有机会观察你的示范,或者在玩她的纸杯蛋糕时能有一些变化。你还可以评估一下玩具的恰当性。虽然这个玩具让她顺利开始了游戏,但它后来的干扰性显然太强了。试着增加一些有趣的惊喜(比如,将纸杯蛋糕喂给大肚皮娃娃),或采用不太常规的游戏行为(比如,将冰激凌放到纸杯蛋糕上),看看能否恢复她和你的互动。如果她还是只专注于物体并坚持相同的行为,你就应该暂时收起纸杯蛋糕，等她用其他玩具建立起常规之后，再重新尝试。

加油！

JASPER

17.5 应对狭窄兴趣

狭窄兴趣是在JASPER干预中会遇到的另一种常见的局限重复行为。狭窄兴趣的特征在于对特定物体或主题的强烈关注或痴迷（美国精神医学学会，2013）。在干预中，如果儿童对某个玩具或常规兴趣过高，就很难实现共同参与状态。下面是一些常见情况：

- **只专注于一个主题**：儿童全神贯注于某种玩法或某个物体，拒绝往其他方向拓展兴趣。
- **非成效性的游戏行为**：儿童在某方面兴趣极高，但他的技能还不足以支撑他展开富有成效的游戏行为（比如，儿童对各种娃娃和玩偶感兴趣，但只有初级的组合游戏技能）。

狭窄兴趣并非一无是处，因为它们可以调动儿童的积极性，但这种作用往往以牺牲参与和游戏常规质量为代价。如果儿童具有某种狭窄兴趣，你就要判断什么时候可以将它引入常规、什么时候应该避过去。

17.5.1 使用核心策略培养多样化的兴趣

如果儿童大部分时间都能以富有成效的方式进行自己感兴趣的活动，我们就可以通过核心策略给儿童展示狭窄兴趣的更有创意、更灵活的玩法。

把握引入偏好玩具的最佳时机

如果儿童在干预开始时有较高的参与度和灵活性，你可以早一点引入偏好玩具，以便他展开成效性游戏和互动。但有些儿童可能要等你提出明确的期待之后才会逐渐进入较高的参与状态，也变得更加灵活。如果是这样，你应该晚一点引入偏好玩具。无论怎样，你都应该在一个已经建立的常规中引入偏好玩具。这样有助于保持一定的发展动量，也让你对玩具的玩法有一个清晰的计划。比如，如果儿童对车子感兴趣，那么你可以将小人放进屋子，让小人修路，最后把小人放进车子，开去另一个地方。

做好环境准备以保持常规运行

确保在将偏好玩具引入常规之后你们有一个清晰的后续步骤。如果你没有做任何计划就给了儿童他最爱的迪士尼玩偶，那么他可能只想把它们拿在手里，或用它们进行他喜爱的游戏活动（比如，让玩偶们相互追逐）。

想其他办法来利用儿童的兴趣

如果儿童在玩偏好玩具的时候特别难以保持共同参与状态，你就不能直接给他这个物品，而要想其他办法来利用他对这个物品的兴趣。比如，你可以和他一起搭建这个物品，或用其他物品来代替它。在图17.6中，儿童最喜欢玩飞机，但成人没有直接给她飞机，而是和她一起搭飞机。这一策略对具有前象征和象征游戏技能的儿童最为适用，因为他们已经能够理解你们在搭什么了。

图 17.6　成人利用儿童对飞机的兴趣进行搭飞机的实体组合游戏

17.5.2　考虑用条件策略培养多样化的兴趣

当狭窄兴趣的干扰大到使你们无法建立常规或无法实现共同参与状态时，你就要暂时承担起更积极、更具指导性的角色，以便建立共同游戏的期待或促发新的游戏想法。

暂时移除某个玩具

某些玩具（或玩具特征）对儿童的吸引力如此之大，以致你很难实现任何干预目标。如果你采用了上面提到的一些措施但均未起效，就可以移走这个玩具。但不到万不得已，不要采用这一做法。在移走这个偏好物品之前和之后，你都应该做好使用行为策略和视觉支持的准备。记得保持冷静并将你的决定贯彻到底。在后续的干预中，当儿童练习其他技能时，你也要避免选用这个偏好物品。如果儿童自己带了这个玩具过来，那么你可以建立一个转衔常规，在开始干预前将这个玩具收到专门的柜子里或特定的地方。

设定清晰的期待

有口语的儿童可能会主动要求玩他们偏好的玩具或常规，或者反对你一起参与相关活动。提前做好准备，提供必要的视觉支持、清晰的指导和相关提示物，帮助儿童更好地理解你的期待。

17.5.3　与狭窄兴趣相关的案例

我们将通过以下案例展示使用上述策略应对狭窄兴趣的具体方法。

✉ **永远都是金字塔**

亲爱的 JASPER：

我正在和一个小女孩一起玩游戏。她有很好的象征游戏技能，会说一些短句子，还是一位古埃及专家。可以说，我从她那里学了不少关于法老的知识，但恐怕她并没有从我的干预中学到多少新的技能。无论什么样的常规，最后总会归结到埃及上去。每一块积木都会用来搭成金字塔，每一个女孩玩偶都是埃及艳后。我们建立了搭金字塔、在塔里寻宝的稳定常规。她会主动发起很多步骤，也会用共同注意手势向我展示所有的宝物。但我还想让她尝试一些其他主题的游戏，这样她在上学时就能和同学更好地玩到一起。我试着换掉那些常用的玩具，引入更多新玩具。这些替代品她也能玩起来，但最终还是会回到埃及主题上来。我怎样才能加入更多新元素？

谢谢！

永远都是金字塔

亲爱的"永远都是金字塔"：

这个孩子已经掌握了一些很厉害的技能，你也能想着将这些技能用到其他主题上去，都很好！你们的金字塔主题常规是个不错的起点，可以帮助她保持参与度和积极性。想办法引入一些不同主题又可以与金字塔主题常规相互兼容的材料。比如，你可以加入一些角色清晰的人物模型，比如宇航员、警察或海盗；你也可以引入预先搭好的结构（而不是一堆积木）来建构全新的故事（比如海岛或树屋主题）。然后，你可以以现有金字塔主题常规为基础，用这些材料来示范新的步骤。比如，在金字塔里找到宝藏后，你可以建议将宝藏埋到某个新的地方，然后加入海盗来盗宝的步骤。加入新主题有助于拓展她的兴趣，并逐渐建立起更有创意、更加灵活的新常规。

祝好！

JASPER

✉ 只爱小猪皮杰

亲爱的JASPER：

我正在给一个学步期宝宝做干预。她是《小熊维尼》中小猪皮杰的忠实粉丝。经她妈妈建议，每次干预我们都会让她带几个皮杰的毛绒玩具过来，希望它们能帮助调动她的积极性，也提高她和我一起游戏的兴趣。她已经掌握了实体组合游戏技能，目标是儿童施动技能，因此，用这些玩偶来拓展常规也算合理。我们开始了一个很不错的实体组合常规——用套嵌盒搭一座巨大的城堡。过去几周，我都在干预中使用了皮杰的毛绒玩具。我示范将它们放进城堡中，想着她肯定会喜欢。但事实上，她一手握一个皮杰，就是拒绝参与轮流。她不愿放下皮杰，并很快陷入与物互动的状态中——背对着我，一直盯着手里的皮杰看。怎样才能恢复她与我的互动，并将皮杰引入我们的游戏中？求教！

感谢！

只爱小猪皮杰

亲爱的"只爱小猪皮杰"：

你能想各种办法调动这个宝宝的积极性，做得很好。小猪皮杰的确能调动这个孩子的积极性，但她似乎更喜欢将它们把握在自己的手里。在接下来几次干预中，不要再将小猪玩偶带进干预室了。在此期间，你可以专心用其他毛绒玩偶来建立稳固的常规，同时鼓励孩子主动将这些玩偶放入城堡。等她能够比较稳定地以成效性方式使用这些玩偶之后，再将小猪皮杰引入常规，希望她也能以有成效的方式使用它们。你还可以先通过程序化方法，用其他毛绒玩偶来练习共同注意给物技能。在几次干预之后，在进行她比较有信心的常规时，给她示范共同注意给物，然后提供程序化机会，让她将玩偶还给你。（比如，将玩偶递给她，然后伸出你的手。如果孩子给你一个玩偶，那么模仿她，马上也还给她一个。）等你重新将小猪引入干预并且你们能比较顺畅地轮流时，你可以再和她一起练习共同注意给物技能。由于孩子偏爱小猪，她可能不太愿意分享，所以你可能需要再给她多一点支持。

再接再厉！

JASPER

17.6 应对重复行为

重复行为是指反复出现的游戏行为、发声或动作活动（美国精神医学学会，2013）。有时，儿童在表现出重复行为的同时还能保持共同参与状态。但重复行为也会让你们无法顺利建立常规，导致与物互动的状态并影响儿童的学习。重复行为可表现为不同的形式，包括但不限于：

- 刻板或重复的身体活动
    - 扇手
    - 摇摆或绷紧身体
    - 转圈
- 以干扰性方式使用玩具或物体
    - 排列、旋转或分类整理玩具
    - 痴迷于玩具的某个部件（比如，反复开关车门）
    - 反复开关电灯
- 异常的言语模式
    - 回声式语言（比如，即刻重复他人话语、使用脚本式语言）
    - 反复发声（比如，哼唱或歌唱）
    - 特殊的习惯用语（比如，每次想去某个地方，儿童都会说出巴斯光年的那句台词"飞向太空，宇宙无限"）

所有儿童都有出现重复游戏的时候。你必须分清这种游戏是成效性的还是干扰性的。在做判断时，综合考虑儿童的游戏水平、灵活性和参与水平。如果儿童处于共同参与的状态，游戏行为也与其发展水平相适应，那么它就是成效性的，比如，具有简单游戏水平的儿童和伙伴轮流将汽车滚下斜坡。但是，如果儿童处于与物互动的状态，游戏行为也缺乏灵活性或远低于他的游戏水平，比如，已经具有前象征水平，但只来回推动汽车，还一直盯着轮子看，那么这应该是一种重复行为，需要我们做出不同的应对。遇到没有成效性的行为，你应该想办法帮助儿童参与游戏。

17.6.1 使用核心策略提高成效性游戏行为

当儿童出现影响参与的重复行为时，使用核心策略来鼓励更有成效的游戏行为。

选择可防止重复行为的玩具

如果儿童出现重复行为，考虑使用与这些行为不太相容的玩具。你可以使用更大件的玩具（儿童转不起来）、其他种类的积木（不那么有趣，儿童不会盯着看）或不带开合装置的结构（避免反复开关）。

允许儿童探索玩具

有些儿童会因为喜欢的颜色、数字或主题而停下来研究玩具，但接着还能继续参与轮流。因此，不要急于提供支持，给儿童一些探索玩具的空间。在这段时间里，你可以怀着期待暂停，同时监测儿童。你还可以利用这个极好的机会来分享儿童的兴趣、示范手势并发表对物品的评论。比如，如果儿童正在看套嵌盒上印着的奶牛图片，你就可以指着图片说："奶牛。"如果儿童持续探索了很久，那么你需要通过示范让他重新回到常规之中。

使用环境辅助

使用环境辅助，给儿童展示更有成效的游戏方式。你可以将另一个玩具移近、递给他一个新玩具或跟他交换玩具。比如，如果你们正在切三明治，儿童开始反复转小刀，那么你可以如图 17.7 中那样，将三明治往前移，然后用三明治的夹心交换他的刀。

你还可以用他的刀来交换你的刀，然后马上示范接下来的做法。这样可以让儿童在回到重复行为之前注意到你的示范。

图 17.7　成人用三明治的夹心来交换干扰儿童参与的小刀

回到比较容易成功的常规步骤

比如，如果儿童在将玩偶滑下滑梯后开始排列它们，你就可以带他回到之前的某一个步骤，比如，搭建公园。在这个过程中，尽快提供新的材料并示范拓展步骤（比如，在公园里加入梯子和秋千），以免儿童重新回到重复行为。材料的重置也让你有机会比较轻松地换掉那些让儿童沉迷的材料。

17.6.2 重复行为相关案例

我们将通过以下案例，展示运用这些策略应对重复行为的方法。

✉ **快来快来数一数**

亲爱的 JASPER：

我干预的这个孩子在干预开始时总是陷入比较严重的失调状态。我尝试了"先……再……"式视觉时间表，也尽量调动我的情绪，还会和他一起唱歌，但都无济于事。只有一件事能让他平静下来，就是读出不同玩具上的数字。比如，我会先给他几个玩具，包括一个存钱罐和一把带数字的硬币，他会指着这些硬币并看着我，要我跟他一起读数。只要我们一开始，他就会立刻做几个深呼吸并冷静下来。我很高兴这一招很管用，但我不希望因此而强化他的重复行为，让他看到什么都想数。如果总在那里数数，恐怕他什么新技能都学不会。我想让他保持冷静，但也想教他学习新东西，我该怎么办？

万分感谢！

快来快来数一数

亲爱的"快来快来数一数"：

这个孩子知道怎样让自己冷静下来，真的非常聪明。而你能明白他的沟通意图，并用数数的方法帮助他调节并重新回到干预中，也很不错。但是，如你预判，如果继续放任他这样数下去，他真的可能学不到多少新的游戏或沟通技能。既然他现在已经越来越适应干预了，你就可以逐渐减少带数字的玩具了。比如，你们可以先一边数数，一边将硬币塞进存钱罐，然后再用其他不带数字的材料进行拓展，比如，将大小合适的小圆饼干塞进存钱罐。随着时间的推移，你可以引入更多不带数字的新奇玩具。正如你现在会指着硬币读出硬币上的数字，你也可以指着正在玩的其他玩具，分别说出它们的名称。这样，你就示范了共同注意手势和新的词语，这些都是他可以学习并用来与你分享的新技能。

做得不错，再接再厉！

JASPER

✉ **天下无疾**

亲爱的 JASPER：

我干预的孩子喜欢重复他爱看的电视剧的台词，动不动就说："这人病了，得去医院。"他已经能玩多方案的象征游戏，以他的年龄来说，他是相当聪明的一个孩子。所以，我一开始觉得他这样做挺好的。当他一直重复这句话，利用一切机会说这句话的时候，我才意识到这是一种脚本式语言。因为我们正在用玩偶玩游戏，他的玩法也还算有成效，所以我就听任他这样说着。但是因为总是回到这个看病主题常规，我觉得我们的干预没什么进步。我该怎么解决这个问题？

　　祝好！

天下无疾

亲爱的"天下无疾"：

　　这个情况似乎比较棘手！你说得没错，如果总是重复同一个步骤，就很难提高游戏的灵活性和多样性。你需要再多准备一些有趣的拓展选项。你也需要在他有机会说出这个人得去医院之前及早发起拓展。如果你提前布置好了环境，也加快了拓展节奏，但他依然想要回到看病主题上去，那么你需要直接告诉他你没有准备看病用的玩具，或者引导说这些人要去做别的事（比如"这些人身体很好，他们想去狂欢节！"）。对于这些在认知方面比较高功能的孩子，忽视他们的想法或要求容易让他们陷入失调，但完全顺着他们的意思、放任他们的重复行为又无助于游戏目标的实现。因此，直接说出你的期待反而可能是上上策。当你不再跟随他的想法时，一开始他可能会很生气，但是他会逐渐理解你的期待。你要做的，就是言出必行，将你的期待落到实处。

　　一切顺利！

JASPER

17.7 处理感觉行为

感觉行为是指对声音和触碰之类的感觉输入反应过高或过低的一类行为。这种过高或过低的敏感性常常导致对环境中各种感觉因素的兴趣，出现过度嗅闻或触摸物体、盯视灯光或运动物体、对特定声音或质地产生不良反应等行为（美国精神医学学会，2013）。JASPER 干预中的感觉行为包括：

- **寻求感觉刺激**：有些儿童会选择某些玩具或以特定方式摆放玩具以获得感觉输入，比如，儿童会在推着小人滑滑梯时凑近看小人，碰撞玩具以发出声音，或者将玩具含进嘴里以获得快感。
- **回避感觉输入**：有些儿童则容易因为噪声或碰触之类的刺激而陷入失调状态。比如，有的儿童会无法忍受玩具与桌面接触时发出的响声，或者讨厌成人使用肢体辅助。

当儿童寻求感觉输入时，他们可能会专注于能够满足自身感觉兴趣的物体（即与物互动的状态）。这种情况常常导致共同参与度的降低，或使儿童完全无法进入共同参与的状态。这种状态反过来也会减少儿童练习新的游戏和沟通技能的机会。

17.7.1 使用核心策略促进共同参与

当儿童出现感觉行为时，他们可能需要有额外的支持才能保持与他人的互动。在 JASPER 干预中，我们并不一定要"结束"或"解决"这些行为。我们的目标是提高儿童当下的参与状态。如果行为并未造成干扰，我们可以继续监测儿童是否出现失调的早期征兆，并继续示范成效性语言和游戏行为。如果行为确实造成了干扰，我们就在环境中提供必要的支持。

评估环境中的感觉输入

使用那些可以给儿童提供适量感觉输入的材料以继续推进成效性游戏。比如，如果儿童喜欢触觉输入（感受不同质地的物体或表面），那么你可以将普通硬质积木换成可以挤捏的软积木。

增加感觉输入方法：

- 使用质感粗糙的积木，在搭积木时提供触觉输入（比如，鬃毛积木）
- 在常规中加入边唱歌边做大动作的步骤（比如，唱"公交车的轮子转呀转"）
- 使用大尺寸的材料，让儿童趁机运动身体（比如，搭超大块的积木）

减少感觉输入方法：

- 移除具有视觉或肢体干扰性的玩具（比如，闪光、反光的玩具，有孔、可以插手指的玩具）
- 使用软质玩具（比如泡沫积木）以减少噪声
- 在硬质表面铺上毛巾，或在地毯上玩，减少材料造成的响声

利用儿童注意你的时刻

当儿童存在较多的感觉行为时，他们容易被玩具的各种感觉因素分散注意力，以致很难注意到你的游戏行为。如果儿童不在注意你，他也就注意不到你提供的支持。因此，务必在环境中占据一个最佳的位置。保持和儿童面对面，最好与儿童的视线齐平，将玩具摆在你们中间。跟随儿童在空间里移动，调整你的身体和视线，使它们始终处于最佳位置。在轮到你或你示范新的游戏行为时，留意儿童的注意焦点在哪里。充分利用儿童抬起头看你或看你们之间的玩具的短暂时刻。尽量在儿童将注意力投向你的时候进行示范或完成你的轮流，无论这一刻多么短暂。

保持常规节奏

当儿童的感觉行为比较严重时，你们容易失去前进的动量。你可能需要使用暗示性辅助来保持恰当的常规节奏。比如，如果每次轮到儿童时她都在用眼角余光打量或盯视旁边的某个玩具，那么你可以将正在玩的玩具往前移或直接递给她一个玩具，以便游戏可以继续进行下去。这样做也有助于儿童注意到你的参与，鼓励她也积极参与进来。但不要每次都辅助，也不要急于控制节奏。相反，你要提供足够的支持，避免儿童因长时间的感觉行为而陷入与物互动的状态。

17.7.2 与感觉行为相关的案例

以下是应对感觉行为的相关案例。

✉ **救救眼睛**

亲爱的 JASPER：

我正在干预的这个孩子喜欢在干预时盯看各种玩具。这种情况如此频繁，以致我们很难进

入共同参与状态。她目前处于前象征游戏水平，也能用玩偶来游戏。但每当我拿出玩偶，她都会拿起来细细研究，而不是开始游戏。如果我们用积木搭出了什么结构，她也会盯着搭好的积木看个没完。帮帮我！怎样才能减少这一行为，让我们有更多共同参与的时间？

救救眼睛

亲爱的"救救眼睛"：

  儿童在受到太多物品的视觉干扰和视觉吸引的时候，是很难进入共同参与状态的。你可以先评估一下你在干预中使用的玩具。举个例子，如果她被色彩鲜艳的玩偶吸引，那么你可以把它们换成没有那么多细节的玩偶（比如，简单的木头玩偶）。在选其他玩具时也尽量选择设计简单的。既然你知道她可能会盯着看已经搭好的积木，那就应该提前准备好对策以保证常规的推进。比如，你可以加快轮到你游戏时的节奏、为轮到儿童游戏做好环境准备、随时准备示范，或在她开始盯看物体之前及时再递出一块积木。

  希望能帮到你！

JASPER

运用上述策略，完成练习17.2。

练习17.2　应对局限重复行为

为以下场景选择最佳的应对策略。

场景	可能的应对方案
1. 你正在和儿童一起玩游戏。他的语言技能很好，游戏点子也多，但你始终没有机会参与轮流。你尝试了很多办法：变化常规，每次只给他几件玩具以放缓节奏，护住你完成的游戏步骤，但不管哪一个策略都会加重儿童的失调状态。	A. 降低游戏级别 B. 设定期待，告诉儿童应该怎么做 C. 加快你的节奏
2. 你和儿童建立了将带有魔术贴的蛋糕黏到一起的基础常规。你试着给蛋糕加上顶花，但立刻被她撕掉了。她还拆掉了蛋糕，然后又重新拼起来。你又尝试了几种不同的拓展方法，但同样的情况再次发生。	A. 护住你拼好的部分 B. 做两到三次示范以形成动量 C. A 或 B
3. 你和儿童建立了将汽车开进车库的基础常规。起初，他的参与状态还不错，有时还会在轮到他游戏前给你展示他的汽车并告诉你汽车的颜色。但在把车子停进车库后，他就开始在车库门口来回推车了。你示范将车子一直往外开，但他看都不看，继续推着车子，直到你拿走车子。	A. 准备一个清晰的后续步骤以保持常规的推进 B. 提高你的音量和情绪状态以引起儿童的注意 C. 使用言语辅助，告诉儿童停止推车

17.8　检验你的计划是否促进了成效性游戏

  当你刚开始想办法提高游戏灵活性和成效性的时候，你可能会觉得进步缓慢。记得第11章说过，在常规中即使很小的变化，对于发展游戏的多样性和复杂性也具有重要意义。随着经验的增长，你能更好地判断儿童的各种 RRB 表现，也能制订出更好的应对计划，情况就会得到改善。

17.8.1 一段时间内的注意事项

随着干预的不断推进，我们的目标，是让常规变得更加灵活、让儿童进行更多的成效性游戏并有更多共同参与的时间。随着你对儿童认识的逐渐深入、应对方法的不断成熟，你将更容易实现这个目标。

应对失调状态

做好准备，随时应对由偏好玩具引起的失调状况。当你试图改变偏好物的原有玩法，或打断儿童正在使用的常用玩法时，儿童可能会陷入失调状态。如果你要放下这个玩具开始玩别的，或彻底移走它，儿童也可能会生气。一般来说，我们可以灵活处理这样的问题，既可以选择遵从儿童的兴趣，也可以用其他方式来应对。但是，为了推动游戏和干预的进展，有时我们也有必要冲破阻力、逆势而上。

权衡指导性辅助的利弊

在使用过 17.3 ～ 17.7 节的策略之后，你可以用指导性辅助来引入一个新的游戏玩法。比如，如果儿童在进行学校主题常规时出现了重复性的游戏行为，成人就可以使用言语辅助（比如"我们去游泳吧！"）来保持常规的灵活性并推动常规的进展。在一些情况下，稍微使用一点肢体辅助就可以有效恢复儿童的参与状态，使其重新投入到游戏之中。想一想，怎样使用指导性辅助最有利于实现儿童的干预目标，怎样使用又可能会阻碍这些目标的实现。指导性辅助既能帮助儿童摆脱局限重复行为、练习新的游戏步骤、保持常规的发展动量，也会限制儿童主动发起的机会、让儿童产生辅助依赖或陷入失调状态。在使用指导性辅助时，要始终记得儿童主动发起这个目标，做好计划，尽快撤出你的支持。

试着重新引入儿童感兴趣的事物

随着儿童游戏灵活性和成效性的提升，考虑将儿童感兴趣但容易造成干扰的事物重新引入常规。比如，你可以在儿童参与度较好的时候重新引入偏好玩具。在一个已经稳固建立的常规中重新引入具有干扰性的玩具，使它成为常规的一部分，让儿童看到它更多有意义的使用方式。

17.9 结语

通过培养灵活性、克服刻板性，我们也在增强儿童的泛化能力，帮助他们将所学技能运用到 JASPER 干预之外的其他时间和其他环境中。随着你持续运用本章的技能，你应该可以看到儿童在常规中的灵活性不断提升。对照图 17.8，复习本章所讨论的策略。

第六部分到此结束。请继续在干预中支持儿童的参与、调节和成效性游戏。这样做能给儿童创造最佳的学习条件，也能逐渐减少你在非成效性和干扰性行为上耗费的时间。在接下来的第七部分，即本书的结尾，我们将介绍干预情况追踪、培训和其他后续步骤。

第 17 章小结

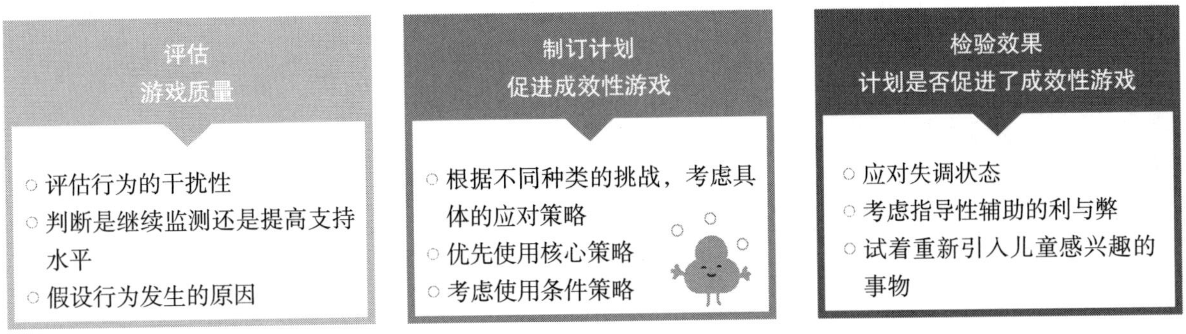

评估 游戏质量	制订计划 促进成效性游戏	检验效果 计划是否促进了成效性游戏
○ 评估行为的干扰性 ○ 判断是继续监测还是提高支持水平 ○ 假设行为发生的原因	○ 根据不同种类的挑战，考虑具体的应对策略 ○ 优先使用核心策略 ○ 考虑使用条件策略	○ 应对失调状态 ○ 考虑指导性辅助的利与弊 ○ 试着重新引入儿童感兴趣的事物

图 17.8　第 17 章小结

第七部分

总结

在这一部分，你将学习如何平衡运用不同的策略并追踪儿童在一段时间内的进步情况。

目标

▶ 综合运用各种 JASPER 策略

▶ 追踪记录儿童在一段时间内的进步情况

▶ 继续接受 JASPER 培训！

第 18 章

实现整合

18.1 引言

本书已经进入尾声，看看我们走了多远！现在，你掌握了评估儿童并设定技能目标从而实现干预目标的所有信息。你知道在干预前需要对环境和儿童做哪些准备，怎样建立并拓展游戏常规，怎样支持沟通、参与、调节和成效性游戏。接下来，你要学习将头脑里这些零散的碎片整合成一个综合而有效的干预方法。随着干预的进展，你要追踪儿童的进步情况，针对儿童需要制订个别化的干预计划，当然，还要参加培训！作为干预师，你还要学会评估哪些方法有用、哪些方法没用以及如何改进，尽一切可能，给儿童创造成功的机会。

18.2 整合所有策略

虽然本书依次介绍了各部分的内容，但在干预中，我们会同时运用这些策略来实现我们的干预目标。如图 18.1 所示，你会动用整个工具箱里的策略给儿童提供支持。可以想象，这需要干预师付出极大的努力并具有相当的平衡能力。一开始，你可能会觉得无从下手，望而却步。没关系！无论是学习干预的各个要素，还是练习多要素的整合，都不是一蹴而就的。随着经验的增长，很多策略的运用都会变得得心应手。你会发现自己在游戏和沟通时越来越自然，能够更加关注互动的整体，而不是其中孤立的某个部分。遇到挑战时，你会从全局的角度思考问题，能快速找到问题的切入点并提供支持。

18.3 追踪儿童的进步

为了监测干预进展，你要追踪儿童在一段时间内的进步情况。追踪的方法有很多。在研究中，我们会采用非常严谨的数据收集方法，比如，录像、非常详细的编码系统和分析。但临床工作不需要这样的细致程度。我们建议干预师使用自己熟悉的某个方法，重点考查核心领域的目标进展即可。你也可以参考本章结尾的几个数据收集样表。工具表 18.1 是一份质性干预日志，你可以在上面记录你遇到的挑战、儿童的进步表现和新的技能目标。工具表 18.2 则是一份量性数据收集表，你可以在上面记录每一项技能的表现情况。你也可以使用类似的表格或沿用你现有的数据收集方法。

图 18.1 成人在常规中平衡 JASPER 的各种策略和目标

18.3.1 录制干预过程

除了录制 SPACE 视频，我们也建议你每次或每隔几次将干预过程录制下来（经儿童照料者允许）。录制视频有助于反思进步、规划未来。在和儿童面对面的时候，我们容易忽略掉一些变化。这些变化稍纵即逝，似有若无。如果你想要评估并提高自己的技能、排查并解决各种问题，就有必要将干预过程录制下来。它能帮助你查漏补缺，为下一次干预的优化做好准备。它还让你有机会听取其他 JASPER 干预师的反馈意见（经儿童照料者允许），集思广益，不断进步。如果你同时在给多名儿童做干预，那么这一方法尤其有用，因为你很难准确回忆起每一次干预的细节。

18.3.2 记录技能

在每次干预之后，使用上述某种追踪方法或你自己的类似方法，记录儿童的技能情况。评估干预的各个方面，看是否有变化发生。儿童在哪些方面正在进步？哪些方面迟迟没有变化？重点关注那些全局性的干预亮点或挑战，比如，有意义的进步表现、挑战性行为、必要的调整等。你不必事无巨细地记录每一项技能的表现情况，而应该集中关注那些对儿童个体最有意义、最重要的信息。

虽然追踪进步是 JASPER 的一个重要部分，但它决不应该影响到干预的过程。你应该避免在干预中做笔记或记录技能表现。因为这样会让你无法专心游戏，也影响儿童的参与状态。相反，你应该在事后记下你能回想起的内容，再回看干预视频，补充更多细节。随着你对儿童越来越熟悉，你将清晰地捕捉到那些比较突出的进步表现，事后也能更清楚地记起当时的细节。图 18.2 示范了记录数据的具体方法。

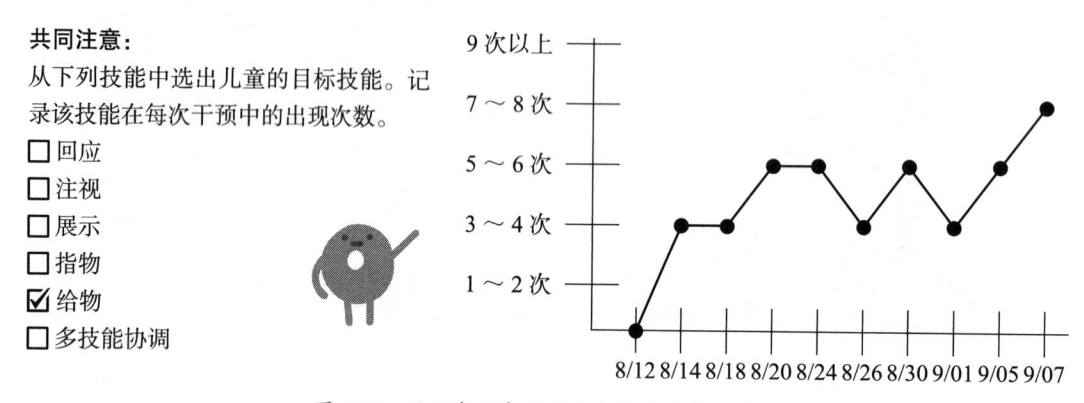

共同注意：
从下列技能中选出儿童的目标技能。记录该技能在每次干预中的出现次数。
☐ 回应
☐ 注视
☐ 展示
☐ 指物
☑ 给物
☐ 多技能协调

图 18.2　干预中儿童共同注意技能进步图示例

18.3.3 设定新的技能目标

如果儿童在不同常规和环境中持续表现出某项技能，就意味着他**已经掌握**了这项技能，可以开始学习新的技能了。你可以在干预日志（工具表 18.1）中持续更新儿童的技能目标。设定下一次的干预目标，如果常规需要做任何变化，将这些改变也加入其中。此外，每 2 ~ 3 个月重新对儿童做一次正式的 SPACE。

18.3.4 注意点滴的进步

进步并不总是线性的。有些儿童在一开始几乎很少进步，在多次干预之后才会明白你的期待并表现出一定的进步。他们的表现还常有起伏，时好时坏。当你觉得几乎看不到进步时，记得看大局。不一定要完全掌握某个技能才算进步。朝着目标方向发展的哪怕一丁点变化，都是至关重要的。日积月累，总有一天你会看到积极的变化。图 18.3 展示了不同领域的各种进步表现。

这些表现看着不起眼，却可能代表着儿童发展中的重大飞跃。记住，JASPER 专门针对的是 ASD 的核心挑战，因此，这里的每一个小小进步都值得大大喝彩！我们尤其希望看到这样的进步：

- 几乎没有目光接触的儿童在看到意外事物时抬头看你，与你分享这一时刻。
- 儿童开始通过说话或发声表达沟通意图。

- 平常只能说单词句的儿童开始说双词句。
- 平常只玩某种玩具的儿童表现出灵活性，开始选玩另一种玩具。
- 儿童接受了之前一直拒绝的新的拓展步骤。

随着干预的推进，你们的整体互动应该变得更灵活，更自然，也更有趣。这些进步虽小，却是儿童重要的发展里程碑，预示着他们正在朝着目标不断前进。

有意义的进步表现

常规
- 儿童能选择一个常规开始游戏
- 常规有清晰的基础步骤
- 儿童能发起和跟随拓展
- 各常规的持续时间延长
- 常规变得更加灵活
- 原本困难的常规或步骤变得更加顺畅

游戏技能
- 表现出新的游戏行为、不同级别的游戏行为、正在形成的游戏技能
- 儿童主动发起拓展
- 儿童将游戏行为用到新的情境中或新的游戏材料上

共同注意和请求手势
- 表现出新的或值得注意的正在形成的手势
- 将手势用到了新的情境之中
- 在使用手势的同时使用了语言及/或目光接触
- 在提供程序化机会后儿童成功使用了手势
- 在进行程序化时成功撤出了支持或辅助

语言
- 出现新的或值得注意的词或短语，包括词语的近似音
- 发挥了词语的新用法，或将词语用到了新的情境中
- 平均句长变长
- 重复或怪异语言减少

参与
- 参与方面的挑战减少
- 使用策略成功恢复了参与状态
- 积极性和共同参与度提高

调节
- 失调状况减少
- 使用策略成功促进调节、应对失调
- 成功应对了特定的行为功能
- 转衔更轻松

问题排除
- 成功使用 ACT 框架
- 成功撤出支持
  - 转向主要依靠核心策略
  - 成人的示范减少
  - 指导性辅助减少

图 18.3　有意义的进步表现

18.4 JASPER 培训

在培训中，我们将介绍每一个策略的基本信息，帮助你选择目标，并对你的一对一干预实操提供反馈意见。跟所有新技能的学习一样，JASPER 的学习也需要练习和实践。虽然本书可以帮助你了解 JASPER 的基本原理和方法，但如果缺乏实际的操练，你的准备就不算充分。培训、他人反馈、自我反省是帮助你提升技能的三大要素。凡是希望获得 JASPER 认证的临床人员，都必须接受 JASPER 的官方培训。我们的基础入门课程通常为 40 学时的实操培训，帮助你熟悉 JASPER 的干预目标和干预策略。这为期一周的培训既包括授课部分，也包括现场指导和临床实践内容（安排多

名儿童参与)。这是成为 JASPER 认证干预师的第一步。在经过认证、成为一对一的 JASPER 干预师之后，你还可以继续参加更高级别的干预师对干预师的培训，学习对照料者或社区其他人员，比如教师，进行培训。

18.4.1 忠诚度

JASPER 的受训人员要接受考核才能获得认证。考核依据是他们对策略的使用以及使用的质量。受训人员必须提交三份干预视频，视频分别针对三名具有不同能力水平的儿童。只有当这些视频中的干预忠诚度都达到 90% 时，受训人员才能通过考核。如果忠诚度能达到这一水平，就说明受训者能够根据我们的指导原则成功运用各项策略，既能平衡运用不同的策略，也能根据儿童需要有针对性地使用策略。我们会从以下几方面来评估受训者的技能：布置和重置环境、平衡模仿与示范、建立游戏常规、拓展游戏常规，以程序化方法促进社交沟通、提高语言水平以及支持参与和调节。

18.4.2 完善你的方法

在 JASPER 干预中会出现各种状况。你不可能一上手就做得很完美。你必须不断排除问题、不断想办法提供支持以满足儿童的需要。你应该经常反思自己的干预，看看你是否错过了好的机会，哪些方面还需要改进。注意你整体的干预风格，比如节奏、时机把握、语音语调等。有些时候你是否太过消极，又或者太过积极？本该回应儿童却没有？你是否实现了各种策略的平衡（比如，模仿和示范，重启和拓展）？还要注意你在干预中是否自信、不卑不亢，你的沟通方式是否恰当。就像你对其他新事物的尝试一样，这也需要练习。重要的是你要知道自己哪里做得好，哪里存在失误，然后从中吸取经验，在下一次及时做出调整。

有序掌握每一个策略

在初学 JASPER 时，你最好按照一定的顺序逐一掌握各项策略。你可以优先按照本书介绍的顺序学习策略。首先学习布置环境和选择与儿童的发展水平相适应的、对儿童具有激励作用的玩具。在进入干预后，集中精力模仿并回应儿童的沟通和语言。然后，根据情况加入示范：在轮到你时示范语言和手势，在儿童需要支持的时候示范游戏行为。随着你越来越自如地使用这些策略，在继续模仿并示范游戏和沟通的同时，你可以尝试建立常规基础。当你感觉这些都没问题时，开始考虑拓展，并尝试使用一到两次程序化方法。接着，开始考虑参与和调节。你从儿童的行为中发现了什么？有没有办法能让儿童更容易取得成功？这通常是你在这个过程中必须解决的问题。由于你还处于基础学习阶段，要做到这一点并不容易。可能的话，找一位有经验的 JASPER 临床人员，让这个人带领你一起解决干预中更加复杂和个别化的问题。一旦你觉得自己可以很好地使用核心策略了，就可以开始排除问题、应对挑战了——失调、参与度下降、重复行为以及各种游戏和沟通困难。注意培养灵活性和多样性，努力实现干预目标，并随着儿童掌握技能而设定新的技能目标。随着你对儿童和策略的逐渐熟悉，你也将更善于平衡运用所有这些要素。

总览全局

为了真正取得进步，你必须有退后一步、总览全局的能力。发展的道路迂回曲折，进退起落、时好时坏，都是正常。儿童如此，你也一样。对这一切保持关注，并判断何时需要做出改变。道路虽然曲折，我们也还是要追求总体向上的发展趋势。

重新专注于眼前的儿童

在学习平衡运用 JASPER 策略时，你常常会感到千头万绪，也难免心烦意乱。在这种时候，不要忽略你眼前的儿童。你可以稍微停一停，让自己冷静下来。就算事情不那么顺利，你也仍需努力尝试。选一个策略，接受儿童的反应，然后做出应对。当问题出现时，记得儿童不该受责备。倒是你应该担起责任来：深呼吸，排查问题，找到解决的方案。

建立 JASPER 社群

可能的话，建议你在身边建一个 JASPER 的专家社群。它不仅可以是你学习干预时的得力助手，也是你日后成长中的宝贵资源。我们研究发现，与忠诚度已经达标的干预师之间的非正式讨论和从干预师那里得到的反馈，作用效果堪比 JASPER 专业培训师提供的系统化的强化提高训练（Shire, Worthman, Shih, & Kasari, 2021）。通过彼此分享富有创意的常规和拓展方法、共同排查问题、一起想办法解决问题，你们将帮助儿童充分发挥潜能。

18.5 JASPER 的拓展延伸

虽然本书介绍的 JASPER 是以干预师和儿童在玩具游戏中的互动为背景，但我们对 JASPER 的研究已经延伸到了其他多种背景之中。

18.5.1 JASPER 在社区

虽然本书对此未作讨论，但书中这些策略的确可以用到儿童全天的活动之中。家长、照料者、老师及专职辅助人员都成功实施过 JASPER 干预，以一对一为主，也有一些是在同伴小组中完成。在已经发表的研究报告中，我们将 JASPER 延伸到了家务、用餐、讲故事等日常活动中（Kasari et al., 2014a），最近几个研究更是将它用到了同伴互动之中（名为 jasPEER；Shire et al., 2020a）。我们还教家长或照料者实施 JASPER 干预（Kasari et al., 2010, 2015, 2014b），也教老师和专职辅助人员在小组中使用 JASPER（Chang et al., 2016）或进行一对一的 JASPER 干预（Lawton & Kasari, 2012; Goods, Ishijima, Chang, & Kasari, 2013; Shire et al., 2017）。我们曾在社区环境中进行过 JASPER 的干预师培训。在一年后的随访中，我们看到这些干预师依然能稳定地运用学到的干预策略，干预效果也差不多（Shire et al., 2019）。我们还采用远程医疗方式，通过部分或完全的远程 JASPER 干预，成功培训了我们的专业人员并改善了儿童的表现（Shire, Worthman, Shih, & Kasari, 2020b; Shire et al., 2021）。

18.5.2 JASPER 在不同文化中

在研究试验中，我们成功使用各国语言将 JASPER 输送到了使用这些语言的家庭中，包括英语、韩语、越南语、俄语和西班牙语（Kasari et al., 2014a, 2014b, 2015）。一家独立研究机构还复制了我们原创的 JASPER 干预试验并用挪威语实施了试验（Kaale et al., 2012）。在临床运用上，JASPER 已经走向国际，在加拿大、俄罗斯、越南、哈萨克斯坦、比利时、北马其顿、日本、罗马尼亚等国得到了实施。

18.6 常见问题

接下来，我们将解答有关培训、追踪进步和实施干预的一些常见问题。

我可以在干预过程中记录数据吗？

我们非常不建议你在干预过程中做详细的记录。这样会影响学生的参与，也让你无法提供应有的支持。如果你想做比较全面的数据分析，但又无法录制视频，那么可以再请一位干预师来现场观察你的干预情况并做好记录，以便你始终能将注意力集中在儿童身上。

我可以将 JASPER 和其他干预方法混在一起使用吗？

JASPER 既可以用作其他干预方法的补充，也可以和其他方法混在一起使用，还可以与其他方法前后穿插使用（Kasari et al., 2006, 2014a, 2014b）。儿童本来就需要各种不同的干预方法，混合或穿插着使用都可以。我们鼓励你利用最佳证据（best evidence）为儿童个体建立综合的干预方案（有依据的兼收并蓄；Kasari & Smith, 2013）。

JASPER 如何支持长期的进步和泛化？

在我们的研究中，儿童能够将从干预师处学到的技能泛化到之后与照料者（Kasari et al., 2006, 2012, 2014, 2015）或学校老师（Kasari et al., 2015）的互动中。有些干预模式会在干预之外再进行专门的泛化训练。但 JASPER 却没有这样的必要，原因有三。首先，如果我们的干预目标符合儿童的发展水平并且自然融入干预之中，那么儿童应该可以真正掌握这一技能。（如果儿童无法泛化某项技能，很可能是他没有真正掌握这一技能。）其次，我们会在整个干预过程中有系统地给儿童提供发起技能的空间。我们期待也鼓励儿童主动发起和表达他们的游戏想法，而不是被动地回应成人的指导。再次，JASPER 干预在玩玩具的自然的游戏常规中展开，儿童在不知不觉中就能完成技能的泛化。因此，JASPER 干预可以说是儿童的操练场，让他们能够在结构化的、富于支持的环境中学习新的技能。当我们发展出灵活多样的游戏常规并着重于培养持久的参与状态时，儿童就已经在自然的环境中学习技能了。这样，他们更容易也更有可能将这些技能泛化到平时接触的各种环境之中。

JASPER 与其他各种自然发展行为干预法（NDBI）相同吗？

JASPER 与其他各种 NDBI 干预模式有一定的相似和相异之处。首先，我们对这些方法的介绍基本上是类似的。但如果你往更深处挖掘，注意我们对通用术语的定义和我们对相似策略的运用，就会发现明显的差异。学习了这种 NDBI 模式不等于你就能轻易转向那种 NDBI 模式,你依然需要通过专门的培训达到必要的实施忠诚度。那么,为什么你应该尝试使用 JASPER 呢?

1. 在 JASPER 中,我们会仔细评估"已掌握"和"正在形成"这两种不同的游戏水平,然后根据评估结果开发我们的游戏常规。这些常规既会成为互动的"主题",也会成为发展的目标。
2. JASPER 是结构化的,我们会在游戏常规中运用不同层次的策略来支持儿童的参与和调节。我们的游戏常规也会尽量接近典型发展儿童的游戏方式。
3. JASPER 的目标是促进儿童的主动发起,让儿童能够独立参与并胜任游戏和沟通。
4. 支持 JASPRER 的研究证据不断出现,表明 JASPER 对孤独症儿童常见的、核心的社交沟通方面的挑战具有改善作用,无论是干预师、照料者还是老师实施的干预,都同样有效。

18.7 结语

与所有优良的干预方法一样,JASPER 也在不断发展中。我们将继续积累从儿童、家庭和社区处得到的经验,更好地调整我们的方案,最大程度地满足 ASD 儿童的多样化需要。在一个相互支持、彼此分享、彼此肯定、彼此接纳的社区中,JASPER 的干预效果是最好的。当然,总有新的因素要考虑,总有例外情况会出现,也总有孩子不按常理出牌。我们会源源不断地从我们遇见的每一个孩子身上汲取灵感。最后,希望这本书对你的实践有所帮助。

工具表 18.1 干预日志

儿童：_____ 成人：_____

基本信息	目标技能	游戏	手势	语言	参与	调节
干预 No.： 日期： 时长：	游戏： 请求手势： JA 手势： 语言： 参与： 调节：		请求： JA：			
干预 No.： 日期： 时长：	游戏： 请求手势： JA 手势： 语言： 参与： 调节：		请求： JA：			
干预 No.： 日期： 时长：	游戏： 请求手势： JA 手势： 语言： 参与： 调节：		请求： JA：			

工具表 18.2　数据收集表

儿童：_____　　成人：_____

说明：
- 使用下列图表测量儿童在一段时间内的进步情况。
- 在横轴上记录干预日期，在纵轴上记录儿童的技能或状态水平。

主动发起的最高游戏水平：
记录儿童在干预中主动发起（而非模仿）的最高游戏水平。

纵轴（由上至下）：主题／社会戏剧／多方案序列／玩偶施动／无物体替代／物体替代／单方案序列／常规组合／儿童施动／实体组合／假装自己／一般组合／演示组合／拆解／差别化行为／无差别行为

横轴：干预日期

共同注意：
从下列技能中选出儿童的目标技能。记录该技能在每次干预中的出现次数。
- ☐ 回应
- ☐ 注视
- ☐ 展示
- ☐ 指物
- ☐ 给物
- ☐ 多技能协调

纵轴：9 次以上／7～8 次／5～6 次／3～4 次／1～2 次

横轴：干预日期

请求：
从下列技能中选出儿童的目标技能。记录该技能在每次干预中的出现次数。
- ☐ 注视
- ☐ 伸手
- ☐ 指物
- ☐ 给物
- ☐ 多技能协调

纵轴：9 次以上／7～8 次／5～6 次／3～4 次／1～2 次

横轴：干预日期

（转下页）

工具表 18.2　数据收集表（第 2 页，共 2 页）

语言：
每周一次，追踪儿童使用语句的平均句长。
语言水平的提升是一个渐变的过程，不要期待每一次干预后都能看到很大的进步。

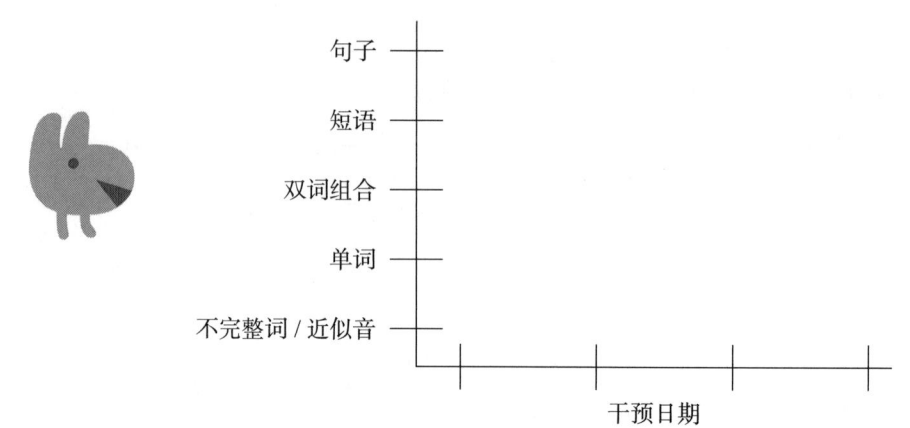

句子
短语
双词组合
单词
不完整词/近似音

干预日期

共同参与的平均时长：
记录儿童处于共同参与状态的平均时长。*

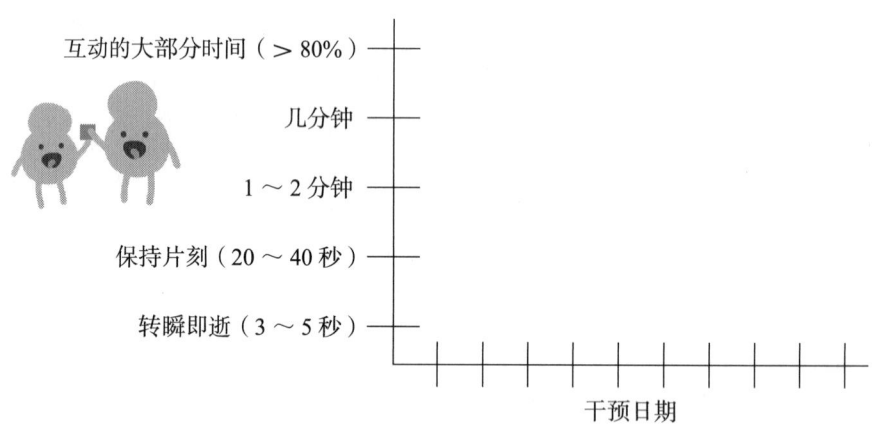

互动的大部分时间（>80%）
几分钟
1～2 分钟
保持片刻（20～40 秒）
转瞬即逝（3～5 秒）

干预日期

调节的平均时长：
记录儿童在干预中处于调节状态的平均时长。

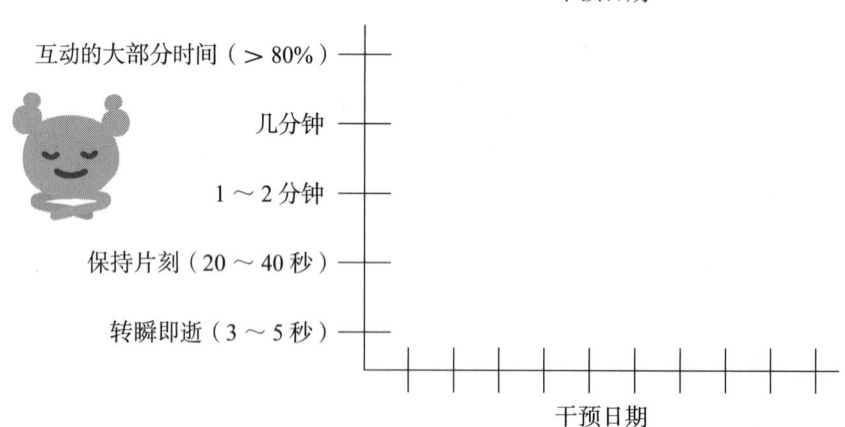

互动的大部分时间（>80%）
几分钟
1～2 分钟
保持片刻（20～40 秒）
转瞬即逝（3～5 秒）

干预日期

注：这些量表适用于 45～60 分钟的干预时长。如果你的干预时长更长，请做出相应的调整。
* 虽然每次干预的共同参与时长都会有差异，但数据显示，高于基线值 20% 的增加（以 10 分钟为基线值，增至 12 分钟即为 20% 的增加）与共同注意和语言的变化相关（Shih, Chang, Shire, & Kasari, 2017）。

附录 A 策略清单

布置环境

- 选择与儿童发展水平相适应的玩具（第 6 章）
- 选择恰当的游戏区域：桌子、地板或两者组合（第 7 章）
- 保持面对面（第 7 章）
- 减少房间内的干扰（第 7 章）
- 布置常规选项（第 7 章）
- 管理环境（第 7 章）
  - 补充必要的玩具
  - 将类似玩具收到一起
  - 清理杂物
  - 重启后重置环境
- 为拓展准备环境（第 7 章、第 11 章）

建立并保持常规

- 建立基础（第 5 章、第 10 章）
  - 管理环境（第 10 章）
  - 模仿成效性游戏行为（第 9 章、第 10 章）
  - 在儿童需要支持时示范（第 9 章、第 10 章）
- 重启常规（第 5 章、第 10 章）
  - 重置材料（第 10 章）
  - 支持后续步骤（第 10 章）
- 拓展常规（第 5 章、第 11 章）
  - 为拓展准备环境
  - 模仿成效性游戏拓展
  - 需要时示范拓展
  - 使用水平拓展和垂直拓展

促进沟通

- 使用评论性语言（第 6 章）
- 匹配儿童的平均句长（第 6 章）
- 在轮到儿童时留出空间（第 5 章、第 10 章、第 12 章）
- 在轮到你时使用语言和手势（第 12 章）
- 模仿并拓展恰当的沟通表达（第 12 章）
- 示范语言和手势（第 12 章）
- 为共同注意和请求技能提供程序化机会（第 13 章）
- 需要时引入 AAC 设备（第 14 章）

逐渐优化常规

- 使用 ACT 框架排除问题（第 8 章）
- 鼓励灵活性（第 11 章、第 17 章）
- 提高游戏和沟通的复杂性和多样性（第 11 章、第 12 章）
- 串联不同常规（第 11 章）
- 逐渐撤出支持（第 8 章）
  - 逐渐撤出环境支持
  - 逐渐撤出示范和辅助
  - 主要使用核心策略

支持参与和调节

- 支持转衔（第 8 章）
  - 使用视觉支持
  - 使用 AAC 设备（第 14 章）
  - 设定清晰的期待
- 调节情绪状态
- 解决失调和干扰行为（第 16 章）
  - 判断行为的功能
- 平衡运用核心策略（第 5～14 章）

- 创造富于支持的环境（第 7 章、第 8 章）
- 成为平等积极的游戏伙伴（第 5 章、第 10 章）
- 平衡模仿和示范（第 9 章）
- 促进沟通（第 12～14 章）
- 使用 ACT 框架排除参与和调节的问题（第 15～16 章）

- 考虑条件策略（第 15 章、第 16 章）
  - 使用人际互动
  - 引入已经熟练掌握的常规
  - 要求提出恰当的请求
  - 落实你设定的期待
  - 重新引导
  - 积极忽视

附录 B 练习答案

第 2 章

练习 2.1 参与状态
- 1–C；2–E；3–A；4–F；5–D；6–B

练习 2.2 是发起还是回应？
- 回应：2、4；发起：1、3、5

练习 2.3 游戏级别
- 1–K，2–D，3–I，4–H，5–M，6–L，7–A，8–C，9–E，10–F，11–J，12–N，13–O，14–B，15–G，16–P

练习 2.4 共同注意与请求的区别
- 共同注意：1、3、6；请求：2、4、5

第 3 章

练习 3.1 SPACE 语言水平
- 儿童的语言水平是说单词句。这里儿童使用了各种单词句和双词句：8 个单词句，1 个双词句。虽然双词句是儿童表现出的言语沟通的最高水平，但儿童最常用的还是单词句，所以语言水平还是单词句。（我们将像"老麦克唐纳"这样已经被熟记的短语算作单词句。）

练习 3.2 SPACE 游戏行为
- 儿童表现出 3 **种或** 3 **种以上**一般组合的游戏行为、2 **种**假装自己的行为。我们计数的不是每一个具体游戏行为的次数，而是这些行为的种类数。所以，当儿童搭了三块积木时，虽然重复了 3 次堆搭行为，但它们只算一种游戏（一种一般组合行为）。

第 4 章

练习 4.1 已掌握的手势和目标手势

1. 已掌握：目光接触请求；目标：伸手请求
2. 已掌握：伸手请求和指物请求；目标：给物请求
3. 已掌握：儿童尚未掌握任何手势；目标：注视和伸手请求。除了伸手请求，你还应该发展注视技能，因为儿童没有表现出任何目光接触请求。

4. 已掌握：JA 指物；目标：JA 展示。JA 展示技能仍在形成中，因为儿童朝着自己举起了物体，而不是朝向成人。

5. 已掌握：JA 指物；目标：JA 给物。由于儿童表现了正在形成的 JA 给物技能，所以你可以先以这一技能为目标，之后再发展 JA 展示技能。

练习 4.2　已掌握的句长和目标句长

1. 已掌握：单词句；多样性目标：灵活多样的单词句；复杂性目标：双词组合句

2. 已掌握：双词组合句；多样性目标：灵活多样的双词组合句；复杂性目标：短语

练习 4.3　已掌握的游戏技能和目标游戏技能

1. 已掌握：拆解；目标：演示组合。儿童已经掌握了简单游戏（差别化行为和拆解），但演示组合和一般组合都只出现了一种，两者均未掌握。虽然儿童也表现出了一种假装自己的行为，但你还是应该先以演示组合，再以一般组合为目标，然后再开始发展前象征技能。

2. 已掌握：儿童施动；目标：实体组合。你必须回头补上实体组合和常规组合，才能开始发展象征游戏技能。因为 SPACE 得到的只是关于儿童已掌握和正在形成的技能的大概情况，所以你可能会看到儿童由于对某些材料比较感兴趣而表现出分离的技能。如果你在几次干预之后发现儿童其实已经掌握了实体和常规组合技能，就应该相应地调整你的目标。

第 5 章

练习 5.1　常规的组成部分

1. 对。根据儿童能力的不同，常规可以有一系列不同的基础步骤。

2. 错。常规一开始可以只有一个拓展步骤，也可以有多个拓展步骤。

3. 错。你可以在常规的任何时间点进行重启：在基础步骤之后、拓展之后、当儿童需要返回到更简单的步骤时或者遇到自然的时机时。

4. 对。常规是没有时长上限的。只要该常规仍有激励性，仍在持续发展，就可以反复进行。我们的目标之一就是将常规维持在较长一段时间内。

5. 错。儿童并不一定要完成常规的哪一个步骤或哪一个部分才能转向其他常规。你可以在任何时间点跟随儿童进入下一个常规。

练习 5.2　游戏常规的特征

1. 错。虽然你心里的确应该想好一些游戏步骤，但你不应该过度控制常规或把它变得过于结构化。我们的目标不是按照特定的序列来玩游戏。常规应该保持灵活，能及时响应儿童的兴趣变化。

2. 错。虽然在每一个常规中你都会为儿童设定一定的拓展目标，但具体采用哪些游戏行为还是应该根据儿童的兴趣灵活安排。

3. 对。为了促进儿童主动发起、保持儿童在干预过程中的参与状态，你应该给儿童提供多种选项。

4. 对。游戏步骤可以以不同顺序反复进行，这样有助于锻炼儿童的灵活性。

5. 错。当儿童的行为变得刻板、重复或明显低于当前的发展水平时，你不应该再跟随儿童的行为。在这些情况下，你应该给儿童提供必要的支持。

练习 5.3　平等而积极的角色

1. 消极。虽然给儿童提供材料也很重要，但你在互动中的角色远不止于此。如果你只在一旁准备玩具而不和儿童一起玩，那么你没有在互动中保持积极的角色。（你应该和儿童一起轮流搭积木。）

2. 平等而积极。你可以通过模仿儿童的游戏行为和回应儿童的语言，保持你在交往中的互动性角色。

3. 指导性。你应该模仿儿童新的游戏行为，而不是重新引导儿童回到前一个步骤。

4. 平等而积极。这一互动给儿童的游戏和沟通提供了支持，也给儿童留出了主动发起的空间。

5. 指导性。即使儿童在游戏中能够积极做出回应，成人也应该给儿童提供更多空间来主动发起接下来的步骤。

第 6 章

练习 6.1　选择玩具

1. C：儿童表现出的是无差别行为，我们应该提供发展下一级别即差别化行为的玩具选项。

2. B：儿童表现出了一种演示组合行为，我们应该给他提供更多可用于演示组合的玩具选项。

3. D：儿童表现出一些演示组合行为、一个常规组合行为、一个一般组合行为和一个假装自己行为。我们应该给这个儿童准备一些可用来进行各种组合和前象征行为的玩具选项。

4. A：儿童表现了一般组合、实体组合和玩偶施动行为。我们应该给他准备一些可用于前象征行为、组合行为和象征行为的玩具选项。

练习 6.2　成人语言水平

- 1–A，2–E，3–D，4–B，5–C（注：答案 A、E 对于 1、2 都是正确答案。但 1 中的发音近似"b"，所以示范"宝宝"更为合适。）

第 7 章

练习 7.1　选择环境

- 1–B, 2–A, 3–C

第 8 章

练习 8.1　支持转衔

注：每一个儿童都适用多种不同的支持方法，这里提到的只是其中的一些可能。

1. B：使用"先……再……"的视觉材料可以让儿童看到他还可以见到爸爸，这比单纯的口头提醒更加具体。需要循序渐进地帮助儿童实现分离，所以你一开始可能需要邀请爸爸一起参加干预。

2. D：引入完成箱之类的视觉支持可以让你在不增加言语辅助和言语输入（可能会加剧失调状态）的情况下，更清楚地表达你希望儿童收拾玩具这一期待。

3. A：儿童在学校已经建立了一个稳定的预备学习的常规。如果儿童需要，你可以模仿这个常规，在开始干预前让他将书包挂起来，通过这一熟悉的暗示帮助他适应新的环境。

4. C：在结束干预前，先帮助儿童冷静下来并做好自我调节。你不需要再提其他任何要求，因为你已经告诉他干预结束了。但你应该再加入一些有趣的、安慰性的活动，以便在积极的氛围中结束干预。

练习8.2　在JASPER中使用辅助

1. 对。在JASPER中，我们采用由最低到最高的辅助等级系统来支持儿童尽可能地独立使用技能。

2. 错。一般来说，你应该只辅助一遍。如果辅助无效，提高支持水平，帮助儿童完成技能。

3. 错。暗示性辅助会给儿童某种引导，但不强制儿童遵照执行。但是，如果你提供了指导性辅助，就应该帮助儿童将这一期待落实到底。

4. 对。在辅助时要考虑到儿童的其他发展目标（比如，主动发起），并做好计划，在一段时间之后快速撤出辅助。

5. 错。言语辅助和手势辅助是"指导性辅助"，在JASPER中是作为**条件**策略来用的。我们不会很频繁地使用它们，只有在用过核心策略之后才会加以考虑。环境辅助和示范才是JASPER的**核心**策略。

练习8.3　设定期待

1. 否。这一指令包含多个步骤，儿童不一定能完全明白。你应该给儿童一个清晰的指令，然后帮助她落实完成。

2. 是。你没有使用过多言语输入就帮助儿童完成了你要求的事，在没有加重儿童失调状态的情况下强化了坐好这件事。

3. 否。尽量不要问儿童想不想玩游戏。这等于在给儿童机会说"不"。相反，你应该采用其他策略来帮助儿童进入干预状态，比如，你可以说："咱们来玩游戏吧！"也可以让儿童二选一："玩积木还是玩动物？"

第9章

练习9.1　模仿的恰当运用

1. 否。我们不模仿敲击这个动作，因为它可能是一个刻板、重复或感觉刺激行为。

2. 是。儿童的游戏行为不那么常规，但很有创意，也很恰当。

3. 是。这样的模仿是恰当的，虽然成人使用的材料和儿童的不太一样。

4. 否。我们不会模仿扔飞机的行为，因为我们不鼓励扔玩具的行为。

5. 否。因为儿童正在扮演大厨的角色，为了让常规中的故事继续发展，成人扮演顾客的角色会更为恰当，比如，假装吃汉堡，然后说："谢谢！我好饿！"

练习 9.2　示范的恰当运用

1. 否。虽然在这个场景中是需要做示范的，但成人示范的这个步骤水平太高了（象征游戏）。因为儿童正在玩的这个玩具通常是用来玩演示组合游戏的。你应该示范与儿童发展水平相适应的游戏行为。

2. 是。我们建议在儿童刚开始排列汽车的时候就给他示范恰当的游戏步骤，因为排列玩具可能是一个刻板重复行为。

3. 否。在这种情况下，你应该用三明治来做示范，因为儿童看的是三明治，他应该是对三明治感兴趣。

4. 否。示范的行为太多了（双步示范）。你应该选择一个行为进行示范，再等着看儿童是否做出反应。

5. 是。你应该跟随儿童的玩具选择并示范一个恰当的步骤。

练习 9.3　该模仿还是示范？

1. 模仿。该行为处于儿童已经掌握的游戏级别，也具有成效性，所以我们会模仿。

2. 示范。因为将车推来推去这个行为（简单游戏）严重低于儿童当前的游戏水平，所以此时不宜模仿。你应该示范一个处于她已掌握水平的行为（比如，往车里放入小人）。

3. 示范。抛扔小人不是一个恰当的行为，你不应该模仿。相反，你应该示范一个可以用小人来完成的恰当的行为（比如，让小人走进学校或坐在学校里的椅子上）。

4. 模仿。儿童表现出了目标级别的游戏行为（象征游戏）。你应该模仿他以强化这个目标技能。方法是顺应他的想法，扮演属于你的角色（比如，假装你的小人是学生）。

练习 9.4　接下来怎么办？

1. B：模仿。虽然儿童的想法不太常规，但它仍然是有创意、有成效的，并且提高了游戏的级别（有替代物的象征游戏）。不要示范新的游戏步骤（A），也不要为了示范新行为而否定儿童的行为（C）。

2. C：儿童的行为是重复行为，也严重低于目前的游戏水平。因此，你应该示范下一步的恰当行为。你不应该还没有给儿童正确使用玩具的机会就直接拿走玩具（A），也不应该模仿重复行为（B）。

第10章

练习 10.1　判断常规基础是否已建立

1. 已建立。儿童能在你和物体之间协调目光接触，在推倒高塔后能重启常规，重新搭起盒子，这些都表明她已经能够自如地完成这个基础步骤。

2. 未稳固。儿童还需要很多支持（示范、递给他插钉）才能完成轮流。
3. 未稳固。这些步骤没有给常规打下坚实的基础。这些行为比较散乱，缺乏共同主题或故事线的串联。由于各个步骤缺少必要的重复，儿童不太可能会主动发起，对于你们在做什么也可能缺乏清晰的认知。这样的常规缺乏继续发展的空间。

第11章

练习11.1 拓展常规

1. C：将拓展选项放到环境中，让儿童能发起下一个步骤。你应该在儿童可以拓展**之前**将这些材料放置妥当，以免她开始失去参与状态。
2. C：跟随儿童发起的拓展步骤，和他一起堆搭比萨块。虽然这个步骤在我们看来可能有些奇怪，但对处于一般组合游戏级别的儿童来说是一个恰当的拓展方法。
3. D：你可以示范一个与门有关的具有成效性的步骤，在儿童的当前行为与常规之间建立起联系，并将它引回到恰当的游戏水平上（B）。或者，你也可以通过增加新材料给儿童暗示更具成效性的拓展步骤（C）。不要模仿儿童反复开关门的行为，因为它可能是个重复行为，会导致儿童只专注于物体而失去和你的联结。

第12章

练习12.1 模仿并拓展沟通

1. 是。你应该注意到儿童的目光接触，并用手势和语言加以回应。（你不需要每次回应都加上手势，尤其是当你在常规中有很多机会使用手势的时候。）
2. 是。你应该模仿并拓展儿童的语言（同时也模仿儿童富有成效的游戏动作）。
3. 否。比起直接模仿儿童，扮演你自己的角色会更为恰当。比如，你可以说："我是强盗。我要逃跑了！"对于已经能说句子的儿童，这样的语言拓展更为恰当。
4. 否。你不应该指导儿童，让他把其他动物也放进去，而应该用评论性语言和手势来拓展他的短语，比如，你可以使用JA指物手势说："老虎走进动物园。"或者一边模仿，一边做出评论："狮子走进动物园！"
5. 否。你不应该模仿儿童的发音，而应该回应以完整清晰的"球"字。

第13章

练习13.1 制造程序化机会

1. B：举起梳子和衬衫。给儿童提供选择是激发指物请求的恰当方式。这种方式也是在给儿童提供拓展选项，不会对常规的正常流动产生太大干扰。在这个场景下，让儿童拿不到娃娃（A）不是一个恰当的辅助策略。因为它会使常规中断，并破坏儿童的参与状态。
2. B：故意搞怪，比如，将一块芝士放到蛋糕上。在常规中加入出人意料或搞怪的东西后暂停，可以给儿童制造一个清晰的机会，让他注意到某些事情并做出反应。提高示范时的音量

（A）不是一个恰当的策略，可能会导致儿童之后对同伴使用不自然的语音语调。

3. B：将几块拼图放进密封容器中，让儿童有机会请你帮忙打开。选一块儿童拼不了的拼图（A）可能会导致失调状态，也让你无法保持平等积极的角色。因为在这样的情况下，每次轮到儿童时他都需要成人提示或协助。

4. A：把橙子块和香蕉块黏到一起。出人意料地组合不同的玩具既是对常规的拓展，也能给儿童制造分享趣事、新事的机会。暂停，给儿童留出空间来发出分享的手势、评论或注视。不要摇晃装水果的容器（A）或用其他方法来吸引儿童的注意力。因为这是成人在主导，儿童产生的是对辅助的回应，而不是主动的发起。

5. A：在她努力往上够的时候，暂停并满怀期待地等待。成人不要急于提供帮助，要让儿童有机会主动提出请求。不要用言语辅助让儿童把积木给你（B），因为这样的支持太过了，它剥夺了儿童主动发起技能的机会。

练习13.2　辅助和程序化

1. 错。你不应该用肢体辅助来让儿童进行目光接触。你应该通过环境布置（比如，保持面对面、将玩具放在你和儿童之间）鼓励儿童参与互动。你可以选择一个手势目标，然后运用程序化和辅助策略来实现它；如果儿童与你有目光接触，以你的回应给予强化。

2. 对。儿童可能会使用目标技能以外的其他技能或形成中的技能来回应你（比如，发出喉音，而不是指物请求）。首先保证儿童的参与状态，再通过模仿和拓展示范目标技能。

3. 错。在提供机会以后，你应该满怀期待地暂停，等待儿童做出反应。等儿童给出一个反应后，再决定是否要辅助目标技能。

4. 对。如果你第一次辅助没有成功，就可以通过提高支持等级帮助儿童完成目标技能（比如，如果一开始采用的是一般言语辅助，就提高到具体言语辅助）。

5. 对。记住，你的总体目标是促进儿童主动发起。所以你要做好打算，逐渐降低辅助等级并最终撤出辅助，从而促进儿童独立自主。

6. 错。你应该有选择地将程序化和辅助策略用到常规的重要节点上。如果使用过于频繁，就会使成人的指导性太强，无法保持平等积极的角色。

第14章

练习14.1　使用言语生成设备

1. 错。虽然你应该提前将常规相关的词语收入SGD设备中，但你总是会说到一些设备上没有的词语。由于你需要保持自然的沟通和节奏，你可以先在心里默默记下那些你反复用到的词语，在干预结束后将它们加入设备中。

2. 对。就像你在口头表达中会示范实义词一样，你也应该将可以灵活用到常规中的词语提前设置到SGD设备中。

3. 错。为了减少干扰，你可以通过选用带有"引导访问"设置的系统、移除其他应用和限制滚屏等方式，帮助儿童学会将设备用于沟通。对一些儿童来说，你可能需要先建立起稳固的常规基础，再引入SGD设备。也就是说，在建立起稳固的常规之前，儿童手头是没有设备的。等常规建立之后，你再重新引入设备，帮助儿童以更有成效的方式使用设备。

4. 对。就像他们需要逐渐建立对游戏的象征性理解，儿童也需要逐渐建立对图像的符号表征性的理解。有些儿童需要用实物照片来做图标，其他儿童则可以用图画甚至符号来做图标。

5. 错。你应该将SGD设备和口语示范搭配起来使用，在恰当的时候还可以加入手势。这样可以给儿童示范多种形式的沟通方式。

6. 对。虽然一开始你可能很难记得随身携带设备，尤其当你需要在桌子和地板之间来回切换的时候，但是你有必要让儿童在整个常规中都能用上SGD，让自由沟通成为可能。

第15章

练习15.1 支持参与

1. A：你的初始玩具选项远低于儿童已掌握的水平。你应该在儿童已掌握的水平和目标水平之间选择相应的玩具，以免儿童产生厌倦心理或无法投入参与其中。如果你没能在一开始选用恰当的玩具，那么，即使你给儿童留出空间（B）和移动到儿童面前（C），也很难提高儿童的参与度。

2. B：在轮流过10次之后，儿童应该已经可以更进一步了，只是不知道接下来该做些什么。这时候就不要再模仿（A）了，你应该引入一个新的、能令他兴奋的拓展步骤，让常规持续下去。你也可以示范恰当的语言（C），但如果只有示范的话，对提高参与度不会有太大的效果。

3. A：虽然你试图通过拓展新步骤维持常规的进展，但儿童已然失去兴趣了。这个常规应该玩得差不多了，你可以试试在环境中引入一组新的玩具，看它们能不能调动儿童的积极性。这应该不是基础的问题（B），因为你们已经轮流多次了，而移动到儿童面前（C）应该也不足以让儿童恢复参与状态。

4. A：进行持续而及时的模仿，以便在常规中发挥积极的角色，也给儿童示范如何当一个好玩有趣的游戏伙伴。如果你还未尝试使用介入性较小的支持策略，先不要急着移除玩具（B）。你当然可以调节你的情绪状态，但你首先要做的，还是在游戏中发挥积极的角色。

练习15.2 应对参与状态不佳

1. D：你可以通过降低游戏级别（B）或进行人际互动（C）建立参与状态，然后再过渡到已掌握级别的游戏步骤。（如果儿童看起来对蛋糕不再感兴趣，你也可以试着加入其他玩具选项。）

2. B：减少玩具选项的数量，以便儿童建立常规。因为你还要考虑培养儿童选择玩具的能力，所以尽量采用那些相互之间存在关联的玩具，这样你就可以以儿童的发起为基础，建立起一个合乎逻辑的连贯的常规。当面前的玩具选项太多时，儿童可能无法保持参与状态，也就很难建立起稳定的常规。

3. D：在给儿童递积木、评论她正在做的事时，你不知不觉陷入到了消极角色之中，你期待儿童能自己维持互动。你应该把发表评论和参与轮流结合起来，让自己发挥更加积极的作用。这样，你也给儿童展示了共同参与状态应有的样子。你还应该确保儿童可以继续拿到积木，这样她才能自由玩耍，并以平等积极的角色与你互动。

4. C：引入一个儿童已经熟练掌握的常规，减少更高级别的游戏给儿童带来的认知压力，也让你更专注于与儿童建立联结。一旦进入共同参与状态，你就可以进行水平和垂直拓展，在熟练的基础上增加一定的难度和创意。

第16章

练习 16.1　支持调节

1. A：不能沟通自己的想法会让儿童感到沮丧并最终陷入失调。使用各种策略来支持她，比如，使用 SGD 设备、提供程序化机会促进沟通。目前应该不是转衔的问题（C），增加环境的结构性（B）则会进一步限制她表达需求和想法的机会，会让她更加沮丧。

2. C：在经历多次垂直拓展之后，常规的难度已经被提得太高了。你应该注意平衡难易：通过水平和垂直拓展提高难度（B），也通过回到基础（A），让儿童有机会玩他已经掌握的级别的游戏。

3. A：儿童需要你更清晰地告诉她应该待在哪里。用家具制造一个更加清晰的环境（比如，用书架隔挡，将桌子侧倒，在地上放置泡沫坐垫或地毯等），增加干预的结构性。还可以考虑用视觉时间表来更加清晰地表达你的期待。给儿童更多空间和时间在房间游荡（B）会导致更加严重的失调状态，并剥夺儿童参与和学习的机会。提高你的情绪情感（C）可能会火上浇油，加重儿童的失调状态。

4. B：保持常规的节奏，合理安排模仿、示范和拓展的时机以支持儿童的调节。通过程序化促进沟通（A）或增加更多指导（C）有助于你提高对儿童的要求，但用在这里并不恰当。它们可能有助于儿童听从你的安排，却不能让他们以更加积极的角色参与游戏。

练习 16.2　应对失调

1. A：这一行为的功能应该是寻求关注。你应该忽视并示范一个具有成效的新步骤。不要停下常规来捡玩具（B）、唱歌（C）或斥责儿童（D），因为这些都是对儿童的关注，而增加关注会进一步强化故意掉落玩具这个行为。

2. C：这一行为的功能应该是获得。当儿童问你要船时，提醒她和你一起游戏之后就可以拿到船，然后将她引向其他事物。你不应该完全忽视儿童的所有请求（A），因为这样可能会加剧失调状态。但如果她反复要求，那么在做过几次回应之后，你要重新引导她。因为你已经明确了你的期待，也知道将船给她不会带来任何成效性互动，所以你不需要将船拿回来（B）。降低游戏级别（D）这一策略在这里并不合适，因为儿童的挫败与游戏级别无关，而且这样做还可能导致无聊或加重失调状态。

3. D：这一行为的功能应该是逃避。你可以先教儿童用恰当的方式告诉你他对这些玩具已经没有兴趣了（B）。但是，如果儿童对其他各组玩具也都采用这样的方式，那么这就是一种新的逃避方式。你还可以用视觉时间表（C）更清晰地表达你的期待。你不应该结束干预（A），因为这样做是在强化他的逃避意图。

第17章

练习17.1　判断何时做出应对

1. 继续监测。行为目前没有干扰性。继续监测，注意它是否有升级的迹象。

2. 继续监测。只要干扰性不太大，就允许儿童把插钉握在手里。

3. 提供支持。这一行为不会自行消失，儿童也会因此而错失宝贵的学习时间。重新考虑你的玩具选项，并提高支持水平。

4. 提供支持。儿童的这种个人偏好让你们很难展开任何富有成效的游戏行为。如果不加干预，你们就很难一起建立常规并相互沟通。提高你的支持水平，帮助儿童参与。

5. 继续监测。如果儿童只是稍稍停下，然后继续参与共同游戏，那就没有问题。只要儿童的沟通行为不对常规造成太大的干扰、不占用太多干预时间或导致逃避行为，你就可以模仿并拓展。

练习17.2　应对局限重复行为

1. B：鉴于你已经尝试过其他各种策略，儿童的语言技能也不错，你可以用语言来陈述你们正在做的事，比如"我们是在一起玩游戏呢"，提醒他你们可以轮流游戏。虽然你们的轮流不一定采用你一次、我一次的方式，但你仍应该有机会分享你的想法并帮助他学习与伙伴一起游戏、互动。你不应该降低游戏级别（A），因为这样可能会让儿童感觉无聊，或加剧与物互动的状态。加快你的节奏（C）可能会让常规速度急剧加快，变得无法控制。

2. C：你应该尝试使用暗示性辅助，比如，在放上蛋糕顶花后用手护住（A），或快速示范两到三次，让儿童形成关于后续步骤的清晰的视觉图像（B）。这些额外的支持往往可以让儿童明白：你在游戏中加入了一个新的步骤，她可以试着跟你一起完成它。

3. A：通过环境布置，提示一个清晰的后续步骤。比如，你可以铺出马路，然后一起开车去某个地方，也可以在车里加入小人（适合前象征水平的游戏者），还可以拿出"洗车"材料。这样的环境准备既利用了儿童的兴趣，也能预防儿童出现重复性的推车行为。提高你的情绪和音量（B）、使用言语辅助（C）也许能引起儿童的注意，却与你以平等积极的角色开展有趣的游戏互动的目标背道而驰。

附录 C 凯蒂的玩具箱（常规样例）

儿童：厄尼

年龄：2 岁
已掌握游戏水平：一般组合、假装自己
目标游戏水平：儿童施动
目标 JA 手势：展示
目标请求手势：指物并使用单词句
目标语言水平：2～3 词句

常规：积木
常规中的玩具：泡沫积木、小人模型、斜坡、带座位的船

　　基础步骤：用泡沫积木搭一个结构
　　○ 成人和厄尼轮流用泡沫积木搭出一个长方形结构。
　　○ 成人示范 JA 展示：给厄尼展示不同颜色的积木，然后搭到结构上去。
　　○ 成人说："搭积木！"
　　○ 搭完所有积木后，厄尼微笑着说："大！"
　　○ 成人回应并扩展说："大积木！"并指向积木。

　　扩展步骤 1：往结构上添加小人
　　○ 成人和厄尼轮流将小人放到结构上。

　　扩展步骤 2：将小人滑入船中
　　○ 成人在结构和船之间放置一段斜坡，厄尼主动将小人滑入船中。成人模仿他，他们轮流将小人一个个滑进船中。

　　扩展步骤 3：让小人坐到船上的座位上
　　○ 成人和厄尼轮流将小人放到船中的椅子上。

　　重启：把船打翻
　　○ 成人将船推向积木并打翻。
　　○ 厄尼看了看成人，推倒积木，然后指着船说："哎呀！"

- 成人立刻做出回应，指着说："哎呀，它们倒了！"然后快速重置材料，以便重新开始搭积木或再次将小人放进"巴士"。

儿童：里奇

年龄：3岁
已掌握游戏水平：差别化行为、拆解
目标游戏水平：演示组合、一般组合
目标 JA 手势：协调的共同注视和 JA 指物
目标请求手势：给物
目标语言水平：单词句

常规：汽车
常规中的玩具：两辆大车、两辆小车

    基础步骤：来回推动汽车
- 成人和里奇来回推动大车。
- 成人说："三、二、一"并暂停；里奇说："走！"
- 成人将车子推向里奇。
- 里奇说："走！"并将车推回给成人。

    扩展步骤：开车上墙
- 成人把车开到墙上，说"上！"然后握住车子暂停。
- 里奇指着车子，发出类似于"下"的声音。
- 成人回应并拓展说："下去！"然后将车顺墙推下并等待。

    扩展步骤：叠搭车子
- 里奇主动"搭"起车子——将一辆小车放到大车顶上。
- 成人做出模仿，将另一辆小车也放到顶上。

    扩展步骤：推车塔
- 成人接着将叠搭起来的车塔推向里奇。

    重启：撞车
- 里奇撞倒车子并看向成人。
- 成人回应并扩展：指着倒掉的车子说"倒了！"然后从推车这个基础步骤开始重启常规。

儿童：马德琳

年龄：4 岁
已掌握游戏水平：多方案序列
目标游戏水平：社会戏剧
目标 JA 手势：综合运用手势和语言
目标请求手势：指物和给物
目标语言水平：句子（熟练使用语言，更加多样化）

常规：购物
常规中的玩具：娃娃屋、家具、两辆大小适合娃娃使用的购物车、5～6个娃娃、磁力片、收银机、玩具食物

基础常规：娃娃们醒过来、刷牙、上厕所、洗手。成人和儿童一起轮流让每个娃娃完成以上步骤以建立基础。

扩展步骤 1：开车去超市
○ 马德琳拿起一个娃娃，以娃娃的口吻说："快，妈妈，我们去买菜吧。"
○ 马德琳拿起另一个娃娃回答："好，我们去开车。"然后，她把第一个娃娃给成人："你当女儿。"
○ 成人假装自己是女儿，一边给娃娃系安全带，一边说："别忘了安全带！"
○ 他们将其余娃娃都放进车里，向着玩具食物和购物车的方向开去。

扩展步骤 2：购物（提前布置好购物站点，包括积木货架、各种食物、购物车、钱、收银机和购物袋）
○ 成人和马德琳让娃娃们推着购物车，从货架上取各种食物放入购物车。他们对这些食物加以评论。成人用自己选的一些物品示范 JA 展示和评论。然后马德琳注意到一个满是冰激凌的架子，她激动地使用 JA 展示和语言："我们买个巧克力冰激凌吧！"

扩展步骤 3：结账
○ 成人假装收银员，说："好的，你要结账了吗？"
○ 马德琳用娃娃回答："是的，结账！"他们逐件扫描所购食品、付款、将食品放入车里，然后开车回家。

扩展步骤 4：做午餐（在"家"站点增加桌椅、餐具）
○ 马德琳主动将食物放到桌上，娃娃们自己将食物装进餐具、用餐、喝水。

重启：娃娃们刷牙、上厕所、洗手，然后扩展到其他家庭活动或开车去一个新的站点以建立新的常规（比如，花园）。

关 于 作 者

康妮·卡萨里（Connie Kasari）博士，美国加利福尼亚大学洛杉矶分校（UCLA）教育和信息研究研究生院人类发展与心理学特聘教授、塞梅尔神经科学与人类行为研究所精神病学特聘教授、UCLA孤独症研究与治疗中心创始人之一。卡萨里博士的研究方向是开发经过测试的可在社区环境中实施的新型干预方法。最近的项目包括对已确诊或高危孤独症谱系障碍（ASD）婴幼儿、学前儿童进行早期社交沟通的针对性治疗，和对学龄ASD儿童开展同伴关系的针对性治疗。她主持了许多由联邦政府资助的多站点研究项目，调查了针对ASD和其他神经发育障碍儿童的干预方法的有效性。卡萨里博士也是"孤独症之声"（Autism Speaks）基金会科学顾问委员会成员，经常在全美和国际的学术和专业会议上发言。

阿曼达·C. 古尔斯拉德（Amanda C. Gulsrud）博士，美国加利福尼亚大学洛杉矶分校（UCLA）大卫·格芬医学院儿童青少年精神病学部临床副教授、UCLA儿童及成人神经发育多学科医疗中心临床主任。古尔斯拉德博士也是一名临床心理学家，专门从事ASD相关研究及全生命周期行为干预方法的开发。她的研究主要侧重于使用JASPER干预方法对ASD及相关神经发育障碍婴幼儿进行早期发现和早期治疗。她在针对婴幼儿的JASPER方法的开发中发挥了不可或缺的作用。她还和团队密切合作，参与测试了JASPER干预方法在不同环境中的有效性。目前，她正在参与多项使用了JASPER干预方法的研究试验。

斯蒂芬妮·Y. 希雷（Stephanie Y. Shire）博士，美国俄勒冈大学教育学院早期干预及幼儿特殊教育副教授。她的研究兴趣主要在于社区环境（资源匮乏和资源丰富）下ASD及其他神经发育障碍儿童干预计划的开发、调整和实际有效性。她采用效果–实施双轨设计，考查了社区从业者对干预策略的使用以及学生的发展情况。希雷博士在JASPER干预方法的开发和传播中起到了不可或缺的作用。她参与的研究主要涉及JASPER在教室中的调整和运用、对极少口语儿童的JASPER干预以及在社区的干预和培训，包括远程培训的策略。她在全美及世界各地开展JASPER的培训工作。

克里斯蒂娜·斯特劳布里奇（Christina Strawbridge），美国加利福尼亚大学洛杉矶分校塞梅尔神经科学与人类行为研究所研究助理。斯特劳布里奇女士于2012年加入卡萨里实验室，主要负责JASPER相关资料的撰写工作，包括培训材料、临床指导手册和网站内容。她在将JASPER的现场培训内容转化成系统化的书面材料的过程中发挥了关键作用，也主导了本书的写作和完善工作。

Copyright © 2022 The Guilford Press
A Division of Guilford Publications, Inc.
Published by arrangement with The Guilford Press

北京市版权局著作权合同登记号：图字 01-2023-1849 号

图书在版编目（CIP）数据

直击孤独症儿童的核心挑战:JASPER 模式/ (美)康妮·卡萨里(Connie Kasari)等著;张雪琴译. --北京:华夏出版社有限公司, 2024.8

书名原文: The JASPER Model for Children with Autism: Promoting Joint Attention, Symbolic Play, Engagement, and Regulation

ISBN 978-7-5222-0703-2

Ⅰ.①直… Ⅱ.①康… ②张… Ⅲ.①孤独症－儿童教育－特殊教育 Ⅳ.①G766

中国国家版本馆 CIP 数据核字(2024)第 087729 号

直击孤独症儿童的核心挑战：JASPER 模式

作　者	［美］康妮·卡萨里
	［美］阿曼达·C.古尔斯拉德
	［美］斯蒂芬妮·Y.希雷
	［美］克里斯蒂娜·斯特劳布里奇
译　者	张雪琴
策划编辑	刘　娲
责任编辑	薛永洁
出版发行	华夏出版社有限公司
经　销	新华书店
印　装	三河市少明印务有限公司
版　次	2024 年 8 月北京第 1 版　　2024 年 8 月北京第 1 次印刷
开　本	880×1230　1/16 开
印　张	19.5
字　数	435 千字
定　价	98.00 元

华夏出版社有限公司　地址：北京市东直门外香河园北里 4 号　邮编：100028
　　　　　　　　　　　网址：www.hxph.com.cn　　　　　　　　电话：（010）64663331（转）

若发现本版图书有印装质量问题，请与我社营销中心联系调换。